信用风险管理

从理论到实务

周月刚 ◎ 编著

北京大学出版社

图书在版编目(CIP)数据

信用风险管理：从理论到实务/周月刚编著.—北京：北京大学出版社，2017.7
ISBN 978-7-301-28497-1

Ⅰ.①信… Ⅱ.①周… Ⅲ.①贷款风险管理 Ⅳ.①F830.5

中国版本图书馆 CIP 数据核字(2017)第 139819 号

书　　　名	信用风险管理：从理论到实务
	XINYONG FENGXIAN GUANLI: CONG LILUN DAO SHIWU
著作责任者	周月刚　编著
责 任 编 辑	杨潇宇　贾米娜
标 准 书 号	ISBN 978-7-301-28497-1
出 版 发 行	北京大学出版社
地　　　址	北京市海淀区成府路 205 号　100871
网　　　址	http://www.pup.cn
电 子 信 箱	em@pup.cn　QQ:552063295
新 浪 微 博	@北京大学出版社　@北京大学出版社经管图书
电　　　话	邮购部 62752015　发行部 62750672　编辑部 62752926
印 刷 者	三河市北燕印装有限公司
经 销 者	新华书店
	787 毫米×1092 毫米　16 开本　17.5 印张　388 千字
	2017 年 7 月第 1 版　2023 年 7 月第 3 次印刷
定　　　价	45.00 元

未经许可，不得以任何方式复制或抄袭本书之部分或全部内容。
版权所有，侵权必究
举报电话: 010-62752024　电子信箱: fd@pup.pku.edu.cn
图书如有印装质量问题，请与出版部联系，电话: 010-62756370

前　言

"越多人能够读懂的书越是好书",我们一直秉承这个原则来编写我们的金融书籍,尤其考虑到金融活动渗透到我们日常工作和生活的方方面面,需要金融知识的群体已从专业人士扩展到大众百姓,拆除阻挡我们理解专业金融知识的藩篱就显得更加重要。我们在这条路上持续不断地进行突破,以求让更多的人有机会理解、掌握和运用系统性的专业金融知识。本书也遵照此一以贯之的原则。

《信用风险管理:从理论到实务》是 FUTO 信用风险研究院"CFL™金融专业教育和等级认证"项目之"风险管理"专业和"FCR² 信用风险分析师"认证项目的学习和考试指定参考书籍。本书也适合作为各高等院校"信用管理""金融风险管理"等本科或大专专业教材,以及高等院校"信用风险管理"本科专业教材。编著者力求遵循知识在认知中自然演进的逻辑来叙述知识,尽量不采用在学术上追根溯源的方式,因而政府部门、金融机构、工商企业等相关从业人员和其他对信用风险管理感兴趣的非专业人士也会发现本书易于理解。

风险是经济活动的基本特征,经济主体不可避免地需要考虑风险问题,风险和收益之间的匹配关系是经济决策的依据。依照风险性质,金融风险表现为市场风险、信用风险、流动性风险和操作风险,其中,信用风险的产生往往意味着经济主体发生了极端的损失。通俗地说,信用风险就是别人欠你的资金无法偿还的可能性。但是别人为何会欠你资金呢?这是件与"信用"有关的事情,你认为对方有你值得依赖的"信用"。本书将从最基本的信用开始,展开全面的信用风险管理知识和实务的阐释。

作为金融风险的一种重要形式,信用风险一直受到风险管理者的关注,但自 2007 年次贷危机及此后的欧债危机以来,信用风险成为对经济主体造成冲击最大的风险类型。信用风险管理变得比以往任何时候都重要,并将在未来很长时间内作为风险管理的主要内容。金融市场全球化、国际金融监管的革新和复杂金融创新产品的迅速涌现,使信用风险管理在经济活动中变得比以往任何时候都重要。信用风险管理的重要性、复杂性和紧迫性已经显露无遗。在我国,不管是政府、金融机构、企业,还是个人,都面临严重的信用风险威胁,对信用风险爆发的预期以及由此产生的不安气氛充斥在社会的各个角落。

即便如此,我国现阶段许多金融机构的信用风险管理依然停留在粗放型经验管理阶段,既缺乏管理机制、组织结构、操作规程,也缺乏管理的工具和技术。另外,非金融企业普遍连经验式的信用风险管理也没有,甚至对信用风险完全没有认识,暴露于信用风险之下而不自知,因此,各机构组织加强信用风险管理的工作势在必行。要建立信用风险管理机制,提高信用风险管理能力,必须配置大量懂得专业知识和技术的人才,这决定了信用风险管理人才的巨大需求。我们测算,2016—2025 年间,我国信用风险管理人才需求每年的增长率高达26%—33%。无论是专业型、战略型,还是复合型信用风险管理岗位,在未来10年都存在巨大的供给缺口。如按企业员工总数的3%—8%配置信用风险管理人员,这将是一支数百万大军的队伍!

信用风险管理人才需求巨大,人才培养却一直跟不上步伐,原因是多方面的,但关键是缺乏符合我国信用风险特点的专业书籍,更缺乏理论和实务紧密结合的知识体系。这导致高校里没有条件广泛开设相关课程,有志于相关工作的人员得不到学习的机会。

本书根据国内外相关理论研究和业界实践,并考虑我国的实际应用编撰而成。本书与另一本书《信用风险管理:模型、度量、工具及应用》相辅相成。这两本书从整体上基本包括信用风险管理的主要环节和内容,难度较低,比较适合入门级的学习。我们还将编写其他信用风险管理专业书籍,会分别从机构部门、信用风险管理环节等角度编写具有更强针对性、专业性和实用性的独立书籍,例如《信用风险管理:信用评估和征信》《信用风险管理:管理系统》《信用风险管理:信用工具及投资》等。

本书配有教辅资料,有需要者请联系编辑部(010-62767312)索取。

由于编著者的能力有限、编写任务较重,难免出现疏漏之处,敬请广大读者批评指正,并随时通过我们的交流平台与我们沟通,我们将在重印或再版时予以更正。

愿本书能将读者带入信用风险管理的知识世界,在我国步入信用经济社会的过程中,能更少地经受信用损失,使我国的经济实现持续、快速、健康发展!

周月刚
2017年3月

目　　录

第 1 部分　信用、信用风险和管理概述

第 1 章　信用与经济 ………………………………………………………（3）
1.1　信用 ……………………………………………………………（4）
1.2　信用的作用 ……………………………………………………（9）
1.3　信用的局限 ……………………………………………………（11）
1.4　信用与道德 ……………………………………………………（12）

第 2 章　信用风险 …………………………………………………………（16）
2.1　信用风险概述 …………………………………………………（16）
2.2　信用风险来源 …………………………………………………（18）
2.3　信用风险与其他金融风险的关系 ……………………………（20）
2.4　信用风险分析 …………………………………………………（22）

第 3 章　信用风险测度概论 ………………………………………………（30）
3.1　信用风险的度量 ………………………………………………（30）
3.2　信用风险测度的发展 …………………………………………（37）

第 4 章　信用评估 …………………………………………………………（43）
4.1　信用评分和信用评级 …………………………………………（43）
4.2　信用评级概述 …………………………………………………（45）
4.3　世界信用评级行业的发展 ……………………………………（47）

第 5 章　信用风险管理概述 ………………………………………………（50）
5.1　信用风险管理的地位 …………………………………………（50）
5.2　信用风险管理的目标 …………………………………………（51）
5.3　信用风险偏好 …………………………………………………（53）
5.4　信用风险管理的原则 …………………………………………（55）
5.5　信用风险管理的内容 …………………………………………（56）
5.6　信用风险管理面临的挑战 ……………………………………（62）

第2部分 信用市场理论

第6章 信用理论 (67)
- 6.1 基本模型架构 (67)
- 6.2 信用市场的均衡 (70)

第7章 信用风险理论 (76)
- 7.1 信息不对称、信贷配额和信用风险 (76)
- 7.2 逆向选择:授信对象甄别理论 (82)

第8章 债券理论 (87)
- 8.1 无违约风险债券及无风险利率 (87)
- 8.2 货币市场 (89)
- 8.3 可违约债权和信用利差 (90)
- 8.4 违约率、信用级别和信用利差 (91)

第3部分 主体信用风险管理

第9章 主权信用风险 (95)
- 9.1 主权信用风险引论 (95)
- 9.2 主权信用风险 (98)
- 9.3 主权信用风险要素 (102)
- 9.4 主权信用风险管理 (114)

第10章 地方政府信用风险 (120)
- 10.1 地方政府信用风险概述 (120)
- 10.2 信用风险评估要素 (125)
- 10.3 地方政府信用风险管理 (136)

第11章 企业信用风险 (141)
- 11.1 生产企业概述 (141)
- 11.2 生产企业的风险 (143)
- 11.3 生产企业信用风险管理 (153)

第12章 商业银行信用风险 (158)
- 12.1 商业银行概论 (158)
- 12.2 商业银行主体信用风险 (162)
- 12.3 商业银行信用风险管理 (171)

第13章 保险公司信用风险 (177)

13.1 保险公司概述 (177)
13.2 保险公司的盈利与运营 (181)
13.3 保险公司信用风险评估 (188)
13.4 保险公司风险管理 (196)

第14章 个人信用风险 (201)

14.1 个人信用概述 (201)
14.2 个人信用评估原理 (204)
14.3 个人信用评估要素 (208)
14.4 个人信用评分模型 (212)
14.5 个人信用管理 (215)

第4部分 中国信用体系

第15章 中国信用市场 (223)

15.1 债券市场 (223)
15.2 票据市场 (237)
15.3 同业拆借市场 (241)
15.4 信用衍生品市场 (243)

第16章 中国信用评级行业 (248)

16.1 信用评级行业概况 (248)
16.2 信用评级市场现状 (250)
16.3 问题分析 (253)
16.4 改进措施 (255)

第17章 中国信用体系建设 (258)

17.1 现行信用体系现状 (258)
17.2 信用体系架构 (259)
17.3 信用体系的实现 (264)

参考文献 (269)

第1部分

信用、信用风险和管理概述

第 1 章　信用与经济

关于信用,传统的观点认为信用关系是经济活动中的借贷关系,因而信用是债权人对债务人的承诺或承诺实现的可能性。该定义使得信用的存在必须依赖于借贷关系的建立,但在以信用为主要交易方式的现代经济活动中,信用应该是一种事前的存在,即信用的存在并不依赖于信用关系的存在与否。以此观点为基础,我们对信用的定义为:信用是经济行为者以未来财富为支付方式而获得资金、物资、服务的禀赋。

该定义使信用不再是一个从属的概念,而在信用关系形成之前便已存在,成为经济行为者(自然人或组织)的一种资源。首先,信用可以表现为能力、意愿和物质财富;其次,一位经济行为者的信用可以因自己的行为而改变,不良的行为会导致信用资源的降低,从而行为人更难利用未来支付来获取资金。这个定义对于改变我们对现代信用经济社会的认识,具有非常重要的意义,我们可以利用传统经济学的分析工具来理解和研究信用。

回顾历史,信用的产生和发展推动了人类社会的进步。人们对信用谨慎、合理的利用可以创造财富,促进经济的繁荣和社会的发展。在现代社会,利用信用创造财富已经成为全球经济体中的普遍特征,即使在最落后的地区和部族中,信用也是普遍存在的,信用关系连接着社会中的每一个人。

信用经济为我们的生活带来了无数的便利。个人可通过信贷购买住房、汽车、家具等耐用品,也可将其用于满足教育、旅游等消费需求。信用卡的使用大大便利了人们的购买支付。企业通过信贷或发行债券扩大投资以推动生产或满足资本需求。各国政府通过发行国债以弥补财政支出,维持国家运转,并用未来的税收或新的借款来偿还现在的负债。

当我们享受信用带来的好处时,也应该意识到,不当的信用管理也可能给人们带来灾难。对于个人而言,利用信贷超额消费、提前享乐可能会让自己入不敷出、债台高筑。当人们沉浸于信用卡购物带来的极大满足感时,信用卡中未偿还余额在免息期过后,每天收取的万分之五的高利息可能会让持卡者饱受偿债之苦。而由于不能按时偿债导致有了不良信用记录的持卡者,很可能不能再如期借到贷款。

企业如果借贷过多或发行债券的利率太高,其经营业务所得的现金流又无法偿付贷款或债券的利息或本金的话,资金链的断裂可能让一个昔日巨头轰然倒塌。相对应地,如果银行过度放贷,可能会增加自身的坏账、提高不良资产率。而在全国范围内发生的信用风险的不当管理,很可能会引发毁灭性的经济危机。

虽然经济学者和政府官员都想找到应对此类危机的方案,但这些问题实在太过复杂,金融和信用市场与人们的生活息息相关,每一条政策都可能造成不良后果。信贷调控政策关系到对全国金融部门的管理和对企业债务水平的控制,不仅需要对信用风险的本质有着正确的认识,也要对其进行恰当的监测与控制。若信用风险管理者低估了信用风险,就可能使自己所处的部门或企业蒙受经济损失,甚至造成破产等更严重的后果。

毫无疑问,信用无处不在,影响着每一天经济的正常运转,其中任何一个齿轮的损坏都会对经济本身造成严重的负面影响。信用是经济活动的命脉,信用风险分析和管理的重要性也因此凸显出来。

1.1 信用

1.1.1 信用的起源与发展

信用的产生时间未必与道德一致,但人们对信用的理解却经常停留在道德层面上,被认为是诚实守信的人格品质。以中国为例,在数千年的文明中,诚实守信规范由来已久,成为处理一般社会关系的主要行为准则,并伴随中国传统契约精神的发展。

但信用的重要性体现在其经济意义上,这贯穿于人类经济发展的历史。随着社会生产力和社会分工的不断发展,人们有了生产剩余,于是产生了私有制。私有制和社会分工使得劳动者各自占有不同的劳动产品,剩余产品的出现则使交换行为成为可能。在物物交换阶段,人们经常很难找到合适的对象进行对等交换,因为有交换意愿的双方往往不能找到自己需要的物品。为克服物物交换的困难,一般等价物便随之产生。

即便在中间支付手段——货币——出现之后,商品流通仍会存在矛盾,即时交付钱或货的交易方式由于受到生产时间和地点等客观条件的限制而经常发生困难。于是,赊销(即延期支付)的方式应运而生。赊销意味着卖方相信买方未来付款的承诺,商品的让渡和价值的实现在时间上发生了分离,经济层面上的信用由此而生。此时买卖双方不但有商品交换关系,还有一种债权债务关系,也就是信用关系。当赊销到期、买方支付货款时,货币发挥的职能不再是流通手段而只是支付手段。这种支付是价值的单方面转移。因为货币拥有作为支付手段的职能,所以在商品让渡之后货币也能够独立地实现其商品价值,从而保障了信用的兑现。整个交易过程实质上就是一种独立于实物交易和现金交易的一种新的交易形式,即信用交易。

随后,很自然地,信用交易脱离了商品买卖的范畴。原本用来支付的货币本身也成了可交易的"商品",借贷活动应运而生。从此,货币的运动和信用关系便连结在了一起,并由此形成了新的范畴,即金融。现代金融业正是信用关系发展的产物。在市场经济发展初期,市场行为的主体主要以延期付款的形式相互提供信用,称为商业信用;在市场经济发展到一定阶段,随着现代银行的出现和发展,银行信用渐渐超越了商业信用的地位,进而成为现代经济活动中最重要的信用形式。信用交易和信用制度是随着商品货币经济的不断发展而逐步建立起来的;相反,信用交易的产生和信用制度的建立又能够促进商品交换和金融工具的发展;最终,现代市场经济发展成为建立在错综复杂的信用关系之上的信用经济。

1.1.2 信用"偿本付息"的经济本质

在经济学层面上,信用是以还本付息为条件的暂时让渡商品或货币的借贷行为,比如商品的赊销和货币的借贷。该借贷行为是以偿还为条件的单方面的价值让渡,不发生所有权的转移,是价值运动的一种特殊形式。直观地说,在这个层面上,信用表现为因价值交换的延迟而产生的赊销活动,体现为依靠协议或契约来维持的、存在时滞性的经济交易关系。

从经济层面上来讲,社会成员的信用关系因为成文契约而受到约束;从道德层面上来讲,社会成员主要通过个人的内省来纠正和规范自己的信用活动。虽然如此,信用概念的这两层不同含义依旧存在本质上的关联,即诚实守信的道德境界是人类追求的一种目标,而经济层面的信用机制则是诚信的一种社会体现,其顺利运行必须以诚实守信的社会环境为依托。

传统观点认为信用关系即为经济活动中的借贷关系,信用依赖于借贷关系而存在。随着经济社会的不断发展,这种传统观点受到了人们的质疑。在现代经济活动中,特别是在信用评级机构受广大投资者青睐的时代,有人提出了这样的疑惑——假如一家企业事前没有发生任何借贷行为,现在该企业想要发行债券,于是它找到了相应的信用评级机构给自己的企业进行信用评级。如果按照传统观点的论述,信用评级机构无法对其进行信用评级,然而在现实中,信用评级机构是能对该企业进行信用评级的。因而,我们认为信用的存在不依赖于信用关系的存在与否,它在信用关系发生之前就已经存在。信用是经济行为者以未来支付方式获得资金、物资、服务的禀赋,这种信用会随着经济行为者的行为而发生改变。在这种观点下,信用就成了一种资产。

1.1.3 现代信用的内容和形式

1. 商业信用

在经济活动中,与企业的生产经营活动相关的信用形式有两种,即商业信用和银行信用。商业信用是指在商品交易的过程中,企业之间发生的由于延期付款或延期交货而形成的借贷关系。比如,一个企业生产的产品需要通过商业网站的方式进行销售,当负责销售其产品的零售商暂时缺乏购买其产品所需的货币资产时,就可以采取赊销的方式,也即经过一定的期限再由零售商归还赊销的货款。这样的方式对双方都有好处。对生产厂商而言,虽然在当时没有收入货款,但企业可以在推迟的约定期限收到该款项。这代表销售环节的完成和该产品的销售前景,企业就不必担心货物的囤积,就可以设法筹集资本继续生产。同时有产品销售前景的企业也易于取得贷款者的信任,这对它们筹集资金也非常有利。对于缺乏购货资本的零售商而言，采用这种信用方式可以直接购入货物进行销售并取得商业利润，如果在约定的还款期限将商品销售出去，那么零售商就可以节省自有资本，这对零售商的经营和发展也极为有利。

在商业信用中，为了保障自己的权益，赊销商品的企业需要一份能够受到法律法规保护的债务文书，文书上会说明债务人有义务按照规定的金额、期限等约定条件偿还债务，这类文书就称为票据。一般情况下，商业票据可以分为本票和汇票两种。本票是指债务人（比如前文提到的零售商）向债权人（比如前文提到的生产商品的企业）发出的支付承诺书，承诺在约定的期限内支付约定的款项给债权人；汇票是由债权人向债务人发出的支付命令，命令债务人在约定的期限支付约定的款项给持票人或第三人。但是商业汇票必须经过债务人的承认才有效，债务人承认付款的手续就叫做承兑。前文中所讲的工厂，在把货物赊销给零售商之后到零售商付款之前的这一段时间，如果在购进原材料的过程中缺乏资金，可以在零售商承诺付款的票据背面签上自己的名字，称为"背书"，并用以向原材料供应商支付货款。这些都促进了商业票据的流通。

商业信用不仅在一国的国内交易中发生作用，也广泛存在于国际贸易中，不断推动着商品交易和经济增长。但是商业信用也具有局限性，这主要体现在两个方面。其一，这种信用形式存在于工商企业之间，所以其规模的大小受到产业资本规模的限制；其二，因为该过程的方向性很强，很多类型的企业难以从中获得益处。比如，纺织印染厂可以给服装生产厂提供商业信用，而服装生产厂则不能给纺织印染厂提供商业信用，换句话说，只有上游企业才可以为下游企业提供信用、工业向商业提供信用，因此这种情况下有些企业就难以得到信用支持。

2. 银行信用

如果说商业信用是一种直接融资，那么银行信用就是一种间接融资。所谓直接融资，是指没有金融中介机构介入的一种资金融通方式。而间接融资则需要媒介，在银行信用中，银行就可以作为该信用活动的中间环节。从聚集资金的角度出发，银行是货币资金所有者的债务人；从贷出资金的角度出发，银行则是货币资金需求者的债权人。在银行信用中，货币资金所有者和需求者之间并不会发生直接的债权债务关系，而是银行在中间发挥作用。

银行信用可以很好地解决前文提到的商业信用中的两个局限。商业信用的职能是上游企业借贷给下游企业；在银行信用中，处于下游的企业如果有多余的资金也可以贷给上游企业。商业信用需要借者和贷者在资金规模上取得一致；在银行信用中，小额的货币资金聚集起来可以满足大额的货币资金需求，而大额的货币资本也很容易分散开来满足小额借款者的需求。在商业信用中，要求借者和贷者在借贷的期限上保持一致；将短期的可贷货币资金结合起来可以满足长期的资金需求者，长期的可贷资金同样也可以暂时贷给较短期的资金需求者。因此，商业信用的发展依赖于银行信用。

3. 国家信用

国家信用，也即政府或统治当局的信用，是指国家按照信用原则以发行公债或向中央银行借款等方式，从国内外货币所有者手中借入货币的一种行为。国家信用是一种古老的信用形式，有着久远的历史。在中国，东周的国王周赧王想要发动战争却没有足够的军费,于是向国内的有钱人借钱,答应等打胜仗后加利偿还,结果最后战争失败还不起债,他就逃到高台上去避债,这便是成语"债台高筑"的来源。在英国,资本主义刚发展起来时,伦敦的一些商人为了向国王威廉三世贷款而成立了英格兰银行。因为向政府提供贷款支持的缘故,这家私人银行日后成为英国的中央银行,并得到了发行无黄金保证的银行券的特权。这些都是早期的国家信用。在现代社会,国家信用更是经济生活中不可忽视的重要因素。表1-1说明了一些国家政府的总债务与GDP的比例。

表1-1 政府总债务占GDP的比例　　　　　　　　　　(单位:%)

年份 \ 国家	美国	日本	德国	英国	法国
1995	83.1	93.8	54.2	55.4	66.6
2000	61.5	144.5	59.8	55.7	71.9
2005	78.5	180.2	70.3	56.1	81.7
2010	116.0	210.5	84.1	92.8	96.8

资料来源:https://data.oecd.org/gga/general-government-debt.htm。

国家信用与商业信用、银行信用的作用不同,它与社会生产及流通过程没有太多直接联系。在国家信用关系中,财政部门作为政府的代表成为债务人,国债是以国家的信用做担保,信用极高,债权人几乎不承担任何风险。国家通过国家信用得到货币资金,可以根据经济政策、产业政策的要求,支持有关产业、项目及地区的发展;同时政府也要依据信用原则偿还本息,充当债务人。政府依靠自身信用发行债券,其中长期国债所筹措的资金大多用做基础设施、公用事业建设等非生产性的支出;国库券多用于弥补财政的短期失衡。

4. 消费信用

消费信用是指针对消费者个人提供的,用以满足其消费需求的资源融通。随着生产力的发展,人民生活水平的提高,市场消费和供给结构不断发生变化,昂贵的耐用消费品及住房建设等迅速发展。但对于收入水平不够高的居民来说,购买耐用消费品和住房的价款,在短时间内难以备齐。消费信用是解决这个问题的一种办法。消费信用的使用必须要求是有支付能力的需要,以有债权人愿意授信为基础。收入水平决定了信用消费的水平,收入水平越高,能够承担的消费信用越高;收入水平越低,能够承担的消费信用也越低。

现代消费信用的形式多种多样。商人可以通过赊销的方法将自己的商品卖给消费者,例如,分期付款,向顾客提供信用;金融机构,特别是银行,可以通过将贷款发放给个人来购买住房、耐用消费品以及家庭消费的支出和旅游费用,银行也可以通过对个人发放信用卡的方式来提供信用。

因此,在一定条件下,消费信用可以促进相关产品的生产和销售,引导消费,调节消费结构,提高人们的消费水平;可以调节市场供求关系,缓解生产过剩、销售危机和需求不足等问题,从而促进经济的发展。同时消费信用对于促进新技术的运用、新产品的推销以及产品的更新换代等,也具有一定的作用。但是也应注意过度消费的危害,这在后文我们将详细介绍。

1.1.4 信用提供者

信用提供者是根据对方信用禀赋提供资金融通的授信人。信用的提供者无处不在,除了我们熟知的商业银行、投资银行、证券公司等金融机构,贸易商、制造商和服务提供商也会给他们的买家提供信贷,这种信贷通常被称为"贸易信贷"或"商业信用"。在任何社会经济形态里,信用的供给主体形式多样,从简单的个人放贷者到庞大复杂的跨国金融机构,它们都在某些方面满足不同投资者对信用的不同需求。

1. 商业银行

商业银行是每个国家最重要的信用提供者。商业银行是银行体系的重要组成部分,并且构成了金融体系中不可分割的一个子系统,它们将来自各个家庭的小型存款和企业闲散资金聚合,然后贷给有资金需求的企业或个人,企业将资金投放于预期收益更高的项目中,从而实现社会资源的最佳配置,实现社会财富的增长。尽管每个国家的银行体系结构不尽相同,但商业银行都是满足短期融资需求的最大的信用供应商。当然,商业银行的正常运行离不开制度的约束,而央行在规范商业银行的运作中扮演着重要的角色。

信用风险的良好管理对商业银行的生存来说至关重要,如果出现大面积的信用违约,商业银行将无法正常运行,国家的银行体系就可能崩溃。因此信用风险管理一直为商业银行和监管机构所重视。各国政府都高度关注银行业的信用风险敞口。这也是我们要持续测量与监控信用不良资产的原因。

2. 长期贷款/发展机构

长期贷款/发展机构的主要功能是延长分期偿还贷款和项目融资,并满足其他企业部门的长期融资需求。大多数国家的政府都有自己的国家直属金融公司,以促进本国工业的发展。在很多地区,发展机构在加快工业化进程和促进经济繁荣中发挥着重要的作用。

3. 贸易信贷提供者

信用的另一个来源是提供短期信贷(期限一般为 30—120 天)的供应商、贸易商、制造商。在垄断的情况下,卖家可以施加更严格的条款,如"预付现金",而竞争迫使各式各样的信贷期限的形成,不同的信贷期限可以作为不同实体竞争优势的主要来源。国内外供应商都能使用贸易信贷,国外供应商通常使用信用证以减少信用风险。贸易信贷是促销技巧的工具之一。信贷条款在行业中普遍存在的一个功能是反映供应商和采购商的"议价能力"。然而,是否能将信贷扩展到一个特定的客户只是一个纯粹的信贷决策问题。

当然也存在不同类别的国际信用供应商。在拥有大量能够处置的资源的条件下,国际资本(包括债务和股权)供应商的活动范围是相当广阔的,然而这个活动界限有时又是

1.4.3 信用和道德的约束力

道德范畴中的信用和经济范畴中的信用的最大的区别在于是否使用行政制度。一般认为,随着市场经济的发展,交易关系复杂化,交易关系越来越多地依赖于有明文规定的或法律认可的、实施依靠于第三方所强加的明确惩罚约束的契约。稳定可靠的信用体系是市场经济活动各类载体进行公平交易的基础,也是契约最终达成的保障。

道德是没有法律约束力的,不遵守道德的人若没有违反法律,不会受到法律的惩罚,只能受到社会舆论的谴责。但是信用作为经济活动中的关系,一般是依据法律而存在,受到法律的保护,不遵守信用关系,往往意味着对法律的破坏,应该承担相应的法律责任。所以,我们不能完全依赖用道德评判的方式来保障信用关系的遵守。

1.4.4 信用和道德相辅相成

市场经济体系需要一套良好的社会道德体系来支撑。良好的市场经济体系不是简单地依赖于在政府所提供的法律框架内追求私有财富,而应依赖于一套复杂的法律、道义传统和行为规则的框架,该框架为大多数社会成员所理解和认同。只有在这样一种框架内,市场中的企业以及个人才有可能建立起血缘关系之外的信任关系;只有这样,才有可能进行不断扩大的贸易和投资等经济活动。

信用虽然可以通过明确的规则、外在的强制力以及一定力度的惩罚措施迫使处于信用关系中的人履行信用职责,这也确实减少了人们通过失信而获得收益的投机动机。但是没有任何一种明确的规则可以覆盖所有的交换关系和经济往来的形态,而且由于主体往往缺乏履约的自制性,"钻空子"的现象便屡屡发生。为了能够克服经济信用中的逆向选择和道德风险,仅仅依靠明确的规则以及法律是不够的,还必须加入道德的责任性和自律性。这也是为什么美国对个人信用评估采用"3C",即人品(Character)、能力(Capacity)、抵押(Collateral)准则,把人品看成最重要的信用决定因素。

最后,道德也需要信用来促进。当维护个人的信用需要付出巨大的财富代价时,那么人们选择诚信的可能性就会降低;同样,当一个不诚信的选择可能会毁掉个人前途时,人们选择诚信的可能性就会大大增加。信用是一种无形资本,企业可以通过信用平台,用自己的信用做抵押,去银行融资。良好的信用记录可以在经济市场中积累更多的无形资本,不良的信用记录让人丧失信用资源,这个效应会促进人们主动建立良好信用,从而在道德层面上得以提高。

用来作为道德水平的考核标准。信用最初是用来反映人与人之间各种交往关系的范畴，是作为不以金钱和交易为基础的、原始的道德观念来使用的。换句话说，信用作为一种经济理论，存在于人类的经济合作和交往之前。但是随着工业社会的发展，剩余产品和商品交换等经济活动以及私有制的出现，长期存在于人类社会的信用之中，其道德内涵渐渐被经济内涵所代替，并逐渐发展成为从属于商品和货币关系的经济范畴。

道德是一个综合概念，隶属于更宽的，但约束力较弱的文化范畴，是特定社会文化的组成部分，其本质是人的一种社会属性。道德形成的原因主要是人性、宗教和社会需求。道德主要通过社会舆论、内心信念和传统习惯等非强制性手段来制约人的行为，调整人与人之间的关系，实现社会群体的稳定和持续发展。

1.4.2 信用和道德对经济的影响

从经济学的基本理论我们可以知道，信用是商业交易的前提，现代商业社会是一个契约社会，信用经济是市场经济发展的高级阶段。信用经济是指以信用为基础的经济再生产过程的全部联系，也可以指以市场参与者守信用为基础的经济。在市场经济中，由于各个经济主体之间是相互平等的，合同（契约）是经济联系的纽带，所以市场经济又被称为契约经济。这种契约经济的基础就是信用。信用关系表现为债务契约关系，契约经济需要一定的规则来保障。匈牙利经济学家科尔内指出：买卖双方除订立合同外，还应该诚实履约，这是信任的源泉。双方越是诚实，他们之间的信任就越深厚，交易成本就越低。信用是维系社会经济关系的纽带，信用的缺失往往会给社会经济发展带来很多的危害。信用缺失将引起有效需求不足和经济过剩，导致政府的宏观调控政策和工具难以发挥作用，使经济运行受阻、交易成本增加，甚至引发社会危机。个人信用与社会信用之间也是息息相关的，良好的个人信用可以避免或减少负面信用事件的发生，有利于金融经济的发展、市场秩序的稳定，提高社会整体工作效率、促进社会进步；而和谐、稳定的社会信用关系又有利于保护个人合法利益的实现，维护市场的公平和效率，实现社会各阶层每位成员的基本权利与和谐共处的目标。

除市场和政府之外，道德是经济社会发展的第三种调节力量。道德涉及价值观、信念、文化习俗和社会舆论，建立良好的道德体系能有效地促进经济社会的健康发展，如信守契约、履行支付承诺、尊重和信任市场伙伴等。在经济社会中，作为追求各自最大利益的经济人，必须要以遵守道德准则为前提，如若假冒伪劣、欺诈、逃废债务、偷税漏税、毁约、恶意合谋、操纵价格等大量失信的行为充斥在市场中，经济秩序将受到严重破坏，交易成本增加，经济发展将面临冲击，必然导致经济社会的崩溃。如果市场主体共同遵守市场经济的道德准则，如公平、诚信、互利的价值观等，人与人之间的信任得到增强，整个社会的整体"信用度"都会提高，有利于促进市场经济的高效健康有序发展。所以，有人也将道德看成一种社会资源，或一种经济成本，通过提前预告恶行为的后果，达到降低交易风险、节约交易成本、增加交易过程的可预见性的目的。

对于经济整体的影响也具有明显的顺周期性。受到"羊群效应"、评级机制、资本监管等因素的影响,信贷行为始终与经济周期保持高度同步,其顺周期性会加大实体经济的波动。在经济上升期,经济快速发展,人民收入水平提高,对未来收入的信心有可能膨胀,甚至会提高借贷规模,最终使自己在未来变得入不敷出。对于国家来说,也有此现象,以国债为例,因为经济增长,信用水平较高,违约率小,所以国外投资者普遍愿意购买该国国债,政府便能通过发行国债募集更多的资金发展本国经济;与此同时,由于发债成本较低,政府可能会通过增发新国债来偿还之前的债务,而信贷扩张会向经济注入大量流动性,造成资产价格泡沫和经济过热,导致"信贷泡沫"或债务危机。一旦泡沫破裂,评级机构下调其信用评级水平,投资风险增大,投资者不愿购买新发的债券,国家也就无力偿还旧债,从而加剧负债国的困境。

虽然信用在世界上得到了广泛的应用,但许多国家和企业发生的"债务陷阱"却是致命的。债务陷阱是信用陷阱的一种表现,信用陷阱是指过度地依赖信用以试图解决经济问题,短期走出困境,但其结果是信用泡沫的膨胀使经济陷入更深的危机。阿根廷、希腊等国家曾因债务危机而困窘不已,安然、贝尔斯登、雷曼兄弟等著名企业也都因债务问题纷纷倒闭。每年都有很多企业和个人因无法承担滥用信用带来的严重后果而破产,这都反映了信用的使用不仅只有好处,还会带来无法控制的危险。

同时,过度宽松的信用体系也会对国民经济造成不利的影响。20世纪八九十年代,日本商业信贷超过了限制,许多企业通过借款以扩大生产,而市场需求并未同步增加,房地产市场迅速膨胀,通货膨胀压力巨大。不久之后,扩张的企业发现供过于求,偿还借款有一定的难度。随着房地产热潮的逐渐消退,房地产投资者面临资金链断裂的困境。还款延滞,加上利息积累,不少企业纷纷破产。同时,贷款机构也承担了巨额的信贷损失,部分银行、金融机构因此倒闭。因此如我们所见,信用是一把双刃剑,这也是许多国家的央行必须严格把控信贷政策的原因。

1.4 信用与道德

有人常常将信用与道德等同看待,信用与道德尽管有很多共同之处,但两者的差异也非常显著,特别是在现代经济社会,信用被赋予了丰富的含义,成了一种经济资源,是道德的范畴所不能涵盖的。本节中,我们将阐述信用和道德的异同。

1.4.1 信用和道德的本质

大多数经济学家都认为信用本质上是一个经济问题。首先,在现代市场经济社会,信用包含了更多的经济意义,依赖于信用的经济行为,目标是获得最大的经济收益。其次,尽管信用已经融合到各种经济活动中,但并不意味着信用仅仅是经济问题,信用还被

1.3 信用的局限

任何事物都有其两面性,若对其加以合理的利用,信用不仅可以为信贷双方带来收益,更能推动整个经济的发展。而另一方面,如果信用被滥用,有可能导致过度消费和企业债务的负担增大,整个社会经济承担过大的信用风险。

信用对于债务人的局限可以从两个方面来考虑。对消费者而言,很可能会产生过度消费倾向。例如,许多信用卡持有者无法克制自己的攀比心理,产生了所谓的"示范效应",即消费者的消费行为会受周围人群的消费影响。由于消费信用是对未来购买力的预支,在延期付款的诱惑下,对未来的收入预算过大使得消费者债务负担过重,过度消费所产生的还款压力和不断增加的利息可能会使个人成为"房奴""卡奴";过度消费还会使商品价格上涨,打乱正常的消费秩序,使许多消费者的消费能力和消费所带来的满足感降低。对企业而言,容易获得信贷可能会使它们过度杠杆化,投资于风险较高的行业(例如房地产、金融投资)或不熟悉的领域,一旦新行业不景气,导致投资不利或失败,它们便会遭遇资不抵债的后果。企业未来现金流减少——比如说业务收入降低、应收款项延迟收回、存货囤积等,都可能导致企业拖欠款项,从而增加借贷成本,如缴纳罚息,抵押品被没收,企业的声誉也会受到损害;信用的过度使用会使企业承担过高的利息,从而使经营的收益减少,进一步导致企业财务状况恶化、入不敷出,使破产风险增加。现今的信用经济时代,几乎所有的破产案例都是由企业无力偿还债权人的贷款或利息而引起的。其中,CRB 资本(印度)、横川证券(日本)、大宇(韩国)、世通国家、安然国家、环球电讯国家、雷曼兄弟(美国)等曾经的行业巨头的破产便是典型案例。企业应该谨慎地在自身的能力范围内进行信用借贷。随着全球化进程的逐渐加快,市场逐渐开放,竞争日趋激烈,企业管理也面临更大的挑战,谨慎地利用信用就显得尤为重要。

对于债权人而言,风险在于债务人可能没有能力按期偿还债务。在社会中如果过度消费的现象较为普遍,一方面,还款压力增大会进一步增加违约风险,使债权人蒙受损失;另一方面,过度消费实质上是暂时性地刺激了供给,使供给超常增长,一旦人们的收入出现下降或不及利息的增长,背负的债务就会越来越沉重,而需求就有可能快速减弱下来,从而形成所谓的生产过剩危机,这对作为债权人的生产商或零售商来说都是极为不利的。对于亏损运营的企业来说,当它们负担加重甚至可能无法支付利息时,金融机构会面临强大的借款企业的违约压力,如果企业破产,债权人的损失会进一步加大。对于个人住房按揭贷款来说,违约会给贷款银行等金融机构带来预期利润损失,这种利润损失可能来自贷款无法按时收回,预期收益无法实现;也可能来自收回抵押住房并将其拍卖出让时出现的困难,即实现抵押物兑现时的交易成本的增大。

对于整个社会而言,信用会引起所谓的顺周期性效应,即经济周期中某金融变量随宏观经济周期同方向波动的现象。金融体系与实体经济之间形成的动态正反馈机制会放大繁荣和萧条周期,加剧经济的周期性波动,并导致或增强金融体系的不稳定。信用家整体实力。信用的存在刺激了家庭消费和企业投资,因此一个国家的信贷政策是扩大内需、推动产业发展、促进企业扩张、创造就业机会、提高生活水平的重要工具。美联储主席艾伦·格林斯潘一直试图通过降低利率以构建健康的信用体系,加速信贷包销承购(credit off-take),尤其在"9·11"之后,利率降到了40年来的最低值。

下面我们将分别介绍信用对不同主体的作用。

信用对个人的作用主要体现在三个方面。首先,信用可以提高生命期的效用。个人利用信用消费可以消除生命期内收入的不均匀和波动的影响,在收入超过消费时将剩余的收入存入银行或用于其他投资,而在收入不足以满足当期理想消费时,通过信用借贷来获得所需资金。信用借贷可以使得个人财富在各个时期内得到合理分配,在生命期内实现效用最大化。其次,信用有助于减少税款,信用贷款不用交税。在一些国家,工薪阶层和个体商户在缴纳个人所得税时可将房屋贷款及其利息从收入中扣除,因此个人会把信用贷款作为税收筹划工具。最后,信用可以便利借贷。借贷成本与个人的信用水平呈现负相关关系,这是信用经济的基本规律。对于个人来说,良好的信用记录可以有利于个人实现期望的融资,而且可以降低融资成本。即便是在没有个人征信系统的时代,诚实守信的人也更容易在其生活圈子内以个人信用来获得资金。

信用对企业的作用不言而喻。第一,减少税款。对于公司和企业而言,除了通过利差来积累财富,它们也可以利用信贷的税收优势来获利。例如,ABC公司计划运作一个成本为一亿元、通过股权融资的项目。一年后,该项目的息税前利润(PBIT)为2 500万元。假设税率为50%,那么股东就能够获得净利润1 250万元,净资产收益率(ROE)为12.5%。考虑另外一种情形,如果项目资金有一半是通过债券融资,利率为10%,那么在交付了500万元利息和1 000万元税款之后,该项目的净利润则为1 000万元。股东能获得净利润1 000万元,值得注意的是,由于杠杆效应,净资产收益率增加到20%。第二,便捷融资。信用所有者无须倾其所有来经营公司或项目。例如,对于创业者而言,想要积累足够的资金来启动、运营公司是相当困难的,如果他们可以通过信用贷款筹措资金,并在盈利后进行偿还,显然有助于他们兼顾生活需求和事业发展。第三,保护企业所有权。对于企业股东来说,债务性融资可以保障股东的权益不会被稀释,不影响股东的持股比例,公司的控制权不会改变。企业通过信用扩大生产,可以拉动社会的总需求,社会经济也会随之受益。信用支持下的消费和投资经济行为可以形成一种良性循环:刺激消费,提高收入,增加利润,企业价值提升,从而提升企业的借贷能力,可以从银行和贷款机构贷到更多的资金,从而进一步拉动整个经济体中的消费和投资,最终促进就业,提升人民的生活水平,推动经济发展。

信用对于整个政府而言同样作用巨大。几乎所有参与经济活动的主体,无论是政府、企业还是个人,信用都是财务管理中重要组成部分。例如,政府用未来的收入(例如税收、国有资产分红等)或外国援助来偿还贷款。只有信用资源(包括政府的信用借款)被充分利用,并带来了令人满意的经济回报,国家才能繁荣起来。如果作为借方的国家主体能够透明、高效地利用信用,这不仅将会扩大生产,改善生活水平,更会减少税收、提高收入,从而减轻民众的生活负担。

令人困惑的，我们不禁要问，这个活动范围到底有多大。简单地说，私人公司（如罗斯柴尔德家族）和多边机构都活跃在国际信贷市场上，多边机构包括世界银行（World Bank）、国际货币基金组织（IMF）、国际开发协会（IDA）、亚洲开发银行（ADB）、国际金融公司（IFC）、跨国银行和政府。外汇的介入容易带来外汇风险，从而增加信用风险，因此过分依赖国际信贷可能带来强化的风险。过去因为过分依赖国际信贷而导致的经济崩溃的实例屡见不鲜。在20世纪80年代和90年代初的整个拉丁美洲都因为过分依赖国际信贷而遭遇经济危机，1991年的印度也面临相似的情况，且在1998—1999年，土耳其和俄罗斯也深受其害。所以要慎重使用信用市场，并要有信用风险管理的专业知识和技术。

信贷融资中的其他机构 作为正常操作的一部分，许多其他实体的主要功能是提供信贷融资。住房金融公司、对冲基金、非银行大型跨国公司的附属公司（MNCs）（如汽车领域的金融部门）等在信贷融资这个领域都有显著的地位。保险公司通过收取保费，拥有足够的资金储存，并且将这些资金部署在各种贷款或投资活动中。非银行金融机构（NBFIs）也在租赁和租购融资中发挥着积极的作用。共同基金也按照其特有的性质在信贷市场中部署不同数额的资金——如固定收益共同基金。

1.2 信用的作用

当今世界信用交易量约为商品交易量的几十倍，信用资金也流通于生产、分配、消费、储蓄、投资等生产和再生产的各个环节，我们已步入信用经济时代。

德国的旧历史学派经济学家布鲁诺·希尔布兰德最早提出了信用经济的概念，并且根据交易方式的不同，把社会经济发展划分为三个阶段，即以物物交换方式为主的自然经济阶段、以货币作为交换媒介的货币经济阶段和以信用交易为主导的信用经济阶段。信用经济是商品经济发展到一定阶段后所产生的一种经济现象，是人类社会经济活动发展的必然结果。

20世纪30年代西方各国放弃金本位制后，开始发行不可兑换的信用纸质货币，信用货币也就在名义上成为中央银行的债务和持有人的债权，只是这种债权是不能兑现的。随着信用货币的发行和金融行业的深入发展，信用经济已成为现代社会生活中不可分割的部分。

信用交易是信用经济的重要组成部分。信用交易不仅限于商品赊购赊销和银行吸收存款并向个人和企业发放贷款，事实上几乎所有的金融业务，包括通过金融机构和金融市场上直接进行的交易，都是信用交易，如股票、债券的发行和认购，各种保险、租赁等。

在货币发行量既定不变的情况下，各种信用交易都可以在很大程度上动员社会闲置资金，将其提供给生产和投资，以便在减少货币发行压力的条件下，实现经济更快速的增长。企业可通过发行股票和债券或向银行借款等方式筹集资金，以推动自身的发展。

对信用的合理利用可以使借贷双方获利，有利于整个经济社会的平稳运行，增强国

练习题

一、名词解释
1. 信用
2. 信用关系
3. 商业信用
4. 国家信用
5. 消费信用

二、简述题
1. 信用和信用关系的区别是什么？信用的客观性是指信用的存在是不以信用关系的存在为基础的，为什么我们要强调信用的客观性？
2. 对比商业信用与银行信用的特点，谈谈二者之间具有怎样的联系。
3. 信用对企业的作用包括哪几方面？
4. 任何事物都有其两面性，信用能够使人们从中获益，但也可能产生不利影响。试分析信用对于债务人和债权人的局限性。
5. 信用与道德分别从不同的角度来理解人的"可信赖性"，但信用关系直接与经济得失有关，请谈谈如何促进社会信用和道德的提高。

第 2 章 信用风险

信用经济因信用关系的建立而实现资源的快速合理配置,实现信用关系双方的资产增长和利润共享。但信用关系并不会总是为双方带来预期的结果。例如,当债权人将资金借给债务人后,债务人经营良好,准时还本付息,则双方都有收益;然而,如果经营不善,则债务人可能无法偿还资金而使债权人蒙受损失。在现今社会的经济活动中,无论是金融机构还是产业经济企业,越来越发现信用风险是阻碍其经营和发展的最大潜在威胁。因而,了解信用风险是利用信用以及信用风险创造价值的前提条件。本章将概述性地介绍信用风险的含义,分析一般性的信用风险来源,并简要陈述信用风险与其他风险的关系,最后对信用风险分析进行初步的讨论。

2.1 信用风险概述

狭义上的信用风险是指因交易双方未能履行合约义务而造成经济损失的风险,它可以通过对方违约时重置现金流的成本来度量。经济损失发生的可能性越高,交易者面临的信用风险越大,反之亦然。由信用风险的狭义定义可以看出,信用风险是一种有关交易双方中因其中一方无法履行义务而产生损失的可能性,它更强调因信用质量下降而造成的损失,并希望通过信用风险管理进行"减损""避险"。广义上的信用风险不仅代表损失的不确定性,还表示因信用质量变化而引起的相关标的价值变化的不确定性。此时的信用风险就不单纯指未履行义务而产生的负面影响,还含有因交易一方或双方信用水平降低而带来的机会成本升高的经济损失。

需要注意的是,在现代信用经济社会,市场中往往存在政府管制、厂商策略性行为、产品差异化和扩散等现象,这些会造成市场集中、结构性或策略性壁垒、垄断,所以真实市场并不是理想中的完全竞争市场,会具有非完全竞争市场的特性——垄断、进入退出壁垒和信息不对称。其中正是由于信息不对称,才需要对交易双方的信用质量进行有效评估,降低因信用质量下降而造成经济损失的可能性。因此,结合真实市场情况,信用风险应同时具备不确定性和信息不对称两个特征,而这两个特征也是信用风险产生的本质。

不确定性是现代经济社会中风险形成的重要原因,信用活动中的不确定性导致信用风险的发生。经济活动存在各种偶然性,使得人类在进行各种社会活动时面临许多的不确定性。在信用活动中,不确定性分为外在不确定性和内在不确定性两种。外在不确定性来自经济市场这个大环境,是经济运行过程中的随机性、偶然性或不可预测的趋势,如宏观经济环境的变化、市场资金的供求状况、政治局势、资源、技术条件等。大体上说外在不确定性对整个市场都会有影响,是系统性的,所以由外在不确定性引发的信用风险等金融风险又称为系统风险。内在不确定性主要来源于经济个体,它是由经济主体因获取信息的不充分、主观决策等造成的非系统性的影响。如企业的管理能力、产品竞争力、财务状况、信用品质等都直接影响着企业的履约能力。

信息不对称是指交易双方了解的信息程度不一致,也即一方掌握的信息比另一方要多,或交易一方掌握着另一方所不知道的信息。在经济活动中信息不对称是普遍现象,信用风险大多是在信息不对称的情况下发生的。如在银行与企业的借贷关系中,企业要比银行更清楚自身的经济状况、发展战略和面临的危机等。对贷款企业的这些信息很难全部了解,这使得银行处于信息不利地位,很可能难以收回贷出去的资金,所以信息不对称是导致银行信用风险的主要原因。信息不对称也会导致逆向选择和道德风险,市场经济不能实现帕累托最优状态,这将严重降低市场的经济效率。在金融市场中信息不对称主要包括两方面:一是金融机构(如商业银行)与监管机构的信息不对称,二是金融机构与企业之间的信息不对称。前者是指银行等金融机构向监管机构汇报好的信息,回避不利于自己的坏信息,不利信息不断地积累和放大形成了不可挽回损失的风险,监管机构不能充分掌握这些信息,不能及时采取化解风险的措施,最终导致银行的倒闭。后者是指银行等金融机构发放贷款给企业,企业对自身资金的运营情况充分掌握,银行对资金使用情况的信息掌握较少,有的企业甚至提供虚假材料骗取银行信用,随意变更贷款用途,最终给银行带来坏账,导致信用风险的发生。

信用风险的传染性可能引起大范围的信用风险发生,引发严重的金融事件。如安然公司的破产导致了花旗集团、J.P.摩根集团的信用风险,影响了美国金融界;美国次级贷款导致的信用危机通过传染影响了美国整个金融系统。很多的事实表明个体的信用风险的积累、叠加和传染、扩散很可能引发区域性、系统性的金融风险,更严重的可能是在特定的经济环境中引起整个地区宏观经济的波动。反过来讲,系统性的金融风险也影响着实体经济的发展,造成一定的冲击。不论是宏观层面还是微观层面,信用风险都直接关系着企业的发展、地区的金融发展和一国金融资产的价值,对市场利率、汇率的形成都至关重要,起到对资本流向、资源配置的引导作用,进而影响国家的经济决策及政策。信用风险的管理不仅影响着单个企业的价值和发展,还关系着宏观经济的发展和国家的经济稳定。

为了更好地理解信用风险,我们将信用风险分成两部分。如图2-1所示,企业信用风险(借款人信用风险)通常包括单一借款人、债务人、企业法人借款的信用风险,而组合信用风险则是一组借款人的信用风险,而这种分类方法的好处在于一旦出现信用损失,即可追溯到如经济、产业或是客户本身等最根本的原因上。

随着全球一体化的推进,从事跨国交易的个人和机构对信用风险的理解早已超出了"对风险溢价偿付利息"的这一基本认识。在国际结算方面,由于从事交易的不同对信用风险也产生了新的理解,主要包括三个方面:① 已进入支付渠道但尚未支付的风险,即在国际结算中,由付款人已支付的资金(或其他资产)在支付渠道由于外生原因使收款人不

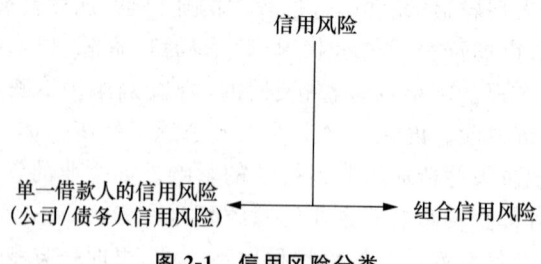

图 2-1 信用风险分类

能如约收款,如从中东国家向其他国家的汇款可能因为政治或恐怖袭击等原因无法正常支付;② 国际制裁,如有时联合国通过对某国(地区)进行经济制裁可能导致支付无法完成,尽管对方的信用质量可能很高;③ 银行倒闭,即收到交易对方支付款的银行一旦破产则会产生信用损失,但是破产前已承诺的交易会由第三方代替完成。通常由于各国的中央银行会履行集中清算职能,使得国际结算产生的风险很少在国内交易中发生。在全球范围内,国际清算银行(BIS)正致力于减少由于国际清算而产生的各项风险。另一个会导致跨国信用风险的因素是主权风险,主要发生在进行外汇管制的国家,如 1998 年在美国对其核试验进行制裁后的巴基斯坦和 1997—1998 年亚洲金融危机后的马来西亚。尽管债务人有能力对债务进行清算偿付,但其所在国却不允许。综合看,相较于国内市场,交易者在国际市场会面临更多的信用风险。

2.2　信用风险来源

　　进行信用风险管理首先需要确认信用风险的来源,无论是早期的商品交换还是如今纷繁多样的交易都孕育着信用风险。在早期,信用风险是银行签订借贷合约时首先考虑的因素,而当时的信用风险就是未来无法偿付的可能性。然而随着现代金融产品的发展,交易日趋复杂化,现代信用风险已经突破了传统的借贷信用风险,具有多种形式。下面我们首先对七种常见的信用风险来源进行简要介绍,再根据风险的性质对其进一步分类。

　　第一种信用风险源自借贷关系,这是一种由贷出方向借入方的现金流,借入方许诺在未来的特定时间内偿还的关系。第二种信用风险源自租借,出租方将租赁标的出租给承租方,承租方许诺在未来支付约定现金并偿还标的物的关系。第三种信用风险源自商品买卖中的应收项目,销售行为发生后,由买方在特定时间内进行支付的行为,在会计中被称为应收账款。第四种信用风险源自预付项目,双方实际交易发生在买方支付预付款后,如果卖方无法完成交易,不仅买方损失了预付款,还可能导致相关业务无法开展。第五种信用风险源自一方对对方管理资产的监管行为,如银行存款。居民主要是通过服务和方便程度来选择银行,而不是详细分析其财务状况。相反,具有大量现金流的企业会担心其银行存款不能兑付。因此,在选择金融机构时,企业总是慎之又慎,甚至有的企业将其资产分散在多家银行存放来避免风险。在我国,企业较少考虑存款的风险分散,这可能是因为中国的银行有政府作为最终担保者,所有银行的信用风险趋同,所以企业主要考虑银行是否会给自己的大额存款提供较高的存款利率。第六种信用风险源自未来交易索赔的权利。这种权利是基于未来某个特定事件的发生才能实现的,如投保标的损失的赔付。在投标协议签订时,被保险人并没有索赔的权利,但投标标的一旦遭受损失,索赔权利随之产生。如果保险人无法支付赔偿金,就会给被保险人带来相应的信用损失。第七种信用风险并不是标的资产直接的风险暴露,而是由于其金融衍生产品交易产生的信用风险。金融衍生产品本身具有的跨期交易和高杠杆性的特点会导致一方不愿或无力偿付,此时就会产生信用损失。表 2-1 显示了这七种信用风险的来源及其损失类型,如借款可通过银行贷款、公司债券、消费贷款、资产抵押贷款或商业票据等多种方式完成。

表 2-1 信用风险来源

信用类型	损失来源	损失类型
借款	无法偿付	票面金额
	延期偿付	货币时间价值
	强制偿付	摩擦成本
租赁	无法偿付	回收资产成本,营销费用
应收项目	商品(服务)付出后无法付款	票面金额
预付项目	无法支付	重置成本
	货物价值损失	营业成本
	延期支付	货币时间价值
	强制支付	摩擦成本
存款	无法兑付	票面金额
	延期偿付	货币时间价值
索赔权	无法偿付	票面金额
	延期偿付	货币时间价值
	强制偿付	摩擦成本
衍生工具	第三方破产	重置成本

信用风险有时是不易察觉甚至是被隐藏的,因而需要对其进行评估和管理,特别是面对信用风险溢价远低于其他投资产品的资产。事实上,信用风险是持续存在的,并且不是完全可控的。从本质上讲,信用风险由系统性风险和非系统性风险组成。系统性风险是由外部力量影响国家或经济系统中的所有企业和家庭的风险,并且被认为是无法控制的风险。例如,在经济危机时大量公司破产,从而将引发信用损失,同时会造成失业率上升和股票市场大跌等一系列消极影响。因此,可以说系统性风险对经济的影响是多角

度、全方位的。第二类信用风险被称为非系统性风险或可控风险。这种风险并不会对整个实体经济带来影响，而是针对特定的行业和企业。这种风险可以通过企业的多种交易方式控制。图 2-2 从风险的性质对信用风险的来源进行分类。

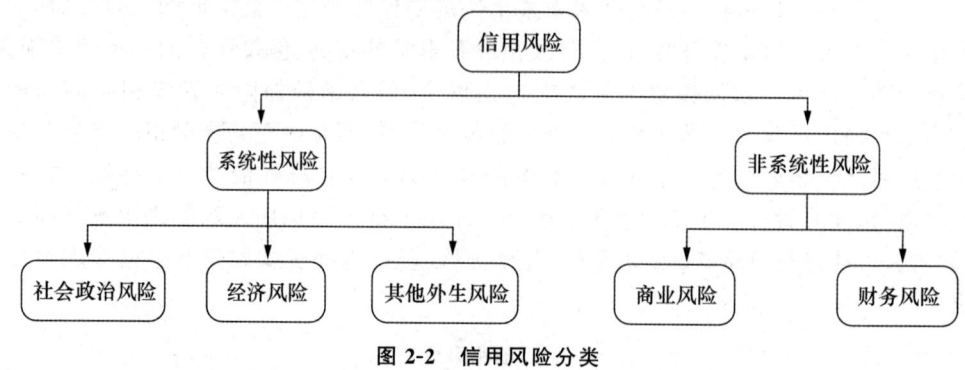

图 2-2　信用风险分类

单一个体信用风险和组合信用风险都可以由系统性风险或非系统性风险引起。对于信用风险的研究正是基于对信用风险的详细分类之上。通过信用风险分析，无论是金融机构或是大型跨国集团还是中小企业都会享受到如最大程度上减少坏账损失、交易成本、诉讼费用等一系列益处。

2.3　信用风险与其他金融风险的关系

管理风险的第一步是对风险进行识别，不同风险具有不同属性，所以正确识别风险并正确认识到风险间的关系是十分重要的，这就涉及不同的风险类别。根据属性不同，风险分为经济风险、政治风险、社会风险、自然风险和技术风险等，而根据诱发原因的不同，金融风险主要分为信用风险、市场风险、流动性风险和操作风险等。下面将对各项金融风险进行介绍和比较，重点是介绍信用风险的理解和与其他风险的关系。

1. 信用风险

如前所述，信用风险是指债务人未能履行合约规定的义务或信用质量变化给债权人带来损失的可能性，也包括因信用质量变化而引起的相关标的价值变化的风险。具体来看，信用风险可以进一步分解为两个部分：一是对方违约或信用状况变化的可能性大小；二是信用损失的价值。信用风险的大小主要取决于交易对手的资信、财务状况和标的资产的价值等。信用违约作为债务人最极端的不良表现，往往包含其他风险作用的结果。

2. 市场风险

又称价格风险，是由市场价格或利率波动而引起的风险，包括市场价格波动幅度的风险，其造成的收益和损失的不确定性和关联市场价格传导波动的风险。市场风险可进一步划分为利率风险、汇率风险、股票价格风险和商品价格风险等。由于市场价格数据容易获得并且数据量大，市场风险具有数据优势和易于观测的特点，一般可以通过数量方式来度量和管理。同时,市场中往往同时存在多种对某一项资产的价格变化具有敏感型的资产,这使得市场风险的管理是相对容易实现的。这两个特点决定了在所有风险中市场风险的管理是使用和发展最为成熟的。

与市场风险相比,由于信用损失的发生是无规律的,所以其可观察的数据通常较少,并且不易获取和积累,因此较难以进行量化测度和管理。但近年来,信用风险分析从定性和定量层面都取得了较大的发展,并出现了新的信用风险模型和规避此类风险的信用衍生产品。此外,与市场风险相比,信用风险在大多数情况下具有明显的非系统性风险特征。

3. 流动性风险

一般认为存在两类:市场流动性风险和资金流动性风险。前者是指由于市场交易量不足无法按照当时的市场价格进行交易所带来的风险;后者是指现金流不足以满足支付的义务,企业往往被迫进行提前清算的风险。流动性风险的产生可能是因为资金收支的不匹配,包括数量上的不匹配和时间上的不匹配。流动性风险会造成风险主体不得已低价变现自身资产或进行高成本融资来维持现金流,这样将导致风险主体面临严重的财务压力和资产的损失。近年来重大的流动性风险事件包括:

(1) 1990 年,新英格兰银行因其外汇和利率衍生品交易的损失导致严重的流动性不足濒临破产。

(2) 1991 年,所罗门兄弟公司面临一场由联邦国债而引起的流动性危机,公司信用和客户都遭受了巨大损失。

(3) 1998 年,亚洲和俄罗斯发生的流动性危机是导致当时一些著名对冲基金崩溃的重要原因,这些对冲基金包括久负盛名的长期资本管理公司。

(4) 2001 年年底,美国会计事务所揭露的安然财务造假丑闻导致安然的破产。

(5) 2013 年 6 月 20 日,中国的银行业出现"钱荒"。隔夜拆借利率即银行间相互借贷的利率飙升到了历史最高水准:7 日回购利率一度高达 12.45%,后又以 11.62% 收盘,这是 3.85% 的年均利率的 3 倍。

有人认为流动性风险的成因比信用风险更加广泛和复杂,通常是其他风险综合作用的结果,因此也可以将流动性风险认定为一种综合性的风险。流动性风险的产生除了因为金融机构的流动性计划可能不完善,信用、市场、操作等风险领域的管理缺陷同样会导致金融机构的流动性不足,甚至引发风险扩散,造成整个金融系统出现流动性困难。

4. 操作风险

狭义上的操作风险是指因欺诈、未授权活动、错误、遗漏、低效率、系统失灵或是外部因素导致损失的不确定性。操作风险广泛地存在于每个商业机构,主要包括:① 执行风险,即由于交易执行错误,不能执行或后台操作失误而导致损失的可能性;② 诈骗风险,即交易员故意提供错误信息而导致损失的可能性;③ 技术风险,即交易系统错误操作或者崩溃而导致损失的可能性,也包括由于无法预测的自然灾害、战争或有关交易的关键人物出现意外而导致损失的可能性;④ 模型风险,即由于错误的模型或模型参数设置不当对风险或交易价值评估错误而导致损失的可能性。广义上的操作风险包括除信用风险、市场风险和流动性风险以外的一切风险,包括:① 法律监管风险,即由于法律法规、财政税收政策和监管措施的调整导致的不可预期的潜在损失的可能性；② 管理失误，包括不恰当地使用投资策略或未能有效管理员工、交易头寸、进行事前审批和风险内控。操作风险曾引发重大损失，例如，巴林银行的破产、爱尔兰联合银行的恶性交易和安然的虚假报表丑闻。

与信用风险相比，操作风险具有非营利性、分布的普遍性和不可避免性，因此金融机构只能在一定的管理成本基础上尽可能地降低操作风险，而操作风险也可以作为上述三种风险的诱因。

根据四种金融风险的定义和相互关系，它们基本覆盖了交易的风险类型，而且四种风险彼此范围独立，因此它们之间不具有从属关系，而被认为是并列关系。在谈到风险的相互作用时，不能简单地认为"A 风险"导致了"B 风险"，而应该认识到"A 风险"会影响"B 风险"。

2.4 信用风险分析

信用风险分析是一项古老的金融活动的基础工作，它的起源可以追溯到几个世纪以前。古文明社会就有属于自己形式的贸易和金融业务，借贷的行为总是伴随对借款人偿还资金能力的考察，对信用风险的分析也随之产生。随着 18 世纪末 19 世纪初财务会计的发展，信用分析的技术也愈发系统和细节化。分析的重心从最初的资产负债表转移到损益表、现金流量表，财务的实力或者弱点、资产的充足率和流动性、所有权的分布情况。当然，尽管信用分析要考虑的因素已经越来越全面，但财务分析仍然是信用风险分析中不可分割且最重要的部分。近几十年来，信用风险分析的过程不断变化，从常规的程序逐渐演变为结合经济学、金融学、数学、信息技术的信用分析系统。

信用风险分析是从信用提供者的角度对其他的经济主体以债务的形式索取当期或者预期回报的研究。债务的形式可以是应收账款、贷款、公共证券或者其他形式。经济主体可以建立在聚合的基础上，也可以是独立个体。信用风险分析既包括主体分析也包含债务工具分析。

针对不同的信用分析主体，信用风险分析的角度和重点也往往不同，我们以常见的经济实体为例说明，看看它们分别最关心的都是哪些问题。银行/金融机构　欲对某一公司贷款时，需要考虑的问题有：信用额度的风险有多大？给定风险水平，如何进行定价？贷款经济体的偿债能力如何？公司的管理能力如何？有哪些经济、行业的因素会对公司的经营造成冲击？要回答这些问题，就要对借款人的信用风险进行考察。共同基金/保险公司　是否应该投资某公司的债券？财务状况如何？偿债能力比率多少？契约的条款是否充分？哪些主要因素可能会导致债务困境甚至违约？在给定的风险水平下，回报是否是可接受的？制造商/贸易商　是否应该对消费者扩张信用？如果对消费者提供信用，那么提供多长期限的信用？消费者享受怎样的财务地位和信用额度？托收风险是否可控？对冲基金　是否应该购买某公司的不良债权？最终索求的赔偿是否会比当下的价格更高？按照当下价格购买不良债权有哪些缺点？回报是否具有足够的吸引力？

信用风险就存在于日常的决策环境中。不论是出售价格或交货条款，还是债券投资者考虑的次级资本市场，信用风险都是其考虑的关键因素。

除信用供应商，其他相关方也可从经济主体的信用中获得相关利益。这一类经济体不涉及细节化的信用风险检查，但是他们的决策会受到经济主体信用的影响。例如一名潜在的消费者可能会通过调查生产商陷入财务困境的可能性来确保公司延续，从而可以确保自己保修、更换零件或者其他服务的实现。另外一个利害关系人是审计师。审计过程中，在评估"持续经营概念"的适用性时，审计师会对公司近期陷入财务困境的可能性进行核查。

贷款者也是信用风险分析中的利害关系方。信用风险分析能够帮助他们明白在获取更大的信用额度时，银行和金融机构普遍考虑的是什么。通过信用风险分析，贷款者不仅可以清楚地展示自身的信用水平，也可以决定最可行的融资序列。对于那些自身拥有极具吸引力商业模式的公司而言，如果它们明白自身的策略、决策和行动计划将如何影响它们的举债能力和信誉，它们就能够以成本效益比较高的利率获得融资。贷款者需要始终牢记的是，银行是吸收公众存款的机构，任何信用风险恶化的症状都可能会在贷款机构中引发信用链某一环节的恐慌，所以满足银行对信用风险的控制是他们获得贷款的前提条件。

2.4.1 信用风险分析的必要性

信用风险分析对于确保金融机构和非金融机构的财务健康具有重要作用。它直接影响到可能的坏账或者信用损失。对于银行及其他金融中介来说，随着21世纪新的挑战不断地出现，传统的信用风险度量越来越受到局限。信用评估与管理的方式正在经受着一场新的变革。

继2008年全球金融危机以来，不论是金融机构还是非金融机构，人们对于信用风险管理的重视程度都越来越强。信贷风险管理系统也不例外，银行或其他金融机构的资产负债表上的40%甚至更多是由信贷资产组成的，许多非金融机构的资产负债表上的信用资产水平也是十分显著的。这是因为信用是最主要的增加核心业务经济价值的工具。不断有新的思想、技术和工具被发明来帮助机构更好地了解和管理信用风险。信用风险分析的必要性不言而喻。

（1）审慎性。资源有限，对于利益的追求无限，所以人们对于信贷的需求是普遍的，信用扩张的冲动是忽视审慎性的原因，信用风险分析是解决该问题的一种技术手段。对于贷款人来说，他们有责任也必须确保自己的行为是审慎的，因为过度扩张的信用对于经济中的每一个主体或者个体来讲都是有害的。日本很多银行在19世纪90年代倒闭也正是过度扩张信贷的结果，而这在2008年美国次贷危机后又一次重演。非金融机构也同样会受到冲击，2009年及2010年间，中东地区（如阿联酋）的几个工程承包商由于经受了长时间的应收账款的拖欠而面临了现金危机。

过度的信贷在经济繁荣与衰退的周期循环中扮演着重要的角色。这也是为什么许多央行行长试图通过提高利息来控制经济过快增长的原因。繁荣的经济泡沫往往招致繁荣的破灭,而过度扩张的信贷常常是衰退的主因。通常大家都对高速发展的经济充满信心,金融机构也不例外。它们提供给那些过度自信的经济主体大量信贷去扩张生产或者进口,尽管市场对于其产品的需求并不多甚至已经饱和,从而导致其生产因为信贷的支持而远远超过其承受能力。由此类原因导致的坏账在20世纪90年代日本金融中介的大量倒闭和2008年的次贷危机爆发中扮演着重要的角色。在经济繁荣时期或是衰退期扩张信用是具有高度风险性的,唯一的可行选择是进行信用风险分析,从而确保扩张信用的行为不会使得风险失控。

(2) 经济衰退期破产增加。经济衰退是常见且难以避免的,尽管每一次发生的诱因因国家和地区的不同而不同。在经济衰退期,破产企业数量会大量增加,历史上有许多例子可证实我们的观点。正如我们之前提及的,日本经济尚未完全从20世纪80年代的繁荣后的大衰退中恢复过来,拉丁美洲的国家却经历了很快的经济周期的更迭。东南亚地区在1997—1998年经受了经济危机,中东国家在1998—1999年间经受了经济衰退。2008—2010年间,美国面临大量的失业经济增长乏力和经济的衰退。面对破产的可能,贷款者和借款者进行精确的信用风险分析的重要性不言而喻。

(3) 竞争加剧。随着竞争的不断加剧,企业面临的价格压力也随之增大。利润不断降低,之前维持的坏账水平也变得不能接受。换言之,随着回报的减少,风险资产应随之减少。所以,不断加剧的竞争也是更为严格的信用风险分析的原因。

(4) 资产或抵押品价值的波动。抵押品提供补偿的时代已经过去了。随着市场竞争的不断加剧,贷款人很难坚持要求抵押,同时,正如我们在20世纪80年代日本经济、1997年东南亚的经济危机以及2008年美国经济危机中看到的,抵押品本身的价值波动剧烈。房地产的价格在世界上不同的国家大起大落,在繁荣期间达到历史高点,但相比于扩张的信用可能连一半都不及。同样,正如车辆出租人所证实的那样,如果价格急剧下降,许多承租人将会选择违约并返还车辆,因为他们可以用尚未支付的租金去购买新的车辆。

(5) 不良资产。不良资产用来指那些处在可能成为信用损失边缘的信用资产。换言之,它们展现出很高的成为坏账的风险倾向。不良资产管理对于银行和那些提供给消费者信用的非金融机构而言都是很大的挑战。制约银行竞争力的一个主要因素就是自身积累不良资产的倾向。在2009年间,美国、欧洲许多银行总的不良资产额是很高的。在竞争中,高效的信用风险管理应当检查经济主体积累不良资产的倾向性。

(6) 信贷损失的巨大冲击。人们普遍接受这样的看法,即小部分的坏账是可以接受的,且不会带来太大的损失。然而,情况并不如人们所普遍接受的那样,即便是很少量的信贷融通,当它转变成坏账之时,也会给企业带来难以承受的损失,尤其对于银行以及在竞争激烈的行业中经营的金融中介机构。我们不妨举个例子:假设一家银行,在2%的息差环境下,经受了200万美元的信用损失,那么为了收回损失,它需要部署1亿美元来进一步扩大贷款。为了弥补损失而增加额外的业务量是造成损失业务量的50倍。因而,减少信用损失是最好的选择,而不是通过增加50倍的业务量来确保足够的风险回报,同时要在之间进行充分的信用风险分析。

（7）有限责任主体的增加。有限责任公司是人类的一大创意，它的出现为人类在19世纪中叶扩张世界贸易提供了可能。不同于独资企业或者是普通的合作伙伴关系，股份有限公司的股东或者所有者以其认购的股份为限对公司承担责任。在加速风险承担的同时，这种新的制度将沉重的负担从股东的身上转移到债权方来确保公司的信誉。相应地，债权人首先得保证公司的现金增值能力，否则除非他们能够得到公司股东的无限担保才会贷款给公司。另一个股份有限公司制度的必然结果是在公司的所有权和管理权分离下的财务报表公开。审计财务报表，最初是公司股东和管理层之间的沟通工具，现在被更多的外部主体所使用，债权人也在其中。

（8）风险收益匹配。不同的风险水平要求不同的回报水平。随着风险的增加，作为承担更高风险的补偿也应随之增加。一个优质的信用风险分析架构可以帮助我们更好地理解扩张信贷时涉及的风险，帮助我们更好地给风险定价。每一笔信贷交易不仅应该被彻底分析，进行风险缓释，还应该做到充分定价。不进行信用风险分析时，在可以预测的结果下，我们可能会承担很高的风险而并未要求足够的回报。

（9）金融脱媒。随着二级资本和债券市场的扩张和发展，许多信誉良好的企业，尤其是规模较大的实体，选择直接吸收公众的资金来满足企业发展需要，发行公司债、商业票据和债券是流行的做法。而那些信誉不足以支持其发行债券的公司仍然依赖于银行和其他的金融中介。而信誉较差的借款主体比例的增加可能降低信用资产组合的质量，因此，我们自然就能得出结论，贷款人必须保持警惕。

（10）表外交易。随着商业环境和企业性质逐渐复杂化，人们开始寻找其他的能够减少或转移风险的交易。各种不同类别和形式的衍生工具被用来帮助控制外汇风险、利率波动、大宗商品的价格波动等，其他的表外交易如经营租赁、附有追索权的保理业务、票据贴现等也被经常使用。而这些表外业务或有负债有时带来的业务也会给企业带来麻烦甚至导致破产。这一点在2008年雷曼兄弟公司以及其他一些金融中介的破产中得到了很好的证实。因此，深入的信用风险分析是必要的，尤其是对于一个广泛运用衍生工具的企业而言。

综上所述，我们应对信用风险进行深入的研究和管理。在本书中，我们将讨论如何系统地管理信用风险。

2.4.2 信用风险分析要素

对贷款人进行信用风险分析，是为了决定是否要扩张信用，或者是否撤回当下对某客户的一系列信贷融资。信用风险分析的要素取决于所评对象的具体情况。例如，所评对象是主体还是信用工具；主体是中央政府、地方政府、银行、生产型企业还是个人；信用工具是债券、应收账款还是信用衍生产品。对信用主体的信用风险分析可以从外部环境逐层分析到主体自身的各个组成部分。下面就将以从上而下、从宏观到微观的角度阐述信用风险分析的要素。

现代信用风险分析包括财务分析和非财务因素分析,这些因素都是相互联系的。非财务因素分析即经营风险分析,主要包括宏观经济环境和政策分析、行业风险分析、竞争地位分析、管理风险分析。财务风险分析主要包括财务决策、现金流预测、资本结构、利润等财务指标分析。

(1) 宏观经济环境和政策分析。在每次经济危机或金融危机中,都有许多公司同时破产清算,这表明宏观经济状况对企业信用风险而言是有系统性的影响的。当然宏观经济环境的改变对不同公司的信用风险的影响可能是不同的,信用风险分析师的职责就是确定哪些宏观经济因素作用于公司的信用水平及其影响程度。通常来讲,总体上宏观经济环境越好,企业的违约率也就越低;而总体的经济环境较差,企业的违约率就会相对较高。新巴塞尔协议建议商业银行采用类似于 Credit metrics 的风险敏感计量模型,将宏观经济的周期性波动因素对信用风险的影响考虑进去,更加准确地评价个体的信用风险。所以,对宏观经济环境和政策的分析在很大程度上影响着信用风险的评价。

许多信用评估服务公司在其模型中考虑了宏观经济因素。例如,在评价宏观经济环境对债务人信用风险的影响时,麦肯锡公司将宏观因素与转移概率之间的关系模型化,采用了 Wilson 的建模思想,建立了宏观经济模拟模型,通过有条件转移矩阵来取代以历史数据为基础的无条件转移矩阵,从而求出经济周期的敏感值。

(2) 行业风险分析。行业分析主要是要了解整个行业的基本状况和发展趋势。行业的成熟度、与经济周期的关系、行业的盈利能力等是决定行业发展趋势的重要参考指标,同时还决定着企业面临的竞争情况和经营难度。行业风险分析是信用风险分析的重要因素,如果企业处于不稳定的行业而且其竞争力较弱,那么出现违约的概率就较高。我们认为对行业风险的分析可以从以下几个方面来考虑,它们是行业的周期性、行业的成熟度、行业内的竞争程度、行业进入的难易程度、成本结构、行业相关的法律法规、替代品的潜在威胁等。当然,这几个方面没有固定的重要性排序,在不同的行业每个方面的重要程度是不同的。

(3) 竞争地位分析。竞争地位是指企业在目标市场中所处的位置,也是企业在制定战略目标时要考虑的主要因素。信用风险分析师在对企业进行信用风险评价时,考虑到该企业在业内的竞争地位往往是判断这个企业生存能力的重要指标。企业只有通过不断地研发、技术更新、提高管理能力,在行业内取得较好的竞争优势,才能长期发展并壮大,立于不败之地。竞争处于优势地位的债务人,才会有利于其信用风险的评级。结合行业风险分析和债务人在行业中的竞争地位分析,对债务人的信用风险进行综合评价,可以更加准确地估计企业的潜在信用风险。

(4) 管理风险分析。管理风险主要是指在企业的管理过程中,因为信息的不对称、管理方式的不得当而出现判断失误等影响企业的管理水平和发展状况。管理风险也影响着债务人的信用风险评价,因为管理的水平对一个企业的发展至关重要,体现在每一个细节中,管理者的能力素质、组织结构、企业的文化、管理的过程和执行力度等都关系着企业的发展和经营的成败。对于债务人的信用风险评价还要看他为公司战略发展所愿接受的风险程度。在管理的过程中客观的分析是必要的,它反映着债务人所能接受的风险水平,所实现的投资回报,以及风险与回报之间是否得当。可见,管理对公司的发展、企业的信用评级至关重要。

(5) 财务风险分析。财务风险分析是信用风险分析师关注的首要部分,它关系着债务人的资产、负债、资金流动性等方方面面,也关系着偿还债款的能力。而财务风险主要是指企业内部因财务活动处理不当而发生的难以预料的因素,致使企业在一定时期内的财务成果与预期的结果发生偏差,使企业蒙受经济损失。财务风险的发生很可能导致债务人的资金流出现问题,致使违约率升高。财务风险是客观存在的,债务人只能通过详细的财务分析来降低风险而不能消除它。

财务风险分析大多是定量分析,主要涉及财务决策、现金流预测、利润、资本结构、财务弹性等。财务比率综合分析是对财务方面的详细考察。例如,杜邦财务分析体系和沃尔比重评分法将各项财务分析指标作为一个整体,一个系统、全面的体系,综合地对企业财务状况和经营情况进行剖析、解释和评价。

杜邦财务分析,财务指标系统全面评价企业的偿债能力、营运能力、盈利能力及其相互之间的关系。基本特点是以净资产报酬率、资产净利润率为核心,将偿债能力、资产营运能力、盈利能力有机结合起来。

沃尔财务分析,选定了七项财务比率,即:流动比率、自有资产对固定资产比例、自有资产对负债比率、应收账款周转率、存货周转率、固定资产周转率、自有资本周转率。以指标的行业先进水平作为标准值,比较、确定各项指标的得分及总体指标的累积分数,给出企业财务状况的综合评价和信用等级。

对于财务风险分析至少要关注四个重要领域:资产负债表、盈利性、现金产生和财务弹性。资产负债表用以确定公司的债务和支撑这些债务的资产质量。仅仅分析负债或权益的结构不足以判断信用质量,比较包括资产负债表外的所有债务和资产的现金产出能力是至关重要的。盈利性是衡量经营的生存能力、变动性、价值和业绩的良好工具,尤其是在与竞争者相比时。现金产生之所以重要,是因为偿付债务需要现金。比较现金产生的能力和对现金的需求,包括偿付债务的需求,是财务分析中最关键的部分。财务弹性用于鉴定公司在经营中经受波动的能力。当环境发生变化时,多保存现金和减少负债具有决定性作用,对于信用度低的公司尤其如此。

在信用风险分析技术发展的历史过程中,人们开发了很多信用分析工具,但在分析具体债务人的信用风险要素时仍然或多或少与传统的"5C 模型"有关。即品德与声望 (character)、资格与能力(capacity)、资金实力(capital or cash)、担保(collateral)、经营条件或商业周期(condition)。"5C 模型"是传统的信用风险分析模型,现代信用风险分析技术对模型进行了改进,使其能应用于更广泛和更综合全面的信用风险分析。

2.4.3 信用风险分析面临的挑战

许多经济主体,尤其是银行和其他的金融机构,在试图扩大投资,保持或提高利润收入时,往往因为信用风险选择的决策失误而最终导致破产。几乎所有的银行破产都有这样的特征,管理层,包括首席执行官和董事会,基本都没能成功地理解并应对信用风险带来的挑战。

信用风险分析既是一门科学,也是一门艺术。它是建立在既定的原则和合理的逻辑之上的。同法律、股票分析一样,信用风险分析并不是一门精确的科学,对于原则的理解和运用因分析师的不同而不同。分析包括调查,搜集重要的事实和数据,并将它们以一种连贯的、富有逻辑性的、易于理解的方式展示出来,从而能够提出具体的判断和意见。

2008年的次贷危机引发了一系列关于信用风险分析的可靠性的问题。期间,许多公司遭受的信用损失使得它们几近破产。争论在于是放弃使用合理的信用分析方法的结果,还是信用衍生工具提供的保护性所导致的欺骗性造成的。但不管怎样,信用风险分析还面临诸多挑战。

(1) 数据的可靠性。在进行信用风险研究的过程中,分析师需要大量关于宏观经济、行业借款人的数据信息。财务报表是主要的数据来源之一。通常来说,年度财务报表是经过审计的,很少弄虚作假。但是,信息的披露是有限的。通常银行、金融和信贷机构严重依赖于经审计的账目,因为这些报表是由财务专家审核的。然而,一些账目表现十分优秀的机构的倒闭,仅仅发生在财务报表被审计机构审计发行的几个月之后,这使得人们对于经审计账目的可信性持怀疑态度。如表2-2所示,展示了几宗著名的审计丑闻案例。

表2-2 著名的破产案

公司名称	审计事务所	被审计公司倒闭年份
安然公司	安达信	2001
雷曼兄弟	安永	2008
萨蒂扬电脑	普华永道	2009

2001年庞大的美国能源公司——安然公司破产前虚构财务数据,作为世界最大五家审计机构之一的安达信,不仅未能合法审计安然公司,而且还帮助安全毁坏违法证据,扮演帮凶角色。安然破产后,安达信也失去了审计资格的基础,被吊销了审计许可,歇业倒闭。表2-2所示的案例揭示,数据的不可靠性不仅来自企业,而且还可能来自我们通常信赖的审计机构,这其实也体现出信用风险问题。

(2) 盈利能力/业务报酬。银行和金融机构也是商业化的,以盈利为目的,利润是关键的驱动因素。管理层通常瞄准更高的利润,以便为其赢得更高红利、为股东带来更多分红。但有时,过度专注于盈利将会使得管理层忽略承担的风险从而导致灾难性的后果。

(3) 不可预知的未来。对借款人的信用记录进行分析是建立在"过去的记录能够为将来提供可能的粗略的参考"的基本假设之上的。因此,分析师的工作涉及分析过去的信息和理解及其对于未来的参考意义,这对于分析师而言是一个巨大的挑战,因为分析的结论可能会因为宏观经济、行业领域甚至是借款人自身的变化而变得无效。因此,通过对准备情景进行分析,分析师可能会在三种情形下建立分析:基本情形、现实情形、最坏的情形。通常而言,三者之中,最坏的情形即为借款人违约的情形。因此,分析师必须通过适当的契约和条款来确保还款来源。

（4）风险模型的可靠性。从20世纪90年代末起，风险模型被广泛应用于风险的衡量和资产的定价当中。在2008年全球经济危机之后，风险模型的可靠性受到质疑。通常而言，模型随着其前提假设与现实差距的增大和复杂度的增加而使得可靠性减弱。

但这并不意味着统计技术和模型在信用风险分析中不能被采用，它们在银行和金融机构的风险管理中起到基础性作用，但从业者、监管者、学者和模型设计者必须知道模型的局限性并合理期望模型所能做的。在模型分析盛行时期，往往存在这样的案例，我们总是赋予模型更多的意义，却忽略了信用专家或信用分析师的个人判断。

练习题

一、选择题

1. 信用风险产生的本质特征包括（ ）
   A. 资金短缺　　B. 不确定性　　C. 信息不对称　　D. 道德水平低
2. 下列选项中，不属于常见的信用风险来源的是（ ）
   A. 硬件系统　　B. 应收项目　　C. 索赔权　　D. 金融衍生产品
3. 财务风险分析应关注的重要领域不包括（ ）
   A. 资产负债表　　B. 盈利性　　C. 宏观政策　　D. 财务弹性

二、简述题

1. 信用风险有狭义与广义之分，试分析信用风险在狭义上与广义上的区别。
2. 从系统风险和非系统风险的角度来分析信用风险所具有的重要意义，请从经济学和信用风险管理的角度说一说你的理解。
3. 信用风险虽然是金融风险的一种，但其表现出非常不一样的特点，请通过实际发生的其他金融风险和信用风险的案例，尝试分析其不同之处。
4. 现代信用风险分析包括财务因素分析和非财务因素分析，试说明二者具体包括哪些内容？
5. 信用风险分析依然面临重要的挑战，根据你的理解，信用风险分析的难点有哪些？

第 3 章 信用风险测度概论

随着金融工具的复杂性以及丰富程度的提高,信贷资产与金融环境的联系日益紧密,众多类别的风险逐渐融入信贷过程中。信用风险存在于整个信用过程的各项活动之中,是信用提供者面临的主要风险。实施信用风险管理有助于减少违约损失、保障资产安全。信用风险测度是信用风险管理的重要组成部分,指的是信用资产的提供者运用特定的分析技术对引起信贷资产风险的因素进行定量分析,旨在度量借款人的预期违约率和可能造成的违约损失。

无论是在单项资产层面还是在投资组合层面,信用风险测度对于信用风险管理都至关重要。投资组合风险是单项资产风险的加权平均,单项资产的信用风险测度是投资组合风险测度的基础,在本章中,我们主要以单项资产中的信用风险为例来引述信用风险测度。信用风险存在着许多度量指标,例如,信用评级、信用评分、VAR 等,由于单一指标无法全面考察信用风险因素,可靠程度有限,因而我们往往采用多个指标进行综合评判。本章介绍四个基本的信用风险衡量要素,分别为信用风险暴露、违约率、回收率和期限。

这四个要素构成了信用风险模型的基础,任何理论和实务模型都试图准确地刻画这几个要素。当然在现实生活中,经济主体的信用风险并不是一成不变的,借款人的违约风险与市场风险乃至整个经济环境都息息相关,动态考察风险能实时观测借款人的信用状况,特别是在市场波动较大的情况下,有助于调整借款人的信用预期,提前采取措施保护风险头寸。

3.1 信用风险的度量

3.1.1 信用风险暴露

信用风险暴露(credit risk exposure),也称作信用风险敞口,是信用工具在有效期内处于风险之中的资产数量,一般情况下,可以看作是借款方违约时信用提供者可能损失的最大额度。除了违约风险,信贷资产还可能存在利率风险和汇率风险。在没有进行风险对冲的情况下,外币借款的信用提供者将有汇率风险敞口,固定利率借款的信用提供者将有利率风险敞口。

作为衡量信用风险的基础,暴露是风险资产最直观的表示,在风险管理者的文件中常常出现。在信用风险测度的过程中,不同指标或模型所得出的结论往往不一致,信用风险的暴露则摒弃了其他信用指标和模型的复杂计算过程与度量方式,简单直接地给出了未加保护的风险头寸,这是信用提供者可能遭受的最大损失。然而,随着金融衍生工具的发展,信用风险往往和其他标的物相关,信用风险敞口的度量也越来越复杂,需要借助于一系列统计模型工具进行计算。例如,摩根士丹利发明的本金与汇率相互联结的证券,从表面上看是一种普通的债券,但是实际上偿付本金与不同外汇汇率相联结,更像是有杠杆效应的外汇投机工具。其风险之大使得普通债券不能与之相提并论。

下面介绍三种信用风险暴露的概念:总暴露(gross exposure)、净暴露(net exposure)和调整暴露(adjusted exposure)。

总暴露是指在最坏的情况下损失的绝对数量。在大多数情况下(除了长期供给协议和衍生品),总暴露的计算非常简单。例如,如果银行向某客户借款1000元,该笔交易的总暴露就是1000元加上预期的利息支付。一般情况下,贷款的期限越长,风险越大。总暴露代表的只是交易可能损失的绝对数量,并没有考虑到时间的因素。因此不能单独使用总暴露给债务人评级。

净暴露指的是总暴露减去抵押物价值后的剩余值,也就是说,当债务人用抵押物来减少交易的风险时,可调整的总暴露以反映抵押物出售后的所得使信用风险损失减少。同时在考虑抵押物的真实价值时需要注意以下三点:

(1) 抵押物有可能同时为不止一个债务作抵押,须考虑抵押物的优先受偿顺序以及在债务人破产时债权人所能取得的抵押物份额。

(2) 抵押物可能会大幅贬值。抵押物的价格具有不确定性,易受市场价格波动的影响,特别是在经济衰退时,伴随着市场价格的不断下降,抵押物往往需要降价才能出售。如果某抵押物的账面价值为100万元,但是市价为80万元,这种情况下的净敞口会在原有的基础上增加20万元。例如,银行通常会将财产的留置权[①]作为贷款协议中的一部分,如果债务人违约,债权人有权占有该财产。然而,一旦房地产危机发生,房地产的留置权便会变得几乎一文不值。1991年日本经济泡沫破灭,房地产价格狂跌,跌幅高达64%;1997年香港楼市泡沫破灭,房地产价格跌幅达到55%;2008年美国次贷危机发生,房地产价格下降41.5%。

(3) 抵押物的变现风险。抵押物应具有一定的流动性,能迅速转换成现金或其他流动性强的资产。如果抵押物的流动性不高,债权人将很难将其变现,例如,以房地产的在建工程作为抵押,一般难以变现,而且在房地产商资金链断裂时可能会变成烂尾楼。例如,1995年沈阳日汇大厦因资金缺乏成为烂尾楼,欠下银行和中小债权人共计两亿多元的债务。

调整暴露就是净暴露乘以预期违约使用额(usage given default,UGD),调整暴露也被称为违约风险暴露(exposure at default,EAD)。违约使用额指的是在公司破产时贷款

---

① 留置权是指债权人按照合同的约定占有债务人的动产,债务人不按照合同约定的期限履行债务的,债权人有权依照法律规定留置财产,以该财产折价或者以拍卖、变卖该财产的价款优先受偿。

的预期使用率。如果有可靠的数据表明债务人在贷款时的所得贷款在绝大多数情况下都不会完全投入使用,那么债权人则可以合理地按一定的比例减少信用风险暴露。循环贷款就是一个很好的例子,它是一种常用的商业银行贷款,银行根据债务人的信用情况和抵押物价值给予债务人一定的贷款额度,债务人可以根据自己的需要取款和还款,具有用款快捷、利率优惠①的特点。因此,很多大公司尽管不需要那么多资金,但为了其财务的灵活性仍然会向银行办理这样的贷款。在这种情况下,贷款的利用率就相对较低,一般在15%—20%。

现实中,我们很少直接使用总暴露,而是会根据客户或类似客户的历史信用记录谨慎地进行调整。以上三种不同信用风险的暴露:总暴露、净暴露和调整暴露,作为信用风险的衡量指标,它们分别从不同角度考虑风险敞口的大小,总风险暴露是债权人的损失上限,净暴露在总暴露的基础上考察了债权的抵押品价值,调整暴露考察了贷款的使用率,至于具体选用哪种风险敞口则取决于敞口的具体情况和公司的风险管理理念。风险管理并不是一门精密科学,相比于直观的量化分析,它往往还需要人们自身的判断。

公司通常会根据自身、合作方、产业和国家的状况设立信用上限,即公司能够承受的最大信用风险损失。交易中产生的信用风险暴露会增加公司的信用风险,从而使公司进一步接近信用上限,降低公司的风险承受能力。对于投资组合,如何将公司的信用风险进行有效的分散便显得尤为关键。

3.1.2 违约率

违约率(probability of default,PD)是指借款人在未来一定时期内不能按合同要求偿还债务或履行相关义务的可能性。在信用风险测度中,主要指债务人不能按契约偿还债务本息的概率。

首先需要明确的是,违约率在任何信贷过程中都是存在的,并且在数值上大于零。即使经济实力雄厚的企业或国家,也存在违约风险。管理失误、意外事故、竞争格局改变、政策变动等事件均可能导致这些经济体无法产生足够的现金流来偿还它们的债务。一般情况下,大企业或大型银行一旦违约会给经济造成巨大的灾难,甚至产生多米诺效应,因此政府总会想出解决的办法来防止这样的事情发生。然而,在2008年金融危机中,作为美国最大的金融机构之一的雷曼兄弟,在失去政府的信贷支持以及其他机构的援救后几乎一夜间破产清算,这造成了债权人数百亿美元的损失,打破了人们对金融机构"大而不能倒"的臆想。

政府也不一定能够偿还它的债务。虽然人们普遍地认为政府可通过提高税收和削减支出来偿还债务,但是现在越来越多的国家,甚至一些发达国家过度依赖外债,无法依靠国内收入偿清,导致其不得不向其他国家和国际组织申请援助。除了较早的俄罗斯、阿根廷等国家的债务危机,近年来紧跟美国次贷危机后发生的冰岛、爱尔兰和希腊等欧

---

① 因为循环使用具有短期贷款、长期使用,长期贷款、短期利率的优点。

洲国家的主权债务危机也是典型的代表。1998年俄罗斯政府宣布延期偿还所有债务、放任卢布贬值，并且对一部分到期债务违约。可见，即使有国家信用的隐含担保，违约风险也仍然不容忽视。

违约率与信用工具的偿还期限之间存在正相关关系，对于同等质量的信用工具，期限越长违约率越高。此外，违约率也只有在给定时间范围的情况下才有意义。例如，某企业有3%的概率会违约这样的说法就不严谨，如果考虑的是一年期的违约可能性，正确的表述方式应该为某企业有3%的概率在一年内会违约。

由于无法直接观察到违约率，一般需要经过两个步骤进行计算：
（1）分析该实体的偿债实力，并依照该指标划分其等级。
（2）利用历史数据，求出拥有相同等级实体的违约频率，该频率在一定可靠程度下可以作为该实体的预期违约率。

3.1.3　违约率测算

通常我们所说的违约率指的是历史违约率，历史违约率是根据历史数据测算的债务人的实际违约比例情况，需要建立在较长的期间和较大的样本量的基础上，否则便失去了统计可靠性。一般来说，如果信用评估是对真实资信的准确反映的话，相同信用等级的公司的违约率也大致相同，我们可以借助既有的信用级别来估算违约率，用于预测具有相似信用级别的债务人违约的可能性，也就是计算同等信用级别的企业的历史违约频率。尽管这种方法没有考虑信用级别评定的主观性以及相同级别公司的具体差异，但是它操作简单，并且从历史数据来看可靠性也比较高。例如，如果在评级为AA的公司中，过去五年内发生违约的公司的比例为3%，人们可以据此推测一家具有相同评级的公司在未来五年的违约率为3%。

下面我们来介绍累积违约率（cumulative default rate）和边际违约率（marginal default rate）。累积违约率度量的是从初始日开始至第T年时间内发生违约的总频率，上述的3%违约率指的即是累积违约率；边际违约率指的是在第$t(0 \leqslant t \leqslant T)$年内发生违约的频率。正如图3-1所示，$d_t$表示的是第$t$年内的边际违约率，$C_t$则表示从初始日到第$t$年内的累积违约率。若公司在两年内违约，意味着公司在第一年内违约，或者第一年内并没有违约而在第二年内才违约，因此$C_2 = d_1 + (1-d_1)d_2 = 1-(1-d_1)(1-d_2)$，其中$(1-d_1)(1-d_2)$表示债务人在第一年和第二年都不违约的概率。由于公司的信用状况只有违约和不违约两种情况，因而债务人在第t年的累积违约率等于1减去这t年来债务人都不违约的概率。

一般地，T年期间的评级级别为R的债务人的累积违约率为：

$$C_T(R) = 1 - \prod_{t=1}^{T}[1-d_t(R)] \tag{3-1}$$

其中$d_t(R)$是信用级别为R的债务人在第t年的边际违约率，在实际应用中可以用信用级别为R且在t年违约的债务人数量占第t年年初所有未违约的R级债务人数量的

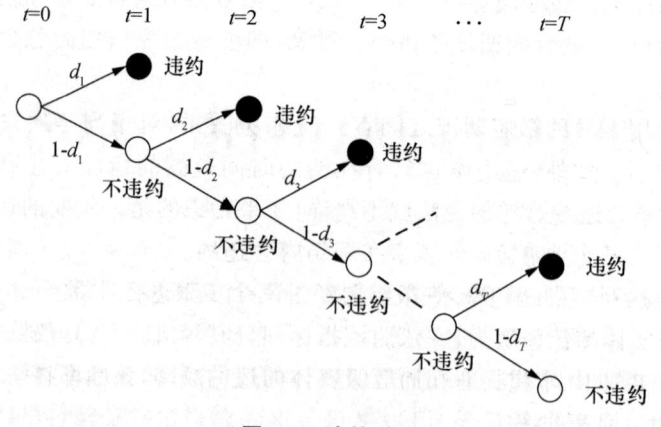

图 3-1 违约过程

百分比来表示。此外,在 T 年内不同年份的边际违约率并不一定相等,但我们可以通过累积违约率来计算平均违约率 d:

$$C_T = 1 - \prod_{t=1}^{T}(1-d_t) = 1-(1-d_t)^T \tag{3-2}$$

当 d_t 为已知时,平均违约率 d 是此等式的解,即

$$d = 1 - \sqrt[T]{\prod_{t=1}^{T}(1-d_t)} \tag{3-3}$$

对于任一信用等级,从公式(3-1)可以看出,时间越长,累积违约率越高。信用等级高的借款人即使其边际违约率趋近于零,由于累积效应的存在,若干年后的累积违约率会显著大于零。而边际违约率则并不具有这样的特点。一般来说,信用级别高的公司的边际违约率会随着时间推移而上升;初始信用级别低的公司边际违约率则会随着时间推移而下降。这主要是因为,在外界环境不断变化的情况下,高信用评级的公司其经营状况会发生变化,很难保持偿付能力不变,并且随着时间的变化发生突发事件的可能性也增大,因此违约率往往会上升;相反,低信用级别的公司经过开始的几年时间在激烈的竞争中生存下来了,公司经营状况得以改善,其边际违约率会逐渐下降。前者称为均值回归效应,后者称为生存效应。

3.1.4 回收率

一般情况下,信用违约不会导致总风险敞口的金额全部损失掉,债务人违约后债权人往往能够获得一定的补偿金额,补偿金额占总暴露的百分比被称为回收率(recovery rate, RR)。与回收率相对应的概念是违约损失率(loss given default, LGD),违约损失率指的是债务人违约给债权人带来的损失的严重程度,反映了得到补偿后的净损失,因此,RR=1-LGD。一旦债务人破产,债权人有权获得剩余资产,而其债务的法律结构也影响债务最终能够收回的金额。

影响违约回收率的因素有很多,主要分为借款人状况、债务特征、制度、宏观经济状况等方面。借款人特征指的是借款人的信誉、资本结构、净资产规模等;债务特征指的是债务的规模、偿付优先级、是否存在抵押质押担保;另外,制度也是影响回收率的重要因素,在不同的破产法和破产程序下违约债务清偿的结果也会不同。

(1) 偿付优先级。债权人的回收金额取决于债务人欠下的债务在所有债务中的偿付优先级,偿付优先级一般会在借款的相应条款中拟定,优先级越高回收率也就越高。对于股份制有限公司的破产,法律规定在破产宣告以后,由破产清算组接管公司,对财产进行清算、评估、处理和分配。大多数国家为解决公司的求偿权问题,在正式的破产程序中都会设置清算组,并根据本国国情为公司的债权人制定啄食顺序(pecking order)。啄食顺序表明企业破产时不同债权人索取补偿时的优先顺序,这就造成了不同类型债权人的补偿率差异。清算的收入要根据绝对优先原则分配,该原则规定了首要是对拥有最高优先权的债务人进行偿付,如果资金分给优先债权人后仍有剩余,再分配给普通债权人。此外,不同国家的破产法规定也会导致企业的清偿顺序不同,表 3-1 所示的是中国和美国的破产程序规定的偿付先后顺序。

表 3-1 中美企业破产清偿顺序

优先级别	中国企业破产法 债权类型	美国联邦企业破产法 债权类型
最高(首先支付) ↓ 最低(最后支付)	担保债权	担保债权
	破产费用和公益债务	破产期间的贷款
	所欠职工工资和补助费用	破产期间所欠商品和劳务费用
	欠缴的社会保险费用和税款	税款
	破产前未担保的普通债权	破产前未担保的债权
	股权	股权

(2) 债务人的资产状况。一般来说,债务人资产的市场价值越高,回收率也越高;有形资产比无形资产的回收率高;增值空间大的资产或利润率高的公司,它的回收率也相对较高。

有时一个债务人会同时有多个不同种类的债务,这些债务由于其所受保护程度的不同,信用级别也相应不同。较低优先权的债券的评级一般会比较低,回收率也相对较低。例如,银行贷款通常是有担保抵押的,回收率比较高,通常在 60% 左右。而次级债务的回收率就要低得多,一般在 20%—30%。

(3) 宏观经济状况。如果经济处于扩张阶段,公司的经营状况相对较好,即使公司破产,破产企业的资产价格也相对较高,回收率可能会比较高。相反地,如果经济处于衰退阶段,回收率就可能会比较低。

3.1.5 期限

期限就是指约定的债务偿还时间,按照信用工具的期限,可以将其分为长期信用工具和短期信用工具两类。从流动性角度来讲,短期信用工具比长期信用工具的流动性强,能够在市场上较快地兑换成现金。从财务预测角度来说,时间越长,公司经营的不确定性就越大,借款人的长期财务实力比其短期的资金实力更难预测,信用工具的风险越大。此外,根据相关研究,违约率和违约损失率会随着时间的推移而增加,信用工具的期限越长,到期时违约的可能性越高,并且能够收回的款项越少。因而可以将期限看作是信用风险管理中的主要衡量指标,在现实中,风险管理人员一般也偏向于短期信用工具。

在大多数情况下,期限的确定很简单,大多数的信用工具交易都有明确的结束日期。贷款的期限是贷款人从借出贷款到收回贷款的这一段时间,债券的期限是债券从计息日起到偿还本息为止的时间;如果是从二级市场购入的债券,债权人持有债券的期限是从买入债券到完成偿还本息的时间。例如,如果一笔应收账款有60天的付款期限,其期限就是60天;如果贷款必须在10年内偿还,其期限就是10年。

在债务提前偿还或做展期时,债务的实际偿还期限会和合同期限不一致。对于贷款,提前还贷会缩短贷款期限,贷款展期会延长贷款的期限;对于债券,债券回购会缩短贷款期限,债券展期会延长债券偿还的期限。提前偿还债务是借款人信誉良好的体现,当借款人有较多富余资金时,一般会选择提前还款,这样既可以防止不测,又可以减少利息成本。但是一些金融人士认为,提前还贷是一种违约行为,会减少借款人的收益,并且打乱借款人的资金安排。在企业经营困难时,企业会推迟债务的付款日期,债务展期是债务人和债权人达成的挽救企业经营失败的非正式协议。债务展期是企业财务状况变坏的表现。

合同的法律期限和实际期限的不一致常见于住房按揭贷款。对于提前偿还住房贷款,各银行的规定是不一样的。例如,在我国,工商银行和招商银行规定住房按揭贷款提前还款需在一年以后,中国银行规定不满一年的贷款提前偿还需要支付六个月的罚息,其他银行也普遍存在不满一年贷款提前偿还的罚息规定,这主要是因为银行办理住房按揭贷款时需要耗费很多的成本费用,贷款一年的利息不足以支付这笔费用,需要采取措施限制贷款人的提前还款行为。

根据前面介绍的几个概念,我们可以为贷款或债券的信用风险做综合的判断,其中,常用的是预期损失(expected loss):

$$预期损失 = 信用风险违约率 \times (1 - 回收率) \times 资产风险敞口$$

$$预期损失率 = 预期损失 / 资产风险敞口$$

预期损失是一定时间内债权人在正常经营过程中可以预期的资产损失额。预期损失可以作为信用风险的重要衡量指标,通过对资产风险敞口、信用风险违约率和回收率的计算,可以对资产的未来损失提供一个比较科学的预测。

3.2 信用风险测度的发展

3.2.1 信用风险测度的重要性

信用风险识别、信用风险度量和信用风险监控是信用风险管理体系的三个主要构成要素。信用风险识别环节所要解决的问题是充分认识风险,通过对影响信用风险的因素和机制进行分析,为信用风险度量提供依据。信用风险度量是信用风险管理体系的核心内容,主要是对信用风险的成因及影响因素进行分析和量化,来测度借款人的违约率,并利用违约率进行信用评估。信用风险监控是在信用风险识别和度量的基础上,对客户的财务状况进行及时跟踪和分析,当客户的财务状况恶化或信用状况出现问题后,及时做出相应的信用风险管理决策。

在测度信用风险时,首先需要确定信用风险度量的对象,每个客户的情况都存在差异,我们需要掌握客户的信息,确定客户的信用风险类型;其次是建立信用风险度量模型,信用风险度量模型需要契合金融环境和金融复杂程度以及客户的状况;最后是要获取市场信息,确定模型中的参数。很多情况下我们很难获取数据或获取的数据存在较大误差,容易造成估计结果准确度较低,此时需要采取替代措施以改善模型估计;最后是结果的输出,一般情况下,违约结果是不同情况下的违约率。

进行信用风险评估在防范市场信用风险和维护市场经济的有序运行方面越来越重要,主要体现在:

(1) 有利于企业防范违约风险。任何一个企业的发展都离不开客户,客户是企业实现利益的载体,更是企业的重要风险来源。在市场竞争日趋激烈的条件下,一些企业会采用扩大授信额度、现金折扣等授信政策来扩大销售规模。这些信用政策离不开对客户信用状况的有效评估,只有科学地度量客户的信用风险,才能使得从客户的交易中获得最大收益的同时,把风险控制在最低程度。此外,在同其他企业进行业务来往时,对其进行全面的风险评估有助于企业制定合理的信用政策,降低经营风险。

(2) 有利于资本市场的稳健运行。在广大投资者认购公司有价证券时,信用测度可以科学评估发行主体的风险状况,为投资者实现安全投资、取得可靠收益提供依据。同时,优质企业可以以低成本筹集资金,当企业的经营状况得到合理分析和恰当评价时,投资者会对企业的经营给予资金支持。可见,信用评估有助于实现供需双方的信息对称,提高投资的安全性,降低筹资成本。

(3) 商业银行确定贷款风险程度的依据。作为银行的主营业务,贷款可以为企业和个人提供重要的资金支持。对于借款人的获利能力和偿债能力进行有效的评价有助于商业银行最大限度地防范贷款风险,提高银行信贷资金的使用效率。

3.2.2 信用测度的兴起原因

近些年来,一场关于信用测度的革命已经在酝酿,新的技术和理念已经出现在新一代的金融人士之间,他们正在运用建立模型的技能来分析这一领域。对于信用风险测度兴起的原因主要有以下几点:

(1) 结构性破产的增加。尽管在不同时期各个国家遭受过经济衰退,但是从统计数据来看,最近经济衰退所导致的银行破产数量相较以往有大幅度的增加。由于全球竞争程度的提高,银行破产在一定程度上有结构性增长的趋势,因而准确的信用风险分析显得至关重要。

(2) 低质量客户的竞争。尽管银行等金融机构贷款的平均质量在不断下降,从信贷市场所能获得的利差却越来越少。金融机构贷款所能收到的风险补偿也在不断减少,这种贷款的风险收益不对称现象源于众多因素,其中一个比较重要的因素就是由于客户减少,金融机构对低质量借款客户存在激烈争夺。很多金融公司的贷款活动甚至都集中在高风险低质量的借贷市场。

(3) 抵押物价值降低。作为银行贷款最常用的抵押物之一,房地产的价格波动对违约风险有重要的影响。例如,上文介绍的日本、美国和香港房地产泡沫的破裂导致房价大跌的情况,对经济的冲击极大增加了银行所能承受的信用风险。可见,房地产等不动产的价格很难去预测,其清算价格也与市场价格紧密相关,一旦企业无法偿还贷款,银行也将难以避免损失。

(4) 表外衍生品规模扩大。近年来,衍生品市场快速增长,金融机构的信用风险与衍生品的风险敞口息息相关。在很多美国的大银行里,金融工具(例如,利率互换、远期合约等)的账面价值是贷款价值的十倍以上,这些衍生品的信用风险也随着衍生品的规模不断增长而增加,需要引起我们的重视。例如,国际清算银行的清算系统会在盯住衍生品市场价格的基础上考虑其潜在的风险敞口来确定资本充足率。

(5) 技术发展。计算机系统和信息处理技术的进步使得金融机构检测高性能建模技术成为可能。2000 年,国际互换和衍生品协会(ISDA)与国际金融协会(IIF)发现,使用商业数据库和内部资料可以有效评估分级与未分级的商业贷款、零售贷款及抵押贷款等。

(6) 资本要求。《巴塞尔协议Ⅲ》于 2013 年在中国如期实施,但是中国版《巴塞尔协议Ⅲ》,也就是《商业资本管理办法》的要求更为严格,其中,国内商业银行核心一级资本充足率下限为 5%,一级资本充足率下限为 6%,资本充足率为 8%;正常情况下系统重要性银行和非系统重要性银行的资本充足率分别不低于 11.5% 和 10.5%。同时,《巴塞尔协议Ⅲ》对于资本约束的机制也更加严格,并扩大了风险资本的覆盖范围。风险资本的计算要求对风险进行准确的测量,因而对信用风险的度量自然是必需的。

3.2.3 信用风险度量模型发展历程

信用风险度量是信用风险管理体系的中心环节,按照其发展脉络主要分为两个阶段,即传统的信用风险度量理论和现代高级风险度量理论。传统的信用风险分析方法是按信用风险相对比较进行分类,如专家评判法、信用评分法、人工神经网络分类等,主要是针对单项资产或者单个借款人的信用风险分析,没有考虑众多资产间的风险相互关系,不利于投资组合管理;而且传统的信用风险度量通常是以会计信息为测量基础,盯住已发生的账面值分析风险大小,缺少时效性。现代的信用风险分析方法针对以往的不足加以改进,如 KMV 模型、Credit Metrics 模型等,它们都有关于信用风险大小的明确定义,在定义的框架下对信用风险的绝对大小进行度量。对于企业可有两类数据进行信用分析,一是会计信息,记录企业历史数据表现;二是公司股票价格数据,表示投资者对该公司未来的预期。与传统信用风险分析不同,现代信用风险度量要结合这两类信息,更准确地度量所面临的信用风险。

1. 传统信用风险度量模型

信用风险度量模型的起源是为了寻求一种度量信用风险的方式,而且既要客观、准确、稳定,又要简洁且易于理解、实用性强,众多学者基于以上目标不断地研究,将市场信息和企业信息基本相结合,希望将企业的财务报表信息和股价信息相结合,找到可度量的信用风险的模型。所以最先应用公司财务报表和贷款者资质情况相结合的方法来判断信用风险的主观模型应运而生。

(1) 基于专家判断的信用风险评估。信用风险评估专家对信用风险进行了较多的研究,具有较丰富的实践经验和专业技能。在信用风险评估初期,一般依赖于专家进行风险判断和决策,比较典型的有专家评判法。专家评判法是指信用风险的判断和决策主要依靠信用风险管理的专业人员。专家利用自身的专业技能、主观判断和对某些关键因素的权衡来对信用风险做出评价,主要参考企业偿债能力的因素——资本充足性、资产质量、管理能力、盈利能力、资金流动性等,是一种定性和主观的方法。最常见的专家法是"5C 模型","5C 模型"主要是指品德与声望、资格与能力、资金实力、担保、经营条件或商业周期。专家掌握这五个关键因素后,对企业的信用品质进行综合评判,然后决定是否对企业进行信用贷款。

类似专家法的这些模型方法需要根据企业所处的经济环境和面临的风险因素变化,不断地调整分析、调查的重点,紧密结合企业具体的实际情况进行信用风险评价,具有较强的针对性。信用评级的专家通常是经过专业培训或是经验丰富的、有权威的信用评级师,每个分析师都有自己的分析和评价体系,通过自己的实践来积累经验,进而进行企业的信用风险调查与评价工作。

而这类模型的不足之处在于其结果带有很大程度的主观性。专家法属于定性分析法,各个专家的经验、专业技能、思维方式等均存在较大差异,即使是对同一家企业的信用品质进行评估,不同专家给出的结论也可能存在较大的不一致。可见信用风险评估结果的准确度存在不确定性,需要进一步提高。此外,专家练就专业性的信用风险评价能力需要很长的时间,由于人数有限,因此聘用专家的成本也比较高。在企业规模、数量、复杂性不断提升的时代趋势下,专家法的准确性和工作效率越来越无法满足信用市场的要求,亟须开发一种新的信用评估方法。

(2) 基于财务指标加权的信用评估。专家判别法的思想为后来的基于财务信息的信用评分法奠定了基础。为了解决专家评判法主观性较强、定量分析不够的问题,学者们从企业财务指标的角度出发,通过分析企业的偿债能力来进行信用风险度量。比较著名的有信用评分法。

信用评分法也是一种传统的信用风险度量模型,利用可得到的借款人的特征变量,来计算出一个数值用以代表借款人的信用风险大小,并将借款人归类于不同的风险等级。这类模型的依据是企业的财务报表,借款人的特征变量主要有资本负债比率、现金流量、各项财务比率等。其关键在于特征变量的选择及其权重的确定。

类似信用评分法的模型在一定程度上弥补了专家法的较强的主观性和定性分析的不足,更加充分地利用了信用风险来度量企业的相关数据,对其历史数据进行信用风险分析,更加准确地给出信用风险度量的结果。这些模型的缺点在于它是建立在历史数据上的,更新速度慢,回归方程中各变量权重在一定时间内保持不变,从而无法及时反映企业当前的信用状况。此外,它对企业的历史数据要求较高,而企业需要很长时间才能建立起数据库,新企业难以达到要求,模型使用受限,准确度也大减。评分模型虽然给出了企业信用风险水平的评分结果,但无法准确反映企业的违约率和违约损失,需要进一步完善。

2. 现代高级信用风险度量模型

随着经济和资本市场的不断发展,一方面,企业的融资需求逐渐增大,特别是众多的中小型企业,很难从股票市场和债券市场中进行融资,其发展主要依赖于银行等金融机构的贷款。如何对借款人的信用风险进行快速准确地评估是迫切需要解决的问题。另一方面,由于银行对资产存在较高的安全性要求,信用评级较低的企业难以从传统的金融机构中进行贷款,而资本市场中去中介化的发展使得中小企业寻找的不同渠道来筹集资金,很多贷款活动集中在风险较高、质量较低的市场。此外,抵押品价值的波动、资产负债表以外业务的增长、技术的快速更新以及国际清算银行基于风险的资本要求等经济环境的变化,都促使了新的信用风险度量方法的产生。

传统的信用风险度量模型在定性分析和定量分析方面缺乏强有力的理论和数据支撑,金融学家很难解释这些模型的经济意义,也使得它们有别于后来发展起来的、建立在现代信用风险理论基础之上的现代信用风险度量模型。这一阶段的信用风险度量模型大都是建立在期权定价模型(black-scholes-merton model)的基础上,企业的破产在一定程度上取决于企业资产的市场价值与对外债务的相对大小,以及资产价值的波动率。

(1) 基于资产负债的信用风险评估。基于财务指标的分析方法不能满足现代的信用风险测度,因而随之出现了很多建立在期权定价模型基础上的现代信用风险度量模型,这些模型将公司股票价值的期权特征运用到了信用风险度量中,把股权视为基于企业资产的看涨期权,债务额相当于期权的执行价格,资产的市场价值相当于期权的市场价格,当市场价格高于执行价格时,期权持有人会选择执行期权。这类模型中有的以借款公司的股票市场数据为基础,估计企业资产的当前市值和波动率,再根据企业的负债计算出企业的违约点,然后计算出借款人的违约距离,最后根据企业的违约距离与预期违约率之间的对应关系,求出企业的预期违约率。其中较为著名的就有 KMV 模型。KMV 模型的主要思路是,当企业资产价值超过企业负债时,企业有能力偿还贷款;而当企业资产价值低于负债时,企业就会行使期权而选择违约。贷款的信用风险是在给定负债的情况下由债务人的资产市场价值决定的。

这些模型将借款企业的股价信息转换成信用信息,不断变化的股票市场价格更新了模型的输入数据,及时反映了市场预期和企业的信用资产变化,是一种动态模型;对公司的资产质量变化较为敏感,股价信息被应用在模型当中,具有较强的预测能力。但此类模型在应用中也存在不足,首先,模型侧重利用股票价格预测企业资产价值,而且要求股市是一个有效的市场,但现实中股市价格经常背离公司的实际价值,且影响模型预测的精确性。其次,该类模型还假设企业资产价值服从正态分布,而实际中企业的资产价值并非呈现正态分布。

(2) 基于信用评级变化的风险评估。由于上述模型适用于上市公司的信用风险评估,为了扩大模型的使用范围,出现了一些基于信用评级转移的模型,这些模型借助于传统的信用风险评级,对借款人的信用评级以及次年进行评级时发生变化的概率(评级转移矩阵)、违约贷款的回收率、债券市场上信用风险价差计算出的贷款市场价值及其波动性进行评估,进而得出个别贷款和贷款组合的 VAR 值,以此对借款公司进行信用风险测度,比如 Credit Metrics 模型。这样的模型更加适用于对商业信用、债券、贷款、信用证及衍生品等信贷资产及组合进行风险度量。

这些模型的优点是,对违约的概念进行了拓展,考虑了债务人信用等级的变化;采用组合投资的分析方法,更加注重直接分析企业间信用状况变化的相关关系,模型应用广泛,与现代组合投资管理理论更加吻合。其缺点是,这些模型中的违约率是其历史数据的平均值,没有考虑到宏观经济状况的影响;也没有充分考虑到市场风险,如利率、汇率、失业率等的变化,而这些都会引起违约或信用等级的变化;同时计算需要具有强大计算能力的计算机支持,也限制了人们接受这种信用计量方法。与 Credit Metrics 模型相类似的一些模型较多地依赖信用评级和违约与企业资本结构之间的关系,对违约前提的假设非常多。

(3) 基于违约分布的信用风险评估。根据对历史数据的研究,违约率具有一定的分布特征,通常为泊松分布,可以对债务质量做进一步地细分。由同一信用评级债务的违约率分布特征来预测信用工具的预期损失,"信用风险+模型"(credit risk plus,CRP)就是建立在这一思想之上的。

模型利用保险精算的方法,推导出投资组合的损失变量,并把违约事件模型化为有概率分布的连续变量。由于组合的违约率分布是类似于泊松分布的,因此每笔贷款都有很小的违约率并且与其他贷款之间是相互独立的。根据泊松分布公式,可计算出违约率,同时利用各个频度的违约率分布加总来求出贷款组合的损失分布。不同于 Credit Metrics 模型的盯市模型,"信用风险+计量模型"属于违约预测模型(DM)。

(4) 考虑宏观经济环境变化的信用风险评估。借款企业的违约率受宏观经济环境的影响很大，在经济条件较好的情况下，企业的违约率会比较低，如果宏观经济环境变差，评估得到的违约率就会变得很高。一些模型根据违约率和宏观经济因素之间的关系来度量信用风险，比较典型的有 Credit Portfolio View 模型。

Credit Portfolio View 模型是在 Credit Metrics 模型的基础上，根据 GDP 增长率、失业率、政府支出等各种宏观因素对债务人的违约率、信用等级转换概率产生的重要影响，运用计量经济学和蒙特卡洛技术，将信用等级转换概率与宏观因素之间的关系模型化，因而得出信用风险度量值。模型中的违约率、转移概率都与宏观经济状况密切相关。当所处的经济环境恶化时，借款企业信用等级的下降和违约的情况则会增加；反之则会减少。

练习题

一、名词解释

1. 信用风险暴露
2. 违约率
3. 回收率

二、简述题

1. 信用风险暴露的确定是一个较为复杂的过程，请指出影响真实信用风险暴露的因素，并举例说明。
2. 违约率由于无法直接被观察到，因此一般需要进行计算，那么其计算包括哪些步骤？
3. 进行信用风险评估在防范信用风险和维护市场经济的有序运行方面起到了重要的作用，其主要体现在哪些方面？
4. 试分析基于信用评级转移的风险评估模型的优点和缺点。

三、计算题

1. 公司 A 在近四年中，各年的边际违约率分别为 $d_1=0.05$、$d_2=0.10$、$d_3=0.10$、$d_4=0.20$，那么该公司在这四年中的平均违约率 d 是多少？
2. 假设某银行以 6% 的年利息贷款给一国家企业 500 万元，该企业提供 400 万元房产的部分抵押，如果不考虑房价的变化和利率的影响，该银行预期一年后在该贷款上的预期损失不会高于 5 000 元，那么该银行预期该企业的最高违约率是多少？

第4章 信用评估

信用评估有狭义与广义之分,狭义的信用评估是指对企业的偿债能力、履约状况、守信程度地评价;广义的评估则是指对各类市场参与者(企业、金融机构和社会组织)及各类金融工具的发行主体履行各类经济承诺的能力及可信任程度地判断。信用评估在规范信用市场、评价企业经营状况、分析投资价值等方面都具有重要作用。

信用评估方法常用的有信用评分和信用评级两种。在信用评分方法中,不同的信用评分区间对应不同的风险等级,只需知道信用评分所在的区间就能够确定借款人的信用等级。信用评分主要是在个人信贷环境中使用,评估机构利用各类信用评分的模型对消费者的信用状况进行量化分析,并用分值来表示消费者的信用状况。信用评级主要是针对企业的信用评估方法,通过收集与企业相关的众多信息,如企业信息、行业信息、财务信息等,选择合适的评级模型,进而对企业进行信用等级划分。信用评分在个人信贷业务中得到广泛的应用,个人通用信用评分系统就是一种典型的信用评分系统,它基于个人的借款和还款的历史数据,采用数据挖掘技术和统计分析的方法得出通用信用分值,来评估个人的信用状况。

信用评级是由评级机构面向投资者公布的。另外,从企业的角度来讲,信用评级和公司融资密切相关,它们也会主动发布公司的信用评级以吸引投资者投资,达到企业融资目的。

信用评分和信用评级的区别在于二者的服务群体和关注点不同,信用评分主要是为个人服务的或者是为客户主要是个人的机构服务的,通过收集个人的消费信息、借贷信息等历史数据来衡量其信用状况;而信用评级的评估对象是企业,为投资者的投资决策提供参考,着眼于企业的未来发展状况。

4.1 信用评分和信用评级

4.1.1 信用评分

信用评分在其发展过程中一直是建立在历史资料的基础之上的,运用统计学工具进行归纳分析,将所有信息整合为单一指标。按照使用目的的不同,出现了多种类型的信用评分,例如,收入评分、客户忠诚度评分、信用额度评分等。目前应用较为广泛的信用评分模型有判别分析模型、决策树方法、人工神经网络法等。

运用信用评分模型分析信用风险时，需要对信息进行科学的处理和分析。首先，根据学者们的研究或相关性分析，从众多的宏观经济和个人财务状况中识别出与信用风险相关的影响因素；其次，对历史数据进行回归分析，获取各关键因素在违约风险程度中所占的权重值；最后，根据这些影响因素和权重值，采取一定的函数形式计算出借款人的信用得分，用数值来表述违约风险的水平。在衡量个人信用水平时，考虑的因素涉及个人的基本信息、个人的财务状况、银行的信用信息等，其中个人的银行信用信息是构成个人信用的最主要因素。

4.1.2 信用评级

信用评级(credit rating)指的是对债券发行人或其他债务人未来按时向投资者偿付其全部到期本息的能力、法律责任和意愿所进行的总体评价，评级结果是用字母或数字来表示债务人的信用等级。信用评级是公司财务状况的相对衡量标准，与评级较低的公司相比，评级较高的公司更有可能偿还债务。在对公司的信用评价过程中，首先需要考虑的是影响公司经营的驱动因素，其次是借助历史数据和一定的统计工具和模型进行量化分析，最后根据分析结果来确定公司的信用等级，概括性地表示其预期偿还债务的能力。

信用评级的关键首先是确定信用风险要素，即哪些因素发生变动会导致违约率的变化；其次是确定这些风险要素在评级中的重要程度，即任一要素发生单位量的变化，信用级别的变化幅度是多少。对于公司而言，与公司信用评级相关的驱动因素主要包括三个方面：宏观环境、行业环境和公司经营环境，其中宏观环境因素有政局稳定状况、经济发展水平、社会经济结构、国家经济政策等，行业环境因素有行业特征、公司的市场份额、盈利能力、同业对比等，公司经营环境因素有公司的财务政策、现金流充足性、资产结构等。

信用评级的核心是揭示借款人和债券发行人的信用风险。评级机构的主要优势在于它们拥有经验丰富、技术过硬的分析师，对于不同行业的企业进行专门地研究；分布在各个地方的办事处有助于对需要评级的公司进行实地考察；可以直接从公司获得第一手的资料，及时掌握公司的经营状况；此外，评级的重要性保证了公司的管理层会配合评级机构的调查工作。如今，评级机构已经制定了不同类型的评级方法来识别不同类型的债务之间的差异，其中最重要的也是最常用的是长期发行人的评级，它是对公司长期债务偿还可能性地评估。评级机构大多采用数字表示公司的信用等级，从风险状况来看，评级大致分为投资(investment grade)和投机(speculative grade)两个级别。

目前，随着我国市场经济体制的建立，信用评级的重要性日趋明显，主要表现在：① 为投资提供参考。信用工具是投资者获得收益的重要手段，而信用评级的目的是准确揭示信贷资产的投资风险，是投资者重要的参考依据，有助于改善投资者的投资决策。② 构建社会信用体系。信用评级能够对公司的信用风险提供比较准确地评价，进而揭示市场和产品的风险，这些信息的传播有助于形成社会的信用体系。③ 提高企业竞争意识。公司的融资难易程度和融资成本与信用评级紧密相关,对于信用评级高的公司,较容易以相对低的利率水平从社会融资;相反,评级较低的公司其融资会比较困难,不仅融资额度可能无法达到目标,而且筹资成本较高。④ 有利于加强监管。良好的社会信用是经济健康发展的基础,信用评级是揭示市场风险的有效工具,也是社会监管力量的重要组成部分。

对企业和个人进行信用评估时要做到以下五点:一是全面性,不论是对个人的信用评分还是对企业的信用评级都要全面,要综合考虑其过去的信用状况、目前的经济状态以及未来的发展趋势等;二是时效性,及时准确地揭示个人和企业的信用风险,有利于投资人调整投资或贷款决策、规避损失。信用评级的有效期一般为两年,由于外界环境和评估对象地变化,较长的评估周期将真实反映评估对象的信用风险;三是复杂性,由于企业的性质不同,不同行业的企业资金结构也不同,所以信用评级的侧重点也不同;四是可靠性,由于信用评估的内容非常全面,运用科学的方法进行分析,且评估人员多为专业人才,因此评估结论具有一定权威性,不仅可以为银行提供贷款依据,而且还可以为各个方面的投资者提供资信信息,有助于对金融市场的宏观管理;五是可比性,在同一信用评级机构的评级体系中,同行业的被评企业在同样的评级标准下,得出了不同的信用地位,能够反映出它们的相对信用风险差异;六是简洁性,信用评分和信用评级简单易懂,一目了然。

4.2 信用评级概述

4.2.1 信用评级的基本介绍

信用评级是指由专门从事信用评估的独立社会中介机构对企业、金融机构、政府等经济主体的信用能力(主要是偿还债务的能力及其可偿债程度)所做的综合评价,并用符号对不同的信用级别进行排序的一种制度,也称资信评级、信用评估或资信评估。一般是独立的信用评估机构使用预先设定的评估模型,并选择相应的度量因子,对评估对象的履行相关合同与经济承诺的能力和意愿做出总体评价两种。信用评级的主要内容是对企业、债券发行者、金融机构等市场参与主体的信用记录、企业素质、经营水平、外部环境、财务状况、发展前景以及可能出现的各种风险等进行客观、科学、公正的分析研究。

按照受评对象的不同,信用评级可以分为主体信用评级和证券信用评级两种。主体信用评级的评级对象是企业、金融机构、政府等经济主体。证券信用评级则包括长期债券、短期融资券、优先股、基金、各种商业票据等的信用评级,其中主要是债券信用评级。在我国已有明文规定,企业发行债券要向能够被认可的债券评信机构申请信用等级。关于股票评级,除优先股外,国内外都不主张在普通股票发行前对其进行信用评级,但主张在普通股票发行后对其上市公司的经营业绩进行评级。

信用评级应满足客观性、公正性和科学性,这就需要评级机构在评级工作中建立起规范合理的制度、程序和方法。评级机构以评级事项的法律、法规、制度和有关标准化的规定为依据,采用规范化的程序和科学化的方法,对受评级对象的多种信用风险因素进行研究分析,就其偿还债务的能力及其偿债意愿进行综合评价,为社会提供资信信息,或为市场参与者提供决策参考。

在客观、公正、科学的基础上,信用评级才具备充足的参考性和重要的影响力。例如,主权的信用评级可以代表一个国家在国际金融服务体系中的地位,也是维护国家金融主权的力量之一。企业和金融机构的信用评级可以直接引导金融资本的投资和经济决策,关系到金融产品的定价权,可以影响一国信贷市场的利率及汇率的形成。由此可见,信用评级的影响力十分广泛,而今随着金融市场的发展,金融产品及其衍生品的种类日益丰富,信用评级和经济安全的关系更加紧密。

4.2.2 信用评级的作用

信用评级具有良好的信息揭示功能,有助于提高市场运行的效率,稳定市场经济的波动。从微观层面来看,信用评级机构通过运用专业的信用评级产品和服务,对受评对象的信用风险信息进行分析和加工,并做出独立客观的评价,为在信息不对称环境中的发行人、投资者和监管者构造信息桥梁;从整个市场层面来看,信用评级的结果能由市场的各个参与方共享,达到优化资源配置、节约社会资源的目的。总而言之,信用评级在降低融资成本、防范信用风险、维护金融稳定和改善金融生态环境等方面具有至关重要的作用。

对于投资者而言,信用评级能够揭示风险,为投资决策提供依据和支持,降低信息成本。在信息不对称的情况下,投资者尤其是个人投资者很难了解证券发行方的详细信息,在不具备相应的专业知识、精力及时间的情况下很难对风险和收益进行合理的判断,以及做出正确的投资决策。信用评级机构就如同气象台,在充分收集信息后,对信息进行定性定量地分析,对债务发行人的债务违约的可能性进行判断,表达前瞻性的预测意见,并予以披露。社会披露建立起公信力后,信用评级结果被投资者广泛使用,并作为其决策参考的意见。

对于被评级者而言,良好的信用评级可以降低融资成本,促进被评级者改善经营的能力以提高信用等级,为筹资企业开拓融资渠道创造条件。对于经营状况良好、信用等级高的企业,信用评级可以提高该企业的社会影响力,拓宽融资渠道,降低搜寻融资对象的成本。为了维持好的信誉,获得更高的社会认可度,信用评级可以督促被评级者不断地去改善本企业的运营状况,以获得一个高的信用评级。资信评级是企业进入资本市场的通行证,专业信用评级机构对企业的资信评级,可以帮助企业从银行等贷款机构获取相应的融资资金。中小企业获得良好的信用评级结果,也能有助于其获得担保机构为其提供的服务。

对监管部门及其相关管理部门而言,信用评级可以协助其对金融市场、资本市场进行监管,维护信用经济平稳、持续的发展,为资本市场管理层提供审查决策的依据。信用评级的结论涵盖了一个企业甚至一个行业在一定时期的大量有效信息,是判断一个企业的经济能力和企业所在行业发展现状的重要总结，可以作为管理部门有效监管、金融机构规避信用风险的参考依据。

最后，信用评级是一种重要的市场监督机制，是对外披露企业信息的重要方式，是社会风险管理体系中重要的组成部分。从根本上来说，信用评级机构是一种公共服务机构，其发布的信息具有较大的影响力，其职能的发挥直接影响着市场的运行，影响着金融市场的秩序和证券市场的秩序，具有较强的社会性。当信用评级应用广泛时，评级结果则能够成为信用风险信息的重要来源，成为资本市场定价、交易、套利的主要参考依据，从而使评级行业能够对企业形成一定的监督力量，成为一种重要并且有效的监督机制。

4.3 世界信用评级行业的发展

4.3.1 19世纪中期至20世纪70年代

信用评级行业最早起源于1841年Louis Tappan成立的商业信用机构，该机构致力于对商人偿还债务的能力进行评估，后来被Robert Dun收购，通过向投资人发行评级手册以投资者付费模式运作。

一般认为，现代信用评级起源于20世纪初的美国。铁路债券的发行促进了美国企业债券市场的快速发展，美国华尔街分析师约翰·穆迪基于对铁路行业经营状况及财务数据的分析，于1909年率先出版了铁路债券评级手册，开创了以简单的评级符号来表示债券信用等级的先河。这一成功的尝试催生了美国第一家信用评级机构——穆迪出版社服务公司。在其示范效应下，1916—1924年间，普尔出版公司、标准统计公司、惠誉出版公司等评级机构相继诞生，并进入信用评级市场，使信用评级的对象从最初的铁路债券扩展到工业债券、公用事业债券以及政府债券等债务证券。1941年，普尔出版社公司和标准统计公司合并成S&P，称为标准普尔。

1929年，美国经济大萧条期间，股市暴跌，银行等金融机构相继破产。一方面，监管部门需要加强监督银行的资本储备力度，以防止银行破产倒闭。1931年，美国货币审计署（Office of the Comptroller of the Currency, OCC）规定了银行债券信用在BBB及以上级别时，按账面价值入账，否则要进行减值处理。1936年，美国货币审计署和美联储（Federal Reserve Board）规定，银行必须拥有至少两家评级机构的"投资级"以上的评级才能持有债券，这些监管层面的要求进一步扩大了对信用评级的市场需求。另一方面，见证了大批公司破产及大量债务违约的投资者逐渐意识到了信用评级的重要性。在随之而来的投资者对信用评级需求的不断增长中，信用评级业逐步确立了其在资本市场中的重要地位。

总体来看，在信用评级行业发展的初期，市场的准入门槛相对较低，信用评级行业属于自由竞争的行业。并且评级机构的前身大多数是出版社公司。直至20世纪60年代，评级机构主要是靠出版发行人的评级结果给公众带来营业收入，政府对信用评级基本上不会进行特别的监管，该时期的市场自律占据着信用评级行业的主导地位。尽管缺乏政府地监督，这一时期的美国信用评级机构仍然得到了市场的高度认可。主要因为在当时，良好的信誉对于评级机构的发展起到极其重要的作用。在"声誉资本"的驱动下，市场自律机制的作用得到充分发挥。此外，一方面，信用评级机构对有价证券进行评级。另一方面，投资者也会对信用评级机构的表现进行"评级"。前一"评级"影响着有价证券的发行成本，后一"评级"则可能决定着评级机构自身的命运，两者在信用评级行业的发展中都扮演着重要角色。

4.3.2　20世纪70年代至今

20世纪70年代以来，美国信用评级业的经营环境发生了深刻的变化。在70年代，美国的经济衰退逐渐蔓延，最终引发了债务危机。由此，信用评级的价值引起监管部门的注意。在那之后，监管部门开始采用相关信用指标对监管对象的信用风险进行监督管理。于是，在1975年，美国证券交易委员会（SEC）发布了关于确定经纪人和交易商最低清偿标准的净资本规则（Rule 15c3-1），首次将"全国公认的统计评级机构"（Nationally Recognized Statistical Rating Organization，NRSRO）的评级结果纳入联邦证券的监管法律体系。在之后的几十年里，美国政府及监管部门对NRSRO的评级结果更加重视。

美国政府及监管部门对NRSRO评级结果的依赖，使得证券发行人和投资者在发行或购买以及持有相关证券时，不得不考虑或受制于NRSRO评级，由此，从最开始带有自愿性质的信用评级演变成了"准强制性"评级，使得NRSRO在资本市场上信用评级的认可度得到了空前加强。凭借NRSRO的地位及NRSRO评级的监管的基准属性，穆迪、标准普尔、惠誉三大评级机构在很大程度上确立了评级市场的垄断地位。也就是说，这些评级机构做出的评级结果直接影响或决定相关证券发行人的融资机会及成本、机构投资者的资产组合，以及受监管实体的合规成本。而随着金融全球化的发展，三大机构的"评级霸权"开始从美国向全球资本市场蔓延。值得注意的是，这一时期美国政府在赋予三大信用评级机构"监管特许"权利的同时，却没有建立相应的针对信用评级机构本身的监管与问责机制，这种"权重责轻"的制度为美国评级行业的健康发展埋下了隐患。而且，在此阶段，美国信用评级业的经营模式也发生了变化，评级机构不再把投资者的订阅费作为主要收入来源，而是直接向接受其评级的企业或机构收取评级费用。

2001年12月，美国的"安然事件"让整个华尔街为之振荡。"安然事件"之后，美国各界开始重新审视信用评级业的运作及监管体制，美国国会于2006年9月通过了《信用评级机构改革法案》，由此掀开了信用评级业监管体制改革的序幕。该法案旨在通过增强信用评级业的透明度和市场竞争力来提高评级质量，以保护投资者及公共的利益。该法案首次澄清了NRSRO资格的认定标准及程序，明确了NRSRO的注册与信息披露义务，并对非公开信息的使用、利益冲突和滥用市场地位等问题做了规范。2006年《信用评级机构改革法案》首次确立了SEC对信用评级机构（主要是NRSRO）的监管权力，但是并不涉及评级模式、收费模式及评级结果的问责机制。在这一"有限监管"的模式下，NRSRO 的行为虽然受到了一定的约束，但其仍无须对评级结果本身的准确性和可靠性承担法律责任。

在 2007 年美国次贷危机之前，以标准普尔、穆迪投资服务公司和惠誉评级为首的信用评级机构先为华尔街制造出的"有毒"证券贴上了安全标签，助长了次贷市场的非理性繁荣，当金融风暴席卷华尔街时，评级机构通过迅速下调相关产品的信用评级水平，大大加速了危机的蔓延。由此，信用评级机构的市场公信力开始受到人们的广泛质疑，改革的呼声越来越高。次贷危机后，美国信用评级机构的改革开始围绕以下三条主线展开，即减少评级机构的利益冲突，增强美国证券交易委员会对信用评级机构的监管权，降低金融体系对信用评级的依赖。改革方案实际上采取了"曲线战略"，即绕开评级收费模式、问责制度等重大障碍，通过改革评级机构的具体操作程序，强化市场多样性以及提高行业的透明性，不断发挥市场声誉机制的制约作用，间接缓解"发行人付费"模式中的内在冲突，促使评级机构更加公正、独立地进行评级。

练习题

一、选择题

1. 信用评级的目的并不是提供（　　）
   A. 信用等级　　　　　　　　　　B. 违约率
   C. 债务人的中长期相对信用水平　　D. 债券投资人的投资参考

2. 投资级与投机级债券的特征为（　　）
   A. 投资级期望收益高，因其发行人信用品质高
   B. 投机级期望收益低，因其发行人信用水平高
   C. 投资级期望收益低，因其信用评级低
   D. 投机级期望收益高，因其信用评级低

3. 国际上影响力最大的三大信用评级机构不包括（　　）
   A. 高盛　　　　B. 穆迪　　　　C. 标准普尔　　　　D. 惠誉

二、名词解释

1. 信用评级
2. 信用评分

三、简述题

1. 信用评分和信用评级的区别是什么？
2. 运用信用评分模型分析信用风险时，需要对信息进行科学的处理和分析，其主要步骤是什么？
3. 随着我国市场经济体制的建立，信用评级的重要性日趋明显，主要表现在哪些方面？
4. 对企业和个人进行信用评估时要做到哪些方面？
5. 对于投资者来说，信用评级的作用是什么？

第 5 章　信用风险管理概述

对于一些企业或部门,降低信用风险是其首要任务;而对于另一些企业或部门,适当地承担信用风险却是其获得收益的基本手段。在现代经济活动中,完全避免信用风险是不可能的而且也是没有必要的,信用风险管理的出发点是尽量利用信用(或信用风险)创造出的机会,同时尽量避免信用风险的不良后果,以获得最高的收益。信用风险管理是通过对信用风险要素的识别、信用风险水平的度量、信用风险点的监控、信用风险的控制、缓释和转移等手段来促进企业发展以及战略目标的实现。信用风险管理的对象可以是自身风险和外在风险,管理自身风险是提高自身信用水平,管理外在风险是降低交易对手、客户或投资品信用风险的负面影响。本章简要讲述信用风险管理的重要性,信用风险管理的一般性目标;分析企业管理团队的信用风险偏好与企业发展战略的关系;提出信用风险管理的主要原则,并帮助读者了解信用风险管理的内容结构。

5.1　信用风险管理的地位

信用风险管理无疑是金融风险管理中最关键和最重要的部分。近年来,随着信用违约事件的频频发生,世界各国政府和国际金融机构对信用风险的监管更加严格,各相关主体的重视促进了信用风险分析和评估技术的不断发展,信用风险管理的重要性越来越明显。

与新老客户建立和维系交易关系是所有企业市场部门的目标,这是企业生存发展的前提,然而并不是所有的交易关系都会给企业带来好的结果,有些交易有可能会给企业带来严重的损失,从而影响企业自身在市场上的信誉和声望。许多企业总是试图隐瞒其不良的信用记录,甚至在主观上伪造好的信用记录。在信用信息充分的经济体中,企业可以通过查询历史信息,利用自己的信用分析技术和评估方法,也可以借助于第三方信用评估机构,获得交易对象的信用风险评估数据,并控制企业面临的信用风险。

金融机构的信用风险管理是其经营活动的主要内容。金融机构往往是依靠对风险(包括信用风险)的经营而实现盈利的,因而必须能够准确地辨别和度量风险。例如,银行或其他信贷机构必须具备区分优良资信客户和不良资信客户的能力,能够预期客户违约的概率和利用适当的信用风险缓释工具来降低信用风险,减少信用风险可能给企业带来的损失。

非金融机构的信用风险管理同样重要。在现代信用经济社会,普通企业至少需要在两个角度加强信用风险管理。第一，企业从银行等信贷机构获得贷款或者从债券市场直接融资，是其解决资金问题的主要渠道，为了以更低的成本获得充足的资金，企业有必要按照金融机构和金融投资者的要求改善自己的信用资质，这无疑要求企业进行科学的信用风险管理。第二，现代企业为了更快地占领市场，在竞争中取得优势，需要善于利用赊销手段。控制应收账款的规模和期限结构是企业信用风险管理的核心内容，良好的赊销管理既可以提高企业的市场竞争力，又可以避免因信用风险导致的损失。

从一般意义上来看，信用风险管理是使市场机制得以发挥作用的重要环节。信用交易的风险是由信息不对称和经济世界的不确定性所引起的，各个主体通过对信用风险的识别、分析和评估来实施对信用风险管理。市场的优胜劣汰机制会因整个经济社会信用风险管理的发展和完善而发挥作用，因而信用风险管理能够促进市场经济有效地运行。信用风险管理能够减少信息不对称，促进竞争机制、价格机制、优胜劣汰机制的有效发挥，有助于加快经济发展速度，提高经济发展质量。

信用风险管理的重要性还体现在其对分析主体的了解的综合性上。信用风险管理的前提是识别和度量主体面对的所有风险要素，这就需要我们全面了解主体的内外部环境，掌握主体生产、经营和管理的各个环节。科学准确的信用风险评估结果一定是建立在对主体的全面分析的基础之上的，因而信用风险管理的全面性决定了其重要地位。

对于企业，在与不完全了解的交易对象签署协议之前，依据信用风险管理来进行决策是十分必要的。可以避免与财务不稳定的对象进行交易，减少资产损失或者可以避免损害自身企业的商业声誉。一个机构在与客户开展业务之前，有必要通过各种渠道来获取对方完整的信用分析报告，这是保障该业务有价值的关键。如果需要对方信用水平的初级评估数据来将风险的损失最小化，最好获取一份对方的商业信用状况的一般概述报告。这种报告有可能提供该公司的法定资料以及账户数据、收益亏损信息、所有者信息、办公场所以及管理者等信息。但是，如果依赖信用风险管理来提高风险决策，则需要进行全面的信用审核，对交易方的财务状况进行细致的分析。全面信用风险管理分析拥有最新最全的交易方信息，包括对方的支付记录、银行贷款记录、租赁记录、违约破产记录、股东信息、资金流、经营增长率以及其他法律记录。这有助于评估交易对手可以实现交易的概率，也有助于比较各个交易方在行业内的地位以及他们与其供应方和客户的关系。

5.2 信用风险管理的目标

政府、企业和个人在信用风险管理方面的目标不尽相同，这源自它们在社会经济中角色的差异。不同主体的信用风险管理的目标大致都服务于微观层面的利益追求或宏观层面的资源配置需求。

5.2.1 微观层面实现主体风险调整收益最大化

无论是信用交易还是资金借贷,都同时给企业带来两个相互对立的结果。一方面,通过信用交易,企业可以获得更快的发展。企业利用赊销可以快速扩大销售规模并获得更大的市场份额;银行只有通过发放贷款才能实现利差收益,更大规模的授信可以保证维持和增加贷款客户的市场份额。企业使用信用工具的目标是设置和维护信用风险以及信用风险收益之间的平衡。从微观经济学的角度,这个平衡的判断标准便是通过增加授信带来的边际收益与边际成本在数量上相等。而决策的目标则是以信用为条件的企业利益最大化,即信用风险调整收益最大化。

风险调整收益最大化不等于传统绩效考核中的盈利目标,传统绩效考核未能充分反映风险成本,风险调整后的收益是业务发展与风险管理的内在统一。想要在潜在的信用投资机会中获得最大化的利益,企业需权衡盈利能力和风险管理能力的平衡。

实现信用风险调整收益的最大化,信用风险管理的原理是增加信用约束的内涵,减少不可控的信用风险外延。企业必须在内部建立起完善的信用风险管理组织架构,配以科学的激励机制,充分了解所承担的各种信用风险要素,利用科学的手段识别、计量、监测和控制风险要素。通过全面系统的信用风险管理,使得企业有更大的选择空间,从而有可能获得更小的风险成本,进而降低信用风险的发生概率和损失程度。

5.2.2 宏观层面上减少信息不对称并优化市场效率

完全信息和完全理性基础之上的有效市场在现实中是市场波动的平衡点,只能是短暂存在的,由于交易双方信息的不完全和不对称,市场中的价格不可能总是能够完全反映公开的和未公开的、历史的和现实的信息,加之市场上广泛存在信息干扰和信息传递障碍,进一步恶化了信息的不完全性情况。市场通常并不完全有效,不能实现资源配置的帕累托效率。

建立在信息不完全性基础上的非理性市场,使得某些市场参与者无法拥有完全信息,不能较好地了解交易的风险和风险定价的合理性而不能参加交易。因而减少了市场的交易量,削弱了市场的效率;不完全信息带来的信息分析、鉴别、处理的能力下降和信息传递机制的扭曲,使得市场很难从非均衡状态恢复到均衡状态,从而影响了经济秩序和经济运行。

进行信用风险管理在很大程度上就是减少市场的信息不完全和不对称,增强对信息的分析、鉴别、处理能力,使信息的传递和信息的使用效率都获得提高。经过近几十年的发展,信用风险管理在揭示和防范信用风险、改善发债人和投资人间的信息不对称状况、降低交易成本和投资风险等方面扮演着日益重要的角色;特别是在增强市场信息的透明度、加快信用信息的传播速度、促进公平竞争、提高市场运作效率等方面具有不可替代的作用。

5.3 信用风险偏好

信用风险偏好(credit risk preference 或 credit risk appetite),是指企业、机构或个体承担信用风险的基本态度。与其他风险偏好一样,信用风险偏好在很大程度上决定了人们对信用风险的接纳程度。有人可能完全不能容忍对方违约的可能性,而有人却可能在足够高的预期回报鼓舞下,愿意承担较大的违约风险。信用风险偏好受到很多因素的影响,比如财产状况、年龄、性别等,但我们观察到,信用风险偏好很大程度上来自决策者的性格特征。虽然机构的信用风险偏好显得较为复杂,但更多的是由主要决策者的个人信用风险偏好所决定的。

内在因素驱动着个人的行为和决策,信用风险偏好作为一种内在因素,影响着信用风险管理的所有环节。例如,原本应用风险模型是为了准确刻画信用产品的违约率等信用风险特征的,但在信用风险模型的选取上,信用风险容忍度低的决策者会倾向于使用一些对违约率可能高估的模型,而这反过来又可能导致该决策者否定一个风险并不高的信用产品。再例如,信用风险容忍度低的决策者在组织信用风险管理和制定工作流程时,往往会尽可能考虑加入更多的审核环节、用更严的标准,但这却可能增加信用风险管理的成本。

企业和机构在信用风险管理上的成果,除了决定于其既有的信用风险管理机制等自身积累的客观条件,也受管理者和各环节工作人员的信用风险偏好的影响。因而了解信用风险偏好对信用风险管理的影响,对于做好信用风险管理是非常有价值的。

5.3.1 信用风险偏好的基本特征

信用风险偏好是相对稳定的,即在一段时间内并不会随环境的变化而发生显著变化。与其他风险偏好相类似,信用风险偏好的高低是个人特征的表现形式,如果一个人愿意承担较高的信用风险以获取高收益,那么这一倾向会在长时期内影响其选择信用产品的决策,会经常表现出忽视低风险和低收益产品的行为。这种惯性并不会因投资机会、投资条件的不同而发生本质的改变。当然,稳定性并不意味着信用风险偏好是一成不变的,它依赖于主体的一些因素,例如,主要投资决策者的性别、年龄等,也与财富水平有一定关系,且信用风险偏好与这些因素的关系表现出稳定性。

信用风险偏好是客观存在的。每个个体和机构的信用风险偏好总是存在的,并且影响着他们的决策和行为。无论我们关注或不关注信用风险偏好,一旦与某个人和机构建立起商业关系,他们的信用风险偏好即会对我们的经济活动产生作用。在现代信用经济社会,信用关系的广泛存在决定了信用风险偏好的影响无处不在。如果可以对个人和机构的信用风险偏好进行度量,那么信用风险偏好的影响就可能朝有利于我们的方向发展。因为信用风险偏好是相对稳定和客观的,我们可以利用直接和间接手段来度量信用风险偏好。对信用风险偏好的测量可以通过分析主体信用决策,获得其对信用风险的承受程度。更为直接的方法是通过分析来建立信用风险偏好与某些因素的关系,从而可以根据个体的相应特征来估算风险偏好。

另外,对于机构来说,信用风险偏好是多层次的,即有宏观、中观和微观三个层面。机构信用风险偏好的多层次性来自企业战略和组织结构的多层次性。从企业发展战略的角度,信用风险偏好具有长期战略特征,影响和服务于企业发展战略,这是宏观层面的信用风险偏好。宏观层面的信用风险偏好是企业的历史和现状对信用风险态度的综合结果,也受企业主要决策者对信用风险收益追求的影响。中观层面的信用风险偏好是企业相关部门、业务单位等对信用风险的接受程度,这可能表现为资源在不同风险水平资产的分配上,也可能表现为企业对外授信结构的决策上。微观层面的信用风险偏好主要体现于业务活动中,对每笔信用交易的风险容忍程度,对每位客户的授信额度。信用风险偏好的多层次性使得企业在信用风险管理和决策上有可能出现不一致的情况,这就要求对企业能够准确地度量信用风险偏好,实现组织内信息的快速传递及活动的协调。通常,风险偏好量化指标的基础是风险计量模型的合理性和有效性,任何风险计量模型都有一定的局限,这决定了风险偏好量化指标的局限性。为了弥补这种局限性,可以引入压力测试机制,对风险管理引入规范机制,定期审议风险偏好量化指标的合理性和有效性,避免指标过于保守或过于激进。

信用风险偏好的形成过程包含自主能动性,企业经营管理者的行为将反映到企业对信用风险的态度中去。因此,如何建立和维持合理的信用风险偏好以实现平稳健康发展,是企业关注的重要问题。经济主体的任务计划每年都会发生改变,风险偏好却是中长期风险容忍边界,不应为适应每年的业务计划而时常改变,应该而且往往是稳定且连续的。主体在风险偏好的形成过程中需要考虑信用风险管理和监控风险暴露需要的技能、资源和技术,同时也要参考该信用风险管理主体历史上达到的水平、同类型信用风险管理主体达到的水平,符合市场、行业、地区等特点要求。风险偏好的相对稳定性并不意味着风险偏好一成不变,理想的做法是参考业界和市场状况的变化,定期对风险偏好的具体范畴进行检验,以决定是否进行调整,避免风险偏好过于僵化。

5.3.2　度量信用风险偏好

传统的经济学书籍中,对风险偏好的度量是通过分析效用函数开始的,但事实上,我们在知道风险偏好之前,是无法获得个体的效用函数的,因而,要准确度量信用风险偏好,我们只能借助于其他渠道。第一种方法是直接调查,通过设计调查问卷,了解受调查者在各种情况下可能进行的信用决策,通过分析其决策判断其对信用风险的容忍程度。但这种方法的缺点是,人们在测试中,并不具有现实决策时的压力,其决策未必是其真实风险偏好的反应。第二种方法是分析主体的真实决策。获取主体现有各种信用产品的风险水平和组合状况,可以了解其倾向于何种风险水平的资产,从而可以倒推出它的信用风险偏好。这种方法依然有缺点，因为个体在做信用风险决策时有可能对所投资的资产或项目的信用风险和回报做出错误的判断，其所有决策的结果并不是他所预期的结果。

测度信用风险偏好虽然复杂而且困难，但因其是客观和相对稳定的，所以有可能对其进行较为准确的度量。将直接调查与间接测量两种方法结合起来是可以实现度量个人和机构的信用风险偏好的。

5.4 信用风险管理的原则

对于个人、企业和政府等不同主体，信用风险管理的内容、管理制度和管理流程都可能有很大的不同；另外，即便是企业，由于不用类型的企业有不同的、独特的属性。信用风险管理需在一般性之外强调企业的特性，比如，生产性企业要关注应收账款的管理，银行要重视信贷质量，保险公司要强调投资和保费等方面。本书在具体讨论不同主体的信用风险管理之前，有必要介绍下面几条信用风险管理的一般原则，因为在信用风险管理的实践中，我们并不能一开始就可以从整体上掌握所需信息，在未完全确定主体特殊性之前，这些原则会帮助我们寻找到正确的信用风险管理方向。

1. 建立良好的信用风险管理体制

一个机构须有专门的信用风险管理部门和负责人，其义务是定期评估企业信用风险管理战略和重要的信用风险政策。信用风险战略明确了信用风险的容忍程度以及在承担一定水平信用风险时的期望收益。信用风险管理者负责贯彻和执行信用风险战略，开发管理政策和步骤以识别、测度、监控和控制信用风险，而且这些策略要运用到企业活动的每一个方面。这些活动既包含常规性的活动，也包括临时性的活动。

2. 稳健的授信过程

稳健且明确的授信标准是信用风险控制的基础。这些标准包括对受信者或交易对手的充分了解，也包括清晰的授信目的、授信机构和对方的支付来源。一个机构应该在每一个个体或交易对手层面建立授信上限，也应该把相互联系的受信对象综合起来并分析其不同类型的风险暴露。清晰界定的授信过程需在确定授信、修改授信和再次授信的各个方面发挥作用。所有的授信延期都需要有合适的基础，对每个延期都必须建立在例外条款之上，这些例外条款对应着对这些信用风险的特别关注和控制。

3. 良好的信用常规管理、测度和监控规程

专门的常设部门对所有信用资产进行恰当的常规管理，配备合适的系统来监控个体信用状况，决定信用条款和风险预提资金的充足度，开发和使用内部信用风险评级系统来管理信用风险。信用风险管理依赖于信息系统和分析技术，这有助于管理者测度企业各种经营活动的信用风险。信息系统要能提供充分的有关信用资产组合的各个方面的信息。监控信用风险的系统要能够对信用资产的质量进行实时跟踪，同时要能够对未来的经济变化进行预测，判断受信者的信用水平可能发生的变化，并有必要对这些决定受

信者的条件进行压力测试。

  4. 确保充分的信用风险控制

  信用风险控制要求建立独立的、实时的评估系统,对信用风险管理流程进行评价,管理者可以随时了解授信过程是否符合信用战略,信用暴露是否符合信用管理上限限制。对于恶化的信用资产,能够及时发现并能提供挽救措施。

  5. 明确的监管者职责

  监管者对信用风险管理部门的工作进行定期评估,考察他们在信用风险确认、测度、监控和控制方面是否有效地对信用风险进行了管理。监管者也需要对信用风险的战略、政策、程序、授信过程和信用资产管理等活动进行独立的评估。

5.5 信用风险管理的内容

  信用风险管理的核心是减少信用损失、提高风险收益,本质上即为管理风险暴露、违约率、期限和违约后的回收率。无论具体的管理措施是什么,都与上述四个方面中的某一个或几个有关。同时,管理信用风险既包含管理自己所能承受的信用风险,也包含提高自己的信用水平,增强自身的偿债能力。在管理承担的信用风险方面,主要问题是信用决策。信用决策就是决定是否向潜在客户授信的决策,在实际中,包括授信前、受信过程和授信后的管理。这个角度的信用风险管理涉及经验判断、信用分析、评估技术、信用风险问题解决等许多方面。增强自身偿债能力的信用风险管理涉及个人和机构的所有方面,这将在以后的章节中详细叙述。信用风险管理在完成必要的数据收集、整理和积累后,主要有以下几个方面的内容。

5.5.1 信用风险要素识别

  信用风险要素的识别是找出运营操作流程中可能产生信用风险的环节和潜在因素。风险要素的识别是在技术上实现信用风险管理的第一步,唯有在精确定位风险产生的根源之后才能有针对性地寻找降低或转移风险的办法。以企业等机构为例,紧密结合其生产经营活动流程和特征,我们可以同时使用自上而下和自下而上的分析方法。自上而下的分析依次为考察宏观经济状况、行业发展状况、地区经济状况,以及企业在行业中的竞争地位,这可以从整体上了解企业所依赖的环境在多大程度上支持其发展,判断其可能达到的最大的财富创造能力。自下而上的分析方法是分解企业的经营活动环节以及组织的各个单元,分别考察企业内部各组成部分的效率,判断其对企业活动的支持状况,另外,还需重点分析企业的财务状况,从财务角度来综合了解企业资产收益、资金来源和流向,这是分析企业健康状况的直接依据。

  除了信用风险,企业还面临其他风险,例如,流动性风险、利率风险、汇率风险、操作风险及技术性风险等,这些风险对企业所承受的信用风险有一定影响,但更重要的是这些风险会最终降低企业的债务偿还能力,即降低企业的信用水平。将企业作为债务人来考察企业时,有必要区分不同风险的风险要素,这有助于更为准确地掌握决定企业偿还能力的关键环节,采取更有针对性的管理手段。因为各种风险交叉存在,不同风险的解决方式不尽相同,对风险加以区分识别是十分重要的。

企业破产、信用违约是企业最严重的经济问题,因而信用风险识别要尽可能全面。如果出现信用风险识别误列、漏列,则会无意识地被动地自留这些风险,错失处理这些风险的最佳时机,为经济主体的运营埋下潜在的风险。准确完备的信用风险识别有助于高效的风险管理,实现资源的最优配置,高效组织人员和投入物力,避免不必要的浪费。由于信用风险主体的运营具有不确定性,市场环境具有动态性,识别信用风险使得信用风险的管理对象变得清晰,为定量测度、模型分析、信用评估、风险控制等提供可靠前提。同时信用风险识别并非一蹴而就的事情,应当在企业经营或项目实施的全过程中自始至终反复进行。

5.5.2 信用风险建模

模型是现在研究问题时普遍使用的技术手段,一个好模型的标准是它能够体现问题的核心本质,具有可扩展性,还要求尽可能简单易懂。无论是实务界还是学术界,信用风险模型在最近数十年时间内都取得了很大的进步。具体来说,信用风险模型是用公式、图表或文字来刻画、分析信用风险,研究信用风险的手段。

信用风险建模要揭示违约率、回收率等信用风险特征变量与影响因素之间的具体关系。我们可以从两个角度来分析影响因素的作用:① 利用经济学原理来分析各种资产价值的变化如何导致企业出现违约事件,并根据资产价值动态过程的假设来计算违约率和回收率,这也是著名的 Merton 债券定价模型及其扩展模型的建模思路。② 直接利用数学工具来刻画违约事件发生的概率和违约后的回收率,这类方法并不追究导致违约的企业在运营中的经济学解释,但可以通过将各种企业内外部的经济变量作为影响信用风险的因素,利用数据进行实证分析。这两类方法都具有自己的优点和缺点,近来人们试图将二者结合起来,开发既有经济学意义又可以利用简单的数学工具进行分析的信用风险模型。

信用风险模型的价值体现在它的一般代表性,因为正确的模型揭示的是真实的关系,所以可以将模型应用于分析不同主体或不同工具的信用风险,并做出预测。利用调查数据,我们可以借助于信用风险模型估算债务人的违约率,并结合风险暴露确定违约损失。当信用风险模型结合了多个信用产品的相关性时,我们还可以将其用于信用资产组合的管理。

但是无论多么复杂的模型都建立在对实际问题一定抽象的基础之上,而且会在一定的假设条件下才能成立,因此,模型往往具有一定的局限性,不能适合所有的场合。在使用信用风险模型时一定要考虑现实环境是否与所用模型的假设条件一致,如果不一致,则需进行适当的调整,并针对假设条件对模型准确性的影响程度做出科学的评估,如果假设条件的影响对模型的使用是重大的,则有必要放弃使用,寻找替代方法。

另外,有些时候模型本身有可能是错误的,这是模型风险。因为各种原因,模型的开发者有可能并未能准确地把握信用风险变量与影响因素之间的关系,从而导出的结论可能并不准确,这时,即便数据是真实的、计算是准确的、假设条件是满足的,依赖于该模型结果做出的信用决策或风险管理都可能导致严重的不良后果。

5.5.3 信用风险评估

信用风险评估是在信用风险要素识别的基础上,利用所建模型对投资风险的综合状况进行总体的认识、评价的过程。信用评估的对象可以是债务人,也可以是债务工具,对债务人的信用风险评估侧重于评估其偿还债务的能力或违约的概率,而对债务工具的评估主要是评价债务的价值,即其综合信用风险:风险暴露、违约率、回收率等作用的最终结果。信用风险评估和信用评估是对等的概念,信用风险越高信用水平越低。

债务人不同,评估信用风险的内容也不尽相同。在确定决定信用风险的影响因素时,既要分析共同因素,更要抓住债务人的独特之处,紧紧围绕企业的经营活动,从关键环节寻找关键因素。同时,影响债务人偿还债务的因素有外部因素和内部因素,我们可以分别使用自上而下和自下而上的分析过程来考察。自上而下的方法要求考察整个经济体的状况、地区状况、行业发展趋势直至企业在行业中的地位,自下而上的方法要求全面分析企业内部的各个方面,判断哪些部分具有优势,哪些部分存在劣势,确定企业组织资源创造财富的能力及其趋势,这是获得企业独特性的必要手段。同时,企业自身的偿债历史也是信用评估需要重点参考的信息,因为这不仅是债务人偿债能力的体现,也反映了其债务管理能力和偿债意愿。

在技术上,我们可以结合定性分析和定量分析两种方法来评估信用风险的大小。因为影响信用风险的许多因素难以测量,所以分析这些因素的重要性经常需要定性判断。但定性分析要符合经济学和企业运营的规律,并要进行必要的对比和相对性研究,而不是简单的主观臆断。定量分析在现代信用风险评估中的比例越来越高,这是因为人们更加重视数据的收集和使用,计量分析方法的发展和应用,以及信用风险模型的迅速发展。定量分析可以较为准确地提供一定的数字结果,非常便于人们判断和对比不用的债务人或信用工具的风险水平。

信用风险评估有重要的现实意义。信用风险评估使资本市场的透明度增加,为投资者面临的诸多选择提供了尽量客观全面的信息,是投融资的重要参考,能够降低信息成本以及融资成本。同时,信用风险评估为市场经济中的主体提供了较为客观的评价,良好的信用状况是经营者宝贵的无形资产。更重要的是,信用风险评估为现代企业风险管理制度的完善提供重要的支持,也是经营主体提高管理能力的长期动力,通过持续的自我完善获得长足的发展。

5.5.4 信用风险控制

信用风险控制是对授信规模、结构的监测和调整,采取风险管理措施以适度控制经营中的信用风险,最终使授信状况符合企业发展战略的需要。信用风险管理者根据信用风险的识别和评估的结果,结合自身能够承受的信用风险上限、风险偏好及经济损失发生的严重程度,选择、实施管理决策和方法,并对该方法实施的效果进行监测,通过反馈对原方法进行相应调整。信用风险控制是管理信用风险的实质操作性、控制性的过程,是处置信用风险的核心步骤。已被识别、计量、确认的信用风险,通过信用风险控制过程实现规避、减小并受到监控,使之符合信用风险偏好的要求和实现信用风险管理的目标。

企业应该建立一个独立的、持续的评估系统,对信用风险管理过程进行实时评估,并将结果及时送达相关部门和负责人。因为一个企业有权进行信用授信的个人可能来自不同层次,所以需要有一个高效的内部复审和报告系统来管理机构的各种信用组合。独立于业务部门的信用复审要提供给每个授信以及信用组合的整体质量评估。这些信用复审有助于判断信用管理过程的有效性、确定内部信用评估的准确性,以及评定各个授信相关负责人员是否正确地监控着每个客户的信用状况。

企业应该确保授信是在正确的管理之下,确保授信额度和信用风险暴露与谨慎性标准一致且不超过内部确定的限额。需要建立和强制实施内部控制及其他相关活动来使那些与既有的信用政策、工作过程和信用限额不一致的例外情况能够及时地上报给相应级别的信用风险管理负责人。这可以避免信用风险暴露的指标超出企业可以承受的范围,使信用风险管理的实时监控授信状况能够遵守既有信用风险目标。信用限额管理要在授信额度超过预定水平后发出及时的管理预警,并开展有针对性的分析讨论,根据信用风险偏好来确定是调整信用上限还是转移信用风险。最后,要定期对信用风险管理进行内部审核,这是为了确保信用活动始终遵照企业信用政策和程序。内部审核也可以辨别信用风险管理过程中的薄弱环节。

对于即将或已经发生问题的授信,企业应该有一套补救措施。建立系统性的信用风险复审的一个主要原因即是识别出正在恶化或存在问题的授信。发现客户信用质量降低的时间越早,越能找到更多的可选方案来改善面临的信用问题,降低可能的损失。企业需要有一个必须遵守的、有力的补救管理程序,一旦发生特定事情,即触发信用管理和问题识别系统进行控制管理。信用管理政策应该明确规定如何管理问题授信,谁来为此负责,是最初业务部门还是专门信用处置部门。专门信用处置部门对于企业层面上的信用组合风险管理非常关键,如果企业出现明显的信用风险问题,就有必要在产生信用问题的最初部门之外设置专门处置部门。这个部门可以集中额外的资源、专业知识和更专注的精力,可以提高问题的处理效率。专业处置部门可以帮助制定一个有效的策略来使问题授信恢复正常或增加收集的还款金额。一个经验丰富的处置部门可以为业务部门的信用重建提供有价值的建议。

信用风险控制和信用风险工具的操作不同,信用风险控制是直接针对信用风险问题的处置,而信用风险的管理工具并不是直接解决信用风险问题,而是在信用风险总量和风险状况一定的状态下,通过信用工具缓释或转移现有的信用风险。

5.5.5 制度和组织

信用风险管理制度和组织架构是从机制与流程上对信用风险管理的保障。信用风险制度和组织架构要适合信用风险管理主体的经营特点、战略目标和风险偏好,制度和组织架构的细节设计要根据管理主体的业务种类、规模、所承受风险的复杂性而确定。信用风险制度的设定包括:信用风险管理政策的形成、内部制度和组织架构的形成、评估和改善措施。信用风险管理政策能够体现战略目标、指导信用风险管理实践活动,涉及投融资政策、信用评估标准、资产组合政策(例如,对特定行业和群体的授信上线)、决策权力等方面。

信用风险管理组织的实现过程涵盖了信用风险职能部门的角色和责任设定、信用风险的战略目标确定和公布、信用风险管理政策的确认和发布、政策流程的修订和检测等。内部制度和组织架构的形成往往包括内部制度的形成规则和公示、风险管理部门的成立、信用风险管理体系的生成、对内及对外报告制度的确立、内部制度和组织框架的修订等。

信用风险管理组织是设立和配置信用市场部门、授信部门、信用审核部门、风险管理部门等,并充分保证部门之间的相互独立。这些部门的角色明确,相互连接和制衡。信用市场部门直接接触潜在的被授信对象,有义务向客户索取企业信用风险管理制度规定要求的相关材料,并保证材料的真实性。授信部门独立于市场部门筛选客户,确定可以为客户提供的授信方式和信用额度,并有权授予信用。信用审核部门独立于信用市场部门和授信部门,执行授信过程各环节的审核和评估工作。风险管理部门管理企业的整体信用风险,包含任何可能给企业带来信用风险的项目,例如,对于保险公司和银行来说,包括表外业务,风险管理部门要保证整体信用风险状况符合企业风险管理战略。

公司董事会应要求信用风险管理各部门定期递交有关信用风险状况的报告,包括对某行业授信额度的集中程度,董事会须判定所有信用管理部门的工作是否严格遵守了信用风险管理的政策和规程,如有必要,董事会也可以随时要求相关部门提供信用风险管理报告。董事会参与信用风险管理有助于提高信用风险管理在企业内的地位,促进整个企业关注信用风险对企业的影响,保障信用风险管理服务于发展战略。

5.5.6 信用风险管理工具

资产证券化和信用衍生品是两个重要的信用风险转移工具。资产证券化是结构化的金融产品,可以将信用风险从一组资产转移到其他投资人处,这组资产至少包含两个不用的信用水平资产的资产包。信用风险衍生品是一种金融协议,它有助于将信用风险和其他风险分离开来,并可以在没有转变基础资产所有权的情况下,将信用风险转移到交易对手处。别的工具,比如,银行担保、信用保险等也可以用来转移信用风险。

信用风险转移工具极大地改变了人们对信用风险的理解和管理。例如,银行可以将贷款和信用风险作为可交易资产,在其到期之前就可以交易给其他投资人,而不必一直放在资产负债表里。信用风险转移工具为信用风险管理者提供了更多的选择,使银行等金融机构不受资产是否具有流动性的影响,可以较为灵活地改变其资产结构,因为资产证券化和信用衍生品可以将信用风险从资产的其他风险中独立出来,并将信用风险转移给愿意承担此风险的投资人。信用风险转移工具也可以改变金融机构对每类信用产品必须进行单独考虑的状况,可以从资产组合的角度进行信用风险管理。

信用风险转移工具之所以可以被使用,是因为有外在投资者对此类投资产品的需求。这些投资者可能是保险公司,也可能是对冲基金,在低利率的经济环境下,它们希望通过投资风险较高,收益率也高的产品,以提高公司的整体收益水平。

随着信用风险转移工具的快速发展,越来越多的新产品被开发了出来,但其负面作用也逐渐显露于人前。随着信用风险通过信用风险转移工具扩散到大量的投资者处,虽然整个经济承担信用风险的能力增加了,但是经济的稳定性也有可能因此而降低,因为信用危机一旦爆发,受影响的群体会大大增加。

信用风险缓释是指通过风险控制措施来降低风险的损失频率或影响程度。信用风险缓释可以降低债项违约时的实际损失,从而可以弥补债务人的资信不足,提高债项的吸引力。例如,商业银行运用合格的抵质押品、净额结算、保证和信用衍生工具等方式转移或降低信用风险,信用风险缓释功能体现为违约率、违约损失率或违约风险暴露的下降。

除了转移信用风险,我们还可以利用抵押、担保等来缓释信用风险。抵押是指有信用风险的交易部分或全部由交易对手或第三方提供担保保护,一旦信用违约发生,可以索取抵押物来抵偿损失。抵押物可以是现金、证券或其他资产。抵押的存在减少了信用风险暴露,同时提高了违约发生时的回收率,但并不会降低违约率。抵押降低信用风险的条件是抵押物的价值不能与交易对手的信用风险呈正相关,即交易对手发生信用违约时,抵押物的价值不能同时剧烈贬值,否则,抵押便不能真正降低信用风险。抵押信用交易需要授信者能够准确评估抵押物的价值、确定抵押物的所有者,同时必须与交易对手订立严密的合约条款,保证抵押物在抵押期间不能发生变化,在违约发生时可以及时变现。

抵押在降低信用风险的同时,会给守信者带来新的风险,例如市场风险、利率风险、流动性风险等。尽管可以通过合约来保障授信者的利益,但有很多因素仍然会影响抵押来缓释信用风险的效果。例如,第三方可能自身的信用水平就不高,另外,抵押物的价值会遭受市场风险,在债务到期时,抵押物的价值会发生变化;也可能因为在债务存续期间利率的变化,使抵押物的相对价值降低。授信人必须在利用抵押前将这些因素考虑到合约之中。

担保是第三方以自己的信用或财产提高债务人信用水平的一种风险缓释技术。担保人可以被看作是债务人的直接信用替代,一旦债务人有信用问题,担保人将承担债务的所有责任,所以担保人的信用水平必须比债务人的信用水平要高。担保条款所确定的担保责任是直接的、明晰的、不可撤销的和无条件的。担保缓释信用风险的原因不是降低违约率或是提高回收率,而是在整体上降低了信用风险。担保不同于抵押的地方在于,担保降低了抵押物价值变化的影响,因为担保条款可以规定担保人更多的责任。

但是信用担保也同样不能完全解决信用风险问题,因为担保人本身也将自己的信用作为重要的资源,如果对担保人的信用评估发生错误,不仅不能缓释风险,反而增加了风险;另外,担保人的信用水平也有可能发生变化,这对于债权人来说,需要跟踪和监控的对象变得更多;而且当担保人发生信用危机时,便不能履行自己的担保责任,这便产生了新的信用风险。

5.6 信用风险管理面临的挑战

5.6.1 数据

许多机构认识到了信用风险管理的重要性,特别是加强了信用风险评估的力度,试图准确地掌握客户的信用风险水平或偿还债务的能力,但是不能获取充分的信息是阻碍他们实现目标的一个重要原因。数据是主要的,在许多情况下是唯一可以进行评估的依据,数据决定着模型的结果和预测能力。在现实中,由于用于信用评估的数据存在很多缺省值和极端异常值,数据的质量不高;另外,数据的产生到可以被收集往往需要一定的时间,太长的时间间隔会导致数据缺乏时效性。

违约的直接数据,例如,违约率、违约后回收率等是我们用于验证模型准确性的重要数据,一定规模的数据才能保证验证结果的可靠性,但是因为违约事件不同于其他金融数据,违约事件的特殊性决定了其本身发生的频率较低,所以获得大量违约数据需要积累很长的时间。

利用网络技术收集数据是解决信用风险评估数据问题的一种方法。网络在现代电子商务活动中存留了大量的数据,特别是个人和小企业数据,这些数据可以从侧面提供与个人或企业信用相关的信息,甚至了解信用风险偏好、经营管理能力和财务状况。但是通过网络获取数据需要较高的技术,另外,网络数据包含大量的无用或干扰信息,这对数据分析能力和技术都提出了更高要求,最后,网络数据的可靠度较低,使用时需与其他数据结合,不能随意使用。

5.6.2 模型风险

模型是否为影响信用风险的因素提供了真实的或至少是貌似合理的描述,这涉及信用风险模型本身带来的风险问题。模型风险就是风险模型没有正确反映风险因素与风险水平本质关系而造成损失的可能性及其程度。许多机构认识到模型风险的存在,但缺乏对测度、监控和积极管理模型风险的机制和过程设计。业界已经出现很多事件表明模型风险在许多机构,特别是金融服务行业中存在,这些机构缺乏对模型风险的良好管理,企业的经营活动因此而恶化。如果决策是建立在错误的模型或者错误地使用模型结果的基础上,则其后果往往是适得其反,可能导致经济损失,或者决策者做出糟糕的商业战略决策,最终导致企业信誉的丧失。

模型风险可能是由多种原因引起的,对于每一个模型,模型风险的原因也有所不同。有些是因为信用风险要素与信用风险的关系较为复杂,很难用模型来进行描述;有些是因为在建模时做了错误的假设,模型使用的环境条件在现实中很难存在,建模者可能错误地理解了所研究的信用风险问题的本质,模型的输入与目标对象的真实风险要素不同,或者模型的输入要素和风险水平的关系与实际不符;有些是因为对于模型的输入变量定义不清,导致无法确定变量的样本值,模型的计算结果会产生系统性的误差;模型风险也可能会因为在实际使用模型的过程中因某些未知的原因而引起。

另外一类模型风险来自数据问题。在模型的建立过程中,我们需要数据来调查分析影响信用风险的因素,但如果数据没有完整地包括现实的各种情况,我们就可能得到错误的关系,并可能做出错误的假设。正如上文所述,信用风险的直接数据较为缺乏,这会使我们难以验证模型的合理性和可靠性。

最后,模型风险的原因也会随着时间的推移而发生变化。经济环境和经营状况也会随着时间而变,导致个体信用风险的要素也有可能发生变化,但是模型的使用经常会持续一定的时间,在过去发挥作用良好的模型,在现在未必有效,这也会导致模型风险。

因而,机构在使用信用风险模型之前和之后都需要适当的方法对模型进行充分的验证,并评估验证的效果。管理信用风险的模型风险的方式与管理其他风险的方式相似,也要采取必要的控制和缓释措施。

练习题

一、选择题

1. 信用风险管理的内容不包括(　　)
   A. 风险要素识别和分析　　　　B. 信用风险建模
   C. 信用风险战略　　　　　　　D. 信用风险控制

2. 下列哪个因素对个人决策者的信用风险偏好的影响程度最小?(　　)
   A. 财产状况　　B. 年龄　　C. 性格　　D. 智力水平

3. A和B两投资人分别用100万元投资,在今年获得的收益A为20万元,B为50万元,下面说法正确的为(　　)
   A. 投资人A的投资能力不如投资人B
   B. 投资人A承担的风险比投资人B大
   C. 投资人B承担的风险比投资人A大
   D. 如果投资人A的风险调整收益大,那么投资人A的投资能力强

4. 信用风险管理的一般原则有哪些?（   ）
A. 建立良好的信用风险管理体制
B. 稳健的授信过程
C. 良好的信用常规管理、测度和监控规程
D. 理解信用风险管理的内涵
E. 确保充分的信用风险控制
F. 明确的监管者职责

二、名词解释
1. 风险调整收益
2. 信用风险偏好

三、简述题
1. 在现代信用经济社会，普通企业至少需要在哪些角度加强信用风险管理？
2. 借助哪些渠道能够准确度量信用风险偏好？它们各自的缺点是什么？
3. 简述信用风险管理的主要内容，并结合实例解释其作用。

第2部分

信用市场理论

第6章 信 用 理 论

在本章中,我们将用道德风险的分析手段来研究信用市场问题。早在 1981 年,Stiglitz 和 Weiss 就曾证明,当企业在运营项目时,如何融资直接影响着运营资金流,因为融资改变了企业经营者进行项目决策的动机。当投资者无法完全观察到经营者的决策细节时,他们便失去了对企业决策的直接控制。本章讲述的模型可以帮助我们学习如何设计合同来处理这种问题。显然,如果决策者和投资人是同一个人,那么便不存在上述问题,因为投资者和经营者的利益是完全一致的,这是一个项目资金完全来自经营者的情况。然而,如果企业需要从外部进行债券融资,投资者只能间接地影响经营者的行为,通常是设置一定的条款,要求经营者在此条款下决策。我们将考虑抽象化的债务融资情形,向读者介绍为何考虑道德风险问题可以推导出信用市场的均衡结果。

6.1 基本模型架构

考虑一位风险中性的企业家,他面临两个独立的项目选择 $i = l, h$,假设两个项目所需要的资金量都为 I。在项目结束时的价值是随机变量,用 $\tilde{x}_i$ 表示,则:

$$\text{Prob}(\tilde{x}_i = S_i) = p_i, \quad \text{Prob}(\tilde{x}_i = 0) = 1 - p_i, \quad i = l, h \tag{6-1}$$

(6-1)式表示的意思为,项目 i 成功的概率为 p_i,此时获得的收入为 S_i;如果项目失败,则收入为 0,即所有投资无法收回。为了进行对比,我们假设项目 h 的预期收益比项目 l 的预期收益要高,用上面的概率分布,有下面的关系:

$$p_h S_h > p_l S_l > I \tag{6-2}$$

显然只有两个项目的预期收入都大于初始投资 I,本例才有意义。另外假设项目 h 成功的概率大于项目 l,即:

$$1 > p_h > p_l > 0 \tag{6-3}$$

但是项目一旦成功,项目 l 产生的收入却高于项目 h,即:

$$S_l > S_h \tag{6-4}$$

从这两个项目的对比我们可以称项目 h 为低风险项目,而项目 l 为高风险项目,这是因为虽然项目 l 失败的概率较高,但一旦成功其收益也大。我们假设企业经营者的效用函数 U 是由其投资的项目的净收入决定的,并且除了这两个投资项目,企业没有别的投资机会,企业两个项目都不选择时,其效用为零。

6.1.1 自有股权投资情形

如果企业经营者有足够的自有资金,并且不使用债务融资,这时项目的收益或亏损都由其自己承担。由于项目的未来收益是不确定的,投资项目 i 的收益是 0 或者是 S_i,经营者的目标函数是最大化其期望收益。由条件(6-2)可知,此时经营者的选择是投资项目 h,他的收入为:

$$U_E(R) = E(U_E) = p_h S_h - I \tag{6-5}$$

显而易见,在这个简单的情形下,此选择是经营者的最优选择。理性的企业以期望收益高为目标,而不会为了获得可能存在的更高的收益(S_l)而承担更大的亏损概率 $1-p_l$。

6.1.2 完全债务融资情形

如果企业主没有任何自有资金可用于这两个项目的投资,他必须以债务的方式从外部借得资金 I。假设该企业主从银行贷款,银行以信用贷款的方式向企业主提供资金 I,银行获得资金的成本为存款利息 π。我们假设银行并不能提前知道企业主将会选择项目 l 还是项目 h,但银行可以观察到项目最终是成功还是失败。如果没有违约发生,银行获得的本金加利息为 R。对于企业来说,R 不可能超过项目成功后的收入,所以有以下关系:

$$R \leqslant \max\{S_l, S_h\} \tag{6-6}$$

否则,企业主不会选择任何债务融资。

1. 企业主的决策

当企业主选择项目 i 时,其期望收益为 $p_i(S_i - R)$,此时我们假设,如果项目失败,则企业破产而无法偿还贷款,银行完全承担信用风险。企业主选择项目 h 的条件为:

$$p_h(S_h - R) \geqslant p_l(S_l - R) \Leftrightarrow R \leqslant \hat{R} = \frac{p_h S_h - p_l S_l}{p_h - p_l} \tag{6-7}$$

反之,如果 $R > \hat{R}$,那么企业主应该选择项目 l。可见在采用债务融资来运营项目时,企业主的决策与完全用自有资金时有可能会不同。虽然项目 l 在成功时的收入较高(如式(6-4)所示),但它成功的概率较低(如式(6-3)所示),而且其期望收益还较低,我们可以认为项目 l 是高风险项目(但并不是期望高收入),但如果 $R > \hat{R}$,企业主选择项目 l 却可以获得较高的收入,这说明了债务融资与自有资金对决策的影响。这里的情况是,债务成本 R 越高,企业主越有可能采取冒险行为去投资在成功时可以带来较高收入的项目。可见,当银行收取较高的利息时,会逼迫企业进行高风险投资,这反而增大了银行所承担的信用风险。企业选择低风险项目的条件式(6-7)的含义是项目增大的成功概率必须对应足够高的期望收益。

现在，我们可以考虑当企业的融资成本 R 给定时，企业主的最优决策行为。企业完全债务融资的期望收益为(收益曲线参见图 6-1)：

$$U_D(R) = E(U_D) = \begin{cases} p_h(S_h - R), & \text{如果 } R \leqslant \hat{R} \\ p_l(S_l - R), & \text{如果 } R > \hat{R} \end{cases} \quad (6\text{-}8)$$

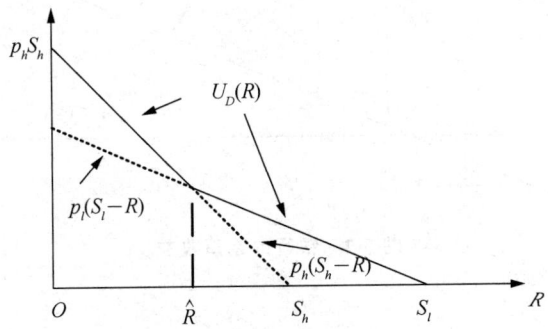

图 6-1 在完全债务融资情况下企业的期望收益

比较完全自有资金时的净收益(如公式(6-5))和完全债务时的净收益(如公式(6-8))，我们可知融资方式的不同影响到企业的资金流入，这不仅是因为债务利息，还因为企业主的项目决策可能发生变化。

如图 6-1 所示，企业主的收入是贷款成本 R 的一个函数，这是一条在 $R = \hat{R}$ 点存在一个折点的折线。当 R 增加时，企业主获得收入越少，且当 R 超过 $\hat{R}$ 时，企业主由低风险项目转到投资高风险项目。在低风险项目 h 时，企业收益随利率的增加而下降的速度更快，而在投资高风险项目 l 时，收益随利率下降的速度较慢。

2. 银行的收益和风险

现在我们来分析银行的收益。如上所述，银行用于贷款的资金来自储户，银行得为这些资金承担利息，本息率为 $\pi = (1 + r_d)$(假设利息率为 r_d，本节下文，我们常又称 π 为融资成本或利率)。另外，银行无法直接观察到企业主的项目决策，所以银行无法迫使企业主选择风险低的项目 h，但是银行知道贷款条款(如贷款利息的高低)会影响到企业的决策。在完全贷款情形下，银行的期望收益为：

$$\Pi(R) = \begin{cases} p_h R - \pi I, & \text{如果 } R \leqslant \hat{R} \\ p_l R - \pi I, & \text{如果 } R > \hat{R} \end{cases} \quad (6\text{-}9)$$

给定两个项目的风险和收益以及银行的融资成本，银行的收益 Π 是其自己所定的借款收入 R 的函数。当然，愿意向企业贷款的条件是两个项目为银行带来的期望收入($p_i R$)都大于银行的资金成本(πI)。

如图 6-2 所示，企业的收益不是一条连续线，在 $R = \hat{R}$ 时存在一个"急落"。当 $R \leqslant \hat{R}$ 时，随着银行贷款利息的增加，银行的收入会增加；但是，当 R 刚刚超过 $\hat{R}$ 时，银行收入不仅没有增加，而且还出现突然下降。突然下降的原因是企业主将项目从低风险项目 h 转移到高风险项目 l，从而使企业偿付本息的概率由 p_h 变为 p_l。

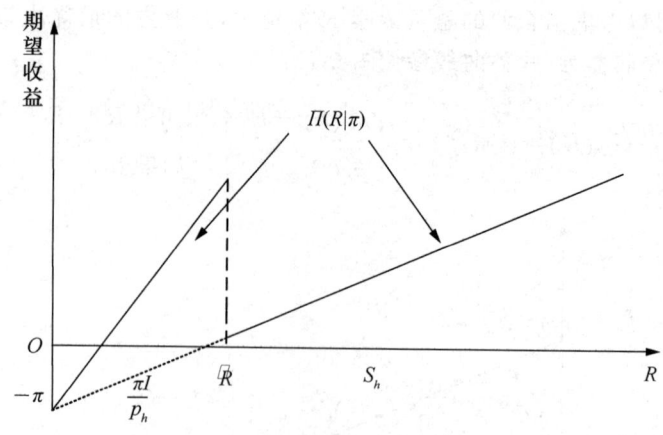

图 6-2　银行的期望收益

6.2　信用市场的均衡

现在我们考虑在一个完全竞争的信用市场环境下,对以上问题进行更一般化的分析。假设在信用市场中有 n 个企业,每个企业都有如上小节所述的项目选择,且每个项目需要的资金都为 I;有 $m \geqslant 2$ 家的风险为中性的银行在该市场为其提供信用贷款。银行提供的贷款资金来源于储户存款,存款本息率为 π,即银行的资金成本为 π 乘以贷出资金量。银行可提供的存款资金量为利息的函数,表示为 $L(\pi)$,满足 $L(0)>0$ 和 $L'(\pi)>0$,这意味着即便存款利息为零,仍有储户愿意存款。并且随着利息的升高,有更多储户愿意将钱存入银行,那么银行就有更多资金可用于放贷。但是在这个完全竞争市场里,银行是价格接受者,即存款利息是由市场竞争决定的。

企业主在一家银行前排队等待银行为其提供信用贷款,如果这家银行不能满足该企业的资金需求,则该企业需到下一家银行前排队,排在队伍的最后面。

我们省略具体获得均衡的推导过程,直接列出没有融资限制下的均衡结果。

在一个完全竞争市场,有 $m>1$ 家银行以利率 π 获得储户资金,均衡时下面的结论满足:

(1) 所有企业的经营目标是最大化其期望收益;

(2) 每家银行在均衡的信贷协议下所得到的利润为 0;

(3) 如果所有其他的银行提供均衡时的信贷利息,那么任一银行都不可能有使其获得正收益的信用贷款。

在下面的具体描述信用市场均衡的特征时,我们将了解上述均衡结果的含义。

在均衡时,每家银行能够获得的收益为 0。每家银行都是以存款利率 π 从储户手中获得资金,所以所有银行的资金成本都是一样的。如果一家银行能够提供的信贷贷款 R 可以为其带来正的收益,那么从该银行贷款的企业也可以去另一家银行,如果这家银行提供等额贷款的本息为 $R-\varepsilon$，这时，企业获得的贷款成本降低了，而这家银行仍然可以获得正的收益。如此反复，我们可以发现，信用市场将会在所有银行都得不到正收益的情况下得到均衡。当然，这里我们假设了所有企业对信用贷款的总需求不会因为更换银行而发生变化。从上面的文字推导过程我们可以得到第一个均衡条件：

$$\Pi(R^* \mid \pi^*) = 0 \tag{6-10}$$

(6-10)式中，* 表示信用市场均衡时的本息(R^*)和银行的筹资成本(存款本息π^*)。对于一个企业，如果所有银行提供的信用贷款都不能为企业带来正收益，那么该企业将不会投资任何项目。因而我们得到第二个均衡条件：

$$U(R^*) \geqslant 0 \tag{6-11}$$

由于银行不会留存存款(否则它会承担存款成本)，所以市场的信贷总需求与银行的存款总额相等。用 n^* 表示均衡时的贷款合同数目，那么我们可以得到第三个均衡条件：

$$n^* I = L(\pi^*) \tag{6-12}$$

(6-12)式左边表示贷出去的资金量(有n^*家企业获得资金用于投资某项目)，右边表示银行以利息π^*吸收到的存款数量，在均衡状态时，这两者必须是相等的。因为有些企业可能并没有获得资金(因为在现有贷款成本R^*下，它们不能获利)，所以社会总资金需求并没有得到满足($n^* \leqslant n$)。

6.2.1 没有信用配给时的均衡($n^* = n$)

首先，假设上节所述的均衡条件(1)—(3)均在未知但确定存在的某些 R^* 和 $n^* = n$ 时成立。要使均衡存在，且所有的企业都能以成本R^*得到融资，我们需要验证，没有银行可能会选择与R^*不同的信用协议 R。如果有银行会选择R，那么R^*就不会是均衡贷款本息。

对于任何信贷，其贷款本息为$R(R \neq R^*)$，如果有一家企业愿意接受此贷款，那么对于该企业来说，$U(R) > U(R^*)$，那么以利率π^*吸引存款来提供该贷款的银行一定会有期望损失：

$$\Pi(R \mid \pi^*) < 0, \quad 对于所有 R \neq R^* \tag{6-13}$$

因为所有项目都得到了融资，所以银行的资金成本为$\pi^* = \pi(n^*)$。因而任何银行选择不一样的贷款本息R^*都会引起企业选择别的银行，但是不会影响总的借款金额(仍为nI)。因而我们有第四个均衡状况的第一个结论：

$$\Pi(R \mid \pi^*) < 0, \quad 如果 U(R) > U(R^*) 并且 n^* = n \tag{6-14}$$

图 6-3 和图 6-4 表示两种不用的均衡情况。在图 6-3 中，企业选择的项目为h，在图 6-4 中，企业选择的项目为l。每种情况下银行都不会采取偏离R^*的信贷策略，没有企业会接受本息大于R^*的信贷，因为它们会从其他银行得到本息为R^*的贷款；而任何本息小于R^*的贷款又会使银行亏损。所以信贷市场的均衡本息为R^*，在图 6-3 所示的情形下企业选择的项目为h，而在图 6-4 所示的情形下企业选择的项目为l。

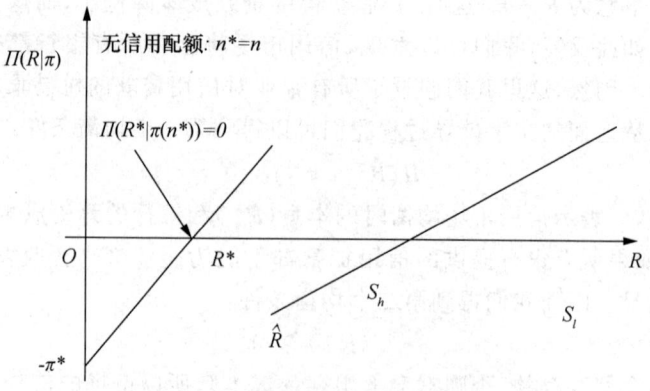

图 6-3 无信用配额的均衡,选择项目 h

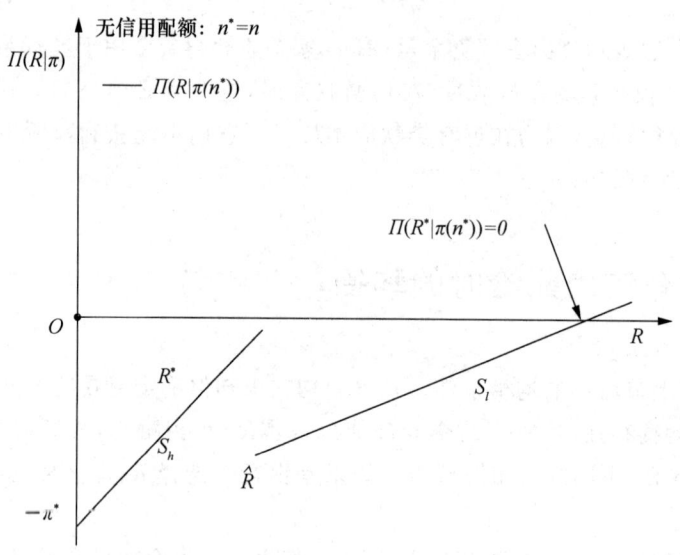

图 6-4 无信用配额的均衡,选择项目 l

6.2.2 有信贷配额的均衡($n^* < n$)

现在考虑本节开始所列的均衡条件(1)—(3)均满足,即存在均衡贷款本息 R^*,但是 $n^* < n$,这时均衡的银行贷款利息 $\pi^* = \pi(n^*)$。在这种情形下,有 $n - n^*$ 家企业未获得银行贷款,尽管在均衡的贷款利息条件下,这些企业是可以通过投资备选的项目并获利的,因为资金不足以支持所有企业,不得不对企业进行信用配额。

在存在信用配额的均衡条件下,银行发现如果以任何企业接受的本息向第 $n+1$ 家企业授信,都会给银行带来期望亏损。如上述均衡条件(1)中所示:在均衡时每家银行所得期望收益为零。这时总共有 n^* 笔贷款,贷出 I 元的本息为 R^*。对于任何一个没有获得贷款的企业,如果有银行愿意以 $R(R < S_l)$ 的本息向它贷款,则该企业可以获得正的

收益($U(R)>0$),该企业一定乐意接受。因而均衡条件的一个必要条件是银行在存款利息 $\pi(n^*)$ 和贷款本息 R^* 时将实现利润最大化。下面我们使用反证法来证明这个结论。

假设 $\Pi(R^*|\pi(n^*))=0$ 的本息和贷款企业数目不是银行利润最大化的结果,我们可以证明存在别的 (R,n') 组合,银行可以通过至少向 $n-n^*$ 家未获贷款的企业贷款而得到正收益。从图6-5可知,$R^*<\hat{R}$ 不可能是有信贷配额的均衡。如果存在一个获利机会,比如,以 $\hat{R}$ 为本息向一家企业贷款 I,这时银行获取资金 I 的成本变为 $(n^*+1)I$,大于 π^*。这种情况意味着银行的利润在 R^* 时并没有实现最大化,即 $\Pi[R^*|\pi(n^*)]$ 对于银行来说并不是最优的。

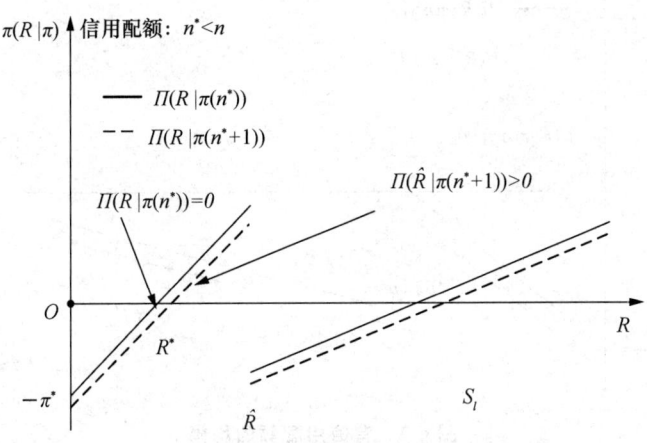

图 6-5 信用配额,选择项目 h

在图6-6中,我们考虑另一种均衡条件不满足的情况,此时银行利润最大的位置在 $R^*=\hat{R}$,$\Pi[R^*|\pi(n^*)]=0<\Pi[S_l|\pi(n^*)]$。那么一定存在一个偏离状态使得此时银行的收益为正,比如,以本息 $R=S_l-\varepsilon>R^*$ 多贷一家企业,银行还可以获益。所以这种情况也是不可能发生的。

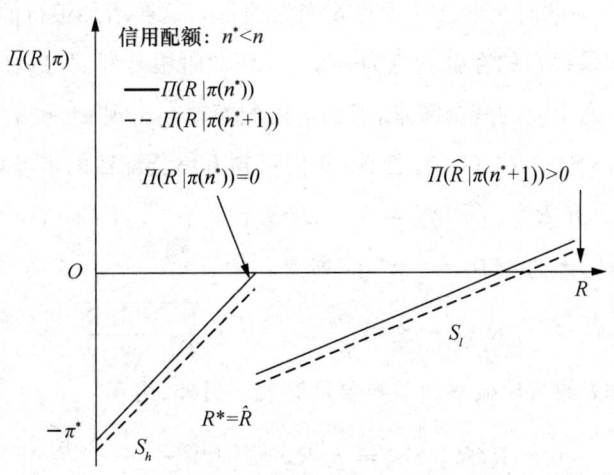

图 6-6 信用配额,选择项目 l

总之,有信贷配额($n^* < n$)的均衡条件下存在的一个必要条件是不存在$R \neq R^*$,使得企业在此贷款条件下可以获得正收益($U(R) > 0$)。因此,我们有最后一个均衡条件的第二个结论(参看图6-7):

$$\Pi(R \mid \pi^*) < 0, \quad 如果 R \neq R^* 且 (n-n^*)U(R) > 0 \tag{6-15}$$

结论(6-14)和(6-15)结合起来可以得到第四个均衡条件:

$$\Pi(R \mid \pi^*) < 0, \quad 如果 U(R) > U(R^*) 或如果 R \neq R^* 且 (n-n^*)U(R) > 0 \tag{6-16}$$

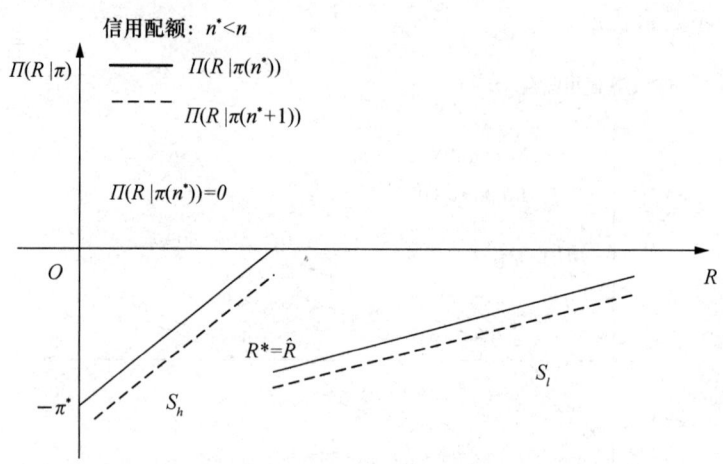

图 6-7　有信用配额的均衡

从以上的讨论可知,如果$\hat{R} = R^*$且$\Pi[\hat{R} \mid \pi(n^*)] > \Pi[S_l \mid \pi(n^*)]$,就会存在有信用配额的均衡。银行在本息$R = \hat{R}$及存款利息为$\pi(n^*)$,利润为零:$\Pi[\hat{R} \mid \pi(n^*)] = 0$。当$R \leqslant \hat{R}$时,银行利润是本息$R$的增函数,为存款利息$\pi$的减函数;因为$\pi(n^* + 1) > \pi(n^*)$,没有银行会以$R \leqslant \hat{R}$的本息为企业增加信贷。而且,银行也不会以$R > \hat{R}$增加信贷,因为此时企业会从项目$h$变为项目$l$,这会增加银行的风险,实际上会降低银行的利润。如果银行的存款利息为$\pi(n^*)$,而此时银行利润$\Pi[\hat{R} \mid \pi(n^*)] = 0$,银行存款不能满足$n$家企业的资金需求,那么信用配额就会出现$n^* < n$。由于$\hat{R} < S_h$以及$U(R^* = \hat{R}) = p_h(S_h - R^*) > 0$。至此,我们可知有信贷配额的市场均衡结论为:

$$R^* = \hat{R}, \quad \Pi[\hat{R} \mid \pi(n^*)] = 0, \quad \Pi(S_l \mid \pi^*) < 0, L(\pi^*) = n^* I < nI \tag{6-17}$$

为了满足$\Pi(\hat{R} \mid \pi^*) > \Pi(S_l \mid \pi^*)$,需要:

$$p_h \hat{R} > p_l S_l \Leftrightarrow \frac{p_h}{p_l} > \frac{S_l + \sqrt{S_l^2 - S_h S_l}}{S_h} \tag{6-18}$$

也即项目h和l的成功概率的差异要足够大。另外,由于:

$$0 = \Pi(\hat{R} \mid \pi^*) = p_h \hat{R} - \pi^* I \Rightarrow \pi^* = \frac{p_h \hat{R}}{I} \tag{6-19}$$

下面我们可以陈述结论:

如果条件(6-18)满足,并且 $L\left(\dfrac{p_h \hat{R}}{I}\right) < nI$,那么均衡为 (R^*, π^*, n^*),它们的值为:

$$R^* = \hat{R}, \quad \pi^* = \frac{p_h \hat{R}}{I}, \quad n^* = \frac{L(p_h, \hat{R}/I)}{I} \tag{6-20}$$

它们为有配额信贷市场均衡,并且企业选择的项目为低风险项目 h。否则,市场均衡是不存在信用配额,即 $n^* = n$。如果 $R^* \leqslant \hat{R}$,企业选择的项目为 h,如果 $R^* > \hat{R}$,企业选择的项目为 l。

上述结论表明,如果两个项目成功的概率差异足够大,存款利率 π^* 足够低时,在均衡时有配额,此时即便有些企业通过债务融资投资于项目 h 可以实现正利润,也无法从银行贷款。这是因为在存在道德风险的情况下,银行无法应付企业将资金用于高风险项目 l,在高风险项目下银行支付的存款利息过高。

练习题

计算题

1. 考虑一位风险中性的企业家,他面临两个独立的项目选择 A、B,假设两个项目所需要的资金量 I 都为 1 600 万元。项目 A 成功的概率 p_A 为 60%,成功后的收入 S_A 为 3 000 万元,失败则无任何收入;项目 B 成功的概率 p_B 为 80%,成功后的收入 S_B 为 2 800 万元,失败则无任何收入。

(1) 如果这位企业家有足够的自有资金,并且不使用债务融资,此时企业家应如何选择?

(2) 如果该企业家没有任何自有资金,所需要的资金全部从银行以信用贷款的方式获得。若没有违约发生,银行获得的本金加利息 R 为 2 300 万元。如果项目失败,则企业破产而无法偿还贷款,银行完全承担信用风险。此时企业家会怎样选择?

2. 在一个完全竞争的信用市场,有许多银行和许多借款企业。现在每个企业都分别面临两个投资机会 1 和 2,每个需要资金 100 万元,两个项目成功的概率为 $p_1 = 0.85$,$p_2 = 0.8$,成功时,分别得到的收益为 20 万元和 30 万元。银行从储户处获得资金,承诺的存款利率为每年 r,银行获得资金的数量为存款利率的函数,即 $S(r)$,是 r 的增函数。求在没有信用配给时的存款利率 r 和贷款利率 R。

第 7 章 信用风险理论

储户准备将现金存入银行时,除了考虑利息,还会担心钱的安全性,即资金能否收回。储户与银行之间形成了借贷关系,作为债权人,储户承担着信用风险。同理,当银行将资金借给企业时,它也承担着企业给它带来的信用风险。本质上,这些风险来自储户或银行不能准确地观察债务人的行为以及债权人和债务人之间存在的信息不对称现象。下面我们将以银行与借款人之间的关系来讲解信用风险的基本理论。

7.1 信息不对称、信贷配额和信用风险

信息不对称是指债务人掌握的信息要多于债权人。银行信息不完全会影响银行的风险接受程度,这种影响作用于信贷市场的各个方面。我们从信息不对称的角度来解释信贷配给现象。

7.1.1 道德风险问题

本节的模型中,我们将借款人分为"可靠的人"和"不可靠的人"两种。前者只会接受自己能力范围内的条款。对于后者而言,如果违反贷款协议的成本相当低,他就会拒绝履行合同义务,这时银行承受了违约损失,而违约者却提高了效用水平。

假设一个消费和收入的二元结构,贷款利息可以看作是成本负担,那么贷款可以增加当前的消费量,但连本带息偿债的义务会使得未来的收入降低:

$$\begin{cases} C_0 = Y_0 + L \\ C_1 = Y_1 - (1+r_L)L \end{cases} \tag{7-1}$$

其中 C_t 表示在 $t=0$ 和 $t=1$ 时刻的消费规模;Y_t 表示在 $t=0$ 和 $t=1$ 时刻的收入规模;r_L 表示贷款利率;L 表示贷款金额。

该模型假定所有借款人具有相同的收入和消费偏好,但他们在信用风险接受程度的方面有所不同。需求的规模与利率之间负相关。借款人的贷款违约成本基本是确定的(例如,不可靠债务人的账户记录,未来的信贷可能性限制,以及社会排斥等)。从借款人个人效用最大化的角度来看,当这些成本低于总的贷款偿还额时,道德风险就出现了:

$$Z_i < (1+r_L)L \tag{7-2}$$

其中 Z 表示违约成本；r_L 表示贷款利率；L 表示贷款规模。

同时，可靠的借款人尽量偿还贷款。因此，相比信誉低的借款人，可靠借款人的违约成本更高。银行知道借款人存在信用风险的差异，但由于信息不对称，银行无法识别特定借款人的违约成本金额。同时，贷款来源于固定利率的存款资金。由于银行在一定程度上有能力确定可靠借款人在借款人中的比重，银行利润的函数可以用以下形式表示：

$$\Psi = \Gamma(1+r_L)L - (1+r_D)L \tag{7-3}$$

其中 Ψ 表示银行利润函数；Γ 表示可靠借款人比例；r_D 表示存款利率；r_L 表示贷款利率；L 表示贷款规模。

假设在一个完全竞争的市场，银行的利润为零，通过对利润函数和信贷规模 L 进行微分，可以计算出市场均衡时的利率水平 r_L^*：

$$\frac{\partial \Psi}{\partial L} = \Gamma(1+r_L) - (1+r_D) = 0$$

$$(1+r_L^*) = \frac{1+r_D}{\Gamma}$$

$$r_L^* = \frac{(1+r_D)}{\Gamma} - 1 \tag{7-4}$$

其中 r_L^* 表示市场均衡下的贷款利率；其他符号如公式(7-3)所示。

(7-4)式表明，贷款本息比 $1+r_L^*$ 是获得信贷活动的资金来源的成本 $1+r_D$ 的 $1/\Gamma$。这种成本收益差，能够补偿银行因不可靠借款人的信用风险而造成的损失。在市场均衡状态下，贷款利率为 r_L^*。银行向所有借款人提供相同金额和利率的贷款，这些贷款在可靠和不可靠的借款人之间分配（即所谓的混同契约）。

可靠的借款人应该与银行签订不同的信贷协议。因为在贷款利率相同的情况下，他们在利率上对不可靠的借款人需要补贴 $r_L - r_D$。然而在信息不对称和无须向银行提供贷款抵押物时，则银行不可能在区分贷款价格时实现持久的市场均衡状态。为了弥补相关的信用风险的损失，银行会提高利率，一个影响是违约成本限制（Z_i）的增长。结果借款人群体的道德风险越来越大，改变了两类借款人的比例（Γ）。因此银行提高利率会促进不可靠借款人的比例上升，其对贷款需求的上升规模也会限制可靠借款人的可贷金额。

银行提高利率的另一个影响是信用风险溢价的增长，这会进一步恶化可靠的借款人的借贷情况。所以为了保护自身的效用，可靠借款人应该接受银行提供的市场均衡方案。但是在利率为 r_L^* 时，其贷款需求没有得到完全满足。这就造成了在市场均衡状态下的信贷配给现象。

在不对称条件下的信贷配给现象影响了所有借款人的边际效用。一方面，假设银行批准所有借款人的贷款申请，但向他们提供的贷款额比客户的偏好和可接受的利率水平更低。这种情况是金融理论中第一类信贷配给的定义。另一方面，尽管借款人之间没有明显差异，但他们没有受到同等对待（即第二类信贷配给）。其结果是，这些借款人中的一些获得了他们需要的信贷数量，而有些则被完全排除在了贷款市场之外。

在基顿模型(1979)的基础上，可以提出信贷配给的非价格模型。假设在贷款市场上，我们可以发现一条由贷款利率水平与贷款规模（银行利润的等产量曲线）决定的曲线,这条曲线可以表示银行的利润函数。假设在一个完全竞争市场银行利润为 0,同时借款人的效用具有相同参数的函数。

如图 7-1 所示,贷款数量为 L^f 时,对应银行效用曲线和借款人效用曲线的切点,达到了市场均衡。在这样的信贷活动中,贷款供应量与贷款需求并不相同,如区间 $[L^f, L^d]$ 所示。此时,银行所要求的贷款利率为 r_d,低于借款人愿意支付的贷款利率 r'_d。

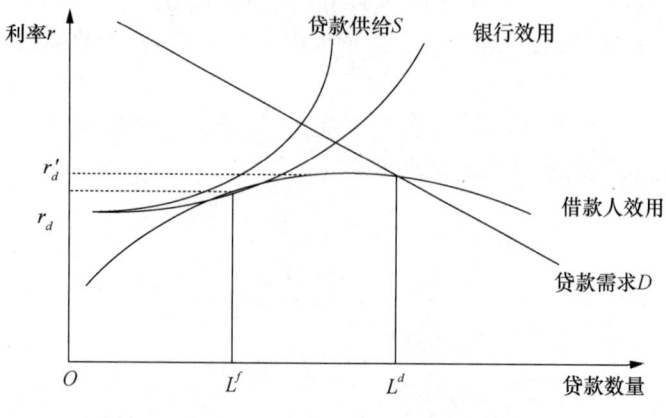

图 7-1　信贷配给是多方效用制衡的结果

7.1.2　逆向选择问题

在对第二类信贷配给现象进行分析时,研究发现信息不对称下的逆向选择是其最根本的原因。该模型假设在特定的借款人中,他们的还贷可能性存在差异。与此同时,不能用贷款利率的差别来应对这种借款人的差异,因为利率的变化会直接影响借款人投资项目的风险因素,从而改变借款人的贷款偏好。提高利率会降低项目的盈利能力,并鼓励借款人从事更高风险的项目或者加入不可靠借款人的阵营。随着信贷风险以损失的形式表现出来,进一步提高贷款利率会减少银行的利润。这些损失与银行更大的信用风险敞口相关。因此,存在一个最佳利率值,在这一点(r_L^*)银行可以获得最大的利润。

如图 7-2 所示,由于银行贷款活动的规模大小受到最优利率的限制,根据瓦尔拉斯均衡的条件,市场供需平衡是不可能达到的。因此,虽然贷款需求可能会超过其供应量,银行也不愿意提高利率,因为这将为风险更大的项目融资提供条件。在动荡的市场环境下,尽管信贷需求可能非常高,银行仍更愿意降低利率,以避免其信贷风险超过平均水平。

假设银行可以以对潜在借款人的投资项目的平均回报率为基础识别风险,同时它又不能识别每个借款人个体的变化,因此银行无法测量个体借款人的风险参数。此外,所有项目在同一时间段内实施,贷款协议所规定的抵押也是相同的,这意味着它们不能作为银行选择信贷发放的依据。银行的利润率可以由以下公式确定:

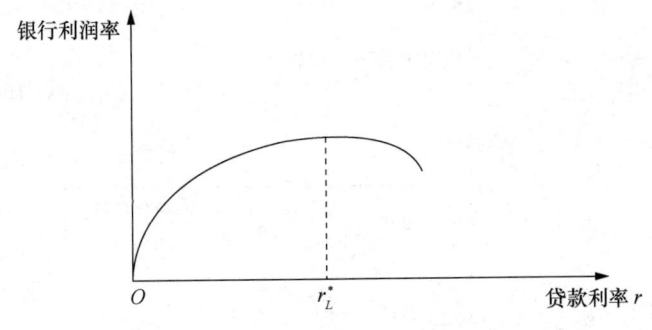

图 7-2 信贷利率与银行利润率

$$\Pi = \min[(1+r_L), X/L] \tag{7-5}$$

其中 X 表示项目的投资回报率；Π 表示银行利润率；L 表示项目贷款额；r_L 表示贷款利率。

在完全标准化的协议下，一方面借款人需要履行偿还全部贷款的义务，否则就认为借款人破产。扣除破产成本，银行的利润空间是贷款投资项目回报的凹函数。另一方面借款人产生的收益为：

$$\phi = \max[0, X - (1+r_L)L] \tag{7-6}$$

其中 ϕ 表示借款人通过项目投资得到的收入；其他符号的含义如公式(7-5)所示。

因为企业的利润函数是凸函数，进行更多的风险投资的借款人有可能获得更高的回报。正如公式(7-6)所显示的，借款人只能知道单个项目的风险 θ_i，而银行只能统计评估一组借款人的平均违约风险 θ。风险中性的借款人必须投入一定量的自身权益 e_0，他们投资项目的条件为：

$$E[\phi] > e_0(1+\delta) \tag{7-7}$$

其中 $E[\phi]$ 表示借款人的投资项目的预期收入；δ 表示自身股本权益成本；e_0 表示借款人的自身权益。

由于预期收益率取决于项目的风险，我们可以发现存在一个风险水平 θ^*。如果风险水平 $\theta_i > \theta^*$，借款人将会利用贷款对该项目进行投资。而如果项目风险 $\theta_i < \theta^*$，该项目将会由于缺乏经济利润率（过低收入）而被放弃。因此对于借款人来说，其风险函数是项目的预期收入，而银行将会通过贷款利率而影响其项目的风险。

如图 7-3 所示，如果银行提高利率，这也将提高所有借款人所需要的最低项目回报率。利润曲线向下平移会影响项目风险，使得 θ^* 的斜率增大，从而迫使借款人将资金用于具有更高回报率的项目之上。而这会影响到可靠的借款人的利益，他们原本计划投资低风险（θ_i）、低回报率的项目。提高贷款利率会对这些贷款人造成严重影响，因为此时的利率会使得贷款成本超过其能从项目中所得到的未来回报率，因此他们将无法获得银行融资。当这类借款人被迫退出贷款市场后，计划将贷款用于高风险和高收益项目的借款人将会在信贷需求的市场上占主导地位。这个过程体现了信贷市场的逆向选择。

当借款人具有不同的风险特征，他们通过银行融资选择两种投资项目时，我们就会从他们的行为中观察到逆向选择现象。假设两种投资项目的回报率分别为 X^I 和 X^{II}（其

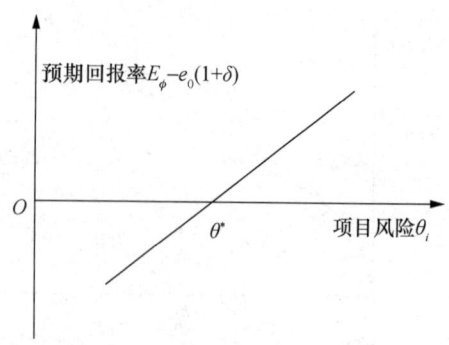

图 7-3 投资项目的风险对信贷条件的影响

中 $X^I > X^{II}$），投资成功的概率分别为 E^I 和 E^{II}。第一组的项目风险大,但其相比第二组能够提供较高的回报率。如果在利率为 r 时,公司没有显示对项目类型的任何偏好,则：

$$[X^I - (1+r)L]E^I = [X^{II} - (1+r)L]E^{II} \tag{7-8}$$

其中 X^I 表示投资项目 I 的预期收益；X^{II} 表示投资项目 II 的预期收益；E^I 表示项目 I 的成功概率；E^{II} 表示项目 II 的成功概率；r 表示贷款利率；L 表示贷款规模。

对(7-8)式进行变换,可得到以下的关系：

$$L(1+r) = \frac{X^{II}E^{II} - X^I E^I}{E^{II} - E^I} = (1+r^*)L \tag{7-9}$$

其中各项符号的含义与公式(7-8)相同。

如果实行低贷款利率（即为 $r < r^*$),借款人就可以选择风险更小的项目。然而,随着利率的上升直到高于利率 r^*,借款人将试图通过投资高风险项目的方式来对增加的贷款成本进行补偿,直至相对贷款规模而言,项目回报率对借款人而言是有利可图的。因此,借款人选择较安全的项目 II 的最高利率是 r^*,而维持借款人对高风险项目的融资需求的最高利率是 $(R^1/L)-1$。这意味着银行的预期回报率作为利率的函数的预期收益率,并不是只在利率为 r^* 时才能实现。

如图 7-4 所示,银行将其贷款利率设为 r^*。如果满足下列条件,银行能够实现贷款合约中的回报率最大化：

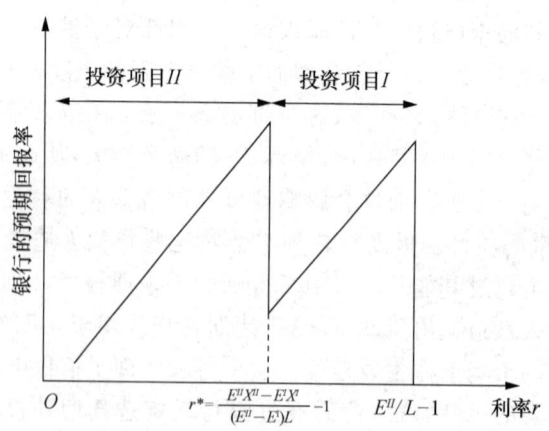

图 7-4 利率对信贷投资项目的影响

$$X^I E^I < \frac{E^{II}(E^{II}X^{II} - E^I X^I)}{E^{II} - E^I} \qquad (7\text{-}10)$$

其中所有符号的含义与公式(7-9)相同。

因此，如果满足条件 $X^{II}E^{II} > X^I E^I$，银行就会在利率水平 r^* 时限制贷款活动，避免参与到超过风险接受范围内的融资活动，从而在市场中为一般性的信贷配给创造了条件。银行不能事前对特定单一投资项目的风险规模进行区分，因此 r^* 仍是银行的最高贷款利率。银行对其贷款活动的限制导致了供给曲线向左弯曲，并且并未满足更高水平利率的贷款需求。

根据模型的假设，最优利率水平会导致一些投资项目无法获得融资，缺乏资金。然而，对模型的假设进行修正可能会引出完全相反的结论。如上述模型中所假设的项目之间的特征不同，但具有相同的平均回报率。我们将这一假设反过来，即假设项目的变化方向是相同的，但具有不同的平均回报率。在这种情况下，借款人的贷款需求有可能全部得到满足。

虽然在大多数的模型中使用信息不对称来描述市场不完美现象，但信息不对称不应该被视为市场缺陷的唯一来源。

在最优信息的竞争性市场，信贷配给也是可能出现的。该模型假设借款人在贷款协议中的责任是有限的并且具有破产的可能性。如果融资项目失败（借款人破产），该银行将会接管该项目运行所产生的所有收入，但仍会承担不能收回贷款全额的风险。因此，借款人一直保持着对信贷的需求，直到从其成功项目中获得的资本收益等于资本的边际成本。银行为最大化其利润会同时考虑到项目成功和项目信用风险造成的损失这两个方面。在这种方式下，银行要求其利率水平能够保证失败融资项目的损失可以被成功项目的利润所补偿，这将导致银行会确定一个比最佳利率更低的贷款利率。然而在这个利率水平，信贷需求会超过其供应，从而导致信贷配给现象。

7.1.3 结论

本节根据信贷市场的基本特征对信贷配给的过程进行了分析。该分析体现了风险在银行活动中的根本性和重要性。与实体商品市场领域不同，贷款协议并不是在签署的时刻实现的，而是取决于未来的支付资金流。从签订贷款协议到最终完成贷款协议存在着时间转移，这段时间中存在借款人无法满足贷款协议要求的不确定性和双方信息的不对称性。借款人相较于银行通常拥有信息优势。因此，融资可得性的限制不是由银行的法律和经济环境等客观因素（即监督法规，货币政策的类型）所引发的，而是与信贷市场的利率异质性特征有关。

在有形物品的市场中，价格可以表现价值。与之不同，在信贷市场中，利率既是资本成本的决定因素又是信用风险范围的评估尺度，具有重大的作用和意义。这些都是利率的固有职能，如果过度看重其中的一点，就会导致利率职能的失灵。提高利率会导致更大的风险暴露，可能会促进可靠借款人寻求更低廉的多样化的融资来源。此外，利率水平并不能很好地反映风险的规模,因为无论是在事前(签订贷款合同前)还是事后(贷款合同的借款人获得有关的重要风险信息比银行要快得多),贷款合同的当事人都没有掌握全面的信息。另外一个阻碍实现贷款市场的完全效率的原因是,尽管借款人之间存在风险违约的异质性,银行却为特定类型的信贷设立了一个利率。所有这些因素导致了信贷市场违背了"灵活的价格最终会导致持续的供需平衡"的瓦尔拉斯假设,出现了信贷配给现象。

7.2 逆向选择:授信对象甄别理论

7.2.1 完全信息情形

如同上文,我们假设一位借贷者需要借贷 1 元资金来运行一个项目,该项目在投资结束时可能的价值为 1.2 元。一个贷款协议由 $(r,x), r \geqslant 0$ 且 $x \in [0,1]$ 表示,其中贷款利息 r 是借款人的资金成本, x 是为了获取贷款而向银行存放的抵押物的价值。对于每一个借款人,拥有概率 q(信用风险)的可能性无法偿还债务(或者无法偿付本金或者无法偿付利息)。这时,借款人存放的抵押物会被授信人收取。但是,将抵押物变现会存在折扣,授信人最终获得的资金为 $bx, b \in (0,1)$。假设借款人群体可以分为两种类型 1 和 2,他们的信用风险分别为 q_1 和 q_2,其满足的条件为 $0 < q_1 < q_2 < \frac{1}{2}$。在借款人群体中,这两类信用风险的占比都为 50%。同时我们假设信用市场中所有的授信人和借款人都是风险中性的。

假设借款人的信用风险信息是完全公共的,根据借款人的风险水平,信用市场可以分为两个子市场。对于任意风险类型的借款人,风险水平用 q 表示,他获得贷款 (r,x) 的期望效用为:

$$1.2 - r(1-q) - qx \tag{7-11}$$

因为项目成功后的价值为 1.2 元,如果借款人仍然有偿债能力(概率为 $1-q$),那么支付给银行的资金为 r,如果借款人失去偿债能力(概率为 q),银行获得抵押物 x。当然,倘若借款人不选择贷款,其效用为 0。

同时,贷款人以该贷款协议贷出资金的期望收益为:

$$r(1-q) - q(1-bx) \tag{7-12}$$

这是因为贷款人完全收回本息的概率为 $1-q$,只能获得抵押物的概率为 q。

在一个完全信息的情况下,均衡协议 (r,x) 满足两个条件:① 所有贷款人的利润为零;② 给定借款人的决策,没有别的贷款协议可以使贷款人的净利润为正。通过求解,我们可得:

完全市场的均衡贷款协议为 $r^* = \dfrac{q}{1-q}, x^* = 0$。

我们将 (r^*, x^*) 带入公式(7-11),可得到借款人的效用为 $1.2 - q > 0$,代入公式(7-12)得到贷款人的效用为零,可见该贷款协议满足均衡条件。

下面我们证明不存在别的贷款协议满足均衡条件。如果存在别的贷款协议 (r, x) 满足完全市场均衡体条件,x 需要大于零。我们可以考虑另外一个贷款协议 $(r + \delta, x - \varepsilon)$,其中 δ 和 ε 是很小的正数,满足 $x - \varepsilon > 0$。该贷款协议下,借款人的效用为:

$$1.2 - (r + \delta)(1 - q) - q(x - \varepsilon) = 1.2 - r(1 - q) - qx - [\delta(1 - q) - q\varepsilon]$$

贷款人的效用为:

$$(r + \delta)(1 - q) - q[1 - b(x - \varepsilon)] = r(1 - q) - q(1 - bx) + [\delta(1 - q) + qb\varepsilon]$$

可见如果下面两个条件满足,贷款人和借款人都会选择新的协议 $(r + \delta, x - \varepsilon)$:

$$[\delta(1 - q) - q\varepsilon] < 0$$
$$[\delta(1 - q) + qb\varepsilon] > 0 \qquad (7\text{-}13)$$

因为此时双方都获得了比协议 (r, x) 下更高的效用。要使上述条件成立,则 δ 满足:

$$\frac{bq\varepsilon}{1 - q} < \delta < \frac{q\varepsilon}{1 - q}$$

而从上文可知 $b < 1$,因而上述不等式是成立的。这证明 (r, x) 不可能是完全市场的均衡贷款协议,所以只有 (r^*, x^*) 才能是均衡贷款协议。

该均衡表明,在完全信息条件下,借款人不需要任何抵押物即可以获得贷款。

7.2.2 信息不对称下的完全竞争均衡

现在我们假设借款人的信用风险水平不是公开的,也即贷款人并不知道借款人的违约风险的大小。此时,贷款人不能确定借款人的风险类型,因而不能确定把资金贷给谁。当借款人进入市场时,借款人可以从各种可选择的贷款协议中选择其最偏好的贷款,当然,借款人也可以选择放弃贷款,则此时效用为零。

我们用 c_0 表示不贷款,如上节所述,在一个完全竞争的市场中,存在两种风险类型的借款人,其违约(或破产)的概率分别为 q_1 和 q_2,$0 < q_1 < q_2 < \frac{1}{2}$,这两类借款人的比例为 50%;银行(贷款人)的贷款协议 (r, x) 集合表示为 C,该集合满足,① 给定企业(借款人)的可选范围为合集 $C \cup c_0$,对于银行来说,集合 C 中的贷款协议带来的利润都为零;② 不存在别的任何贷款协议 $c \notin C$,企业的可选合集为 $C \cup c_0 \cup c$ 时,银行可以获得正的收益。

现在分析在信息不对称情况下的完全竞争均衡。我们假设对于每个企业来说,它们都偏向于获得某个贷款而不是选择 c_0。我们的结论是不存在混合均衡。

在信息不对称的完全竞争市场,不存在一个混合均衡贷款协议。

如果存在一个混合均衡贷款协议 (r, x),由于该协议是所有风险类型的企业都会选择的,那么银行获得的利润可以表示为:

$$(1 - \bar{q})r - \bar{q}(1 - bx)$$

其中 $\bar{q} = \dfrac{q_1+q_2}{2}$，是整个企业群体的平均信用风险水平。我们可以证明存在另一个贷款协议 (r',x')，该协议可以吸引低风险的企业，并使银行获得正的收益。也即，该协议可以满足如下不等式：

对于低风险企业来说：$(1-q_1)r' + q_1 x' < (1-q_1)r + q_1 x$

对于高风险企业来说：$(1-q_2)r' + q_2 x' > (1-q_2)r + q_2 x$

对于银行来说：$(1-q_1)r' - q_1(1-bx') > 0$

第一个不等式表明，对于低风险企业来说，在新贷款协议下的期望贷款支出（期望成本）更低；第二个不等式表明，对于高风险企业来说，旧的贷款协议的期望贷款成本更低；第三个不等式表明，在新的信用协议下，只有第一类企业会来贷款，并且银行可以获得正的收益。

为此，我们可以建立一个新的贷款协议 (x',r')，满足：

$$x' = x + \varepsilon, \quad r' = r - \delta$$

这个协议要求稍微多一点的抵押物，但要求少一点贷款利息。此时，根据上面第一个不等式，我们可以得到：

$$\frac{q_1}{1-q_1}\varepsilon < \delta < \frac{q_2}{1-q_2}\varepsilon$$

由于 $0 < q_1 < q_2 < \dfrac{1}{2}$，我们可以对于任何 $\varepsilon > 0$ 以及任何 $\delta > 0$ 的情况，上述不等式都成立。对于第三个不等式，我们得到：

$$[(1-q_1)r - q_1(1-bx)] + [bq_1\varepsilon - \delta(1-q_1)] > 0$$

如果 ε 和 δ 非常小（我们可以设为接近于零），那么上面的第二项可以视为接近于零。而对于上式的第一项，由于假设存在这混合均衡，则 $(1-\bar{q})r - \bar{q}(1-bx) = 0$，并且 $\bar{q} - q_1$ 严格大于零，所以 $(1-q_1)r - q_1(1-bx)$ 也严格大于零。这样，我们发现在完全竞争市场，银行的利润不再是零。可见贷款协议 (x',r') 破坏了混合均衡的假设。

上面的分析结果意味着企业可以在利息和抵押物之间进行替代决策，这个替代是由其信用风险决定的。新的贷款协议改变了利息和抵押物组合，这使得新协议只能对低信用风险的企业具有吸引力，减少了银行面临的有效信用风险，从而使得银行获得了正的收益。

由于混合均衡是不可能存在的，这表明在完全竞争市场，不可能维持有效率的贷款协议，因为有效率的贷款协议要求贷款协议是不需要抵押物的。这同时也说明，在信息不对称的情况下，即便存在一个均衡，也不是有效率的。

现在我们寻找信息不对称条件下的分组竞争均衡。由于有两类信用风险的企业，我们可以假设可选协议集合 C 包含两类贷款协议，(r_1,x_1) 表示第一类企业选择的协议，(r_2,x_2) 表示第二类企业选择的协议。我们需要确定这两个协议的具体情况，在信息不对称下的完全竞争市场，分组竞争均衡的第二类贷款协议为：

$$(r_2, x_2) = \left(\frac{q_2}{1-q_2}, 0\right)$$

显然，银行提供的第二类贷款协议跟完全信息条件下的完全竞争市场均衡的贷款协议的形式一样。我们可以证明这个贷款协议的确是信息不对称条件下的完全竞争市场均衡中的一个部分。假设这个不是均衡,我们可以假设 $x_2 > 0$。与完全信息情况相似,我们可以证明 $x_2 > 0$ 不可能是均衡下的贷款协议。

这表明,对于高风险的企业,均衡时的贷款协议是可以达到社会效率的,因为此时并没有要求企业提供任何抵押物。第二类企业在此协议下的期望效用为:

$$1.2 - (1-q_2)r_2 - q_2 x_2 = 1.2 - (1-q_2)\frac{q_2}{1-q_2} = 1.2 - q_2$$

可见,第二类企业在该协议下的期望效用是精算公平的。

对于第一类企业(低信用风险借款人),信息不对称条件下的均衡贷款协议与第二类企业不同。因为 $x_2 = 0$,那么一定有 $x_1 > 0$,即,第一类企业获得的贷款一定需要抵押物。在信息不对称下的完全竞争市场,分组竞争均衡的第一类贷款协议 (r_1, x_1) 是下列等式的解:

$$\begin{aligned}(1-q_1)r_1 - q_1(1-bx_1) &= 0 \\ (1-q_2)r_1 + q_2 x_1 &= q_2\end{aligned} \tag{7-14}$$

公式(7-14)的第一个等式表示当只有第一类企业选择该贷款协议时,银行获得的利润为 0,这是完全竞争市场的结论。第二个等式表示如果第二类企业选择该贷款协议,企业的期望成本为 q_2,也即高信用风险企业认为贷款协议 (r_1, x_1) 和 (r_2, x_2) 是没有差异的。这个无差异条件是必须满足的,否则假设 $(1-q_2)r_1 + q_2 x_1 > q_2$,那么会有新的银行进入这个市场,提供贷款协议 $(r_1', x_1') = (r_1 + \delta, x_1 - \varepsilon)$,由于 $x_1 > 0$,总存在 $x_1' > 0$,因此对于第一类企业来说,更愿意选择这个新的贷款协议,且银行还可以获得正的收益。可见这违背了前面关于均衡的条件。

该结论的原理是,当面对高信用风险的借款人时,市场竞争会促进信用关系向有利于社会效率的方向发展。一方面,为了迎合第一类风险水平的借款人而制定的贷款协议有可能会吸引其他风险类型的借款人,从而导致签订该协议的借款人的整体风险水平发生变化。但这个转移对于高信用风险借款人并不会发生,因为对于他们来说,协议 (r_2, x_2) 已经得到了社会效率,他们并不需要任何抵押物。

另一方面,提供给低风险的协议需考虑到可能会被高风险借款人所使用。如果新协议要求更低的抵押物或者提高利率,则会吸引到高信用风险的企业,这最终会给银行带来更多风险,因为新协议的签订群体的实际风险太高,导致银行的期望收益变为负数。所以在均衡时,除了确保完全竞争的零利润条件,贷款协议还需确保高信用风险的企业不会伪装成低信用风险的企业,去获得为低风险者提供的贷款协议。所以,为了达到此目的,银行要求低信用风险的贷款人提供贷款抵押物。换言之,抵押物是银行用来甄别低信用风险企业的一种手段。当然,抵押物的出现也让信用市场不能达到社会效率。

从上面的分析可知,在信息不对称的条件下,如果存在完全竞争均衡,那么该均衡一定是分组均衡,也即为高信用风险和低信用风险的借款人提供了不同的贷款协议。从等式(7-14),我们可以得到:

$$\begin{aligned}r_1 &= \frac{q_1 q_2 (1-b)}{q_2(1-q_1) - bq_1(1-q_2)} \\ x_1 &= \frac{q_2 - q_1}{q_2(1-q_1) - bq_1(1-q_2)}\end{aligned} \tag{7-15}$$

由于 $q_2 > q_1$，$b < 1$，(7-15)式表明 r_1 和 x_1 都是大于零的，说明在均衡时，银行会向低信用风险的借款人要求抵押物。

在上面的例子中，我们假设了在借款人群体中，高信用风险和低信用风险的借款人的比例为 50%，但在均衡贷款协议中，并没有出现该比例，所以均衡与借款人的组成没有关系。

练习题

计算题

1. 一个银行有许多寻求借款的客户，其中有 5% 的借款客户为不可靠借款人，他们确定不会偿还借款，剩下的 95% 为可靠借款人，他们确定会偿还借款，但银行无法区分可靠借款人和不可靠借款人。假设银行支付给储户的存款利息为每年 3%，那么在一个完全竞争的金融市场，银行能够提供的贷款利率是多少？

2. 银行不能准确了解借款人的风险状况，但它知道这些借款人可能将资金投入到两个项目 1 和 2，其收益率(s)和成功概率(p)分别为：$s_1 = 30\%$，$s_2 = 20\%$；$p_1 = 50\%$，$p_2 = 85\%$。

   (1) 如果两个项目的启动资金都为 100 万元，借款人自有资金为 40 万元，借款人通过从银行借款来实现项目，那么借款人将项目投资于低风险项目的条件是什么？结果说明了什么？

   (2) 此时借款人的收益是多少？银行的回报是最丰厚的吗？

3. 有两类信用风险水平的借款人 1 和 2 来银行贷款，他们违约的概率分别为 $p_1 = 0.01$，$p_2 = 0.30$，显然第二类借款人的信用风险很高。如果这两类借款人的比例为 1:1，在一个风险中性的借贷市场，借款人需从银行获得贷款来投资于一项在一年后可以带来 100 万元收入的项目，其初始投资需要 90 万元，银行可以提供的是部分抵押的信用贷款，如果有抵押物，抵押物在违约后可以得到完全市场价值。

   (1) 在银行可以区分借款人的完全竞争信贷市场，贷款利息和抵押物比例分别为多少？

   (2) 在银行无法分辨贷款人的信用风险水平时，贷款利息和抵押物比例分别是多少？

第 8 章 债券理论

债券是证券化的债务,是各种借款人使用的也是最传统的信用产品。无论企业还是政府都经常使用债券直接从投资人处进行融资。虽然不同的主体都在使用债券,债券的种类也各不相同,但它们都有些共同的特征,例如,投资者投入资金后在未来可以获得一个固定的收入现金流。然而,债券所定的收入现金流并不是完全有保障的,债务人有违约的可能性,即便是我们认为最高的主权债务也可能违约,这便是本书所讨论的信用风险问题。我们在本节借助于债券来理解信用风险的一些基本体现,比如价格、信用利差等。

8.1 无违约风险债券及无风险利率

为了对比有违约风险的债券,我们先假设市场上有一种"无违约"风险的债券,很多人举例主权债券是无风险债券,但实际上主权债券也会违约,只是相对来说,它是市场上风险最低的债券而已,所以本书所讲的无违约风险债券是一个理想中的债券,并没有特指对象。虽然无违约风险债券不会违约,但其依然存在市场风险。

我们定义零息债券为一种债券,它承诺在截止日期 T 付给债权人 1 元的现金。用 $B_t(T) = B_t^T$ 表示到期日为 T 的无违约零息债券在时间 t 时的价格,到期时长(time to maturity)为 $T-t$,用年表示,是现在到债券到期日的时间长度。为了便于讨论,可以假设债券市场里交易着各种到期日的债券,而且这个市场是完美的,不存在任何交易成本和交易障碍,而且不存在任何套利机会。显然我们有:

$$B(T) = 1$$

任何时候,即刻到期的面值为 1 元的债券的价值应该为 1 元,因为已经没有发生违约风险的时间了。为了利用微积分来分析债券的价格特征,我们假设这些债券价格对时间 T 是可微分的。如果某投资者持有 X 份该零息债券,则该债券在任意时间 s 的价格表示为 $XB_s(T)$。

零息债券并不是为了讲述的方便而臆造的债券,其在许多国家都真实存在,特别是一些国家的地方政府债券和市政债券都用这种债券类型。对于付息债券,我们可以将其看作许多不到期市场债券的组合。例如,图 8-1 中的付息债券,在时间 $t=1$ 到 $t=4$ 时支付利息 c,在到期日时支付票面价格 1 元,可以看作 c 份 $B_0(1)$,$B_0(2)$、$B_0(3)$、$B_0(4)$ 和 $(1+c)$ 份 $B_0(5)$ 的组合,付息债券价格 $B_0(c,5)$ 为该零息债券组合的价格,即:

$$B_0(c,5) = c\sum_{t=1}^{5} B_0(t) + (1+c)B_0(5)$$

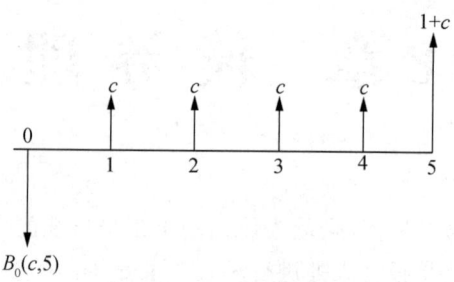

图 8-1 付息债券

不同的利率都是可以建立在零息债券的价格基础之上。假设现在的时间为 t，两个未来的时间为 S 和 T，满足 $t<S<T$。在时间区间 $[S,T]$ 里的连续复合远期利率 $R_t(S,T)$ 的表达式为：

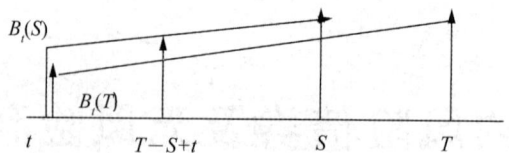

图 8-2 远期和零息债券价格关系

$$e^{R_t(S,T)(T-S)}B_t(T) = B_t(S), \quad 任意\ t<S<T \tag{8-1}$$

公式(8-1)所表达的关系可以用图 8-2 表示。因为 $e^{R_t(S,T)(T-S)}$ 表示在时间为 S 时投资 1 元持有到时间为 T 的价值，而 $B_t(T)$ 表示到期日为 T 的面值为 1 元的零息债券在 t 时的价格，这等同于先将 $B_t(T)$ 按远期增长，然后在时间 $T-S+t$ 时，刚好购买 1 单位的到期时长为 S 的零息债券，而其值正好为 $B_t(S)$。

注意，远期利率 $R_t(S,T)$ 本身就是(从时间点 t 看)投资于零息债券在时间 $[S,T]$ 的累积收益率。

相似地，如果用 $L_t(S,T)$ 表示在时间点 t 时在时间区间 $[S,T]$ 的远期简单收益率，我们也有：

$$[1+L_t(S,T)(T-S)]B_t(T) = B_t(S) \tag{8-2}$$

当我们设置 $S=t$，通过公式(8-1)可以得到连续复利利率：

$$e^{R_t(T)(T-t)}B_t(T) = 1 \tag{8-3}$$

公式(8-2)可以得到简单复利利率：

$$[1+L_t(T)(T-t)]B_t(T) = 1 \tag{8-4}$$

显然 $L_t(T)(T-t)$ 表示的是在时间 t 时投资 1 元零息债券，在时间 $[t,T]$ 所得到并在时间 T 支付的利息。无套利机会的市场是上面几个公式成立的条件，然而现实的金融市场处于一种动态的非完全的有效状态。

当假设债券价格对于到期日是可微分的，我们可以得到瞬时远期利率(instantaneous

forward rate) $f_t(T)$,其定义为:

$$f_t(T) \equiv \lim_{S \to T-} L_t(S,T) = \lim_{S \to T-} R_t(S,T) = -\frac{\partial \log B_t(T)}{\partial T} \quad (8\text{-}5)$$

相似地,我们可以定义瞬时即期利率(instantaneous spot rate) r_t 为:

$$r_t \equiv \lim_{T \to t+} L_t(T) = \lim_{T \to t+} R_t(T) \quad (8\text{-}6)$$

我们很容易验证瞬时远期利率和瞬时即期利率之间的关系为:

$$r_t = f_t(t) \quad (8\text{-}7)$$

从定义(8-5),在两边积分,可以得到债券价格是远期利率的表达式:

$$B_t(T) = \exp\left(-\int_t^T f_t(s)\mathrm{d}s\right) \quad (8\text{-}8)$$

当然,我们假设存在一种理想的资产,其价值的变化是根据瞬时即期利率进行的,而且在一种极限情况下,其利息可以进行瞬时投资进而进入"利滚利"的状况。

8.2 货币市场

与债权投资、债券利率相伴而生的是货币市场,货币市场与零息债券有着基本的联系,任何投资于货币市场的资金的收益实际上都是按照瞬时即期利率 r_t 增长的。我们可以认为货币市场的资产价值变化是遵循以下随机过程(stochastic process),即:

$$dC_t = r_t C_t dt, \quad C_0 = 1 \quad (8\text{-}9)$$

(8-9)式的左边表示该货币账户在极短时间里(dt)的增加额,而右边表示的是其增长为在这极短时间里的利率($r_t dt$)与本金(C_t)的乘积。该式可以借助于积分计算来得到任何时间点的货币账户的资金数量:

$$C_t = \exp\left(\int_0^t r_s \mathrm{d}s\right) \quad (8\text{-}10)$$

在时间点 t 的货币账户的资金为本金与按公式(8-9)不断累积的利息之和。

此时我们可以定义在时间段 $[t,T]$ 内的随机折现因子(stochastic discount factor)为:

$$D(t,T) = \frac{C_t}{C_T} = \exp\left(-\int_t^T r_s \mathrm{d}s\right) \quad (8\text{-}11)$$

该随机折现因子表示在时间点 T 支付 1 元的货币账户在时间 t 的价值。

现在我们可以来了解债券价格 $B_t(T)$ 与此货币账户的随机折现因子之间的关系。它们的差异在于 $B_t(T)$ 是债券协议在时间点 t 的价格,所以它在时间 t 是已知的,然而 $D(t,T)$ 在时间 t 时是一个变量,它的值依赖于即期利率 r_t 在未来时间段 (t,T) 内的变化。如果利率不是随机变量,那么我们有 $B_t(T) = D(t,T)$。

通常,即期利率 r_t 都是随机过程,这时债券价格是折现因子在一定概率下的期望值。我们使用无套利机会的定价原理来建立此关系。如果无套利机会的市场条件(概率为 Q)是满足的,那么我们有:

$$C_t^{-1} Y_t^i = E^Q[C_s^{-1} Y_s^i \mid F_t] \tag{8-12}$$

公式(8-12)右边表示建立在时间 t 和已知信息 F_t 的基础之上对未来任意时间 s 的资产按 C_s 折现后的期望值。该等式表明资产 Y_s^i 按 C_s 进行折扣后，其期望增长率为 0，也可以认为资产 Y_s^i 的平均增长率与 C_s 是一致的。如果资产 Y_t^i 为上面介绍的零息债券 $B_t(T)$，那么我们有：

$$B_t(T) = C_t E^Q[C_T^{-1} \mid F_t] = E^Q[D(t,T) \mid F_t] \tag{8-13}$$

因为 $B_T(T) = 1, \dfrac{C_t}{C_T} = D(t,T)$，这是零息债券价格和随机折现因子在无套利市场下的内在联系。

8.3 可违约债权和信用利差

无风险利率在一段时间内点的期限结构代表一个经济体在该时点的特征，是经济总体状况可观察的表现。而公司发行的债券主要受企业自身特征的影响，其期限结构反映了企业信用风险水平的动态过程。公司是处于有偿债能力还是无偿债能力的状态是最重要的信息。

我们用 τ 表示公司违约发生的时间，那么在时间 t，企业未违约时可以表示为 $\tau > t$，否则为已违约，表示为 $\tau < t$。可违约债券零息债券在时间 t 的价格表示为 $\bar{B}_t(T)$，T 表示到期日，其票面价值为 1 元。通常使用指示函数 $I_{[\tau > t]}$ 来表示违约事件，当 $I_{[\tau > t]} = 1$，表示时间 t 时违约未发生，$I_{[\tau > t]} = 0$ 则表示 t 时违约已经发生。如果公司面值为 1 的可违约债券零息债券到时间 t 时还未发生违约，其价格 $\bar{B}_t(T) I_{[\tau > t]} > 0$，否则为零。由于：

$$\bar{B}_T(T) I_{[\tau > T]} \leqslant I_{[\tau > T]} = B_T(T) I_{[\tau > T]} \tag{8-14}$$

一价原则意味着，对于任意时间 $s < T$：

$$\bar{B}_s(T) I_{[\tau > t]} < B_s(T) \tag{8-15}$$

只要债券在到期日之间发生违约的概率大于零，即 $P(\tau \leqslant T \mid \tau > t) > 0$，则(8-15)式严格成立，表示可违约零息债券的价格一定是低于与其相似的无违约债券的价格。

为了进行对比，我们也假设在市场中存在这各种到期日 $T > t$ 的可违约零息债券，如果我们再假设 $\bar{B}_t(T)$ 对于 T 是可微分的，则可以定义违约风险远期利率 $\bar{f}_t(T)$ 由以下关系确定：

$$\bar{B}_t(T) = e^{-\int_t^T \bar{f}_t(u) du} \tag{8-16}$$

由 $S < T, B_t(S) > B_t(T)$，无违约零息债券的价格与到期日之间是递减关系，到期日越长，债券的价格越低。可违约债券的价格与期限也是递减关系，而且下降的斜率更大。远期利率差 $FS_t(s) = \bar{f}_t(s) - f_t(s)$ 一定为正数，我们将此看作一种信用利差(credit spread)，因为从可违约和不可违约零息债券的比较可知，该差异来自可违约债券的信用风险。在时间 t，对于到期日 $T > t$，我们可以建立收益差(yield spread)与远期利差间的关系：

$$YS_t(T) = \frac{1}{T-t}\int_t^T FS_t(s)\mathrm{d}s = \frac{1}{T-t}\int_t^T (\bar{f}_t(s)-f_t(s))\mathrm{d}s = \frac{1}{T-t}\log\left(\frac{\bar{B}(T)}{B_t(T)}\right)$$
(8-17)

该收益差是在时间段 $[t,T]$ 有信用风险和无信用风险的两个到期日都为 T 的零息债券的收益率的差额。因为我们假设这两个债券的唯一区别在于是否有违约风险,因而导致该价差的原因也只有信用风险。该信用收益差使用了远期的表达方式,我们也可以使用瞬时即期利率差来反映信用风险补偿。

8.4 违约率、信用级别和信用利差

可违约债券的价格不仅要反映由无违约风险债券决定的即期利率,也要反映违约债券的信用风险溢价,这个风险溢价为信用利差。信用利差是对投资者承担的违约风险的补偿,没有补偿,理性投资人不会涉足风险产品。信用利差与违约率直接相关,违约率越高,信用利差越大,此单调关系并不意味着是线性关系,因为还有回收率以及各种相关性因素影响着信用利差。信用级别本质上是债务人违约的概率,也可以指单项债务违约的概率,但是我们从市场获得的信用级别来自评级机构或金融机构对其真实信用水平的判断,具有一定的误差。另外,不同的评级机构出具的信用评级可能会有不同的含义,很多信用级别的结果包含的不仅是违约的概率,还包含回收率和与其他风险的相关性。剔除随机的评级误差,我们可以从信用评级和信用利差间得到一定的关系,这基本可以体现债务人的信用水平和信用利差的关系,如图 8-3 所示。

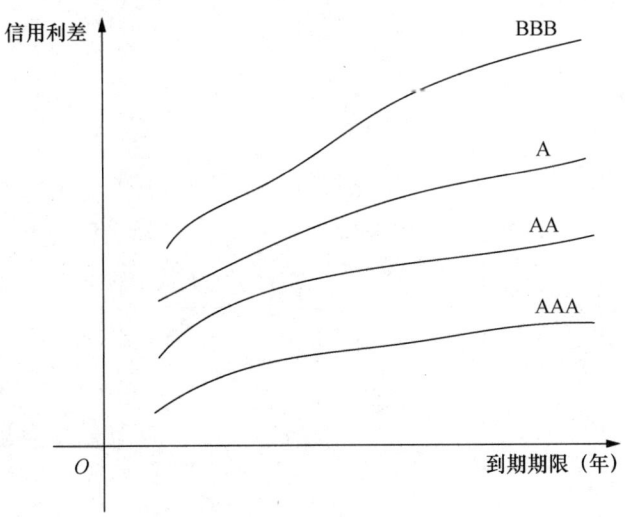

图 8-3 信用级别、信用利差和期限[①]

---

① 资料来源:《信用利差之谜》,杰弗里·D. 阿玛托。

信用评级较低的债券其收益相对于无风险债券的收益差越大,到期期限越长,信用利差也会越大,另外,到期期限较短的债券,其信用利差变化的速度也较快。信用利差曲线是我们通过数据进行信用风险模型验证和信用评级的主要方法,如果信用风险模型不准确,通过其获得的信用利差与债券市场的金融产品的信用利差曲线的拟合度就越差;相似地,信用评级越不能反映真实的信用水平,使用该信用级别获得的债券的信用利差曲线就越可能与别的信用级别的利差曲线相交。

练习题

计算题

1. 假设存在一年期的无风险零息债券,面值为 1 元,发行时的市场价格是 0.9524 元,那么市场的一年无风险利率是多少?如果另一只两年期的无风险零息债券的面值也为 1 元,但其发行时的市场价格为 0.9091 元,那么发行债券时,第二年的远期利率是多少?

2. 如果银行存款的瞬时即期利率始终为常数 1.3,那么第一年年末到第二年年初的折现因子是多少?

3. 某可违约债券在未来一年内违约的概率为 0.5%,违约后的回收率为 0;与之相对应的无风险债券面值为 1 元,该年内利息为 0.02 元,当前价格为 0.9850 元。求该可违约债券在这年内的收益差。

第3部分

主体信用风险管理

第 9 章　主权信用风险

本章的主题是主权信用风险,相较于已有的偏重技术和方法的知识,本章对主权信用风险的定义、作用进行提炼归纳,并对主权信用评级的指标进行阐述,在此基础上进一步解释了如何管理主权信用风险。有人也称主权信用风险为中央政府信用风险,但是两者还是有些区别的,主权信用风险是一切以主权作为信用基础而导致的风险,中央政府信用风险主要指中央政府作为债务人而给债权人带来的风险,主权信用风险的范围较大,但是由于两者共同部分的范围也很大,本书将不做具体区分,而认为是可以替代的概念。

9.1　主权信用风险引论

在具体讲述主权信用风险之前,本节将分别介绍主权债务及其用途、主权信用评级的发展以及历年来发生过的主权信用危机。

9.1.1　政府发行债券的原因

政府发行债券,一般是在一些紧急情况或政策需求下发行的,下面将介绍几种政府需要发行债券的情形。

1. 筹集军费

一国政府筹集巨额的战争费用主要有三种方式:征税、发行货币和发行战争债券。战争债券是国债的起源。纵观世界战争史,战争债券在历次战争中作为筹资政策工具发挥了显著的作用。以第二次世界大战期间的美国为例,通过战争债券所筹集的军费占总经费的 56%,有超过 65% 的美国人购买过战争债券。这说明战争债券在筹集军费的过程中发挥着不可替代的作用。

2. 平衡财政收支

当财政支出大于财政收入时,便形成了财政赤字。为了能够弥补财政亏空,平衡财政收支,三种常用的办法是增加税收、增发通货或发行国债。相对于增加税收与增发通货,政府发行债券能吸收来自国内外的闲散资金,帮助国家渡过财政困难时期,并且避免了因赋税过重而影响生产和因增发通货而带来的通货膨胀压力。

3. 筹集建设资金

国家要进行基础设施和公共设施建设，对一些经济效益低但社会效益高的领域进行投资建设。政府是投资主体，为此需要大量的中长期资金，通过发行中长期政府债券，可以将一部分短期资金转化为中长期资金，用于建设国家的大型项目，以促进经济的发展。

4. 借换国债的发行

借换国债是为了偿还国债而发行的债券。在偿债的高峰期，为了能够缓解偿债压力，通过发行借换国债，用以偿还即将到期的旧债。

主权债务是政府发行债券的重要形式之一。"主权"是一个政治学定义，但从信用主体的角度来看，主权是指在认可辖区内行使优先管辖权的政府实体。主权表现为国家政府机关在其管辖区内是最高权力机构并且具有施行其意志的能力，在主权不能或不愿偿付其债务时，债权人仅有有限的法定求偿权。主权债券类似于公司债务，但其区别在于主权债务的是指一国以国家主权作为担保，通过发行债券等方式向国际社会筹集资本的方式。主权债务在平衡国际收支等方面也发挥着重要的作用。

世界上最早发行一般政府债券（general government bonds）的国家是荷兰，于1517年发行。由于当时的荷兰并不存在，债券发行方为阿姆斯特丹，随后阿姆斯特丹被荷兰统一，其发行的债券也被转为荷兰的政府债券。因此，阿姆斯特丹被称为债券发行的先驱。世界上第一次发行国家政府债券（national government bonds）的是英格兰银行，于1694年发行。彼时正值英法交战，债券以养老保险金的形式发行，目的是筹集战争费用。当时的英格兰银行和政府债券都是由英格兰国王威廉三世任总督时为筹集战争费用而引入英国的，效法的是荷兰发行政府债券融资的方法。随后，欧洲各国开始发行永久债券（没有到期日的债券）用以筹集战争资金和政府支出。但是到20世纪，政府开始终止发行永久债券，取而代之的是有限期限的债券。

9.1.2 主权债券信用评级

国家主权信用评级是作为一个国家主权债务投资风险高低的参考，为国家、大型金融机构等投资者提供指导。国与国之间的经济也需要遵循信用经济的原则，在没有信用的大环境下，国际经济无法运作。在国际大市场中，国与国之间、国家与大型金融机构之间经常会出现债权债务关系。存在债务，就存在违约的情形，出资方为了保障自己资金的安全，无论是是由于买卖的需要还是出于投机的目的，都必须为对方的信用进行评估，在现代信用市场上被称为评级，它可以为决策提供较为可靠的建议。评级机构在国际金融市场中是处于买卖关系之外的第三方，是为了能够独立、公正、客观地为国家主权信用进行评级。

成立于1900年的穆迪公司，在第二次世界大战前夕率先发布了第一份主权信用评级报告。20世纪20年代，美国逐步成为世界的金融中心，拥有世界上最发达的资本市场，因而聚集了越来越多的海外融资公司。为了能够让美国的投资者对世界上各个国家的主权信用风险有更多的了解，标准统计公司与普尔出版社（后来合并成为标准普尔公司）针对扬基债券的发行国推出了主权信用评级。到1929年，标准普尔公司已经对21

个国家政府所发行的扬基债券进行了评级,具体为 11 个欧洲国家、5 个南美国家、2 个北美国家以及包括中国在内的 3 个亚洲国家。但随后的经济大萧条和第二次世界大战的爆发,严重制约了主权信用风险评级的发展。

第二次世界大战结束后,标准普尔公司重新为发达国家发行的扬基债券进行主权信用评级,并得到了广泛的关注。从 20 世纪 70 年代开始,世界各国进入借贷高峰期,西方国家的银行对东方国家、拉丁美洲以及其他欠发达国家的贷款显著增加,由于债务国信用质量的评判只局限在少数国家之内,越来越多的发展中国家的偿债问题开始凸显。1982 年,墨西哥和巴西政府爆发了主权信用危机,给全球的金融市场带来了很大的冲击,使得很多商业银行受到了长期而巨大的影响。自此之后,主权信用风险的概念开始被广泛地接受,标准普尔公司、穆迪公司等信用评级机构开始编制国家信用评价指数。

在此过程中,信用评级机构不断地成长和发展,针对国家信用评级的编制,标准普尔公司和穆迪公司继续主导 21 世纪之初的信用评级市场,共占据了 80% 的市场份额。惠誉公司也通过在一系列的合并之后,成功地抓住商机,成为评级市场上除标准普尔公司和穆迪公司之外的第三大评级机构。中国本土的评级机构近年也开始发布数十个国家的信用评级报告,但由于脱离现有国际主流的评级标准,其发布的评级报告还未能在世界金融市场上产生影响。

9.1.3 主权信用危机

全球性的主权信用问题一直是市场关注的焦点问题之一。特别是在 2008 年的次贷危机和 2009 年的欧债危机以后,政府对银行注资以及对其不良资产的买入规模不断扩大。尤其是在众多投行纷纷进行国有化的过程中,来自金融机构的信用风险也开始转移为国家承担的主权信用风险。20 世纪 70 年代,发生在美国的美元危机其实也是其主权债务危机的表现形式之一,美国政府变相拖欠其他国家对美国的美元债权。随后的八九十年代,拉丁美洲的债务危机、阿根廷的金融危机和俄罗斯的金融危机都属于主权债务危机。自 2008 年在欧洲爆发的主权债务危机,无论是在持续时间上还是在影响程度和覆盖范围上都堪称历史之最。起初是在 2008 年的冰岛先爆发了主权债务危机,同时冰岛的三大银行累积的国际债务高达 610 亿美元,达到冰岛当时国内生产总值的 12 倍。2009 年,欧洲债务危机蔓延到匈牙利、乌克兰等国家,它们纷纷向国际货币基金组织请求援助。希腊的债务危机作为欧洲主权债务危机的正式序幕,很快波及爱尔兰、西班牙、意大利等高福利、低增长的国家。而"欧猪五国"(PIIGS,指葡萄牙、爱尔兰、意大利、希腊和西班牙)的主权债务使存款人因丧失信心而纷纷取款,欧洲银行业面临现金流断裂、挤兑的困境,进而导致金融体系的流动性不足并使银行陷入困境。因资金链断裂,银行没有能力开展存贷业务,进而限制了经济增长,加大了政府还债难度,进一步形成了经济危机,如此大规模的主权国家债务危机在历史上前所未有。在市场经济中,不同于企业或个人,主权国家发生违约时不能简单地宣布破产,因为主权国家不能真正以国家主权作为抵押,即使发生违约,它也只能通过别的途径解决。例如,向世界银行和国际货币基金组织请求帮助,或者与其债权国重新开展债务谈判。在对主权信用风险有了初步认识后,我们来具体介绍主权信用风险。

9.2 主权信用风险

目前理论界与实务界对主权信用风险的定义并没有一个完全统一的标准。理论界的一种观点认为,主权信用风险是指一个国家的政府未能履行它的债务所导致的风险。而实务界有学者认为主权信用是主权国家及时采取行动以直接或间接影响债务人履行其义务的能力。这种定义是将主权信用风险当作由国家干预所造成的风险,包括两层含义:一是政府履行自己债务的能力和意愿,二是政府信用行为对私人部门债务造成的影响。

除了具体的定义,对于主权信用风险内涵的界定也没有统一的标准。目前存在广义和狭义两种概括。广义的主权信用风险是指一国政府对债务违约、征用处于本国境内的外国资产或降低持有外国资产的国内经济主体履行债务契约的能力。从而,广义的主权信用风险的定义不仅包括主权债务的违约风险,而且包括主权政府干预所造成的风险。主权评级并不是对一个政府的信用价值的直接评估,而是对公共部门和私人部门债务偿还能力的评估。狭义的主权信用风险通常是指一国政府或政府支持机构不能按照贷款合同条款规定的方式偿还本金和利息的可能性。日本国际协力银行将主权信用风险定义为主权机构对其外币债务违约的可能性,并认为中央政府、中央银行和其他政府机构的债务在法律上被认为是无条件地和不可撤回地归中央政府所有。

综合国内外理论界和实务界对于主权信用风险的论述,我们采纳目前学界通用的狭义的主权信用风险的定义,将主权信用风险定义为主权国家实体对其自身所负的各类债务是否具有如约还本付息的能力和偿债意愿。主权信用风险具有以下特点:

偿付意愿的重要性。通常情况下,私人部门的债务问题可能因为其偿付能力而发生违约,产生信用损失。而对一个主权国家来说,能力问题并不能完全解释其信用风险的缘由。一个主权国家实体可能因为其政治原因而使信用风险急升。

主权国家的强制属性。如果主权国家不履行债务,债权人可能得不到任何补偿,或者仅能得到法律意义上的有限补偿。

缺乏最终担保性。相较于私人部门,主权国家的债务往往缺乏有效的外在担保,因为主权国家本身通常被预设为最终担保人。

2008年以来的金融危机充分暴露了全球性的主权信用风险。然而从历史上看,主权国家发生信用违约的风险并不如我们所想的那么小。20世纪20年代曾经出现过一次政府发债融资的高潮,最终以大萧条时期的大规模违约告终。在1930—1935年间,国际债券市场58个发债主权国家中有21个发生信用违约,还有4个早在1929年之前就发生了信用违约。从违约比例来看,1926—1929年间在美国发行的主权债务(除加拿大的债务外)中,到1937年年底就有70%发生了信用违约,而同期在美国发行的企业债到1944年年底仅有30%发生信用违约。如表9-1所示,从不同债务的违约率看,1970年至1994年的主权债务(分为本币债务、外币债券和外币银行贷款)的违约情况如下。很明显,外币债务信用违约和外币银行债务的信用违约(共33次)比本币债务违约(共9次)更加普遍,本币债务违约往往是因为本国政治制度的更替所造成的,如俄罗斯和越南。或者是由恶性通胀导致的经济体制改革,如阿根廷和巴西。33个外币债务和外币银行债务的信用违约中有29个进行了银行的债务重组。一般在信用风险评级中将重整偿债时间视为违约行为,因为这种重组的实质是债权人的经济损失。4个外币债券违约国家中,只有津巴布韦进行了债务重组。

表9-1 1970—1994年主权信用违约情况

国家	信用违约年份		
	本币债务	外币债券	外币银行债务
阿根廷	1982、1989、1990		1982
玻利维亚			1980
巴西	1986、1989、1991		1983
保加利亚			1990
哥斯达黎加		1989	1983
科特迪瓦			1985
多米尼加			1982
厄瓜多尔			1983
洪都拉斯			1981
伊朗			1978、1992
伊拉克			1990
牙买加			1978
墨西哥			1982
摩洛哥			1983
缅甸	1984		
尼加拉瓜			1983
尼日利亚			1983
巴拿马		1987	1983
秘鲁			1978
菲律宾			1983
波兰			1981
罗马尼亚			1981
南非			1985
土耳其			1978
乌拉圭			1983
俄罗斯	1993		1991
委内瑞拉			1982
越南	1975		1985
南斯拉夫		1992	1983
津巴布韦			1980

从表 9-1 中可以看出，一个主权国家的本币债务的信用违约情况和外币债务的信用违约情况具有很大差异，主权国家对本币和外币债务的偿还能力与意愿是不同的。从偿债能力看，一些国家由于汇率波动频繁或创汇能力较弱，会出现受到外部冲击时本国货币急剧贬值而无法偿还外币债务的情况，因此一般情况下，一个主权国家的外币信用风险不低于本币的信用风险。而从偿还意愿上看，一些国家可能更倾向于优先偿还本币，而一些国家可能更倾向于优先偿还外币。除本外币的分类方法外，一些评级机构还对主权信用风险进行了期限的划分。信用风险的期限的划分主要依据流动性的高低，以此来评定一年内出现信用损失的可能性。对于期限不同的主权信用风险，信用评级标准也不同。在合成指标时，也将期限和本外币相结合。下面小节将着重以本外币信用风险为标准进行分类介绍。

9.2.1 本外币信用风险

本币信用风险是指债务人是否有充足的本币以偿还全部债务（包括本币和外币债务）的不确定性，而不考虑由于政府直接干预而影响外币债务支付的风险。外币信用风险是指债务人是否具有支付以外币计价的负债的不确定性。对于本章的主权信用评级来说，本外币信用风险的主语"债务人"特指主权国家实体，一般指中央政府。

本外币信用风险的区别主要在于汇兑风险。通常对于一个主权国家来说，理论上国内本币信用违约的可能性要远低于外币债务。因为主权国家具有在该国发行货币，制定、修订和解释法律，制定政策等法定强制权利。一旦主权国家面临本币债务到期，极端情况下，可以通过发行货币、收取铸币税、修订法规政策等方法以降低债务压力，故本币信用风险一般发生概率较低。但如果是外币债务，则产生信用损失的可能性将会增加，这是因为主权国家并没有法定权利发行债权国的货币或仅能采取其范围内的权力进行有限规避。

由于本币信用风险和外币信用风险存在较大差异，因此两者都应进行分析。除经济因素，包括通货膨胀率、财政与货币政策、国内金融政策和国际金融环境结合、外债增长率等之外，许多政治社会因素都将影响主权国家偿还本币和外币债务的能力与意愿。主权国家偿还本币债务的能力和意愿是由其征税能力和其控制的国内金融体系所支持的，而且对国内金融体系的控制有利于主权国家攫取本币资源。然而，为了偿还外币债务，主权国家则必须保持足够的外汇储备，而外汇储备通常通过国际贸易产生，有时国际援助也可以带来外汇。

一般来说，稳定有预见性的政治体制、低通胀的财政和货币政策，多元繁荣的经济是低本币信用风险主权国家的共同特征，而对公共部门外币负债的有效管理是低外币信用风险主权国家的特点。

欧洲货币联盟（EMU）成员国的信用风险是一个特殊的例子。欧洲货币联盟的主权国家，已经把汇率和货币的责任转移给欧洲中央银行（ECB）。因此每一个政府的欧元和外币债务的信用风险是相同的，而区分欧洲货币联盟成员国的信用质量主要通过考察该国的经济和财政因素的差异这种方式。值得注意的是,对于列支敦士登、库克群岛、巴拿马、萨尔瓦多、厄瓜多尔等国家来说,本外币信用风险是相同的,因为这些主权国家使用的是外国货币,如美元、欧元、新元等,并没有本国货币的决定权。

9.2.2 评估主权信用风险的作用

理解主权信用风险具有很重要的作用,一是因为一些机构的投资者对投资风险水平有下限要求,通常根据债券的信用等级来选择资产组合;二是因为主权信用风险的大小是一国政府在国际金融市场上融资利率的决定因素;三是因为主权信用风险是国内的银行和公司等机构的信用风险下限。因而我们对主权信用风险作用的阐述也分为"投资""国家管理"和"与其他主体风险的关系"三个部分。

1. 投资

无论是个人投资者还是机构投资者,在选择投资标的时都需要参考标的的各项风险与收益的配比情况,其中信用风险水平是投资者关注的重要指标。一般认为投资者主要是风险厌恶和风险中性者,他们期望在风险最小的情况下获得最大的收益。投资者在进行投资,特别是投资他国标的时,无论它国际的是否为主权债务,都会特别关注主权的信用风险质量。当投资标的主权国家的信用风险增加时,投资者由于厌恶风险,将会对自己的投资策略进行调整。例如,在2011年8月5日,标准普尔公司首次下调了美国主权信用评级,同时欧洲债务危机呈现蔓延趋势。在全球主权债务风险突然增加时,全球的投资者则会根据新的风险状况重新调整其投资策略。美国信用评级被下调后,首当其冲的是银行系统。首先,有政府担保的银行的信用度会下降,其借贷成本会增加,那些资本化程度低的银行金融机构,则会面临巨大的融资压力。其次,大量的基金由于高风险会选择大规模退出同业拆借市场和证券回购市场。最后,导致抵押品扣减率和隔夜拆借率的上升,银行融资难度加大,借款成本大幅上升。主权信用风险的变化不仅会影响目前的投资决策,还会影响投资者的预期。在美国信用评级下调后,投资者对美国的信用风险的预期普遍产生悲观情绪,认为美国的主权信用评级下调只是一个开始。

在市场经济中,债券、股票等金融市场是相关联的。一国的主权信用风险增加,主权信用评级下降,会直接影响主权债的表现,接着会影响该国整个债券市场。由于金融市场的传导性,债券市场的严峻形势会迅速蔓延至股票和信贷市场,导致该国整个金融市场的变化。因此,欧债危机时,欧元区国家的主权信用降级对欧元区金融市场造成的重大影响,使得投资者对于整个欧洲金融市场呈悲观态度和预期。这种悲观态度和预期又会从虚拟经济传导到实体经济中去,对存在欧元区业务的企业的融资和盈利能力产生不良影响。因而,通过了解主权信用风险,可以从宏观层面判断标的资产的经营环境以及主权债务的基本状况,向投资者揭示风险,保护投资者的利益。

2. 国家管理

一个国家的主权信用风险是基于中央政府偿还其非政府(商业)债权人债务的能力和意愿。对一国主权信用风险的评价也是基于对该国经济发展、财政货币政策、政治、社会状况等多方面的综合评价。因此主权信用风险可以体现一国掌握信用资源的规模,对国家管理具有指导意义。

此外随着国际贸易的日益繁荣,了解各国的主权信用风险,可以充分了解国际资本的流动方向,关系到国际资本的有效流动以及对资本流入国和流出国的货币和财政政策的及时调整。由于风险和收益呈正相关,了解主权信用风险关系到不同国家借入资本的成本大小,关系到国民财富的合理转移。主权信用风险的变化将直接关系到国际信用关系,国际信用关系的恶化将会破坏国际信用链条的稳定,严重时可能会导致信用危机的爆发。

例如,在2008年,美国长期主权信用评级被下调,美国主权信用风险上升时,中国国际金融资产受到了很大的影响。作为全球最大的外汇储备国,到2011年,中国的外汇储备已达到3.2万亿美元,其中70%为美元资产。美国主权信用评级的下调,使得中国外汇储备管理承受了巨大压力。由于2011年是美国主权信用评级史上首次降级,因此给全球金融市场带来的震荡不言而喻,这引发了全球金融市场的震荡,同时也加快了国际游资冲击新兴市场的步伐。

此外,由于基于对美元贬值会影响到本国出口的担忧,各国纷纷采取了抑制本币升值的汇率政策。由于美国债务和欧洲债务危机的问题,投资者曾大量买入日元和瑞士法郎以规避风险。投资方向的转移导致这些货币大幅上涨。为此日本和瑞士的中央银行都采取了遏制本币升值的措施,由于美元持续走软导致本币大幅升值,韩国、新加坡等亚洲国家担心威胁其出口,纷纷采取了不同形式的汇市干预措施。而货币市场的变化也令中国等新兴市场国家直面热钱压境的风险。可见,主权信用风险或主权信用级别的变化,会极大地影响一个国家的经济管理政策。

3. 与其他主体风险的关系

相较于其他主体风险,如地方政府、企业、个人,主权信用风险属于主体风险中最宏观的概念。从主权信用风险的要素看,包含政治、经济、社会等多方面因素,尽管主权信用风险只是反映一国中央政府的信用状况,但是主权信用评级的变化不仅会影响该国的金融市场,也对该国的实体经济产生重要影响。目前评级机构都将主权信用风险的大小作为该国企业和机构信用风险的下限(或信用评级的上限)。这也说明在这种"由宏观至微观"的信用评级方法下,主权信用风险作为其他主体风险的"环境"起着基础性的作用。其他主体信用风险需要以主权信用风险为依据进行进一步判断。

9.3 主权信用风险要素

主权违约的原因错综复杂,既包括经济增长的长期停滞、政府债务负担过重、出口收入下滑与银行业危机等经济因素,又包括政权更迭和军事冲突等政治因素,甚至自然灾害有时也可能导致一些主权债务出现违约。本节主要侧重介绍影响主权信用的要素中涉及经济、政治与财政等方面的因素。

准确评估主权信用风险需要深入了解促发主权国家债务偿付能力发生变化的各层次原因,辨别与判断主要和次要风险因素,并确定可以用于测度各个因素的可观察指标,利用数据对这些指标的影响程度进行估计。本小节从八个方面来考察主权信用风险要素,包含政治风险、经济体制、结构及效率、经济竞争力、财政实力、债务负担及或有负债、金融实力、外部支持和外汇实力。

9.3.1 政治风险

在对主权信用风险的分析中,政治风险是一个较为特殊且重要的信用风险因素。对于一个主权国家而言,我们不仅要考察其偿债能力,同时由于没有任何力量能够强制其偿还债务,因此我们还要关注其政府的偿债意愿。影响政治风险的因素主要有政治体系、政府治理水平和国家安全状况。

1. 政治体系

一国的政治体系是指该国的政治行为主体所依赖的制度形式,既包括政府机构和国家体系,还包括它们之间的关系。我们认为国家的基本政治制度的稳定性,政体制度、政党制度、公众参与度、媒体的独立性等都是政治体系的重要评价要素。基本政治制度的稳定性是指一个国家的基础性政治制度,例如,国体和政体等制度不发生本质性变化。很多主权债务发生违约往往是政治制度的不稳定导致的。

从 1960 年以来,在 41 件主权债务违约里,12 件与政治制度的不稳定相关。特别是 1960 年发生在古巴和 2008 年发生在厄瓜多尔的主权债务违约,都是因其政治制度不稳定造成的。新政府往往对前统治政权不满,发生叛乱,夺取政权之后对以往的主权债务不承认,最后导致主权债务违约。为了衡量一国政治制度的稳定性,我们可以从两个比较直观的标准来考察:第一,一国的宪法是否发生变化;第二,政府是否通过社会革命、政变等较为暴力的方式实现政权更迭。一般而言,政权正常更迭的政府并不会改变前政府的信用承诺,这种政府的政权更迭不会对一国的债权债务关系产生影响。而通过社会革命、政变等方式建立的新国家和政府,它们往往会否定前政府的合法性,因此新政府极有可能为此而否认前政府的信用行为,从而拒绝对前政府的债务负责,导致主权债务违约。

一国的政体、政党制度对政府的偿付意愿的影响程度各异。在一国政府考虑是否选择违约时,往往会衡量履行偿债义务的成本收益和不履行偿债义务的成本收益的大小。对于理性的执政者而言,其最终目的是保持其执政地位。而在债务危机中,执政者控制的中央政府的目标包含解除债务危机。通常而言,执政者的最终目标和债务危机中的阶段性目标并不完全一致。具体而言,解除债务危机意味着政府需要采取紧缩的财政政策,从而来维持主权信用并在国际债务市场上获取融资渠道。而紧缩的财政政策会导致税收水平的提高和福利性支出的减少。这些措施会损害民众的利益,容易被反对派所利用,进而导致政府的更迭。因此,政府在是否偿还债务的决策中面临来自其他政党的阻力,这是影响政府偿债意愿的重要因素。在不同的政治制度安排下,执政者面临的阻力大小有所不同。目前,世界上主要的政体有总统制和议会制(也称为责任内阁制)。从总体来看,总统制政体下的政党对峙对政府偿债意愿的影响较弱,议会制政体下的政党对峙对政府偿债意愿的影响较大。实行总统制的国家因为其总统和议会的选举是相互独立的,总统不需要对议会负责,议会也无权对总统提出不信任案,所以在实际的政治运作中,执政党的政治地位较为稳固,发生主权债务危机时,由政党竞争导致政府更迭的可能性较小,执政党为履行偿债义务所付出的政治成本也较低。例如,2011年发生在美国的主权债务危机,在共和党的反对下,美国联邦政府无法上调其债务上限,但国会对相关议案的否决并不影响民主党的执政地位。在没有失去执政地位的条件下,政府与反对派的谈判能力较强,有利于促进谈判按照政府的意愿发展。

在实行议会制的国家中,政府由在议会中获得多数席位的政党或政党联盟组成。政府对议会负责,议会可以对政府提出不信任案。当政党在选举中获取一半以上的席位时,该政党可以独立组织内阁。在此种情况下,该政党拥有相对稳固的权力可以保障其政治构想的达成。从主权债务的角度来说,有话语权的政党更有利于推动主权债务的解决。但是当政党未能获得超过50%议会席位的绝对优势时,就需要联合其他政党,组成联合政府。组成的联合政府充斥着各政党的意见,很难达成统一。在此类状况下,一旦发生债务危机,各政党因利益出发点等不同便很难形成统一观点,最后导致债务危机很难得到及时有效解决,欧债危机中的希腊政府的表现就是典型例子。

世界上绝大多数国家都实行政党政治,不同的政党制度对一国主权政治风险的影响不一。目前世界上主要的政党制度包括一党执政、两党制和多党制。一般而言,在一党执政的制度下,执政党的地位非常稳固,发生主权债务危机时,由政党竞争导致政府更迭的可能性较小,其为履行偿债义务所付出的政治成本也相对较低。相对而言,两党制下执政党的政治地位不如一党制下的政治地位稳固,发生主权债务危机时,执政党为履行偿债义务所付出的政治成本也较一党执政要高。多党制下执政党的政治地位在三个制度中是最不稳定的。在不同的政党制度对政府偿债意愿的影响中,除了政党的数量因素,不同政党间政策纲领的差异化程度也需要考虑。一般而言,政党之间政治主张差异越大,政党政策刚性越强,政策进行合作和达成妥协就越困难。

2. 政府治理水平

政府治理水平是指国家机关管理国家的能力,是从一国的权力运行效率的角度来研究政府对经济发展的调控能力,它是一国政府质量的主要衡量标准。治理水平涵盖的内容十分广泛,是一个综合性的衡量标准。政府监管体系的效率、法律系统的完善度和执行度、政府公共服务的质量、对于腐败的查处能力及效率等政府机构的执行力都能够反映政府的治理水平,会对国家宏观政策的执行效果产生直接的影响。同时,在一国主权面临重大危机事件或者自然灾害时,一国政府能否及时高效地动员全社会的成员应对挑战也是该国政府治理能力的重大体现。中央政府的动员能力决定了其在紧急情况和重大事件发生时能够调动多少资源和社会力量来应对挑战,维护自身的国家信用。

中央和地方政府的关系也是影响政府治理水平的因素。中央与地方关系是一个国家实现有效地宏观调控、市场监管、社会管理、公共服务基本职能的最主要的关系。当中央与地方政府关系较为协调时,国家与社会的发展就会比较顺利,而当二者之间关系相互对抗时,国家与社会的发展就会遇到一定的阻碍,并可能会陷入动乱和衰退。中央和地方政府之间的关系主要在于中央与地方政府之间权利的分配以及中央对地方政府的控制监督问题,可以从以下五个方面来考量:一是事务的划分;二是收入的划分;三是支出的划分;四是中央对地方的转移支付;五是上下机构的设置。以中国为例,中国实行的是中央集权型的制度,中央对地方具有决定权,在双方关系中起主导作用,地方政权机关是中央政权机关的"代理机构""下属机构"或"组成部分",在实行集中式财政体制的情况下,地方政府在无力还债的情况下最终会由中央财政来"兜底",所以地方政府的债务风险将直接导致我国主权债务风险地增加。而对于美国而言,实行的是联邦制,其中央与州(地方)政府在地位上虽然不对等,但是在财务上却是平等的,在权利执行中不存在上下级的隶属关系,同时,州政府无力还债的情况下,中央政府并不需要对其进行"兜底",州政府的债务风险并不会直接导致美国主权债务风险的增加。

3. 国家安全状况

良好的国家安全环境是国家发展战略及经济发展的重要保障力量。当一国面临地区冲突或者战争时,政府的安全支出可能会大量增加,其还债的能力、意愿和可能性将大打折扣。局部的国内动乱、内战、国家间的战争以及恐怖袭击、自然灾害等非传统安全因素等都会影响到一国的国家安全和稳定。从国际外债的违约事件的记录来看,战争因素是造成违约的一个极其重要的因素。在第二次世界大战期间的20世纪三四十年代,平均每年发生外币债务违约的国家数量达到历史最高峰。如果一国面临较强的军事威胁和不安全因素,政府在国防开支上的投入也将会大幅度增加,从而产生显著的财政负担,动荡的环境也会减少国外资金的流入和直接投资,从而又会影响到该国的国际收支平衡,这些因素都会影响到该国政府的偿债能力及意愿。同时,一国所处的国际环境也是分析国家安全时需要考虑的,特别是对于那些在资源、政治影响、地理位置等方面具有重大战略意义的国家而言更是尤为重要。局部的国内动乱是一国社会矛盾长期积累而得不到有效疏导的结果,它可能是由国内持续的种族或民族矛盾、宗教矛盾、阶级和社会阶层对立等因素所引发的。内战是国内矛盾爆发的极端情形,对主权信用风险的影响尤为严重,很容易导致主权债务违约。

9.3.2 经济体制、结构及效率

经济体制、结构是一国经济发展的基础。经济体制即为资源配置的具体方式或者制度模式。按照资源占有和配置的不同,经济体制可以分为公有制和私有制、计划经济和市场经济的组合。经济体制往往与社会制度有关,社会制度的不同决定了经济体制的不同。完善的市场经济体制下采用分权决策机制,拥有受法律保护的强制性的产权度,政策上的错误较少发生,同时也更加看重债权人的利益,主权违约事件的发生也较少。

通过对经济结构以及产业结构的分析,可以了解和判断一国经济发展的现状与发展后劲。分析产业部门在国民经济中相互之间量和质的联系与比例关系,如果初级产品产业比重过大,则缺乏经济持续增长的动力。单一的产业结构会使得经济增长比较脆弱,合理的产业结构,多元化的产业和高度开放的对外贸易是一国经济持续增长的保证,并能降低主权违约的概率。开放度的提高能够改善一国宏观经济政策的质量,引进、模仿和吸收贸易往来国的先进技术等,贸易开放度通过影响本国要素的使用效率而最终影响到经济增长。但是,过高的外贸依存度也使得经济的稳定易受到世界经济变动的影响,一旦国外需求减少,对国民经济将造成较大的冲击,此时,主权违约的风险增加。不管是经济体制还是经济结构和效率都会直接或者间接地影响着一个国家的经济实力,进而对国家的主权债务能否如期偿还产生重要影响。

9.3.3 经济竞争力

经济前景是未来经济竞争力的重要体现,经济前景主要从一个国家的储蓄和投资的规模及构成、中央及地方政府收入与支出、盈余或赤字趋势、经济增长的速度和结构等相关方面体现出来。如果一个国家的生活水平不断提高,收入分配大致公平,相比于一个贫穷且增长停滞的主权国家,其政府能够承受更高的公共部门的债务水平,并且也更能承受意外的政治经济冲击。

一国的经济竞争力还可以从经济绩效的角度来考察。经济绩效是经济运行的一种表现形式,它间接地反映了经济实力的高低和经济竞争力的强弱。经济规模大、收入水平高的国家并不一定能表现出优异的经济绩效。但经济绩效表现不佳将对居民和投资者的信心造成较大冲击,影响本国经济的竞争力,并会抑制经济的进一步发展。

对于经济绩效,可以通过实际 GDP 的增长率、失业率、通货膨胀率等来评价。过高的失业率会影响社会稳定,同时也意味着该国的经济运行会出现问题,必然会影响到国家的经济竞争力,而经济竞争力的下降又进一步影响着国家主权债务的偿还状况。通货膨胀率的上升虽然从短期看会使得政府现有债务的实际数量减少,减轻政府的债务负担,但是从长期来看,通货膨胀会给一国的经济增长带来严重的影响,降低经济的运行效率,削弱经济竞争力。首先,通货膨胀会增加企业的生产成本,包括原材料价格、工资、福利等,从而降低企业的预期利润率,影响企业生产和投资的积极性,使得一国经济增长放缓。其次,企业生产成本的增大和投资风险的增加会减弱银行对企业的放贷,减少注入生产部门的资金,资源配置不合理,国民经济运行异常。最后,国内生产成本的上升会降低本国产品在国际市场上的竞争力,从而导致出口下降,外汇收入减少。这些都会影响到一国的经济绩效,从而最终削弱一国经济的竞争力,而经济竞争力减弱最直接影响的即为该国的经济发展前景。投资者将会降低对该国经济发展前景的预期,减少资金投资甚至撤出投资,这将严重影响到该国的经济正常运行与发展,增加主权债务违约的风险。

9.3.4 财政实力

分析一国的财政实力是为了考察一国政府的债务存量及未来的发展趋势以及政府拥有的用于偿还债务的财政资源的充足性,同时也要考察除税收之外政府是否拥有其他稳定和畅通的资金来源。国家的财政实力将直接影响到主权信用，并且通过税收、消费以及借贷等渠道间接影响经济。对财政的硬性预算约束可以在一定程度上反映政府履行承诺的可信性及对未来债务发展路径的稳定性预期。国家财政实力可以由一般政府财政收入、支出和平衡等情况来反映。

财政收入和支出状况主要反映财政运行的基本状态及所存在的主要问题。稳定和充足的财政收入是保证政府能够到期偿还债务的必要条件，而能否获得稳定和充足的财政收入主要依赖于该国是否具有一个公平和有效的税收制度，以及对于税收的监管是否严格。但并非所有的财政收入都可用于对政府债务的偿付。为了保持经济的持续健康发展，政府往往采取适当的财政赤字手段来调节经济。一国的财政处于赤字并不意味着一定会发生债务危机。赤字财政的积极作用在于其可以促进经济发展，增加社会的总需求，降低失业率，尤其是在经济低迷时，通过扩张的财政政策可以熨平经济周期，保持经济平稳发展，但前提是扩张的财政支出要用于生产性用途，即，能够带动整个社会商品生产和收入的增加。而对于发达国家而言，其大部分奉行的新自由主义经济政策，主张政府部门尽量减少对市场的干预，实行减税政策，同时奉行高福利的社会经济政策，从而社会福利支出占财政支出的比例较大。政府的赤字很大一部分用于本国的福利支出，例如，欧洲债务危机中的希腊就是一个典型的例子。对于发展中国家则是相反，其经济发展水平较低，经济处于成长期，其政府的赤字增长主要体现在促进经济增长的购买性支出特别是在公共投资上面。对于不同的国家，财政赤字对财政实力的影响是不一样的。

国内外融资能力也是一个国家财政实力的一种体现。在一国外汇储备及外汇资产出现流动性不足时，从国内外金融市场融资是一种很重要的补充途径。其中，外部融资能力体现在是否与其他国家及国际组织保持友好关系，是否具有畅通的外部融资渠道，在需要时可以及时获得支持。

国家财政实力的另一种体现是财政的未来发展趋势，指一国财政未来分配的规模、结构、形式等方面的变化，也包括一国财政收入的增长趋势、财政政策的变动趋势等。财政政策是政府实施宏观调控的重要工具之一，财政政策的不同变动方向会对一国的经济发展产生不同的影响。在积极的财政政策下，政府会加大财政投入，有助于推动一国经济结构的调整和产业结构的升级，有助于创造更多的就业岗位，加强基础设施等建设，促进经济平稳发展。但是积极的财政政策在带动投资、拉动信贷增长的同时，也可能会引发通货膨胀，从而影响宏观经济的发展。因此在综合考量一国的经济形势后，应当采取的财政政策与实际采取的财政政策相悖时，一国的主权信用风险必然加大。政府的财政收入的增长趋势是衡量一国政府未来偿债能力的关键。政府的收入主要是税收收入、债务收入、各项收费、捐赠及其他方面的收入。这些收入来源不同，其对债务的保障力度也不同，其未来增长趋势的不同也使得政府未来的偿债能力不一。税收收入是政府最为稳定的收入，是偿债的首要来源。其增长的趋势主要取决于GDP的增长速度、税基、税率三个方面。债务收入是政府通过国内、国际借款或发行各种债券取得的收入，通常用来解决政府的流动性问题。债务收入的增长趋势受限于政府的信用状况和投资者对其未来信用的预期。其他收入中我们需要注意的是在没有保值措施的情况下，因政府宏观政策的原因引起的货币恶性贬值将严重损害债权人利益，因为此时政府的名义偿债能力虽然未发生变化,但实际偿债能力已显著下降,作为债务人的政府将从中获益。

9.3.5 债务负担及或有负债

高涨的公共债务负担往往会削弱政府的偿付能力。通常,政府会为一些重大投资而融资借贷,这会增加政府的负债。主权国家所独有的课税和货币权利允许政府有能力在一定时期内掌控大幅度波动的债务水平,但这会使得一国的债务情况变得复杂。对于政府而言,融资借贷是为了筹措财政资金、平衡收支、弥补建设资金的不足。随着一国经济的发展,财政职能的不断扩大,在一定时期内因为财政资金不足而融资借贷是正常现象。政府既可以通过在主权范围内发行本币债券融资,也可以通过向外国政府、银行和财团借款,甚至在国际金融市场上通过借款来增加本国资本项目的收入。但值得注意的是,融资借贷,特别是国外资本,如果管理和利用不当,将会对本国的主权信用带来负面的影响。外债的不断积累使得一国的外债负担不断加大,从而导致债务的偿还出现困难。在国内资本较为缺乏的情况下,过度借用国外资本导致债务的结构性失衡会使得利用外资的收益降低,使经济背上沉重的债务负担,甚至可能导致债务危机。

外债对于发达国家和发展中国家的主权信用风险都有十分重要的影响,都有国家因为债务负担过重而发生主权违约的案例发生。如20世纪70年代,拉美一些发展中国家的经济取得了快速的发展,从而产生了巨大的资金需求,在国内资金不足的情况下大量利用外资发展经济,但由于其在外债的利用和结构安排上出现了问题,为后来的债务危机爆发埋下了隐患。大量外资被用于消费和军事领域而不是生产性领域,即便是用于生产领域也是一些周期长、收益慢的项目,从而导致债务不能快速转化为生产力,没有财富来按期偿还债务。而在结构安排上,主要以私人银行贷款为主,其高利率带来了沉重的利息负担,并以短期借款为主,到期日过于集中。这些原因最终导致了墨西哥、巴西、委内瑞拉、阿根廷、秘鲁等国家的主权违约。

或有负债也是影响主权信用的重要因素。对政府而言,金融部门的坏账常常是其承担的或有负债。当一国银行系统出现问题时,中央政府通常无法置身事外,而是需要施以援手。这对于其他公共部门(央行、国有企业以及金融机构)而言,其负债能够从政府得到一个隐含的保证,且这一保证是很可能实现的。因为这一隐含的保证的存在,政府的信用是可能受到影响的。因为金融系统的稳定和健康发展对宏观经济的稳定、有效需求的管理以及经济的持续增长是必需的。

同时,我们也需要关注非金融公共部门企业。非金融公共部门企业,通常是低盈利的,在经济不景气时,为了促进公共政策的实施,这些企业是很脆弱的,这也会给政府带来潜在的风险。为了促进公共政策的落实,非金融公共部门企业可能需要不同程度地在预算外聚集和耗费资金。当这种准财政活动规模过大时,对政府造成的财政负担也可能较重,从而影响政府的信用质量。

9.3.6 金融实力

金融实力反映的是一个国家或地区金融发展的总体状况。金融化水平高的国家往往经济发展水平高。金融实力对于经济实力有直接影响,并且会进一步对政府的财政实力和外汇实力造成影响,制约政府的信用水平。金融实力与经济实力关系最为密切。经济实力评估一国的国民财富创造能力,而金融体系是国民财富创造的强大驱动力。其驱动作用是通过满足实体经济的信用需求来实现的。金融体系的作用是汇聚社会资金,并通过各种方式将其输送给实体经济,架构起实体经济资金流动的渠道。金融体系实质上是一个庞大的信用体系,通过信用创造和扩张,发动推动投资和消费需求的功能,成为实体经济的基础要素。

金融体系的好坏会对一个国家的信用产生重大影响,这已由历次金融危机的实践所证明。金融体系与该国的经济体系的匹配程度是金融实力的一大体现。当金融体系扩张速度过快时,可能会造成信用规模的扩张和实体经济发展的不匹配,很可能导致信用质量的下降,加剧金融发展的脆弱性,甚至会引发金融危机。一旦出现金融危机,政府的信用会受到全面的冲击。金融危机的出现首先会使得一国的金融机构运营出现困难,货币政策的效果大打折扣,因信用紧缩效应,政府的财政收入下降。而政府对金融机构的援救则会增加政府支出和债务负担,为刺激经济,政府会采取扩张性的财政政策,这又会进一步加重政府的财政负担,从而影响到政府的偿债能力。同时,由于金融体系失去稳定性而导致政府的融资能力受到影响,外汇的流动性降低,政府的外债偿付能力也受到制约。可见,一国的金融实力会通过作用于一国政府的经济实力、财政实力、外汇实力来最终影响到政府的债务偿还能力,制约信用水平。

分析一国的金融实力,即是考察一国的金融体系能够在未来的一段时间内在多大程度上对一国的经济产生影响。这不仅分析是一国金融的目前发展水平,一国金融体系的稳健性,也要评估一国金融的未来发展趋势与走向。我们既要考察金融硬实力,也要考察金融软实力。

(1) 金融服务水平。金融业的角色是融通资金、资源配置,最根本的职责是服务于实体产业。核心是服务,途径是金融劳务、产品,基于此种特征,金融服务是金融机构的主要功能。金融越发达,金融功能越全面,金融服务能力就越高。金融服务能力一方面直接关系着整个国民经济的发展,影响着整个国家的综合实力;另一方面体现了金融业的竞争力以及一国金融市场被国际市场的认可程度。因此,金融服务能力在金融硬实力的影响因素中的地位十分显著,直接影响着金融国际地位。影响金融服务能力的因素是多方面,体现在金融规模大小(主要是指金融市场的规模)、货币化率、金融结构的合理性(机构结构及金融产品的结构)以及金融效率(运行效率和配置效率)等方面。

金融规模主要通过分析金融机构的数量和金融市场的规模来判断一国的金融整体水平。随着实体经济地不断发展,金融规模也随之扩大以满足不断扩大的信用需求。金融规模表现为从总量和各类金融机构的数量,拥有的国际金融中心数量等。考量的指标涵盖一国的金融相关率和货币化率。

金融相关率是指一定时期内金融活动总量与经济活动总量的比值。金融活动总量一般用金融资产总额表示。它包括非金融部门发行的金融工具（如股票、债券及各种信贷凭证），金融部门即中央银行、存贷银行、清算机构、保险公司和二级金融交易中介发行的金融工具（如通货与活期存款、居民储蓄、保险单等）和国外部门的金融工具等。经济活动总量则用国民生产总值表示。在一定的社会生产水平下，假设消费者的储蓄偏好、投资的风险大小都为不变的因素，则金融机构与金融资产的种类越丰富，金融活动的渗透力就越强，金融发展水平就越高。

货币化率是用以衡量一国货币化程度的比例指标，是金融发展水平的重要标志。通常表现为某一既定时点上的货币化成分与相关经济总量如国民生产总值等指标的比例。从世界大多数国家的经济发展历程来看，一国的货币化水平一般都会随着经济的发展而不断提升，特别是在经济发展水平从较低阶段开始快速发展时，货币化水平的提升尤为明显，因此货币化水平的高低也成了衡量一国经济发展水平的重要标志之一。但是，货币化比率的提高也具有一定的界限，过高的货币化比率往往反映出国民经济整体效率的低下，金融在推动经济发展中的功能弱化，反映出信用向银行的过度集中，全社会隐藏了很大的整体支付风险。过高的货币化比率反而是不利于宏观金融和经济的稳健运行。

金融结构包括金融机构的结构和金融产业的结构两个方面。金融机构的数量、种类、效率，以及金融工具的数量、种类、先进程度等状况与别的因素相互组合，形成了发展程度高低不同的金融机构。通过对结构的分析能够判断一国是否具备多元化的金融机构体系、多样化与多层次的金融市场体系和种类丰富的金融工具体系，从而对一国金融的结构水平做出综合判断。考察金融机构的结构可以从规模和效率两个角度入手。如金融系统存款/GDP、私人信贷/GDP 和金融机构的营利性指标、运营成本指标等。考察金融产业的结构包括金融行业结构指标、各类金融机构的市场份额指标、金融市场结构指标。金融行业的结构指标主要有：各类金融机构持有的金融资产/全部金融机构资产总额，各类金融机构的机构数/全部金融机构的机构数。这两个指标衡量各类金融机构在金融资源配置中的相对重要性。金融市场结构指标主要有各类市场规模占 GDP 的比值、各子市场结构指标。

效率在经济上指的就是投入与产出的关系，金融效率就是指金融部门的投入与产出，也就是金融部门对经济增长的贡献。金融效率是一个综合性很强的指标，在这里，我们可以考察对一国金融服务水平产生影响的货币政策效率。中央银行资信的货币政策直接从宏观层次上影响金融发展，维护经济稳定与增长。货币政策作用于经济的主要途径在于它能够通过变动货币供应量，实现对总需求的管理，确保总需求在相对稳定的情况下具有适度扩张的态势，从而推动经济增长，又防止经济过热或经济萎缩对实体经济产生的危害。考察货币政策的效率，我们主要从目标选择恰当性、货币政策的传导机制、政策的执行效率等方面来进行。

（2）金融稳健性。所谓金融稳健性，是指金融业以安全性、效益性和流动性为原则，以谨慎的方式从事业务经营活动。金融业稳健经营依靠的是自身盈利、管理健全、资本充足，具有偿付能力，能抵御消极事件。稳健的金融体系可以被定义为这样一种体系，即整个金融体系中的绝大多数银行有偿付能力,而且可能继续具有这种能力。金融稳健性评估一国金融体系内的各类主体维持良好的信用关系,以免出现严重的金融风险危害实体经济。

事实上,在实际中很难准确地将一个金融体系的经营归结为"稳健"或者"不稳健",这是因为对整个金融体系当前无偿付能力或者资不抵债缺乏统一的衡量标准,加上信息披露方面的困难,很难断定金融体系什么时候不稳健或会发生金融危机。除了衡量当前偿付能力困难,"稳健"或"不稳健"不仅能反映一家金融机构或金融体系在一个时点上的情况,对金融体系的稳健性的更进一步衡量,还应包括导致金融企业破产的因素,如资产质量不佳,利润下降,还有一些不易被量化的因素,如管理方面的弱点,内部控制的错误,以及外部环境或者事件的影响。考察一国金融稳健性,我们可以从经济的均衡发展、金融体系稳健性、金融自由化和国际资本流动等方面来考量。

经济的均衡发展对金融稳健性的影响主要体现在三个方面:经济的周期性变动、投资的波动性和经济的均衡状态。经济的周期性和结构性变动是最主要的也是最基本的要素。经济周期指的是一国经济在增长了一段时间后就会出现经济活动的下落,或者说是负增长。其后就是经济的逐渐复苏,而后又进入经济的高涨期,或者说,经济持续几年的增长,在这之后,经济活动又陷入衰退或者危机。在资本主义经济下,普遍性生产过剩周期爆发的最初推动是在于资本家追求尽可能多的剩余价值,从而不顾市场的限制而盲目扩大生产,不断扩大的生产需要一个不断扩大的市场,但事实是市场往往比生产扩张得慢,因此,在资本进行再生产时所经历的时期中就会出现市场比生产小,市场被商品充斥,生产过剩,于是经济危机的爆发就不可避免了。投资的波动也会对经济周期产生影响,进而影响金融稳健性。投资往往可以划分为两种类型:实际的投资,如一幢房屋、一家工厂等资本货物,或者金融投资,如投资公司的股票、债券等。在市场经济条件下,由于实际资产和金融资产的交易都在市场中进行,因而投机因素的存在是必然的。在经济扩张期间,当就业扩大和经济迅猛增长时,工商界和金融界有可能被一时的繁荣所陶醉与激励,对实际资产和金融资产的投资需求扩大,各类资产价格升高。伴随利润的增加,又诱使资本投资的扩大和信用膨胀。由于这种投资繁荣是与以举债的方式筹措资金相连接的,是与金融系统的信用膨胀相连接的,因而可能导致通货膨胀,如果听任通货膨胀发展下去,就有可能导致金融体系产生稳健性问题,甚至可能使金融体系产生危机。非均衡是经济运行的常态和客观状态。宏观经济的非均衡最终可归结为总量即总供给和总需求的比例失衡。表现为供过于求,从而使生产和经济处于被抑制的状态,或表现为供不应求,从而使生产和经济增长处于过热状态。这两种情形都必然会对国民经济的正常运行和金融体系的稳健性造成不良影响。

金融体系稳健性包括两个主要的考察维度:金融机构的稳健性和金融市场的稳健性。金融机构的稳健性评估以金融机构为主体的信用关系总体上的安全状况,金融市场的稳健性主要是从金融市场的价格变动和交易规模扩张是否与实体经济的发展相协调来判断的。传统上,由于银行体系的稳健经营对一国经济乃至社会和政治稳定具有特殊重要意义,金融机构的稳健性就是指银行的稳健性,为此发展出了比较完善和成熟的银行业风险评估体系。值得注意的是,在评估银行业风险时要对金融机构的不良资产规模做出估计。此外,除了经营传统业务的商业银行,证券、保险、信托等其他有影响力的大型金融机构一旦出现经营问题,对整个金融体系稳健性所造成的冲击效应也不容小觑。我国一直都有较高的储蓄率,过多的不良资产会占用金融机构较大规模的资金,给银行的流动性带来困难,严重的情况可能会产生流动性陷阱,加速金融风险的形成。同时,过多的不良资产也会导致商业银行压缩信贷,为弥补因此带来的社会货币供给量的降低,央行不得不增发货币来稳定货币的供需平衡,而银行体系不良贷款的扩大也会迫使央行加大货币投放量,影响基础货币的正常投放。金融市场稳健性的评估虽然困难但是很关键。

金融自由化对金融稳健性的影响主要包括以下四个方面:利率自由化、业务经营自由化、市场准入自由化和资本项目自由化。金融自由化的好处在于放宽政府管制,让市场来决定金融部门的行为,从而让资源得到有效的配置。然而,金融自由化也会带来许多弊端。一方面,金融自由化在提高市场效率的同时,也可能在某种程度上降低市场效率,如金融市场化使银行客户在面对十分复杂的金融衍生产品时,只能听从银行的建议,从而降低了银行的工作效率和积极性;另一方面,自由化放宽了各种准入门槛和限制,从而使得金融市场内的各金融部门自身风险增加,不利于金融稳健。因而在考察一国金融稳健性时,要考察该国金融自由化所产生的各类影响,然后再进行综合评估。

国际资本流动对金融稳健性的考量角度可以分为长期和短期资本流动。长期资本一般期限长、资金数额大,对资本输入、输出双方国家的金融稳健性影响都较大。短期资本流动分为贸易性流动和金融性资本流动、投机性资本流动。其中,贸易性流动和金融性资本流动较为稳定,对各国经济发展较为有利,有利于金融的稳健性;而投机性资本流动由于其资金规模较大,变动速度过快,常常受到一国当局的重视,对金融稳健性的影响较为复杂。

(3)金融软实力。金融竞争力是一国国际竞争力的重要组成部分,反映金融体系效率、活动及成本的综合竞争能力。在前面的部分,我们了解到金融硬实力的部分,包括一国金融市场的完备程度和规模、金融机构的数量和质量、拥有的国际金融中心数量及影响、经济货币化程度、股票市值、金融从业人数、金融市场的稳定性,金融产业在产业结构中的所占比重等方面。金融硬实力的平面扩张是金融大国的标志,金融软实力的立体提升是金融强国的标志。考察一国的金融软实力,我们可以从金融创新水平、金融合作、金融监管、金融文化环境和金融国际影响力等方面来考量。

金融创新是推动金融发展和金融深化的源泉,可以反映金融组织或者国家金融发展的潜力。金融创新在很大程度上活跃和繁荣了金融业,促进了资金融通的效率,从而极大地增强了金融调节能力,扩大了金融渗透力,提高了金融发展的水平,改善金融发展方向和趋势。其主要影响因素包括三方面,即资源、技术和制度。资源包括人力资源和物质资源,有专业金融人才、高等教育金融人才培养体系、金融科研机构、金融科研资金等;技术主要是从金融工具的角度出发,涉及金融工具替换率、金融工具引进系数及金融创新贡献率;制度影响生产力的发展,因此制度创新也是重要指标。

金融合作反映的是金融业作为服务产业在发展过程中与相关行业进行交流合作的水平。同行业间能够扬长避短,提高金融总体实力,参与实体经济、解决其资金问题,实现经济快速增长,完善自身职能,提高服务能力,从而提升金融软实力,增强一国整体的金融实力与竞争力。经济全球化带动了国际间金融合作的频率,国际合作增加了学习的机会,同时又是金融同化力、吸引力、劝服力的直接体现。金融合作的影响因素非常广泛,但从根本上分析,合作能力终归要体现在政府、组织机构信息沟通、合作以及人才流通效率上,这是金融不断发展壮大的重要前提。我们从金融合作的三大表现探讨其对软实力的影响,即信息沟通、人才流通及组织合作。其内容包含较广,有同行业之间和不同行业之间的、有国内行业间和国际间的以及政府与行业之间的合作交流。

金融监管是金融监督和管理的总称。市场经济体制离不开政府的监督和管理,特别是金融监管,对于一个国家的经济金融和发展有着重要的意义。当市场调节失灵或者存在缺陷时,市场配置金融资源的功能将会下降,针对此状况,政府的金融监管十分必要。

金融监管能够提高公众对国家金融体系的信心,能够有效地弥补金融市场的缺陷。投资人往往觉得受政府监管的金融机构(如银行)其安全性较高,很少考虑其违约的情况。此外,经济全球化带来的金融全球化,使得一国的金融危机将很快对整个世界的金融市场产生冲击,引发全球性的金融危机。作为金融软实力的重要体现,金融监管还能在一定程度上避免贷款发放过度集中于某一行业,从而降低银行业的风险,有利于一国金融体系健康的发展。考察一国的金融监管水平,除了从宏观的政府行政、法律、规章制度以及宏观调节等,还应该涵盖金融行业的自我管理、自我规范和自我约束的管理水平,同时也应该关注金融企业、机构自身的经营管理和风险控制水平。

金融文化是创造金融实力的重要途径,文化的感染力能够提高金融重视程度和增加金融知识普及范围,从根本上培养金融意识。每一次的金融危机爆发都能够使得公众通过媒体宣传了解更多的金融知识,促进相关金融从业者、研究学者、经济学家们的研究,提升金融的理论水平,也使得金融知识更为普及,民众的金融意识得到很大提高,金融文化环境提升非常明显。金融文化是金融发展过程中积累起来的精神财富。一方面,文化本身就是一种软实力,金融文化能够提升社会对金融的认识,加强金融风险的控制意识,另一方面,金融建立在信用基础上,金融文化能够潜移默化地规范金融行为,推动金融业的健康发展。金融文化环境是通过政策、媒体、书籍、高等教育、机构、讲座等创造和提升的,因此考察一国的金融文化环境可以从政府金融政策、高等金融专业教学、媒体宣传力度、金融方面书籍出版销售量、金融领域会议、讲座开展频率等方面来考量。

随着我国经济的发展,国际贸易的增长提升了人民币的国际地位,在东南亚一些国家,人民币已经成了硬通货。经济全球化迫使金融与全球接轨,我国金融市场的国际影响力逐渐受到了各方关注。金融国际影响力反映了一国金融综合实力和金融市场的深化程度,一方面展示了一国在国际上各方面的实力,另一方面体现了一国主权的国家金融话语权,展示了其国际金融活动的参与度,国际对其政府处理金融实践能力的认可度和国家的金融凝聚力。考察一国的金融国际影响力可以从其应对金融危机能力、国际金融活动参与度、国际金融机构的地位、金融深化改革力度等角度来考量。

9.3.7 外部支持

一国主权政府能够获得的外部支持主要来自其他国家政府、世界银行等国际性金融机构和跨国大财团等。根据获取外部支持的种类不同,我们把外部支持分为一般性支持和特殊性支持。一般性支持主要指一国政府在日常经济关系中获得的持续性、确定性支持,比如获得较为固定的直接投资和资金注入,带有特殊优惠条款的贷款支持等。特殊性支持在陷入危机时,可以获得某一国家的短暂性和特定性的支持,例如,获得流动性支持和债务救助资金等。对于一般性支持,因其具有系统性、持续性和确定性,其影响常常体现在一国的国民生产总值或者财政收支情况中,成为主权信用状况不可分割的一部分。而特殊性支持因其具有不确定性,因此在分析时,我们需要考虑两点:一是支持方的支持实力,即支持方的信用质量;二是支持方的支持意愿或获得支持的可能性,即被支持主权国家发生偿债危机时,支持方给予支持的可能性大小。

9.3.8 外汇实力

如果一个主权国家的经济实体货币不能在国际市场上流通,则为了参与国际市场活动,其必须将本国货币转换为在国际上可流通的货币。为了保障本国经济主体参与国际市场的行为顺畅,非国际货币的国家一般会储备一定量的一种或几种国际市场流通的货币,也就是外汇储备。对于本国货币可在国际市场上流通的国家来说,其外汇储备是不重要的,因为其本国货币就是国际货币,可以在国际市场上进行支付。

对于大多数的发达国家而言,如欧盟国家、美国、英国等,其货币都属于国际货币或者兑换能力较强的货币,在国际市场上具有很强的兑换和支付能力,因此,这些国家并不需要保有大量的外汇储备来应对其对外支付。而对于发展中国家而言,由于其较弱的货币兑换能力和对外支付能力使其必须保有一定量的外汇储备。与本国债务相比,对于外币债务,由于政府缺乏灵活调控本国主权范围内货币供应量的能力,虽然政府能够利用权力在最大范围内调整境内的外汇储量,但是一旦境内的外汇储量不足以偿付外债,那么主权政府就不得不在国际金融市场上利用其他方式筹措资金,而不是用政府特权,因此会加大一国的主权违约可能性。

9.4 主权信用风险管理

从本章上述部分可以看到,全球性的主权违约仍然是市场关注的焦点之一,主权信用风险的评级对该国的投资、国家治理等方面都有重要影响,因此主权信用风险管理是至关重要的。主权债务危机的屡次发生也突出了债务管理的重要性,债务管理通常包含债券市场上有关债务风险和影响的管理。下面就关于如何管理主权信用风险进行讲述。

9.4.1 主权债务危机的成因

历史上曾多次爆发主权债务危机,如 20 世纪 80 年代拉美债务危机、2001 年阿根廷债务危机、2009 年迪拜债务危机以及最近发生的希腊主权债务危机。通过研究各自主权债务危机的成因,可以看出,主权债务危机的成因主要有沉重的债务负担、脆弱的经济结构、居高不下的财政支出、恶劣的外部经济环境、薄弱的政府管理能力等。

1. 沉重的债务负担

爆发金融危机的直接原因就是政府部门以及私人金融部门长期进行大量的举债投资而肩负的沉重的债务负担。不同国家借债的理由可能不一样,但在发生金融危机的国家,都出现了巨大的债务负担。如拉美国家为了推动基础产业的发展,不惜以公共财政赤字为代价,为了弥补财政赤字而向国际金融市场大举发行债券;阿根廷国有企业私有化改革,财政税收锐减,只得以举债度日;迪拜政府为支持大型建设项目而大举借债;希腊处在宽松的融资市场,通过不断举债维持高昂的公共福利支出。当国际评级机构下调其主权信用评级等级,债务负担较重的国家就会出现融资困难,导致资金链断裂,不得不对外宣布主权违约。

2. 脆弱的经济结构

单一的经济结构和僵化的发展模式非常容易让本土经济受到外部因素的冲击。首先,大多数发生主权信用危机的国家的支柱性产业过于单一,多以农业、旅游业为主。例如,收入结构单一最终导致希腊经济的对外依赖度很高,抵抗国际经济的冲击能力很弱。其次,以农业为产业支柱的国家,严重依赖农产品出口创收,相对于工业、金融等行业处于明显的劣势。最后,缺乏实体工业支撑,大量的机器设备、电器和汽车等都需要依赖进口,扩大了贸易逆差。当出现诸如第二次石油危机、次贷危机等重大的国际经济环境,脆弱的经济结构很容易危及其经济,极大地降低了该国的还债能力。

3. 居高不下的财政支出

政府的财政支出处于相较于本国财力过高的水平,并且难以削减。首先,各个发生主权危机国家的财政支出都处于高水平,且公共福利支出高,一般民选政府很难采取有力的措施大幅削减公共福利支出。其次,在经济发展阶段,大力投入基础设施建设的财政支出也是十分必要的。但大量举外债的资金在很大程度上却并没有使用在促进经济发展建设上,而是使用在高福利或者用以弥补亏空的国有企业,这无疑不会增加未来的财政收入。这样,缺乏创汇能力,但财政支出却一直居高不下,只有通过不断举债,用新债还旧债,从而形成恶性循环。

4. 恶劣的外部经济环境

主权债务危机往往和全球性的金融危机有紧密联系。首先,当全球经济不景气时,各国的出口都会变得更加困难,使得出口创汇能力大幅下降。其次,国外的投资者也会大规模撤资。最后,金融危机使得融资变得更加困难,难以用新债还旧债,从而出现主权债务危机。

  5. 薄弱的政府管理能力

  政府的管理能力及方式对主权债务危机的预防有极其重要的作用。首先,政府的不合乎标准的核算、审计以及金融管理最终都能导致财务报告的舞弊,并可进一步演化成席卷全球金融市场的危机。其次,财政管理不善。财政管理不善是一个全球性问题,其本质是政府在管理公共金融部门时出现的政治短视行为以及系统缺陷。民选政府为了能够获得民众的支持,采取一些类似于"隐瞒大量的财政亏空"的愚民政策。最后,政府部门缺乏在危机之时果敢地处理危机的勇气。例如,欧洲债务危机之始,意大利政府面对高达5.3%的财政赤字没有采取果断行动,从而让事态升级。

9.4.2 主权债务危机的表现

  主权债务危机的表现通常为债台高筑、信用等级下调、银行流动性差等。

  1. 债台高筑

  债台高筑是发生主权信用危机的最直观的表现。外债是一种资源,可促进基础经济的发展,但是外债要控制在一定的规模之内,否则就很可能由于负担过重而导致债务危机的发生。债务规模的控制,国际上一般以偿债率为标准,即取决于一国的出口创汇能力。若债务的增长水平持续地高过出口的增长水平,那么说明一国在偿债能力上存在严峻的问题。假如一国当年的还本付息额与出口收入比在20%以上,那么对于该国的偿债能力要提高警惕。

  2. 信用等级下调

  信用等级下调是发生主权债务危机的前兆。主权信用评级能够反映债务人偿债责任的信用意愿与信用能力。当债务人出现能力无法偿还债务以及偿还意愿下降时,主权信用评级会被下调。

  3. 银行流动性差

  银行信用在出现主权债务危机时会表现出银行的流动性差的特征。首先,银行会出现大规模的挤兑风潮。存款人担心在银行里的存款会因为银行的倒闭而遭受损失。其次,借贷利率高,再融资难,二级市场利差大。为了偿还债务避免破产,借贷资金的需求急剧增加,导致借贷市场求大于供,促使利率飞速上升。最后,银行资金出现呆滞。由于正常的资金周转被破坏,企业无法在规定期限内偿还债务;部分银行的资金被压在疲软的证券市场上,使得银行无法提现应对危机。

9.4.3 主权债务危机事前预防

  预防主权债务危机关键要合理控制外债规模、合理规划外债结构以及优化产业结构等。

1. 合理控制外债规模

爆发主权债务危机最直接的原因就是政府部门大规模借外债,直到债务积累到失控的境地。理性的控制外债规模,既可有效预防主权债务危机的发生,也可有序地推进基本经济建设。目前国际公认的做法是,严格控制负债率、债务率、偿债率分别不超过20%、100%和25%。为了能从源头控制债务危机的发生,必须严守上述三条警戒线,且不断地改善债务结构。

2. 合理规划外债结构

合理地使用和规划外债的结构,将有效降低主权信用危机的发生概率。首先,债务应该着重使用在出口创汇的产业或进口代替品的生产上。在阿根廷的债务危机中,其相当一部分外债用于维持联系汇率制度,并没有使用在经济发展上,在不断地用新债还旧债的过程中积累了大量风险。其次,对外债发行进行长期规划。优化外债结构,适当增加长期外债的比重,有助于国家长期投资,并且能延缓政府财政的还债压力。

3. 优化产业结构

不合理的经济和贸易结构,很容易在外部冲击下出现主权债务危机。产业结构升级有助于推进经济结构调整,并能够提升国民经济的整体素质。产业升级一般表现为产业结构的改善以及产业素质与效率的提高。产业结构改善指的是产业间的协调发展与产业结构的提升;产业素质提升和产业效率的提高指的是对生产要素进行优化组合,全面提高技术水平、管理水平和产品质量等方面。

9.4.4 主权债务危机事后措施

在主权债务危机发生时,应该采取及时有效的措施防范事态的进一步恶化。债务重构缓减冲击、实行财政紧缩计划、求助外部支持、增加流动性刺激经济和重塑市场信心是短期的有效措施;加强制度和金融创新建设是长期的、根本的解决主权债务危机的措施。

1. 债务重构缓减冲击

主权债务重组是指债务国难以在约定的日期内偿还债务以及利息,与债权国重新协商并达成对到期债务或拖延债务重新安排的协议,用以帮助债务国经济在其资产价值得以保存的基础上获得中期稳定,从而达到减少债务双方损失的目的。通过改善债务国的债权期限结构来缓解日趋严峻的债务负担,让债务国有充足的时间消除其经济收支不平衡的状况,以达到恢复与债权国之间正常的债权债务关系。阿根廷主权债务违约事件和迪拜事件都是债务重组的典型案例。

2. 实行财政紧缩计划

通过实施减少财政支出和增加奢侈品税收的财政紧缩政策,可以达到安抚市场、减少财政赤字的目的。紧缩措施可以使债务国的债务水平降到一个可持续的水平,挽回债券市场对该国债券的信心,最终能得以重返资本市场。对于其他债务水平高但仍能在资本市场筹得资金的国家而言,它们也应该适当实行紧缩政策,保障资本市场的融资成本不会被推高,致使本身也陷入危机之中。

3. 求助外部支持

有效的外部支持往往能及时地帮助债务国渡过主权债务危机,免遭主权违约。主权国家可以向其他国家政府、世界银行等国际型金融和跨国大财团申请紧急救援贷款。通过外部支持,一国政府能在日常经济关系中获得的持续性、确定性支持,比如获得较为固定的直接投资和资金注入,带有特殊优惠条款的贷款支持等。一些特定情形下,如一国政府陷入财务困境时,可获得的暂时性、特定性支持,比如获得流动性支持、债务救助资金。在希腊主权债务危机中,希腊就曾以养老金改革、私有化以及简化增值税为条件向IMF和欧盟其他国家申请多轮紧急救援贷款。

4. 增加流动性刺激经济增长

由于缺乏流动性,主权违约国家首先应当快速获取经济的流动性,使主权债务危机得以暂时的平息。首先,可以采取对银行进行再注资的方式,以确保银行的流动性,避免金融恐慌。其次,主权违约国家可以在适当范围内主动"开启印钞机",实施宽松的货币政策,降低基准利率,以缓解因为债务危机而导致银行的流动性吃紧状况,从而鼓励银行增加放贷,以刺激经济增长。

5. 重塑市场的信心

重塑国际市场的信心是解决债务危机的关键。要让市场看到其经济增长的潜力以及投资环境是向好的发展态势,不断降低公共债务和赤字水平、落实救助计划让市场相信债务危机的风险有所缓和。但是我们必须认识到,短期的巨额救助可以暂缓主权债务危机在短期内的爆发,却不能消除债务危机进一步升级的风险。所以,改善经济增长前景和财政状况对于缓解市场恐慌及恢复并提振投资者信心都是非常必要的。

6. 加强制度和金融创新建设

长期来看,主权国家违约并不是一个一蹴而就的过程,而是由于国家风险管理体系不健全、预算监管不到位等深层次问题积累起来的。这些问题一旦没有得到彻底解决,短期的救助只能起到缓冲危机、降低危机风险的作用,并不能从根源上解决主权违约问题。因此,在主权违约发生后,违约国需要进一步完善机制建设和监管建设,不断巩固财政,寻找新的经济增长点,逐步完善体制性和结构性缺陷,才能彻底地摆脱主权违约的困扰。

练习题

一、选择题

1. 发布第一份主权信用评级报告的机构是(　　)
   A. 标准普尔　　　　B. 惠誉　　　　C. 摩根大通　　　　D. 穆迪
2. 主权信用风险具有的特点不包括(　　)
   A. 偿付意愿的重要性　　　　B. 违约偿付的必然清算
   C. 主权国家的强制属性　　　　D. 缺乏最终担保性
3. 在主权信用风险中,本币信用风险与外币信用风险的区别主要在于(　　)
   A. 违约率　　　　B. 汇兑风险　　　　C. 宏观经济　　　　D. 还款意愿

4. 下列选项中,哪些属于主权信用风险的要素?(　　)
A. 政治风险　　　B. 政府文化　　　C. 金融实力　　　D. 财政实力
E. 外部支持　　　F. 风险偏好

二、简述题
1. 为什么我们要关注主权信用风险?
2. 简论主权信用风险评估的要素框架及其在实务中的运用。
3. 预防主权债务危机的关键是什么?应对主权债务危机的措施有哪些?

第 10 章　地方政府信用风险

10.1　地方政府信用风险概述

政府信用是整个社会信用体系的支柱,地方政府的信用对于企业信用和个人信用的真正建立有着重要的促进意义。为了赢得公众和社会的信任,地方政府应尽可能地保证其良好的信用状况,积极发挥社会管理和服务的相关职责,促进经济发展和社会稳定。

10.1.1　地方政府的定义和职能

地方政府(local and regional government),是指管理一个国家行政区事务的政府组织的总称,意指地方或地区行政机关,通常对应于中央政府。在不同的国家结构形式下,地方政府的范围和界定也不相同。在联邦体制下,如美国,联邦成员(共和国、州、邦)有自己的宪法和法律,在联邦宪法规定的范围内拥有一定的主权,通常不被视作地方政府。因此,联邦制国家的地方政府指共和国(州、邦)以下的政府机构。在单一体制下,如中国,全国只有一部宪法和一个统一的法律体系,地方行政区不是一个政治实体,不具有任何主权特征。因此,在单一制国家,地方政府指各级地方政府机构。政府的职能是提供公共产品和服务。对地方政府而言,主要职能是为本地区的居民提供公共产品和服务。在经济学中,地方政府的作用体现在资源配置、收入分配和稳定经济三个方面。

1. 资源配置

政府发挥资源配置的作用主要是解决市场失灵问题,以达到帕累托最优状态。在一个完全竞争的市场,市场经济会自动调节达到最优效率,即无法在不减少一个个体福利的情况下同时增加另一个个体的福利。但是由于存在规模经济和范围经济,公共物品(如供水、电力等)往往具有自然垄断的特性,这时就需要政府加以管制,如发放许可证、实行价格管制,实现本地区社会福利的最大化。在公共物品的提供上,地方政府面临与中央政府的分工问题。由于各个地区的公共需求不同,如果统一由中央政府提供,必定导致一些地区供需不平衡,带来福利损失。因此最好的方法是全国性的需求(如国防、外交等)由中央提供,而区域性的需求由各地方政府提供。地方政府更了解本地区的公共需求,信息成本更低,也更能满足当地人民的偏好。

然而在现实中,地方政府提供公共产品和服务存在外部性效应。比如,一个地区修建的公路,其他地区的居民同样可以使用,一个地区环境的改善也会对周边地区带来正相关的效应,这两个地区都会产生"搭便车"的想法,双方都有希望对方能为自己的地区提供商品或服务的想法,最终结果是双方都不选择作为供给方,这就可能导致一个地区的公共产品和公共服务的供给不足。解决这一问题可以由中央政府指导地方政府进行财政补偿,由地方政府提供这些具有外部性的公共产品和服务。

2. 收入分配

地方政府的收入分配职能旨在促进社会公平,政府承担着从高收入人群取得收入转移到低收入人群的角色。然而如果大规模对高收入人群征税来补贴低收入人群,在人口自由流动的条件下,必然导致高收入人群转移到低税收地区,而大量的低收入人群被高福利吸引转移到本地区,造成地方财政吃紧,难以长期维持。与此同时,增税政策会引起本地企业的经营成本增加,投资减少,资本外流,造成地方政府的税基减少,税收收入增长有限甚至可能下降,这里可以用地方税的税基弹性来解释。税基弹性为:

$$E_r = \frac{\Delta B/b}{\Delta t/t} \tag{10-1}$$

在(10-1)式中,B 表示税基,t 是税率,税收等于 $B \times t$(假设该税种采用比例税率),税基弹性 E_r 是指税基变动的百分比与引起该税基变动的税率变动的百分比之间的比值。

税基弹性通常为负数。当税率改变时,有两种相反的力量同时作用于税收收入。在此仅谈论税率提高的情形,税率减少同样存在相应的变化。一方面,税率提高会使税收收入增加;另一方面,税率提高使税基缩小,具有使税收收入减少的作用。双重影响下税收收入的如何变动取决于税基弹性的大小。

(1) 当 $E_r < -1$ 时,税基缺乏弹性,税率提高所带来的税基减少比例更大,因而提高税率,税收收入会降低;

(2) 当 $E_r > -1$ 时,税基有弹性,提高税率只会带来税基的小幅缩小,使税收收入增加,但小于税率提高的幅度,表明存在税收空间;

(3) 当 $E_r = -1$ 时,税基为标准弹性,税率提高的幅度和税基缩小的幅度相同,结果是税收收入不变。

税收收入与税率的这种关系在财政学中可以由"拉弗曲线"来说明。拉弗曲线是指当税率在一定限度内时,提高税率可以增加税收收入;超过这一限度,提高税率反而可能导致税收收入减少。拉弗曲线的拐点位于使 $E_r = -1$ 的税率水平上。

因此,地方政府的收入分配处理不当,很可能会引起收入分配职责行使的低效率问题。如果地方政府有效地承担收入分配职能,在中央政府政策的指引下,根据给定的理想税率的条件,发挥地方政府和市场的联合作用,将资源调控到一个均衡状态。

3. 稳定经济

在市场经济条件下,稳定经济即宏观调控的职能主要由中央政府承担,地方政府的作用相对有限。下面将主要从经济低迷和经济过热这两种情形下,对地方政府所能采取怎样的措施以稳定地方经济进行介绍。

当地方经济处于低迷状态时,地方政府为了保持经济平稳健康的发展,通常会采取一些刺激政策。首先,政府为企业信贷或融资提供信用担保,增加资金的流动性,保证地方经济发展所急需的资金。其次,实行税收优惠,扶持本地实体经济的发展,加强对企业的融资的支持,保持实体经济的活力。再次,增加政府购买力度,加大基建建设投资,拉动内需,扩大本地区的就业和产出水平。最后,通过发放消费券,增加居民收入,带动市场需求,促进经济发展。

当地方经济发展过热时,利用行业以及经济发展的规律,构建一套行之有效的预警系统,辅助决策者及时正确地采取行动,防止事态失控。其次,严控资金的流向。泡沫的出现,往往是由投资者盲目的投资所带来的虚假繁荣。减少贷款,增加该行业的税收,提高投机成本,抑制资金的流动,给过热的经济降温。再次,调整产业结构,往外转移资金。发展新型产业,将过热的资金流引入新型产业,引导投资者理性投资。最后,加强廉政建设。从过往的经验可以看出,过度的投机往往伴随腐败现象。

通过以上的分析,地方政府的资源配置职能较健全,要与中央政府实现顺利的沟通和协作。虽然中央政府制定了统一的政策,对地方政府的行为加以约束和限制,地方政府还是可以在一定程度内发挥自身的自主权,以实现收入分配和稳定经济的职能。

10.1.2 地方政府资金需求和债务

地方政府的任务是为本地区居民提供公共产品和服务,这主要通过资源配置职能来实现。资源分配的背后是资金的流动,地方政府实际发挥的是取得资金、分配资金的作用。地方政府的收入来源主要包括:税收收入、归属于地方的国有资产收益、负债收入、收费收入、政府间转移支付收入和其他收入。地方政府的资金需求主要包括经常性支出和建设性支出两方面。经常性支出是维持公共部门正常运转和保障居民基本生活所必需的支出,主要包括地方行政管理费用、事业发展支出和社会保障支出等;建设性支出指地方政府用于经济建设,尤其是基础设施建设的支出。经常性支出有较强的刚性,而建设性支出有较大的灵活性。

理论上说,财政收支平衡是财政的最佳情况,在现实中表现为财政收支相抵或略有结余。但是,地方政府往往需要大量资金来提供公共产品和服务,解决社会经济中的各种问题,使得财政支出超过财政收入,形成财政赤字。在地方政府的收入来源中,税收收入是主要的部分,而地方政府征税的权限受到宪法和法律的制约,而且调整税收收入在经济学上的可行度并不高。这时,为了能够削减赤字,就只能依靠削减财政支出、寻求政府间转移支付和借债等途径。相当一部分财政支出刚性较强,如维持地方政府机构的正常运转和养老保险金等,因此,财政支出在短期内很难削减。中央政府或上级政府的转移支付往往也很有限,并且受到法律法规的限制。因此,借债,包括发行地方政府债券,是地方政府融资的一个重要选择。

地方政府为弥补其财政赤字而发行的债券主要有两大类:一般责任债券和专项债券。一般责任债券以发行债券的政府的税收能力作为担保,其信用来自发行者的税收能力;专项债券是为了建设某项基础设施(如道路、桥梁、医院等)依法成立的代理机构、委员会或授权机构所发行的债券,其偿债资金来源于这些设施有偿使用(如道路通行费)带来的收益。一般而言,投资者认为一般责任债券比专项债券风险更低,利率也相对较低。

地方政府在选择借债方式弥补财政赤字时应当谨慎而行。首先,存在地方政府向中央政府转移债务风险的问题。其次,由于经济发达的区域偿债能力强,融资成本低,能吸引更多的外来资金,造成新的区域资金分配不均的问题。

10.1.3 地方政府信用风险的定义和来源

地方政府信用风险特指地方政府面临的不能如期偿还债务本金和利息的风险。由于地方政府一般不具有货币发行权,无法通过印刷货币来偿还债务,因此地方政府的信用能力主要依靠其自身的财政收入和项目收入。地方政府信用风险的来源主要包括以下几个方面:

1. 宏观经济波动

宏观经济是指国民经济总体及其经济活动和运行状态,主要包括:总供给与总需求,国内生产总值及其增长速度,物价水平,劳动就业总水平和失业率,货币发行总规模与增长速度,进出口贸易状况等。在经济全球化的时代,世界各国各地区的联系日益密切,任何一个地区的经济变动都有可能对世界经济带来影响。地方政府面临国内和国际双重宏观经济波动的风险。当全球经济和国民经济处于经济周期的上升期和繁荣期时,地方政府处在一个良好的经济发展环境中,科技进步和经济发展较快,地方的财政收入较有保障,可用于债务及其利息的支出比较充足,信用风险较低;而当全球与国家经济处于经济周期的衰落期和低谷期时,地方政府不可避免地会面临经济增长趋缓甚至倒退,可用于偿还债务的财政收入很可能达不到预期水平,违约率较高。在宏观经济风险中,尤其关注通货膨胀风险,通货膨胀会损害国民经济和地区经济,对地方政府的财政平衡和当地居民的福利水平带来严重冲击。

2. 利率和汇率变动

由于地方政府举债主要面向货币市场和资本市场,并要按约定的利率支付利息,因此地方政府便不可避免地面临利率风险。在固定利率情况下,如果未来的市场利率上升,地方政府实际上是在使用前期的低息借款,财政负担相对降低;而如果未来市场利率下降,地方政府却在低市场利率情况下承担着高额的利息费用,信用风险加大。在浮动利率情况下,地方政府的实际利息支出随利率变动正向变动。在某些情况下,地方政府也会向外国投资者举债并约定以外币偿还债息,这时汇率的变化会对地方政府的信用风险带来影响。如果本币升值,那么偿还同等债息只需要相对较少的本国货币,财政负担和信用风险水平降低,反之亦然。

3. 地方政府管理

地方政府的管理水平也会对其信用风险产生重要影响,主要包括:经济管理能力、财政预算执行能力、债务管理能力以及地方政府的经济效率和廉洁程度等。地方政府是信用风险的主体,它自身的管理能力和治理水平不仅对地方经济的发展、社会的进步至关重要,而且也关系到财政收入的合理分配、债的按期足额偿还。因此,高效、透明、廉洁的地方政府是其降低信用风险的重要保障。一般情况下,一个低效率、腐败的政府很难会按时履行其义务。

  4. 法律和政策变动

  地方政府的行为受到法律和政策的约束，这种约束不仅来自全国性的法律、法规和中央政府的政策，还受到地方性的法律、法规和政策的制约。所在国家和地方政府执政党的更替、种族和宗教问题以及社会政治的自然变动，都有可能会造成法律制度、政策的不稳定，如新的法律限制了地方政府财政支出的范围和规模或实施了税收减免政策，会引起地方财政失衡，可能无法按时履行偿债义务，加剧信用风险。

10.1.4　地方政府信用风险评估的重要性

  地方政府信用评估是指信用评估机构进行的对某一地方政府作为债务人履行偿债责任的意愿和能力的评判。地方政府同时作为经济主体，在国内和国际金融市场中日趋活跃，发挥着越来越重要的作用，其信用风险水平受到投资者越来越多的关注。地方政府信用风险评估的重要性主要体现在以下两个方面：

  第一，信用风险评估结果为投资者提供参考，有利于金融市场的健康发展。金融风险的一个重要来源是由信息不对称而引发的逆向选择和道德风险。对于一般投资者而言，只根据地方政府公开的财政、负债信息，很难了解到其背后真实的财务状况和信用风险水平，这就会带来潜在的损失风险。信用评估机构依据其专业的程序和方法，在对地方政府全面地考察、调研的基础上，科学地对地方政府的信用行为进行评价，并以专门的符号和文字呈现给市场和投资者，有利于投资者科学判断地方政府的信用风险，做出正确的交易决策，尽可能地保护投资者利益。同时，地方政府的信用等级是地方债券定价的重要考虑因素。通过信用评估，可以发挥金融市场的价格发现功能，形成与地方政府债券的风险、收益水平相匹配的市场价格，并且在存续期内，债券价格随信用等级的变动不断调整，可以反映地方政府在不同时期的信用风险水平。通过这种方式，信用评估生成合理的金融资产价格，有利于市场的公平、公正和诚信，促进金融市场健康发展。

  第二，信用风险评估有利于改善地方政府治理水平，促进地方经济社会发展。地方政府是金融市场的信用主体，也是一个地区的政治主体，承担着发展地方经济、提供公共福利的责任。评估机构对地方政府进行科学、准确的信用风险评估有利于地方政府明确自身的财政状况，进而优化地方的经济、财政和预算决策，改善自身治理和管理水平，有效防范信用风险。同时，信用风险是未来一定时期内多种风险，如宏观经济风险、市场风险、政治风险的集中表现，信用风险评估客观上为地方政府未来可能面临的各种冲击提出了预警，帮助地方政府及时调整未来的各项计划和政策，促进地方经济社会的健康、长远发展。

10.2 信用风险评估要素

地方政府信用风险评估首先要分析地方政府所处的制度环境,自身的经济、财政和债务状况,以及政府的治理和管理水平,在此基础上考虑外部因素如特别救助对信用风险水平的影响,从而得到最终的信用评估结果。地方政府信用风险评估思路如图 10-1 所示:

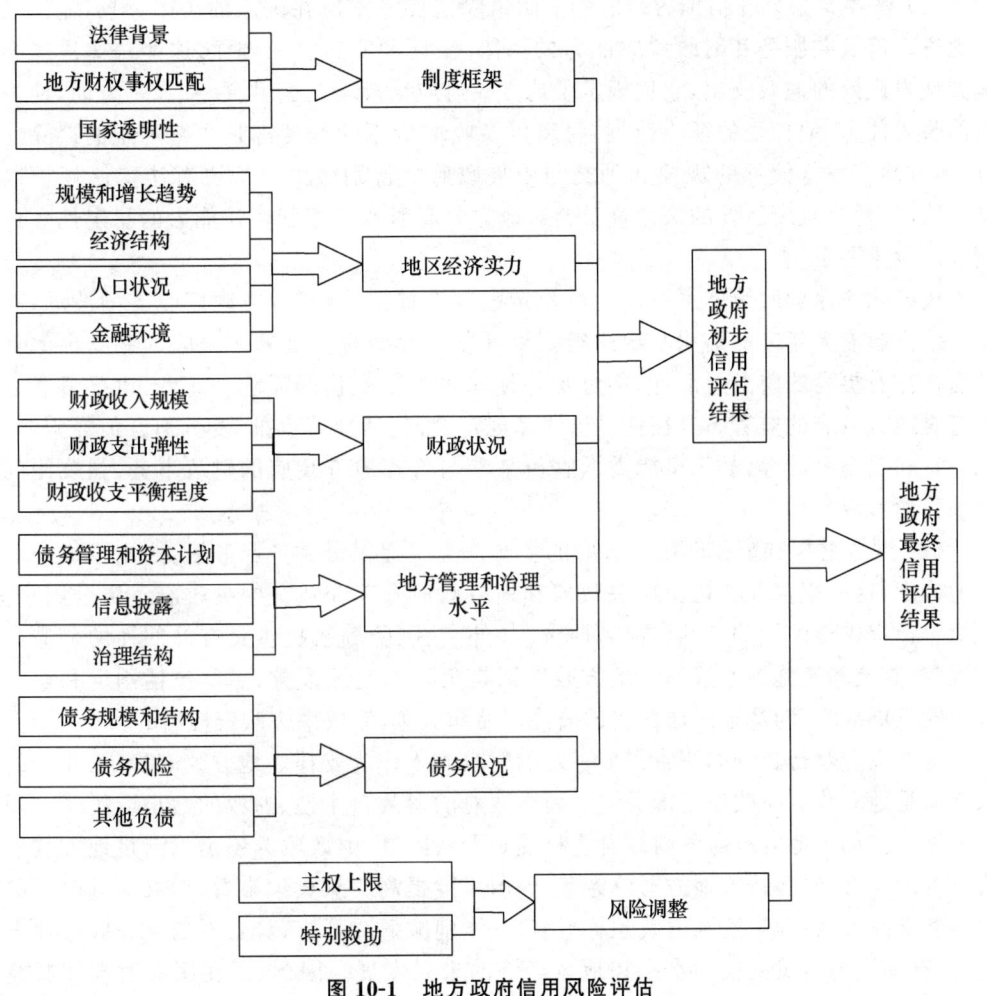

图 10-1 地方政府信用风险评估

10.2.1 影响因素分析

信用风险的水平与信用主体的财务状况密切相关。对地方政府而言,其自身的负债状况和偿债能力主要取决于五个方面:制度框架、地区经济实力、财政预算状况、地方管理和治理水平、管理能力和债务状况等。下面对这五个方面分别进行解释。

1. 制度框架

制度框架指的是国家整体的法律、制度安排。地方政府总是在一个主权国家之内,接受上级政府的领导,根据宪法和法律行使自己的权力,履行自己的职责。制度框架包括各级政府之间的关系和地方政府权力与责任的范围,限定了地方政府的公共政策和财税政策,因此必然会对地方政府的信用风险水平产生重要影响。这里,要重点关注地方政府的法律地位、地方与中央权力与责任的安排、国家的透明性三个方面。

(1) 法律背景。评估地方政府的信用风险需要考察所在国家的法律背景,尤其是决定地方政府公共服务和财政税收能力的法律、法规和实践。一方面,这些法律法规会影响到地方政府的财政支出,它们规定了地方政府应该履行的公共义务;另一方面,地方政府的收入能力、地方税的征收范围、税率以及收取费用的程度都是法律规定的。除此之外,地方政府发行债券的规模和种类与中央政府的特别援助一般也有法律法规予以确认。因此,地方政府所处的法律背景会对地方政府财政负担和偿还能力的稳定性和可预测性产生重要影响。

成熟的法律和政策体系可以提供稳定的制度框架,减轻地方政府收支的波动,有利于对地方政府多年来的信用状况进行跟踪评估。那些有明确的未来收入和支出的地方政府往往有更高的财务灵活性,能够更好地应对不断变化的需求。此外,也要考察上级政府对地方政府的监管。这往往是由法律规定的,包括预算审批、发行地方债券限制、信息披露和实施审计等,甚至可能委派官员来参与管理地方政府的财政事务,如我国的财政部驻地方专员办。

(2) 地方财权和事权匹配。政府的主要任务是提供公共产品和服务,出于成本和效率的考虑,这一职责往往是由中央政府和地方政府分工完成。中央政府负责全国事务,主要包括提供全国性的公共产品和服务(如外交、国防等)、提供具有外部性的公共产品和服务、制定和实施国家战略。地方政府则是负责本地区事务,主要包括制定和实施本地区的发展战略、向本地区居民提供公共产品和服务、完成中央政府提出的目标和计划。

地方政府履行自身的职责需要一定的财政收入作为支撑。地方政府稳定、充分的收入来源是地方政府财政稳定的关键。地方政府的财政自主性、财权的大小取决于一国的财税体制。如果地方政府的财政自主权受到严格限制,财政收入不足以满足地方政府履行职责的需要,便会造成地方财政赤字,信用风险提高。从长远来看,如果地方政府的财权不能支撑事权,为了达到财政预算平衡,只能削减财政开支,势必影响到其服务地方的能力,有损当地居民的福利水平和地方经济的未来发展。因此,所在国家财政体制及其自身的财权、事权匹配对信用风险有深远的影响。

衡量其有效性的关键指标为:地方财政收入的范围和支出责任的分配及其稳定性。

(3) 国家透明性。制度框架对地方政府的支持也依赖于国家整体的管理和控制传统,包括长期政策的重点、政府机构及公共部门的透明性、公职人员的管理和问责等。在成熟健全的国家体系里,政府机构依法运行,透明度高;国家政策的出台和执行受到广泛监督,基本没有"暗箱操作";公职人员清正廉洁,腐败程度较低;等等。这些都有利于国家的政治稳定、高效,促进国家经济的发展,也为地方政府创造了良好的政治环境,促进了地方政府各项事业的发展。同时,也有利于投资者了解政府真实的债务和财政信息,并对地方政府未来的财政状况做出预测,增进地方政府与投资者的信任关系。可以说,一个国家的透明性是地方政府经济发展和社会进步的重要外部条件,影响和制约着地方政府的财政经济和信用水平。

衡量国家透明性的关键指标为:国家机关的信息公开和透明性、国家的廉洁程度和完善的监督机制。

2. 地区经济实力

地区经济实力是创造财政收入的基础,对地方政府财政收入的规模和稳定性具有决定作用,直接影响着其偿付债务的能力。地区经济实力可以从规模与增长趋势、经济结构、人口、财富和金融实力等方面说明。

(1) 规模与增长趋势。地区经济规模是指一定时期内(通常为一年)地方政府的管辖区所生产的最终产品和服务的价值总和。它反映了该地区利用现有资源创造财富的能力。地方政府债务主要是以税收收入为担保,税基的规模是信用水平的重要指示器。一个地区的经济规模直接决定了税基的大小,一般而言,地区经济规模越大,税基越高,地方政府税收能力越有保障。

分析地区的经济规模,既要关注经济总量的绝对规模,也要考察经济总量的相对规模。有些地区可能因为人口数量众多、管辖区域面积广阔,因而绝对的经济总量很高,但并不代表该地区经济社会发展水平高,还必须了解一个地区人均经济规模的大小及在全国的相对水平。它反映了该地区居民人均创造财富的能力,代表该地区居民人均可承受债务的水平。

除了分析该地区当前的经济规模,还要评价其增长的趋势,它代表地方将来的经济发展水平和税收水平。从某种程度上讲,增长趋势对于地方政府信用风险评估更加重要,因为政府债务的偿还主要依赖其未来的财政收入。影响地方经济增长趋势的因素主要包括:自然禀赋、基础设施建设、劳动力的成本和可得性、资本成本以及进出口贸易等。地方政府在经济发展中发挥着重要作用,通过制定地区规划、投资基础设施建设发挥资源配置的职能,不断挖掘地方发展的潜力,形成新的经济增长点。

关键衡量指标为:地区GDP、地区人均GDP及与全国人均GDP的比例和经济增长趋势。

(2) 经济结构。经济结构是一个有许多系统构成的多层次、多因素的复合体。按照国民经济各部门和社会再生产的各个方面的组成和构造考察,主要包括产业结构、分配结构、消费结构、交换结构、劳动力结构等。经济结构反映了地区经济发展的质量,关系财政收入的来源和稳定。

首先,要考虑地区经济的部门类型,分析三大产业在经济中的份额和地位。一般而言,农业及农产品附加值低,对税收的贡献率低,除了税收减免往往还需要财政补贴;而第二、第三产业生产产品和服务的附加值较高,对税收收入的贡献较大。三大产业容纳劳动力的能力也有很大差异。在发达地区,农业人口占比很低,劳动力主要集中在第二、第三产业;而在落后地区,农业、农村依然聚集了大量劳动力。劳动力产业分布的差异直接影响到当地居民的收入水平和财产状况,进而影响地方税收。

其次,要关注产业结构的多样性。如果地区经济和就业过于依赖某一产业,如钢铁产业,当面临外部冲击、行业陷入低迷时,地方政府的税收收入便失去了保障,违约风险急剧上升,同时还会造成大规模失业。结构性失业人群由于特定工作技能的限制,短期内很难再就业,需要地方政府投入大量资金用于社会福利,地方政府长期税收减少。多样性的地区经济可以使税收收入和就业面临较小的冲击且更有弹性,有利于地方财政的稳定和增长。同样,还要分析主要纳税人的分布特征。如果主要纳税人过于集中,当他们所处的行业不景气时,相关辅助产业也会随之萧条,伴随居民收入、财产水平的下降,地方政府按正常情况预期的税收收入便无法实现,偿付债务的能力受到限制。

关键衡量指标是:各部门贡献的GDP占比、产业集中度和纳税人集中度。

(3) 人口状况。地区人口的总量、结构和增长趋势对地方财政的收支具有重要的影响。居民既是税收收入的缴纳者,也是公共产品和服务的需求者,决定了地方政府税收收入的水平和公共产品、服务的供给量。在人口众多的地区,劳动力供给充足,能够为地区经济的发展提供人力支持,尤其是劳动力密集型产业聚集的地区,但同时需要的公共产品和服务也比较庞大。地区人口的结构对地方财政至关重要。在一个老年人和儿童等非劳动人口众多的地区,教育、医疗等公用事业需求旺盛,对地方政府支出形成巨大压力,而这部分人口很少创造价值,对收入的贡献最少;在壮年劳动力占人口比例较高的地区,在低失业率下工作创造的价值较高,地方收入较有保证。适度、稳定的人口增长对地方政府的信用风险水平有积极的影响。人口大规模的减少和增加都会对经济带来冲击,尤其是大规模劳动力人口的外迁往往预示着风险,人口大量外迁使本地劳动力供给不足,损害经济发展和税基规模。而大量人口迁入会大幅提高对政府服务、基础设施的需求,使地方财政吃紧。

另一影响地方政府经济和信用水平的人口因素是失业率。失业率是指在全部可就业人口中未有工作的人口比例,衡量的是地区闲置的劳动产能,反映了地方经济和劳动力的匹配程度和地区经济的健康度。在低失业率下,劳动力资源得到了充分利用,有利于地方经济潜力的发挥,经济社会较为稳定;而在高失业率下,经济不景气,居民收入减少,地方政府财政也随之萎缩。此外,还要考察地区失业率的未来走势,失业数据的月度或季度变化可以反映经济波动的走势,持续稳定的低失业率以及相对于全国的较低的失业率预示着良好的经济前景和抗击经济波动的能力。

人口总量、非劳动人口比例、人口增长率和失业率成为衡量人口状况的关键指标。

(4) 金融环境。地区的金融环境是指一个地区在一定的金融体制和制度下,影响经济主体的各项要素的集合。存贷规模是衡量一个地区金融环境好坏的重要指标,若存贷规模较小,该地区金融市场则难以发展壮大起来。地方金融为该地区的经济提供资金支持,对地方政府的信用风险水平具有重大影响。首先,地方政府是金融市场的重要参与者,进行着一系列投融资活动,其主要的活动是发行政府债券。地方金融环境制约着政府的融资成本、融资规模,对政府通过融资实现资金周转、及时偿还债务具有直接影响。其次,地区金融环境还关乎当地企业的融资来源和成本,良好的金融环境有利于企业融资,促进企业扩大产能、开拓市场,带动地方经济和财政收入的持续健康增长。最后,地区金融环境也是当地居民投资的重要场所,对于充分利用当地资本有显著意义。良好的地区金融环境为当地居民提供了闲置资金的另一投资渠道,有利于活跃当地金融市场,更好地服务于当地经济发展。

关键衡量指标为:地区存贷款规模和存贷款比例。

3. 财政预算状况

财政收入和预算情况是地方政府能否按期偿还债务最直接的影响因素,财政预算分析可以从财政收入规模、财政支出弹性、预算绩效和政府计划等方面着手。

(1) 财政收入规模。财务分析主要是根据地方财政的历史数据判断其抵御、承担未来经济波动或其他因素带来的财政压力的能力。为了保持财政平衡,地方政府必须有足够的收入来满足经常性支出和建设性支出,还要负责偿还债务本息。财政收入是指地方政府在一定时期内所取得的货币收入,是衡量地方政府财力的重要指标,决定了政府可以提供的公共产品与服务的范围和数量,以及可用于偿还债务的资金量。在分析信用风险时,要根据经济发展前景、人口和地方政府征税的权力、努力程度等因素来考察财政收入对财政支出的覆盖率。

地方政府财政收入规模受到多个方面的限制。首先是法律限制,大多数地方政府的职责和税收权力都是法律授予的,引入新税种、提高税率等必须通过上级政府的批准或者选民的同意,地方的税收自主权越大,财政收入越有保障。其次是经济的限制,地区经济蓬勃向上,发展繁荣,财政收入水平较高、增长较快;而如果经济萧条,财政收入随之减少。还要考虑税收收入敏感性的问题,消费税、房产税等受经济波动影响较大,财产税则相对稳定。再次,地方政府间如果收入水平、税收水平、公共服务水平差异过大,税率高的地区会出现人口流出、税基转移,迫使地方政府削减税收或者提高公共产品和服务的水平。最后要考虑非持续性收入的限制,例如,政府间转移支付和土地出让收入,由于未来的不确定性,可能会带来财政收入的波动。

财政收入的结构同样重要。相比与政府间转移支付收入、预算外收入,税收收入稳定性较高,税收收入占比越高,财政收入的可靠性就越强。税源产业集中度和纳税人集中度越高,当面临经济冲击和产业风险时,财政收入的稳定越差。政府间转移支付具有较大的政策风险,金额不固定,使用方式不一致,专项转移支付会限制资金用途,地方政府不能自由支配。此外,政府性基金收入多来自项目收益和土地出让收入,是财政波动的一个重要来源,在收入中的占比越高,其稳定性越低。

关键衡量指标为:财政收入规模和结构、地方可控收入占比和政府收入增长弹性。

(2) 财政支出灵活性。财政支出是指政府为提供公共产品和服务,满足社会共同需要而进行的财政资金的支付。在一定的财政收入下,财政支出的规模和结构直接决定了财政盈余的多寡和能够用于偿还债务的资金。地方财政总收入和总支出的关系可以用财政自给率表示,它是指地方财政预算内收入与预算内支出的比例,反映了地方政府财政收入满足财政支出的程度。自给率低于1,仅靠地方财政收入无法满足财政支出的需要,需要举借债务或者由中央政府转移支付,表明地方财政健康度较低。财政支出与地区经济发展也有密切关系。财政支出增长弹性是指财政支出增长率与地区GDP增长率之比,弹性系数大于1,财政支出增长速度大于GDP增长速度。在财政支出占GDP比重小的情况下,财政支出可以快速增长,但是超过一定限度,过高的财政支出增长速度便不利于经济的健康发展。

财政支出结构是指财政支出总额中各类支出的组合以及各类支出在支出总额中所占的比重,其中刚性支出的比重越大,地方财政的灵活性越低,反之亦然。财政支出分为经常性支出和建设性支出。经常性支出是维持公共部门正常运转和保障人们基本生活所必需的支出,具有较强的刚性特征,在财政支出中占比越高,财政固定负担越重,地方政府财政支出可调节性越低,在财政收入中可灵活支配的资金越低,偿债保障能力越差。建设性支出刚性较弱,如果建设性支出占比较高,地方政府财政支出的可调节空间较大,有利于灵活安排财政资金来履行偿债义务。在评估地方政府信用风险时,要重点关注本年度偿债支出占财政支出的比重,它直接反映了地方政府当年面临的偿债压力,当年应付债息占比越高,对地方政府财政造成的压力越大。

关键衡量指标为:财政支出总量、经常性支出占比、财政支出增长弹性和偿债支出占比。

(3) 财政收支平衡程度。财政收支平衡是指地方政府的财政收支对比情况,即财政盈余或赤字,反映了政府收支矛盾和财政收支压力。一般而言,财政盈余越多,财政支出压力越小,偿债能力越强。各个地区采用的公共部门预算规则和会计准则不同,例如有些地区的债务并未纳入预算内管理,而是以预算外收支来表现,因此收支平衡要综合考虑预算平衡、预算外收支平衡。财政盈余水平反映了地方政府应对未预见的潜在突发事件和未来的可能负债的能力,在既定的经济环境下,财政盈余取决于特定的地方政府行为,包括财税政策、预算管理、支出决策等。

在评估地方政府信用风险时,要考察其近期并预测其中期的财务表现,在给定的制度框架、经济前景下,稳定的财政收入能否满足当前的支出承诺。同时还要回顾历史记录,了解地方政府在需要保持财政收支平衡时是否在增加税收、削减支出方面具有足够的灵活性,以及实施这些措施的灵活性。如果地方政府拥有良好的收支平衡的灵活性,则有较大的可能性来降低风险。需要注意的是,财政盈余并不是越多越好。财政盈余表示财政收大于支,即一部分财富被储存起来,财政盈余越多,被储存的财富就越多,长此以往,会造成经济紧缩。要着重分析产生财政盈余的原因,如果是由于非经常性收入的突然增加,例如,出售国有资产,那么这种盈余在未来是不可持续的。财政收支平衡是最佳的状态,地方政府必要时可以调整财政收支状况来实施宏观经济调控。

其关键衡量指标是:财政收入、财政支出和财政盈余。

4. 地方管理和治理水平

地方政府的管理和治理水平不仅影响着地区经济发展水平、财政收支平衡以及债务的按期偿还,也反映着其还款意愿,可以从债务管理和资本计划、透明度和信息披露、治理结构等方面来评价。

(1) 债务管理和资本计划。地方政府的信用风险水平在相当时期内保持稳定,主要是基于管理者良好的管理和治理水平,可以通过实施相关政策维持偿债能力。在经济周期繁荣阶段,保持对经济的控制防止泡沫;而在经济衰退阶段,可以促使经济复苏,防止长期低迷,这些正是保持稳健财政收入的基础。地方政府财政计划的评估主要是财政预算和实际情况的比较,关注地方政府预测财政收支的准确性。良好的管理层对于预算收支的每一项都有详细的了解,并且基于合理、准确的假设做出预测,例如,经济的走势、利率的变动方向、预期的失业率等。过于乐观的财政预算很可能造成财政困难。地方政府应该有明确的财政目标和财政政策,用来支持财政稳定性,并在其指导下制订未来多年的财政计划和部门单位的支出计划。

债务管理政策是地方政府在识别市场风险、信用风险、操作风险等的基础上,明确制定和一贯实施的关于债务举借、使用及偿还等事务的一系列程序和措施。举借债务要得到中央政府或地方立法机关的许可,考虑当地居民的意愿,保持债务规模与地方偿债能力相适应。就债务的使用而言,长期性的一般债务用于资本性支出,短期性的一般债务用于保持地方政府的流动性,专项债务用于公共项目开支,实现债务资金的合理规范使用。偿还债务所需的资金以地方收支管理为基础,收入政策要考虑税收的稳定性、项目的收益性和政府间转移支付的持续性等因素,财政支出要有有效的控制,避免大规模的超支,制定明确的投资政策,保证偿债资金的充足性。总体来说,地方政府债务管理政策应该是保守的、稳健的,还应该是连贯的,防止债务管理政策的突然变化。

地方政府的资本计划对信用风险水平评价同样重要。正式完善的资本计划为债权人提供了保证,其将债务负担保持在可控水平,实施保守的流动性政策,制订合理的现金流计划,确保财政支出和银行系统的安全性,有面临债务危机的应急机制和偿还保证机制,使得资本需求不断得到满足。如果债务总额中有一部分是可变利率债务或者采用了利率互换的形式,管理层必须说明这么做的原因以及最小化风险的原因。优秀的管理层还会把资本计划与财政预测、债务预测结合起来,分析地方政府未来五年到十年的借债需求及其对财政收支平衡的影响。

关键衡量指标为:债务管理政策、长期资本计划、预算编制和收支管理、内部控制的有效性和债务管理经验。

(2) 信息披露。信息披露是指地方政府将自身的财务状况及相关情况依据法律规定向社会公开或公告,是管理和治理能力的一个重要表现。地方政府财务信息的内部使用者包括中央政府、地方立法机关和相关行政部门,外部使用者主要有社会公众、投资者、债权人和财务分析师等。财务信息完全的披露是资本市场良好运作的基本准则,也是地方政府发行债券的必要条件。信息披露有利于提高地方政府的透明度,对于投资者了解地方政府的真实财政状况,正确判断其信用风险具有重要作用;同时利于对地方政府形成外部监督和约束,减少地方政府不合理的财政支出和腐败现象。地方政府不愿意或不能披露自身的财务信息主要有以下几个原因:政府债务规模不透明,缺乏规范的统计口径;政府部门或相关实体单位债务分散混乱,难以得出准确的数字;由于政治敏感性或政绩考虑而不愿公布;地方政府信息披露意识薄弱;等等。

地方政府信息披露的分析集中于信息的质量和及时性两个方面。良好的信息披露具有以下特征:地方愿意且能够公布自身的真实财务信息;基于权责发生制基础上的政府会计准则,形成综合性的财务报告,包括地方政府资产负债表、损益表和现金流量表等;客观公正的内部和外部审计,并且审计结论是无保留意见的;财务报告是完整、准确、及时的;政府会计人员专业、高素质,使用的软件先进;等等。

关键衡量指标:重要文件披露的及时性、信息的完整性和审计的独立性。

(3)治理结构。对地方政府治理结构的分析主要集中于对政府内部结构和实践的成熟度,以及政府相关实体的管理。地方政府通过运用管理和监控手段来实现当年和年度财政目标,以保持地方政府财务稳定。首先,地方政府所处的法规和法律环境可能发生显著变化,法律监管的限制可能对地方政府的举债规模、偿还能力带来实质性的影响,还可能削弱地方政府的管理能力。其次,地方政府与地方立法机构和选民的关系是判断地方政府可靠性的重要因素。当发生财政困难时,地方政府举借新债、削减支出或者增加税费等应对措施需要地方立法机关的批准和当地选民的同意。选民的政治参与程度和地方政府管理层的多样性是评估它们对话水平的有效衡量标准。政府与选民的关系还影响管理层的稳定性,管理者的频繁更换会降低地方政府的效率。再次,政府内部机构之间的组织协调关系。治理结构完善的地方政府各个部门各司其职、相互配合,拥有较强的执行力,行政效率较高;而治理结构混乱的地方,办事效率低下,缺乏基本的财政管理程序,公共部门表现糟糕,无法高效率地处理地区的社会和经济问题,同时还可能产生不合理的财政支出,损害地方经济和财政的健康发展。最后,地方政府的廉洁程度是财政资金的规范运用和偿债意愿的直接体现。一个腐败现象严重的地方政府,财政资金很可能会随意挪用,不能保证偿债资金的充足性和及时性;同时腐败现象关系到地方政府的诚信,使还款意愿的可预测性面临冲击。

政府相关实体是指与地方政府联系密切的公用事业和社会团体,如供水、排污公司,虽然不属于行政机构,但是其职能依然是提供公共产品和服务,满足当地居民的需求,且其资金主要或者完全由地方政府提供。因此,对这些实体的管理是地方政府治理结构的重要组成部分。良好的政府相关实体管理具有以下特征:地方政府制定了综合的公共事业管理计划,及时、准确、完整地披露了相关财政报表;良好的公司治理准则,合理地体现了政府的利益,对公司及其高级管理层有严格的监管,拥有独立的外部审计等。

其关键衡量指标可分为:与立法机构的关系、地方政府运作的效率和政府相关实体管理。

5. 债务状况

(1)债务规模和结构。地方政府的债务状况主要包括债务规模、债务负担、债务结构等影响财政灵活性和信用状况的因素。债务规模有三层含义:一是历年累计债务的总规模,二是当年发行的债务规模,三是当年应还本付息的债务总额。控制债务总规模是防范债务危机的重要举措,具有长远意义;而控制当年发行额和当年应付本息额对于保持年度财政稳定尤为重要。债务规模受地区经济基础、额外借款的弹性和政府间转移支付的制约。对债务规模的分析集中于债务资金的流动性和资产负债表的各个项目,评估地方政府的信用风险既要关注当前的债务水平,也要回顾过去的债务记录,还需要预测未来的财政缺口和借债需求,以全面分析债务规模对于地方财政偿付能力的影响。

在一定债务规模下,重要的是评估地方政府承担债务的能力。要分析地方政府债务的规模和变动趋势,与当地的经济规模、财政收入进行比较,得出债务对地方税基的压力水平。一般而言,税基承受的存量债务、新增债务越大,经济和财政恶化的可能性越大,导致偿还债务支出的压力越大。一般债务以地方政府自身的财政收入尤其是税收收入为担保,而专项债务以项目收益为主要还款来源,可能需要财政收入的支持。对于连续三年实现收支自给的项目债务,可以从总债务负担中排除。一次性收入,如资产销售收入、政府转移收入等,经过调整后纳入地方政府负债能力的评价中。进入资本市场尤其是长期债券市场的能力也是影响地方政府财政灵活性的重要因素。

债务结构是债务状况的另一个方面,主要包括债务的期限结构、工具结构、布置结构和优先结构等,其中对信用风险影响最大的是债务的期限结构。短期债务比例过高,当前财政压力较大;而长期债务比例过高,未来的资金需求较多。当债务的本金是分期偿付时,要计算债务的到期时间表,着重分析财政收入对债息支付的覆盖能力,以及政府的再融资需求和资本市场进入的可能性。专项债务要考察债务的期限、分期偿还率与项目生命周期的匹配情况,如果债务期限超过项目终止日期,剩余的债息失去项目收益的支持,将完全由税收收入负担。此外,固定利率债务和浮动利率债务的比例,本币债务和外币债务的比例,分别会影响地方政府债务的利率、汇率风险,增加未来支出的不确定性。

关键衡量指标:总负债规模及占GDP的比例;当年应付债息/财政收入;一般债务/财政收入;短期债务/总负债;十年内分期偿还率。

(2)债务风险。地方政府信用风险是与地方债务相关的各种风险的集中和最终体现,对信用风险的评估离不开对地方债务风险的具体分析。地方政府债务风险主要包括流动性风险、利率风险、汇率风险、操作风险和再融资风险几类。

流动性资产的充足性和及时变现性是地方政府偿还短期债务的决定性因素。对于地方债务流动性的分析包括债务的结构、财政收支的季节性、政府短期投资的性质等,需要分析地方政府流动性储备的充足性和现金盈余的波动性。如果地方政府建立了良好的现金流监控机制,则可以较好地匹配流动性需求。此外,应收账款的大幅增加、税费征收不利、经济状况恶化导致税收下降以及政府间转移支付延迟也可能导致流动性不足,影响短期债务偿付。当地方政府债务中包含可变利率债务时,就面临利率风险,主要是指地方政府债务组合对利率波动的暴露程度。汇率风险是指,当存在以外国货币计价并支付的债务时,汇率朝不利方向变动对地方政府偿债能力带来的额外压力。面对利率和汇率风险,地方政府对风险暴露规模的控制和实时监控机制显得尤为重要,利用金融衍生产品和对冲工具控制和管理风险也是一个重要选择。但是需要注意金融衍生产品的使用策略和风险控制计划,保证金融衍生产品不用于投机目的。

再融资是指地方政府通过发行新债取代旧债的债务偿还方式。再融资风险主要受到地方政府再融资政策、债务期限结构和进入特定金融市场的能力的影响。如果地方政府债务期限结构不合理,例如,短期债占比过高,地方政府的短期信用能力很难得到投资者的认同,再融资的渠道和规模会严重受限。一般而言,流动性较强、较成熟的市场拥有较低的再融资风险,而新兴经济体则需特别关注这一风险。

操作风险是指由于不完善的内部操作流程、人员、系统或外部事件导致的直接或间接损失的风险。对地方政府债务相关的操作风险重点关注保证交易的控制机制和程序,这些要与现有的财政政策、债务政策相兼容。在实际债务管理中,操作风险主要来源于不合理的责任指派、债务规模和结构控制机制失效、管理人员操作失误等,地方政府要尽可能防止操作失误和欺诈交易。

关键衡量指标:现金与财政支出实物比率,现金和应付债息之比,应付债息和财政支出的比率,外国货币债务和总债务的比率。

(3)其他负债。其他债务是指那些未明确规定为法律义务但实际上很有可能由地方政府承担的债务或支出,主要包括养老金支出、准政府项目、其他长期承诺或保证等。这些债务的规模和质量对地方政府信用风险有重要的影响,在一些地方甚至比预算内债务的影响更大。养老金和其他社会保险支出具有类似债务的特征,会影响地方政府的财政灵活性,要评估其对地方政府财政压力和流动性的影响。如果为这部分支出举借债务,则应纳入债务负担,考察包括养老金缺口在内的长期债务。这部分支出的资金需求同时受到基金投资回报的影响,要评估基金规模变化的趋势和历史的支付情况。

公共事业和公私合作项目(PPP)的财务状况同样值得关注。通过对公共事业基于补贴调整后的独立盈利能力和资本注入的历史需求的分析,可以评估地方政府为其提供紧急援助以维持其财务平衡、避免债务违约的可能性。公私合作项目是公共基础设施的一种项目融资模式,政府和私人企业共担风险、共享收益。公私合作项目的债务要反映在地方政府的信用风险分析中,项目中私人企业部分的债务可能由政府偿还,例如,公私合作投资的基础设施项目,通过使用者付费来偿还相关债务,但是如果私人企业债务部分出现危机,便会造成整个项目面临失败,地方政府出于政策、道义等因素可能会实施救助,尽管没有法律义务必须这么做。

在一些地区,地方政府可能会对私人公司提供救助,尤其是当地的大雇主和主要纳税人。由于这些公司的经营状况直接关系着地方的经济发展和就业水平,出于政治和社会的考虑,地方政府很可能会这么做。在进行信用风险分析时,要识别某些重要的公司,其财务困难将会对地方经济带来严重问题,有可能需要救助;而通过考察地方政府干预私人部门的倾向,如提供补贴,可以获知其救助私人公司的意愿。

需要注意的是,地方政府为了规避债务法律的限制,可能发行类似债务工具或者提供承诺,如融资租赁和证券化交易,为经常性赤字融资或以资本为目的进行借贷。此外还有地方政府提供担保的债务以及政府控股企业的债务,这些都会增加或潜在增加地方政府未来的财政支出,降低财政灵活性和可用于偿还债息的资金量,有损于地方政府的信用能力。

关键衡量指标:养老金和财政收入的比率、公私合作项目、私人公司救助、承诺和担保。

10.2.2 风险调整

通过以上的因素分析和权重分析可以得到地方政府初步的信用评级,主要反映了地方政府自身的风险状况,而要确定最终的信用评级,还必须进行调整。这些风险调整因素是分析地方政府实际信用风险不得不关注的因素,主要包括主权上限、特别救助和信用记录等。

1. 主权上限

主权信用评级衡量的是国家整体的信用风险水平,这在上一章中已经详细分析过。由于国家的宏观经济与政策直接影响地方经济和财政,地方政府信用风险等级很少会超过主权国家的等级,这被称为主权上限。

宏观经济环境的波动,例如,通货膨胀,会影响国家和地方的经济增长,进而影响到地方的财政。强劲的经济环境有利于地方财政收入的增加,提高其可用于偿还债务的资金总量,改善地方政府的财政状况。而国家财政政策、货币政策、外汇政策的变动,不仅对地方决策有直接影响,还会通过经济传导机制影响地方的经济金融,改变地方政府融资的难易程度和成本以及外汇的可得性,为地方政府偿还本外币债务带来有利或不利影响。

此外,主权国家还可以通过其他形式影响地方政府,例如,设置政府间转移支付、征税权限制、债务管理权等。如果地方政府财务自主权较弱,在财政上较为依赖中央,那么地方政府的信用风险与主权信用风险联系将十分紧密。通过历史经验也可以发现,当一国的信用风险大幅提高时,国内地方政府的信用风险也随之上升。

2. 特别救助

在评估地方政府信用水平时,另一个调整因素是特别救助。它是指当地方政府遭遇财政困难时受到的来自上级政府或中央政府(以下简称"上级政府")的救助。上级政府救助的可能性与国家的法律政策以及地方政府自身的特点有关。

一国的法律制度和中央政府的政策规定了特别救助的内容与形式。首先,要考察一国的宪法和法律对于政府间救助的安排,是否存在促进或阻碍政府间救助的因素,以及这些因素的稳定性和可靠性。如果一国法律规定上级政府有救助下级政府的责任和义务,只要上级政府有较高的信用评级,即使地方政府财政状况糟糕,依然可以获得良好的评价。其次,要关注上级政府救助下级政府的政策和态度,重点关注上级政府财政政策的内容、公开表态、是否提供担保、承诺代偿债务等文件和行为。其次,上级政府是否关心声誉风险。地方政府一旦违约,对一个国家的声誉都会带来冲击,在国际舞台上国家形象受损。这时要考察中央政府努力降低损失、维持良好声誉的意愿,这对是否提供特别救助有重要影响。最后,上级政府在选择是否提供特别救助时,存在道德风险。如果救助某一地方政府,其他地方政府基于上级政府同样会救助的预期可能会实施冒险的财政政策,置自身于较高的信用风险水平。

地方政府自身的特点,如战略地位、债务结构,也关系到上级政府是否救助。战略地位是指地方的政治、经济等在全国乃至世界上的影响力,主要包括地理位置、人口规模、与周边地区经济交往及辐射作用、在国家中的作用、国际知名度等方面。战略地位越重要的地区,越有可能得到上级政府的救助。地方政府债务结构中的外国债务得到救助的可能性会更高,因为跨国违约对资本市场的冲击更大,这将导致资本市场借贷成本上升,进而引起主权国家和其他地方政府的融资成本上升。

3. 信用记录

过去的表现提供了未来行动的信息,政府救助的历史记录同样重要。如果上级政府有监控下级政府财政表现和债务状况的政策与实践,并且历史上曾经提供过特别救助以防止违约,便可以在一定程度上推断未来救助的可能性和及时性。由于制度框架是不断演进的,因此要着重关注近几年的救助记录,形成合理的预期。

关键衡量指标:提供救助的政府的信用级别、两级政府之间的违约相关性和特别救助的可能性。

在地方政府信用风险的初步评价之上,经过风险调整,便可以得出最终的信用评估报告,这是考虑了地方政府的负债水平和偿债能力之后得出的综合结论。

10.3 地方政府信用风险管理

信用风险评估报告一方面可以帮助投资者了解地方政府的信用风险水平,形成地方政府债券在金融市场中的合理价格;另一方面,促使地方政府改革和完善财政体制,加强信用风险的控制和管理。接下来,我们从地方政府债务危机形成的原因、预防措施以及债务违约发生之后的应对措施这三个角度来介绍地方政府的信用风险管理。

10.3.1 地方政府债务危机成因

地方政府的债务危机主要来源于五个方面:不断扩大的地方政府财政赤字、无约束的大量贷款、受国家主权信用风险影响、宏观经济危机、隐性负债、支柱型产业的衰退。为此,我们将逐一解释以上几个方面对形成债务危机的具体影响。

1. 不断扩大的地方政府财政赤字

地方政府持续出现不断扩大的财政赤字,需要通过发行大量债券来维持正常的财政开支,造成的结果是地方政府出现债务危机。首先,凯恩斯经济学派认为政府应该在经济低迷时,通过增加财政支出来刺激经济。这就使得几乎所有的政府都选择在绝大部分时间实行积极财政政策,发行债券,最终导致地方财政赤字不断积累和扩大。其次,政府部门管理不当。存在大量的逃税漏税现象,使得财政收入达不到应有的水准;政府部门存在浪费的行为,增加了不必要的财政开支。最后,经济遇到非常的情况,常规的税收锐减,而刚性支出无法缩减,也是造成财政赤字的重要原因。

2. 无约束的大量贷款

大量毫无节制的借贷,是造成地方政府财政紧张的一个很重要因素。地区基础设施建设和城镇化工作需要巨大的财政支持,但税收收入及中央转移支付有限,地方政府只得通过寻求外部融资。利用金融市场筹集建设资金是世界各国通用的方法。在发展中国家,地方政府在获得大量的发债自主权的同时,由于缺乏受约束的地方政府债务形成机制,没能受到预算硬约束,导致债务资金使用效率低、挪用情况较为突出;一些国家倚仗土地收入的债务偿还机制,无形中增加了土地成本,推动房价上涨,影响了房地产市场的健康有序发展。

3. 受国家主权信用风险影响

地方政府的债务违约状况跟一个国家政府间的财政系统和金融市场的架构的设计存在极大的关系。若市场参与者从过去看到了中央政府对地方政府的债务存在一种隐含的保证，那么他们可以忍受地方政府的不可持续的财政政策。地方政府信用风险等级紧随国家主权信用风险评级的变化而变化，并且一般来说不会超过主权信用评级的等级。这种政府层级间的财政制度，对决定地方政府债券风险溢价起到了重要的作用。从市场角度来看，假若两个层级的政府间存在一个紧密的由财政命运联系的金融关系，当地方政府将要发生债务违约时，主权国家很可能会增加救助金额的数量。这样的结果是，一旦国家出现重大的信用风险，地方政府将可能遭受巨大的冲击而发生违约行为。

4. 宏观经济危机

宏观经济出现危机时，可以暴露地方政府在财政状况方面的脆弱性以及可能促发的大范围的地方政府债务危机。首先，地方政府的某些债务组合一定存在内在的展期风险，这一风险会受到宏观经济和金融震荡的影响而恶化。其次，在宏观经济紧缩的背景下，地方政府想要通过大规模出售地方政府资产的方式获得流动性资金的行动就会变得异常困难。地方政府主要通过土地拍卖和在资本市场出售国有股权的方式获取现金，但碍于低迷的经济背景，地方政府债务将面临再融资的流动性风险，进而出现破产违约的偿付风险。

5. 隐性负债

地方政府出于政治、经济和社会稳定的角度考虑，会对一些公共期望和利益集团实施道义上的债务担保。隐性负债分为直接隐性负债和或有隐性负债。直接隐性负债是指政府必然要承担的债务，是为了履行其公共职责实现承诺而进行的负债。扩大义务教育范围、增加公共医疗卫生支出、改善基础设施建设的未来日常维护成本等，都能扩大财政赤字。或有隐性负债是地方政府为了推进地方经济的发展而主动进行负债。通过向银行、投资公司等金融机构筹集资金，进行基础设施的建设和改进。同时，也存在通过设立融资平台发行债券，虽然政府不是直接的债券发行人，但却是债务的直接责任人。这种债务隐蔽性强，结构分散，统计难度大，使得地方政府债务变得不透明，增加了管理的难度，并影响了地方政府的偿债能力和降低投资者对其信用水平的认可。

6. 支柱型产业的衰退

地方政府税收依赖于单一的支柱产业，当支柱产业出现长期的衰退时，必然导致地区税收收入减少，加大债务违约的风险。例如，在美国，底特律是一个典型的过度依赖单一支柱产业的城市，2013年7月18日，底特律市正式申请破产，从一个汽车王国沦落到彻底的悲惨之城，给当地经济社会带来严重的影响。首先，单一的产业结构，很容易受到行业波动的影响，财政收入缺乏稳定性。其次，产业衰退，将会出现严重的人口流失，房产税、个人所得税等主要税种的税源和税基缩小，导致税收收入锐减。最后，财政税收担负不起高额的公共开支，出现持续的赤字，债务积累，以致无法偿还，最终会严重影响政府的信用状况。

10.3.2 地方政府债务危机预防措施

为了能够有效地预防债务危机,我们提出了以下可参考的解决措施:严格控制债务规模和用途、硬化预算约束、建立规范的审计制度来提高公共财政透明度、建立地方政府性债务风险预警机制和偿债保证机制。

1. 严格控制债务规模和用途

地方政府要强化发债规模管理,与其偿债能力相匹配。首先,应该控制债务的总规模,从源头上降低风险。根据地区经济社会发展对资金的需求和地方政府未来的财政收入能力、风险状况,由中央政府规定或者地方政府立法机关自行决定该地方的债务限额。其次,明确限定地方政府举借资金的用途。一般责任债务和专项债务应分别单独管理,一般责任债务借来的资金只能用于基础设施建设等公益性资本支出或者归还存量债务;专项债务资金只能运用于特定的项目,项目未来产生的收益纳入专用账户或政府性基金。最后,地方政府债务募集的资金应主要用于建设性支出,而不是用于经常性支出。这是因为将资金用于经常性支出只不过是将以后的收入用于当前的消费,损害了社会生产的基础,不利于地区经济的长远发展。如果经常性开支缺口巨大,地方政府应努力减少经常性支出。

2. 硬化预算约束

地方政府债务应纳入预算管理,强化预算硬约束,将预算外、体制外收支归入预算约束的范畴。首先,地方政府要将一般责任债务纳入一般公共预算管理,专项债务纳入政府性基金预算管理,地方政府所属部门举借的债务纳入该部门预算管理,或有债务按其偿还责任归属,分别纳入相应的预算。其次,地方政府一般公共预算、政府性基金预算等应当保持独立、完整,由地方立法机关审议并通过,形成法律约束力。应加强地方财政预算执行的监督约束机制,提高地方财政预算的精细化管理水平,控制财政收支的平衡和预算的稳定。最后,将债务严格纳入地方预算管理,必须建立相应的债务资金绩效评价机制,以保证债务资金的安全性、流动性和规范性。与此同时还应做好偿债资金的管理,财政拨款应做好出纳记录及时入账,专项债务投资项目获得的收益应及时纳入政府性基金专用账户,以确保按时偿还债务。

3. 建立规范的审计制度来提高公共财政透明度

提高公共财政透明度,并建立规范的审计制度是控制地方政府信用风险的有效手段。首先,建立健全地方政府债务公开制度,完善信息披露机制,提高地方公共财政的透明度。这样有助于让金融市场的参与主体获得准确、详细的地方财政信息,加深对地方政府财力的了解,进而增加投资者对地方政府财政状况的信心,降低地方政府融资成本。其次,地方政府应加强政府信用体系建设,完善债务统计报告制度,建立权责发生制的政府财务报告制度。及时完整可靠地披露政府的财务、预算信息,以真实反映地方政府某年度的资产负债状况,接受社会和投资者的监督。对于脱离地区经济财政水平过度举债、违法违规进行担保、使用债务资金、恶意逃废债等行为,追究相关责任人的责任并适用惩罚机制。最后,审计是提高政府财政透明度、加强债务管理的另一重要手段。加强内外部审计,可以发现地方政府财务状况的薄弱环节,加强地方政府及所属部门的内部控制机制,改善地方政府治理和管理水平,提高债务资金的安全性和使用效率。

4. 建立地方政府性债务风险预警机制和偿债保证机制

首先,地方政府要建立多层次的风险预警体系。通过财务风险预警机制和跟踪监控机制,可以全程跟踪、识别、预测地方政府的信用风险水平,防范债务违约。其次,完善地方政府偿债机制,建立偿债准备金制度。偿债准备金是指地方政府为及时偿还到期债务,避免偿还债务冲击地方预算正常进行,按当年到期政府债务的一定比例在预算中安排的专项资金。其中较为通行的方案为建立"预算稳定基金",就是地方政府在经济繁荣时将多余的资金储藏起来,弥补财政在经济衰退时的不足。最后,建立地方债券保险机制。地方债券保险是指地方政府作为债券发行人向第三方的专业保险机构支付一笔保费,保险公司承诺当地方政府无法履行合约中约定的义务时,代为偿还本金和利息。通过对地方政府自身及其发行的债券进行深入、详尽的调查,可以缓解市场信息不充分的局面,有效控制债券违约所造成的市场波动,进而促进金融市场的健康发展。

10.3.3 地方政府债务危机事后方案

当债务违约事件发生之后,地方政府可以通过寻求上级政府的救助、减少地方政府财政开支、进行债务重组和申请地方政府破产与财政重整等方式,着手解决债务危机。

1. 寻求上级政府救助

一般来说,只要上级政府具有较高的偿债能力,即使地方政府财政状况糟糕,也可以通过上级政府救助的方式偿还所借到期债务。首先,根据某些国家的法律规定,地方政府不允许破产,当出现债务危机时,中央政府必须有所作为。中央政府通常通过转移支付、直接财政补贴或帮助其进行债务重组等方式,缓解地方政府债务,防止其破产,使投资者的利益得到充分的保障。其次,由于地方政府自身战略地位和债务结构的特点,也将影响上级政府对其救助。当地方政府的债务危机可能影响到地区乃至全国的政治、经济和社会稳定时,将会增加国家整体的信用风险,向地方政府提供救助将是中央政府做出的最佳选择。最后,中央政府的救助将为地方政府的自救赢得宝贵的时间。

2. 减少地方政府财政开支

除了寻求外部支持之外,地方政府也需要削减不必要的开支,逐步减低债务存量水平。首先,硬化财力约束机制,严格控制行政开支。其次,政府应减少或停止对各类效率低下的项目的投资。必须将民间资本引进到那些政府主导的低效的实体经济之中,一方面可以减少财政投资的开支;另一方面可以改变低效率的生产方式。

3. 债务重组机制

当地方政府出现财政危机时,债权人和债务人愿意做出让步,可以通过达成协议等方式进行债务重组,使双方达成利益最大化。债务重组的基本方式大致有三种:以资产清偿债务、债务转为资本和修改其他债务条件。在这三种基本方式下,还可以用三种方式组合的形式清偿债务。债务重组机制对债权人和债务人都有重要的意义。首先,能够最大程度地保障债权人的权益。若地方政府无力偿债,而债权人不做出妥协所造成财务状况进一步恶化,那么地方政府所欠下的债务可能"永远地"欠下去。其次,适当延缓偿债时间以度过困难时期。地方债务的集中到期,使得暂时无法全额偿还债务,通过缓和债务偿付时间,地方政府可以改善暂时困难的财政状况。

4. 地方政府破产与财政重整

当地方政府的债务超过自身所有权的价值时,可以考虑申请破产与财政重整。首先,申请破产可以将政府的债务控制在一定的范围内,财政重组可以帮助地方财政状况回归正轨。无止境的财政赤字,只能让地方政府的公共财政陷入不可逆转的恶性循环之中,破产和财政重整有助于让垂死的财政重获新生。其次,破产有助于债权人获得最大程度的补偿。根据相关法律,可以将地方政府所有的可用以拍卖的财产拍卖,筹得的资金用以最大限度地偿付所欠债务、减少债权人的损失。最后,有助于政府在未来公开、规范、高效地处理政府财务问题。

练习题

一、选择题

1. 对于地方政府而言,其自身的负债状况和偿债能力主要取决于哪些方面?(　　)

   A. 制度框架　　　　　　　　　　B. 地区经济实力
   C. 财政预算状况　　　　　　　　D. 地区文化情况
   E. 治理管理能力　　　　　　　　F. 债务状况

2. 在税基弹性为下列哪项时,通过提高税率可以提高地方政府收入?(　　)

   A. 大于 0　　　　　　　　　　　B. 小于 0,大于 −1
   C. 等于 −1　　　　　　　　　　 D. 小于 −1

3. 要确定地方政府最终的信用评级,在因素分析和权重分析后还要进行风险调整,那么风险调整的因素包括(　　)。

   A. 主权上限　　B. 风险偏好　　C. 特别救助　　D. 信用记录

4. 以下措施中,不能用来预防地方政府债务危机的是(　　)

   A. 扩大债务规模和用途
   B. 硬化预算约束
   C. 建立规范的审计制度来提高公共财政透明度
   D. 建立地方政府性债务风险预警机制和偿债保证机制

二、简述题

1. 地方政府的债务危机主要来源于哪些方面?
2. 简论地方政府信用风险的评估框架。

第 11 章　企业信用风险

11.1　生产企业概述

11.1.1　生产企业的产生与发展

16世纪以来,人类逐渐步入资本主义社会,家庭手工业已经不能适应迅速发展的社会生产力,细化的劳动分工和不断扩大的市场范围催化出工场手工业,也就是企业的雏形。之后,随着生产力的进一步发展,生产方式也随之变化,最开始的工场手工业也开始向各种形态发展。1771年,由于工业革命的开展,英国人理查德·阿克赖特在克隆福特创立了第一家棉纱工厂,大机器被普遍应用于生产,工厂制由此产生。19世纪末到20世纪初,自由资本主义开始向垄断资本主义过渡,加剧了企业的竞争,大规模的垄断企业产生。随着经营权和所有权的分离,出现了职业化的管理阶层,他们建立了科学的管理制度和管理理论,促进了现代企业制度的形成,这种现代企业形式成为世界各国公司的主要形式。

企业形式从最初的工场手工业向多种形式发展,例如,业主制企业、合伙制企业、有限责任公司、股份有限公司、跨国企业、无边界企业等;从最开始的只能在区域范围内进行技术、资本等方面的竞争发展到能够在全球范围内进行产品研发、市场营销、生产工艺、组织战略的竞争。企业的产生与发展是商品经济发展和社会生产力水平提高的必然产物。

11.1.2　生产企业的本质

生产企业指的是在经济活动中,通过从事各种以生产经营为主的活动,为消费者提供所需要的产品,从而创造物质财富的营利性组织。通常来讲,生产型企业自身具备以下五个特点。

1. 组织性

在生产型企业中,所有者和员工间之间通过契约关系自由结合。有别于个人和家庭,生产型企业是具有名称、组织机构以及规章制度的一种正式的开放性的社会组织。企业所提供的岗位一般可分为三大类:管理者、操作人员以及行政服务人员。由于岗位的不同,工作性质和工作内容也有所差异,使得整个企业成了一个内部机构相互协调、高效运行的完整机构。

2. 经济性

企业不同于行政、军事组织、社团组织、政党团体、教育、科研机构、医疗及慈善等组织,它在本质上是一个经济组织,以经济活动为中心,通过经济核算,追求经济效益。它直接从事生产经营活动,并且和消费者一同属于微观经济单位。

3. 商品性

企业生产的产品归根结底都要面对市场,成为供给市场的商品。企业的投入(资源、要素)和产出(产品、服务)都是商品,并且其自身作为一种无形或有形的资产,也可以称为商品。企业是市场的主体,其经济活动都围绕市场而进行。

4. 营利性

企业从其本质上来说,是一个以经济活动为中心,获取利润并进行再生产的经济组织。它以创造最大的利润为目标,将所拥有的土地、资本、劳动力和管理等生产要素集合起来,对某种生产进行有计划、有组织和有效率的经营。所以,最大限度地获取利润就成了企业的内在特征。

5. 独立性

企业作为一种经济组织,在经济、法律上具有独立性。它可以根据市场需求,自主计划生产什么样的产品、生产多少。作为经济社会中的独立组织,企业需要自负盈亏,这促使其积极主动地改善经营管理,根据价值规律的要求,提高自身经济活动的效果。作为一个整体,企业在社会上依法独立享有民事权利,独立承担民事义务和民事责任,与其他自然人、法人在法律地位上完全平等。

科斯在《企业的性质》一文中,从交易成本的角度对企业的生产经营性质进行了定义和分析。所谓交易成本就是围绕交易契约所产生的成本。他认为,任何交易都可以看作是由交易双方所达成的一项契约。交易成本有两个来源,一方面是签订、监督、执行契约时花费的成本,另一方面是交易双方面临的偶然因素所带来的损失。在市场交易过程中,由于信息的不完全性和不对称性,契约双方都有动机去设法获取自己没有掌握的信息,以便对违约行为进行事先约束和事后惩罚。想要获得更多信息就要花费交易成本,而企业这一组织形式可以将一部分市场交易转移到企业内部,从而使交易成本得到减少或消除。企业在均衡价格下,按边际收益等于边际成本进行生产,实现了整个社会的帕累托最优资源配置。

11.1.3 生产企业在经济活动中的作用

企业能够主动地服务社会增加社会财富,提高社会福利,促进经济社会的发展。在让更多人享受产品的同时,企业为员工学习、成长和实现理想创造了条件,提高了就业质量并支持了地方发展,使自身的发展能够融入推动社会进步之中,实现企业发展与社会发展的共赢。在经济社会发展的过程中,生产企业所起到的作用主要表现在以下几个方面。

1. 推动经济增长

每个企业在各自的生产环节都高度专业化,相较于自给自足的自然经济体系中的个人生产者,企业的生产效率要高得多。公众通过向企业提供劳务,获得工资收入;企业通过契约的形式配置资源,生产出社会所需要的产品,进而获得利润。正是由于企业在经济社会中所扮演的重要角色,提升了社会生产的效率,使得社会的财富不断增加。

2. 解决就业问题

在现代经济社会中,企业是创造财富的主体,为社会成员创造了大量的就业机会;吸收劳动力资源,为解决就业问题承担了相应的社会责任。

3. 加速技术创新

技术创新对于企业来说具有极为重要的意义,是企业发展的内在动力。技术创新能有效地将科学技术转化为现实生产力,使企业具备优良的竞争力,并获得潜在的巨额利润。技术创新本质上也是由企业追逐利润最大化所决定的。

4. 调整和优化经济结构

企业通过不断地推陈出新,探索潜在的利益,变革技术,向新兴领域拓展,可以优化产业组织结构,实现产业结构升级。

11.2 生产企业的风险

企业作为一个经济主体,担负着将生产要素转化为产品、有偿提供给公众,并进行再生产的责任。但是,在复杂的经济活动中,企业无时无刻不面临生产经营的风险,这会影响到企业作用的发挥。明确企业在经营过程中所面临的风险,对于保障企业顺利发展,不断发挥其社会责任有着重要意义。企业的风险往往和企业的规模、所处的行业、面对的环境以及公司的经营水平存在密切关系。下面将着重介绍生产企业在经营活动中的风险,以及与其相关的信用风险。

11.2.1 生产企业在经营活动中的风险

根据风险来源的不同,可以将生产企业在经营活动中的风险分为内部风险和外部风险两种,本节将对这两种风险做具体介绍。

1. 内部风险

在企业内部管理过程中,管理混乱、管理存在漏洞、执行力不够或管理不协调等因素都可能构成企业的内部风险。生产经营活动中所必需的要素(人才、资金、原材料、技术等)的缺失或不合理的配置;业务流程和信息系统不顺畅,造成的资源浪费,效率低下;激励机制失效,管理人员的价值取向和团队精神与企业的发展目标不匹配等,都是企业潜在的内部风险。

在生产过程中,企业会因为生产计划、原材料采购、车间加工制造和组装等产生生产风险。生产计划是生产型企业在生产运营活动中的核心,企业会根据市场的需求以及自身的实际产能制订计划。如若缺乏科学的生产计划,企业可能产生无法如期交货、库存量增加等问题,从而导致资金流动性降低,同时,企业也会因为生产计划的变更而引起一些意外损失。原材料采购过程存在采购风险,采购定价机制与预付款项管理、采购与付款业务的授权审批、供应商管理系统、采购合同管理、物资收货的验收环节、大额预付货款支付等出现异常都将对公司的效益产生影响。在车间加工制造和组装过程中,生产设备故障率高、生产工艺制定不当等都会给企业生产带来不利影响。除此之外,生产人员的健康状况、情绪、学历、经验、技能熟练度、工序间配合协调等因素也会给企业带来操作效率和生产流转速度等方面的风险。

在营销过程中,企业所处的营销环境经常会发生变化,企业产品的服务、质量、数量、价格等方面的内部因素可能不能及时适应变化的环境,会给企业带来营销风险。产品服务是为了配合产品销售所提供的售前、售中和售后服务,服务问题将影响到产品流以及货币流的运动,引发产品流与货币流的事故和危机。产品质量是企业营销的核心,销售产品的质量低于顾客的期待时,销售额会受到极大的冲击,出现销售风险。产品供应量也可能给企业带来风险。当产品的供应量不能满足市场的需求时,会造成市场资源的浪费和市场损失,并有可能引起市场流失风险和假冒风险;当产品的供应量超过市场的需求时,必定造成产品积压滞销,带来资金流动性风险。产品价格的变化也会给企业的营销带来风险,我们称为调价风险。通常情况下,提价可能使企业销售额减少、销售渠道变窄,而降价可能引起企业形象受损以及同行业的价格竞争。

在企业的组织构建和制度完善过程中,不符合企业发展的组织结构和组织管理制度,以及过宽或过窄的管理制度,都将造成管理风险。在应对外部复杂的、不断变化的环境时,企业需要增设相应的岗位或者部门,使组织结构变得越来越复杂。当组织内部的差异化程度变大时,部门之间的协作就变得越来越困难,增加了组织的管理风险。此外,庞大的组织结构可能会引发组织惰性的风险,它让组织在面对变革时表现得刻板、缺乏灵活性,难以适应不断变化的经济环境。

2. 外部风险

企业在经营过程中,外部因素会对其既定的目标产生影响,以致引起企业的经营风险。国家法律、政策变动,市场供求关系变动,国际市场汇率波动,竞争对手的竞争实力和竞争策略的变动,自然灾害等不可抗拒因素,都可能使企业现有的经营陷入危机。

来自供应商、竞争对手和客户的市场风险。企业从其出现开始,就注定不是一个独立的存在个体,其风险有可能来自与其发生交易的供应商。企业与供应商发生交易时,交易过程可能出现的一些意外情况,包括采购品质量不符合要求、合同问题、供应商延迟交货、原材料短缺等,导致了无法按计划生产产品的风险。而在消费端,则受到竞争对手推出的有威胁的新产品或以低价倾销来抢占市场的竞争风险。特别是当企业处在成熟期的产品逐渐步入衰退期,企业研发的新产品又刚进入投入期时,企业营销就会出现危机,给企业带来资金不足,市场占有率下降等风险。此外,消费者消费观念的改变,购买力的变化也会影响企业产品的销售量,对企业的生产经营活动带来不确定的风险。

来自宏观环境方面的风险。宏观经济政策的变动、物价上涨、汇率波动、基础产品(石油、煤炭、电力、交通、农产品等)价格的大幅变动等,都将可能给企业带来市场风险。例如,20世纪70年代,石油危机引发的石油价格上升,通用、福特汽车厂商因为销售耗油量高的汽车,致使市场份额剧减。与此同时,丰田公司因为销售节能经济型车,在美国获得了巨大成功。此外,金融市场的萧条,也会给企业带来融资难的问题,企业可能因此资金链断裂,而面临破产的风险。紧缩的货币政策对于缺乏资金替代来源的企业也存在较大的融资风险。拥有海外业务的企业,会受到汇率波动的影响,出现外汇风险。

11.2.2 生产企业的信用风险

企业信用风险主要是指在企业通过赊购商品、对外投资或发行债券等形成的信用关系中,信用交易的一方不能正常履约或不能全部履约而给另一方带来的损失的风险。信用风险一旦发生,可能影响企业的生产经营活动,甚至将企业置于破产的境地。下面将主要介绍企业因赊卖商品、对外担保和借出资金等活动而产生的信用风险。

1. 赊销商品

在激烈的市场竞争环境下,赊销已然成了企业重要的竞争手段。赊销风险指的是价值交换滞后的一方未能按照承诺履行价值回报,企业之间相互拖欠债款,并使得处在债务链之中的企业无法开展正常的经济活动的风险。赊销的本质是以信用为基础的销售,这使得企业在进行赊销交易的同时,承担了很大的信用风险,风险的主要表现形式为赊销拖欠、预付款拖欠等。企业在进行赊销活动的过程中,风险的产生主要集中在销售与回款两方面。销售风险体现在,不做赊销或赊销力度小时,某些产品的销售量将受到强烈的冲击,这点并不是销售商所愿意看到的。此外,销售风险还体现在销售业务的授权审批、销售信用政策、客户信用评价管理体系、销售定价与销售折扣、销售合同管理等方面。回款风险体现在进行完赊销交易之后,企业面临账款无法收回或无法全部收回的风险。具体来说,回款风险体现在回款周期及回款率、票据挂账率、应收账款账龄及结构、应收账款对账率、应收账款占用等方面。

2. 投资

企业投资是企业财务活动的重要组成部分,对企业扩张、资金调度和战略转型都具有重要的意义。企业为了在未来获得投资收益,以现金、实物、无形资产等方式,或以购买债券、信用衍生品等有价证券的方式向其他单位进行投资,我们将这种经济行为称之为对外投资。

对外投资有利于充分利用闲置资金,提高资金的使用效率;有利于开辟新的产品市场,扩大销售规模;通过对外投资的方式,可以实现合资、联营,直接获取其他单位的先进技术。在对外投资的活动中,我们将企业遭受经济损失的可能性,或者说不能获得预期的投资收益的可能性,称为投资风险。

企业进行一些信用产品的投资时,也给自身带来了相应的信用风险。企业与企业间出现直接的借贷关系时,借款方可能存在到期无法偿还本息,造成授信企业出现资金流动性紧张的风险。除了无法偿还本息的风险,企业间直接借贷还存在法律风险、税务风险等。企业投资债券市场时,可能存在债务到期不能按期还本付息的违约风险;企业为了有效地规避市场风险,可能选择投资购买信用衍生品,这也将可能给企业带来交易对手的风险。

此外,在发行债券或向银行贷款的过程中,企业作为债务人也会给他人带来信用风险。不同企业面临的信用风险的来源不同,其信用结构也有着较大的差异,在评估一个企业的信用水平时,我们必须明确其信用结构,即潜在的风险来源,并根据特定的风险来源进行具体的评估。下节将介绍企业的信用风险要素,企业或评级机构可以根据这些风险要素,选择适合该企业的数据、指标或报告,对企业的信用风险进行全面的评价。

11.2.3 生产企业的信用风险评估要素

本节主要目的在于根据生产企业在社会经济活动中的作用,研究影响企业信用风险的主要因素,为向企业提供信贷的机构、个人以及购买企业债券的投资者提供投资决策的参考。同时,企业经营者也可以通过改善这些风险因素来改善自己的信用资质,以便降低自己的融资成本。

因为各行业所提供的产品和服务都有不同的特点,存在消费群体的差异性,并且经营模式不同,所以各个行业的信用风险的影响因素之间存在差异。例如,水、电力、燃气等公用事业类的行业,由于其具有外部性和基础性的特点,在出现信用危机时,容易得到外部的支持,并且行业经营和现金获取的稳定性较高。但在传媒等竞争激烈的行业中,存在较高的替代风险,行业增长的前景较为暗淡,很难得到外部的支持。以报纸杂志行业为例,因其现在处于衰退期,发行量和广告量严重萎缩,成本压力大,很容易因为数字媒体和技术变革而被新型媒体所替代。

影响不同行业的信用风险的要素不同,并且各要素在不同行业的权重存在差异。例如,资源依赖型产业(如煤炭生产)容易受到国家政策和市场需求的影响,因此运营环境的影响权重较高。高科技产业,存在技术变革迅速的特点,所以企业的竞争力是很重要的影响因素。

生产企业作为信用主体,其信用风险分析主要是评估其作为债务人而对其债务违约影响的可能性。信用评估时,人们希望评估结果可以进行跨行业、跨国家的比较。对生产企业的信用风险评估通常会开展长期和短期的主体违约评级,由于这两种评级都要基于主体的基本信用特征,它们之间也存在内在联系。

信用风险分析通常要包括对企业近几年来的运营情况、财务数据的分析以及对其未来业绩的预测。在分析过程中,我们一般要审查企业的业务、财务风险状况,并与同行企业、行业标准进行比较,同时考虑企业经营环境或财务策略变化对企业信用风险的潜在影响。不同的定性或定量因素在评估结果中所占的比重有可能会随时间变化。

以下是分析生产企业信用风险的几个重要因素,大部分信用评级都通过审查这几个因素来确定某特定企业的信用风险水平。

1. 运营环境

企业的发展与其所在的运营环境息息相关,在信用风险的研究中,我们对运营环境的考量主要分三个方面,即宏观经济形势、法律法规及政策和社会文化环境,下面我们就对这几个因素进行逐一讨论。

国家的宏观经济形势反映了一个国家整体的经济运行水平,健康、稳定、乐观的宏观经济形势为行业、企业的生存和发展创造了有利的条件,通常会降低企业的信用风险。宏观经济形势可以由多个经济指标来衡量,包括经济发展水平,财政、货币政策等方面。国民生产总值(GDP)、居民消费价格指数(CPI)、失业率等宏观经济指标都是反映经济发展水平的重要指标。如果国家经济发展水平较高,经济运行机制较为成熟,生产和需求都达到了较高的水平,那么企业在这样的经济环境下更容易抓住机遇,实现自身的发展。国家的财政、货币政策则决定了其政府支出水平、税收政策、货币供应量、利率水平等。扩张的财政政策有助于扩大内需,同时企业面临的赋税压力较小,能够获得更多的利润。反之,紧缩性财政政策会提高企业的运营成本,增加企业违约的风险。宏观经济环境是主权信用评估的主要内容,主权评级分析了国家宏观经济形势,反映了国家的偿债能力,同样也对企业评级设置了上限。如果主权评级较低,那么该国企业的信用级别也不会太高。

国家的法律法规及相关政策也是评估企业信用风险所需要考虑的重要因素之一。例如,为了保护生态环境、防止环境污染,环境法对企业行为进行了约束,一些高耗能、高污染企业的生产效益必然会受到影响。因此,从某种意义上而言,一些法律法规会限制企业的生产经营活动,影响企业经营活动的过程和结果,从而降低企业的盈利水平。无论何种经济体制,政府对市场和企业的干预,比如,设置最低工资标准、进出口政策、产业调控政策等,都有可能会对企业造成较大的影响,增加企业的信用风险。例如,主权评级较高的俄罗斯,由于国家对市场的监管较为严格,企业的运营环境风险仍然处于一个较高的水平,企业的信用风险也较高。然而国家政策并不总是意味着对企业信用的负面影响,国家或政府可能会对某些行业或企业提供某种支持,比如,政府补贴、出口退税、提供科研经费等,这些支持有利于相关企业进一步扩大规模、提高收益,相应地,企业的信用风险就得到了降低。

社会政治和文化环境既包括一个国家或地区的政治环境、社会形势、教育水平,又包括社会主流价值观、价值体系等。我们不能要求一个信用文化缺失的社会,能产生活跃的、经济秩序稳定的信用市场。商业信用、财务信用、生产信用、融资信用等,任意一种信用的缺失,都是对整个社会商业环境的损害,会迫使企业主动或被动地产生大量违约行为、提供虚假的财务报告记录、为降低成本而使用劣质原材料、盲目负债等对企业信用产生极大危害的行为。一个稳定和谐的社会环境有利于企业自身的发展,只有社会稳定,企业的生产经营各环节才能正常地进行。一个处于局势动荡的中东地区的企业的信用风险就要高于其他国家的同等的企业,因为一旦爆发战争,企业就难以为继,极大地增加了企业的违约率,所以,社会政治与文化环境对于一个企业的信用风险有着极大的影响。

2. 行业风险

由于行业的发展前景、行业的周期性特征、行业中的竞争程度、行业的技术水平、进入行业的壁垒障碍和出现替代品的威胁等风险因素的存在，企业可能会面对盈利减少、市场份额降低等问题，这就形成了行业风险。行业风险是介于宏观运营环境风险和微观企业自身风险之间的风险。对于企业而言，所处行业的发展情况会影响其未来的业绩。如果行业整体业绩衰退、竞争激烈、周期性强、波动较大、资本密集，那么相对于一些业绩较好、竞争者少、进入壁垒高、占经济主导地位、预期需求较大的行业，其风险性就高。评级机构会对处于潜在风险较高的行业中的企业评级设置绝对上限，即使某企业的其他状况十分良好，也不太可能获得最高信用评级。以下几个因素可以用来衡量行业风险。

(1) 行业发展前景。行业发展前景主要是指行业的供需状况以及政府的相关产业政策。通常我们认为，一个具有良好发展前景的行业，要么本身存在一种天然的发展趋势，具有潜在的强劲的市场需求，要么能得到更多资源或政策的支持和推动。行业的需求状况在很大程度上影响着行业未来的发展，衡量行业需求状况的两个重要指标是市场规模以及市场需求。通常情况下，行业的市场需求越大，行业内的企业运营环境越稳定。行业的市场需求决定了行业的市场容量以及行业内企业的发展规模。行业的市场需求是行业产品定价的基础，可以作为判断行业的竞争状况与价格趋势、盈利能力、融资需求的重要依据。市场若长期保持稳定的供需平衡或者供不应求，那么产品价格下降的可能性会非常小，企业会维持良好的盈利能力，相应的企业风险就会较低。产业政策也是影响行业发展前景的一个重要因素，其包含产业结构政策、产业组织政策、产业技术政策和产业布局政策等。产业在国民经济中的比重越大，其对于国民经济的意义就越重大，获得政府的政策保护和扶持的可能性就越大。一些符合产业政策的企业，受到产业调整的负面影响越小，更多的是能从政策中获利，占据明显的竞争优势，企业的信用风险较低。

(2) 行业发展周期。行业周期性的含义主要是包含行业的生命周期、经济周期和一些行业所特有的季节性特征等，它也是给生产型企业带来信用风险的源头之一。行业的生命周期通常可以划分为萌芽期、成长期、成熟期和衰亡期，行业处于不同的生命周期，其风险和收益的特征存在显著的差异。萌芽期的行业通常具有收益低、风险高的特征；而成熟期的行业通常具有收益和风险都相对稳定的特征。生产行业的供给和需求通常会受到经济周期变化的影响，那些随着经济周期波动频繁、波动幅度较大的行业就比相对稳定的行业所承受的风险大。并且，大部分违约情况都发生在周期性的低谷期间，因此分析行业对经济周期的敏感度是十分必要的，这也是行业发展周期研究的重点。季节性是某些特定行业所拥有的一种特殊的周期性形式，指的是企业的财务和运营业绩会随着自然环境、风俗习惯以及自然节气的变化而变化。所以，企业需要分别分析各季度的业绩来衡量自身的季节性风险。

(3) 行业竞争程度。由于单个行业内的企业之间具有天然的利益竞争关系，每个企业都想要获得相对于竞争对手的优势，因此必然会产生冲突与对抗，从而构成了现有企业之间的竞争。通常在成熟行业中，市场容量已经基本稳定，行业内的企业需要通过争夺市场份额以保持自己的竞争地位，相应地就面临激烈的竞争环境。此外，如果一个行业中的企业数量多，且它们的规模大致相当，或是行业生产能力过剩，产品差异较小，行业竞争压力就相对要大。行业竞争通常表现在价格、广告、产品介绍、售后服务等方面。在竞争激烈的行业中,企业需要花费大量的人力、物力以维持其竞争地位,也面临失去竞争优势、市场份额被剥夺、盈利能力降低的风险。

(4) 行业技术水平。一方面,行业的技术变革会给企业发展带来机遇或挑战。新技术的发展极大地改变了社会的生产方式,能够帮助企业降低生产成本、提高生产效率、改善产品质量。另一方面,一个行业可能会因为其他行业生产技术的提高而受到伤害甚至逐渐消亡。例如,数码相机的兴起导致了胶片相机和胶卷行业的衰退,胶卷业巨头柯达公司于2012年申请破产保护。企业选择发展方向时需要考虑技术因素,在制定经营发展战略时,应提高技术开发力度,以规避风险、提高自身竞争力。

(5) 进入壁垒。市场的进入壁垒是一个与行业地位和国家产业政策相关的因素。壁垒的形成原因往往来自规模经济、产品差异化、资金需求、与规模无关的成本优势、经销渠道以及政府政策等六个主要方面。新进入行业的企业在给行业带来新的生产力和资源的同时,也会与现有企业争夺原材料和市场份额,增加行业内的竞争。企业可能会面临销量下降或价格被迫降低等风险,导致行业现有的盈利水平降低,因此,新进入企业对现有企业会造成一定的竞争威胁。如果某行业已达到规模经济,或资本要求较高,或政府已经设定了严格的准入制度,那么该行业就会形成较高的进入壁垒,现有企业的信用风险就相应地降低了。类似于中国的三大移动通信运营商,由于政府设定了严格的准入制度,并且行业已经形成了规模经济,具有很高的进入壁垒,其信用风险就会相对较低。

(6) 替代品威胁。如果两个行业提供的产品或服务相似程度较高,即互为替代品,那么这两个行业都面临替代品威胁。这种威胁不像行业内竞争那么直接,但威胁程度并不低。替代品的存在限制了产品价格的提高,也在无形中要求企业提高产品质量、降低生产成本或开发产品特色以巩固自身的市场份额。例如,航空服务的替代品为铁路、公路,一旦某个行业的替代品威胁较大,企业面临的行业风险也就越大。

3. 企业竞争力

企业竞争力指企业在市场竞争中通过竞争实现其发展目标的能力,包括企业规模、市场控制力、运营能力和技术水平。对企业竞争力的分析也是分析企业风险的关键因素之一。分析企业竞争力不仅要关心竞争力因素的绝对值,也应关注其变化值。企业竞争力因素的变化值更能表达企业未来竞争力的势头。

(1) 企业规模。规模大的企业,可以利用自身的规模经济优势,达到节约生产成本、提高盈利水平、增强综合竞争力、实现经营多样性的目的,还能占据行业主导地位、提高行业准入门槛、减小新进入企业的威胁。企业规模主要体现在两个方面,资产总规模和销售收入。资产总规模包括资产总额、厂房面积、职工人数等,销售收入指企业通过销售产品或提供劳务所获得的收入。此外,大规模企业的信誉普遍好于小微企业,信用风险较低,融资也相对容易。

(2) 市场控制力。市场控制力是指企业通过提升企业的内部效率,持续进行产业创新与技术创新,通过对核心技术、标准和产品的控制,达到稳定的市场占有率,最终具有一定的定价权并具有控制市场的能力。如果企业要实现产品价值、获取利润,就需要在满足消费者需求的同时,从同类产品的竞争中脱颖而出。如果企业能够提高自身对市场的控制力和影响力,并使自己的产品能够大量而迅速地被消费者所接受,就能占领和扩大市场份额。苹果公司就因为其 iPhone 和 iPad 系列产品,使其在电子产品市场具有强大的市场控制力和很高的市场占有率,并且控制着高端智能手机市场的定价权,这使得苹果公司在保持高盈利的基础上,拥有较低的信用风险。所以,市场占有率和市场占有增长率是考察一个企业的市场控制力和企业信用风险的重要指标。

(3) 运营能力。运营能力的强弱反映了企业资产的利用程度及使用效率,这在很大程度上决定了企业的经营效益,是企业竞争力的重要体现。存货周转率、应收账款周转率、总资产周转率[①]等都是衡量营运能力的指标。一般来说,周转频率越高、周转周期越短,企业资产的周转速度就越快,表示企业的营运能力越强。需要强调的是,企业不能一味地追求周转速度,企业经营的连续性和稳定性同样重要。如果某个企业通过倒买倒卖实现了较快的资本周转,一旦面临经济周期的影响或同业竞争、产品过时、技术落后的威胁,其营运能力就会大打折扣,这样的高速的资本周转并不是营运能力强的表现。如果企业拥有明显的竞争优势,比如高质量的产品或服务、足够强势的市场地位、足够低的成本,或产品与其他同类产品有着明显的差异,那么其面临的波动性等的不稳定因素就会减少。营运能力强的企业的信用风险往往较小。

(4) 技术水平。技术是企业竞争力的核心。企业想要赢得市场份额、拓展生存空间、争取自身的发展,就必须不断提高自身的技术水平,达到提高核心竞争力的目的。衡量技术水平的指标包括设备的先进水平、专利水平及研发投入水平等。此外,企业若拥有同行业中其他企业所没有的技术优势,也将极大地增强企业的竞争力。

4. 管理水平与公司治理

企业的管理战略是衡量信用风险的重要因素。管理战略反映了公司经营活动的治理策略、决策、政策。好的公司治理能够对经理人起到有效的监督和激励,防止经理人为自己牟利而牺牲公司利益的机会主义行为,起到提升公司绩效的作用,股东和债权人都将从中受益,公司的信用评级也就较高;相反,弱的公司治理则会给经理人假公济私的行为创造机会,损害股东和债权人的利益,增加债券的违约风险,降低信用评级。在传统的观点中,有效的公司治理通常表现为独立董事能够积极参与企业决策、监督和管理。对管理战略的分析需要包括管理策略的可行性分析和可信度分析、经营和财务历史数据分析和企业的风险偏好分析。我们可以从以下几个方面衡量企业的管理水平。

(1) 管理者素质。企业的管理者拥有对企业资源的配置权力,对规划企业的发展战略和指导全体职工的工作具有决策性作用。管理者素质是指企业高层管理者的道德水平、教育程度、专业素质、工作经验、管理能力等自身的综合素质。在很大程度上,企业管理者的素质决定了企业的发展水平和发展潜力。管理者的素质是衡量企业管理素质的重要指标,较高的企业管理者的素质和能力,有助于企业的发展,有助于企业获得更好的经济效益,实现企业的健康发展。道德水平是衡量管理者素质中的较为主观的因素,较高的道德水平能够促进管理者以企业利益为重,求真务实,保守商业机密,处处为企业、

---

① 存货周转率=$\dfrac{销货成本}{平均存货余额}$,应收账款周转率=$\dfrac{销售收入}{平均应收账款}$,总资产周转率=$\dfrac{销售收入}{平均资产总额}$

员工的发展着想。除了较高的道德水平,管理者必须具备相应的专业理论、知识、技术,熟悉业务内容、程序、方法,这就需要考察管理者的教育程度、专业素质、工作经验等量化的指标,通过其学历、职业考试、相关资格证书、工作经历和工作时间来衡量管理者的专业能力。此外,管理者必须具有较高的管理能力,能够协调团队合作,以身作则,树立良好的形象,为企业营造良好的工作环境。

(2) 职工队伍素质。职工素质对企业的生产和营销具有重要的影响,直接关系到企业的生存和发展。职工直接参与企业的生产、经营、销售等环节,高素质的职工团体能够更有效地推动企业的高速发展,提升企业的整体竞争力和企业的信用水平。衡量职工队伍素质的指标,我们可以选择文化素质、年龄结构和技术水平。文化素质高的职工,通常工作质量也更高,我们用员工的受教育程度来衡量其文化素质。年龄结构越合理,越有助于企业整体的可持续发展;技术水平直接关系到职工的生产、经营和营销能力,通常用职业考试、相关资格证书、工作经历和工作时间来衡量员工的技术水平。

(3) 公司治理。公司治理是一个较为宽泛的概念,指的是企业制定相关的规则制度、协调与利益相关者之间的关系、执行运营程序的过程,与企业的发展方向和业绩水平密切相关。公司治理处理的问题主要围绕三个方面。一是评估与激励机制的建设;主要是指企业要构建一个完善的绩效管理与评估的机制,合理地评价代理人的工作表现,同时激励代理人在经济活动中实现委托人利益的最大化。二是公司组织结构的构建与权力的相互监督制衡;股东、董事会和经理人等部门之间的关系主要体现在股权分配上。集中的股权结构有利于激励大股东对代理人行为的监督,减少企业的委托代理风险,但过于集中的股权易造成"一股独大"的现象,会影响股东、代理人和董事会之间的相互制衡和独立性的发挥,增加投资决策的风险。三是外部治理;公司如何提高在行业中的地位,如何处理与政府的关系都是公司外部治理和风险管理的重要课题。

(4) 财务政策。财务政策包括会计事务、负债水平、费用水平等方面的相关政策,会对企业的财务业绩造成一定影响的因素。管理层的经营决策通常是从有利于生产经营,而不是有利于债权人的角度出发的。因此,企业管理层可能会不计成本地采取激进的杠杆战略,或盲目地追求利润增长,而不是谨慎地制定与内部增长相平衡的战略。这样激进的财务政策会导致过度的收入确认和支出延期,表面上看账目十分乐观,利润大幅增加,但长远来看,财务业绩的真实发展面临巨大的压力。因此,管理层需要制定合适的财务政策以减少呆账、坏账的产生,从而规避财务风险,这个问题我们会在财务状况中进行详细的介绍。

(5) 信息披露。信息披露是上市公司的一项重要职责,能否将公司信息准确、翔实地传递给投资者,反映了企业治理的水平。公司信息披露对投资者来说是了解、判断企业价值的最重要的信息来源,有利于帮助债权人规避风险。审计独立性是信息披露和财务透明程度的重要衡量标准。会计师事务所提供的审计服务可以对企业财务数据的真实性进行有效的调查,外部审计对提升公司治理水平有着促进和监督作用,债权人可以得到较为真实、客观的财务数据,有效地进行投资决策,降低投资风险。

5. 财务状况

财务数据可以检验企业业务的价值、预测企业的增长率、评价企业的管理措施,因此财务状况是对企业信用风险较为量化、客观、真实的反映。通常信用水平高、违约风险小的企业有着较低的经营风险和保守的财务政策。相反,如果一个企业的风险较高,且采取激进的财务政策,那么我们认为该企业的信用水平较低。评估企业的财务状况需要从资本结构、盈利能力、流动性和现金流四个角度逐一分析相应的财务数据,同时结合企业的特殊性,考察其特有的附加比率,以确定企业财务政策的风险程度,从而对企业信用风险有一个更全面的认识。

(1) 资本结构。企业的资本结构是指长期负债与权益的分配结构,通常由资本负债率[①]来衡量。资本结构是反映企业财务状况的一项重要指标,决定了企业在未来一段时间内的利润增长能力,并且在很大程度上决定了企业的偿债能力和再融资能力。合理的资本结构能够帮助企业降低融资成本,发挥财务杠杆的调节作用,使企业获得更大的自有资金收益率。如果企业的资本结构有利于企业的价值最大化,降低加权平均资金的成本,且能保持适当的流动性,那么该企业的资本结构就是合理的,该企业具有较高的信用水平。

(2) 盈利能力。企业的盈利能力是决定企业经营质量的重要因素,债权人通常会在投资前后密切关注企业的收入、支出和利润。盈利能力高的企业,信用风险相对较低,更容易获得投资者的青睐。然而利润的绝对值高并不意味着企业拥有较强的盈利能力和较低的风险水平,投资者还要关注以下几个比率:利润率、投资回报率、销售增长率和利润增长率。利润率衡量了销售收入转换为利润的比例及其变现水平,也就是企业的经营效率;投资回报率衡量了企业做出的投资决策所带来的利润;销售增长率和利润增长率反映了企业的增长速度,通常用环比增长率来测度。在评估这几个比率时,不仅需要关注企业目前的比率水平,也需要与同行业的其他企业进行比较。

(3) 流动性。流动性指的是资产能够以合理的价格顺利变现的能力,是企业偿债能力的一种体现,反映了企业的财务灵活性。流动比率[②]和速动比率[③]是衡量企业资产流动性的重要指标。由于现金需求通常具有较高的时间敏感性,这就要求企业具有足够的流动资产用于偿还短期债务,并有余力应对日常经营活动中其他流动资金的需要。因此流动性分析是评估企业信用风险的重要组成部分,流动性紧缺风险通常会发生在信用水平较低的企业中。

(4) 现金流。现金流可以用来反映企业在生产经营过程中是怎样产生和使用现金的,它指的是在一定的会计区间内现金流入、流出的整个过程。现金流比率体现了现金能在多大程度上承担财务费用和债务,包括与总债务相关的负债还本比率,反映用于偿付利息、本金及其他固定支出的经营利润的支付比率,以及确定负担资本支出的可用现金流的资本投资覆盖率。现金流分析是用来判断企业履约能力的重要指标,是企业现在及潜在盈利的具体表现。企业的总体规模及其总资产只能说明企业具有履约能力的基

---

① 资本负债率 $= \dfrac{\text{负债总额}}{\text{资本总额}} \times 100\%$

② 流动比率 $= \dfrac{\text{流动资产}}{\text{流动负债}} \times 100\%$

③ 速动比率 $= \dfrac{\text{流动资产}-\text{存货}}{\text{流动负债}} \times 100\%$

础,而能够准确反映企业履约能力大小的指标只有企业现金流量的大小。可支配的自由现金流越多,企业财务就越灵活,不容易出现流动性风险,因此信用水平更高。

6. 事件风险

事件风险用于描述典型的突发事件风险。在该事件明晰并有所界定之前,它是被排除在现有评级之外的。例如,三聚氰胺事件瞬间击垮了三鹿集团的企业信用,整个奶粉行业的信用也受到了前所未有的质疑,直接导致的结果是,婴儿奶粉海外代购火热,而国产奶粉则严重滞销。事件风险可能由外部因素引发,例如,法律变化、自然灾害,或是另一实体的敌意收购;也可能由内部因素引发,例如,资本结构政策突然改变、重大收购行为或是战略重组。事件发生的时间以及对企业的影响都难以用一般的信用分析工具进行预测,属于非预期性的风险,即事先不能合理预测的风险。事件风险将导致企业的信用水平骤降,甚至发生违约。重组事件较多的企业,信用评级普遍较低。

11.3 生产企业信用风险管理

企业信用是企业价值的体现,是企业形象的核心因素,也是企业一笔重要的财富。一个企业的信用水平越高,消费者及相关机构对其的认可度就越高,企业也越容易获得融资以达到增加收益、扩大规模、提高市场占有率等目标。例如,信用水平较高的企业往往可以获得政府的政策支持、享受银行的优惠政策,从而实现企业自身的发展,也推动经济社会的进步。由此可见,信用水平对企业有着重要的影响,企业需要对信用进行科学有效的管理。企业的信用管理是指企业为了获得信用或对外授予信用而进行的管理活动,是企业防范信用风险的重要途径。需要注意的是,企业信用特指企业偿付债务的能力,而不包括企业对外授予信用的行为,比如赊销等。然而企业信用管理的目的则是扩大自身的信用销售,同时保证应收账款能够及时、安全地收回。因此企业不仅需要考察自身的信用水平,也需要监督其债务人的信用水平,以防止债务人违约而导致的企业自身流动性下降、信用水平降低的后果。

企业在进行风险管理时,可以通过分析以上的风险因素,对自身情况进行全面的考察与评估,选择合理的经营、管理、财务策略,扬长避短,进而降低自身的信用风险,提高信用水平。此外,由于企业信用具有双向性,企业也需要关注供应商、客户和贷款机构的信用水平,防止对方出现违约后对企业自身的经营造成损失。

11.3.1 生产型企业的信用风险来源

我们认为生产型企业的信用风险来源主要包括高负债率及资金断流、企业竞争力不足、应收账款、外部环境因素等。

1. 高负债率及资金断流

信用风险表现在企业未能对到期债务进行还本付息。我们可以从两个方面来看出现未能偿本付息的原因,一方面是企业存在较高的负债比,另一方面是筹集偿付资金的能力不足。过高的负债比率,容易因为外部经济环境的因素,如行业竞争加剧、生产成本增加、市场需求减少等,侵蚀企业利润,增加偿债难度。高负债比的出现原因有很多,如低廉的资金成本加速了企业的债务扩张,企业因经营困难而出现过度负债,不合理的债务期限结构引发的财务风险等。企业出现流动性危机时,会出现资金断流,进而引起现金流不足偿还到期债务而出现信用危机。企业筹集偿付资金的能力不足是导致信用违约的直接原因。企业自身的经营过程未能获得足够的偿付资金,缺乏通过外部渠道筹集偿付资金的能力等,都是造成企业筹集偿付资金能力不足的原因。

2. 企业竞争力不足

生产型企业的竞争力,主要是其生产出来的产品的竞争力,直接关系到生产企业的经营效益。显然,强劲的产品竞争力,能扩大产品市场,增加产品的销量,帮助企业获得更多的利润,减少信用风险。但是,产品线过宽、产业链条太长、产品单体规模小,呈现出产品多而散的局面,使得企业缺乏主打品牌,在同质化严重的环境中缺乏竞争力。同样,研发投入不足,使得产品缺乏创新,生产效率低下,在国内外激烈的同行业竞争中缺乏技术和价格优势也会造成企业竞争力不足的严重后果。企业产品竞争力不足将导致产能过剩、价格大跌、产销率下降,并且在利润减少的同时,库存成本增加,影响资金的流动性,企业可能因此产生债务风险。所以,若在企业管理的过程中,出现产品结构失衡、研发投入不足、同质化竞争激烈、产能过剩等现象,都可能引发企业的信用风险。

3. 应收账款

赊销虽然能使企业扩大销售和增加利润,但同时也会产生应收账款的信用风险。当赊销量超过一个合理的水准时,企业的资金利用率就会降低。首先,由赊销产生的呆账坏账必然会增加,这将增加企业的经营成本。其次,现金流加速流出,资金的使用率就会降低。赊销并没有增加企业的现金流入,但企业还需支付各种税金和支付费用,导致物流与资金流的不一致,影响到企业对资金的使用,降低资金的使用率。最后,不合理的应收账款延长了企业收回货款的时间,从而延长了整个营运周期。因过量的应收账款所带来的出现呆账坏账、资金使用率降低、现金流出加速、运营周期延长等问题,都将使得企业的营运效率降低,最终增加企业的信用风险。

4. 外部环境因素

企业发展的环境包括内部环境和外部环境,外部环境一般包括政治(法律)环境、经济环境、社会环境、技术环境和自然生态环境因素。虽然外部环境因素间接地对企业绩效产生影响,但影响的程度却是非常深刻的,甚至可以决定企业的战略基本方向。政府政策的变化,可能在一定程度上强行限制了企业的选择空间,给企业发展造成了不可抗拒的威胁。价格水平、利率、工资率、汇率等宏观经济因素的变化,可以使产品成本或出口价格产生变动,导致企业利润的不确定性。社会环境因素同样制约着企业的内在行为,使得企业的经营行为必须紧紧跟随社会环境因素的变化而变化,给企业的经营带来风险和挑战。技术环境因素主要是指技术的进步和变革,给企业在发明和运用新技术、新工艺过程中带来严峻的挑战。自然生态环境虽然对企业的影响越来越弱,但依然影响着企业的工厂选址、市场布局等一系列的战略管理。

5. 其他因素

除上述的一些影响因素外,贸易纠纷、代偿风险、政治动荡、罢工等,都是可能影响生产型企业信用风险的因素。贸易双方在签订合同之后,由于贸易纠纷,导致没有履行合同,生产型企业可能因货物囤积,无法销售,而蒙受巨额损失。企业担保的项目,一旦因主债务人无法清偿到期债务,使得担保企业将面临代偿风险。

11.3.2 生产型企业信用风险管理

为了降低生产型企业的信用风险,企业应提前做好控制信用风险的管理。我们从完善管理制度、加强债务和应收债务管理、加强客户信用管理和提升企业竞争力这四个方面进行介绍。

1. 完善管理制度

为了指导企业信用管理,应该建立一套完善的信用风险管理制度。首先,建立资信调查和评估机制。资信调查是信用管理的基础,建立对新老顾客的资信调查制度以及信用档案,采用符合行业和本企业特征的信用评估模型,尽可能真实地掌握企业所面临的信用风险。其次,建立债权保障机制。通过灵活运用保理、信用保险、信用证、抵押、担保、远期票据等债券保障工具转嫁信用风险。最后,建立账款管理和追收机制。通过确立债权确认制度、质量确认制度、客户监控制度、账款到期前的管理制度、加压追收制度、内部惩罚制度、外部惩罚制度,最大限度地保障货款的回收。

2. 加强债务和应收账款管理

虽然严控债务和赊销规模将影响企业的扩张以及产品的销量,但却是控制企业信用风险的根本途径。企业首先要从自身的实际情况出发,建立相应的企业债务资金风险管理责任制度,严控债务规模、合理规划债务的期限结构、确保投资的未来收益大于资金成本、有效使用筹集资金等保障债务水平安全的措施。同时,企业也应该加强对应收账款的管理,加快货币资金的回笼速度。企业负责人、销售人员和财务人员需要对应收账款收不回的风险有充分地认识,对赊销申请做出充分的风险评估,并建立应收账款预警系统,对潜在的风险进行实时监控,及时调整对策。

3. 加强客户信用管理

企业内部需要建立信用管理部门,加强客户的信用管理,从源头上对应收账款进行管理。首先,设立一个独立于企业销售部门和会计部门的信用管理部门,任命专门人员对该部门进行负责。根据企业自身的特征,以能够对客户的信用进行客观有效的评价为目标,培养企业内部的专业信用评估人才。其次,建立客户资信调查和授信机制。重视和强化客户的信息收集,建立客户的信息数据库,分析客户信息并区分客户的偿债能力,决定授信额度。最后,建立应收账款的回收监控制度,监控客户付款能力的变化,减少呆账坏账的比率。及时提醒即将到期却未付应收账款的客户,催收逾期应收账款,使用诉讼、仲裁或委托专业机构追讨等有效的债权保障措施向故意拖欠应收账款的客户追债。

4. 提升企业竞争力

企业的竞争力关系到一个企业的生产和发展,也是提高企业信用风险水平的一个重要途径。首先,加大研发投入,提升产品竞争力。产品是生产型企业的竞争之本,企业应发展品牌产品,提高产品的知名度竞争,同时不断研发新产品,开辟新的市场领域。其次,重视市场营销,丰富营销手段。加强市场营销的目的是提升销售能力,扩大销售和占领市场。企业需要积极运营现代化的营销手段,树立良好的企业形象和信誉。最后,加强企业管理,建立符合企业发展的现代企业管理制度。企业应破除陈旧的管理方法,引进先进的管理理论和技术,探索符合企业自身的管理体系。

11.3.3 生产型企业信用危机的事后处理

当生产型企业出现信用危机时,采取及时有效的危机处理方案能够帮助企业在最坏的情况下寻找最优的结果。通常情况下,处理生产型企业的信用危机的方法有风险管理财务方法、债务重组、寻求外部支持和申请破产这四种。

1. 风险管理财务方法

在生产型企业发生信用违约事件时,企业为了尽量保障其生产、运营能够正常地进行,可以采用包括风险自留、风险转移等方式在内的风险管理财务方法。在企业自身有充分的能力可以弥补财务上的损失,同时又不影响企业正常的生产活动,并且其损失额度具有可预见性时,企业可以通过采用风险自留的方式,即企业自行设立基金,当发生财务后果时,企业自行承担风险,来处理信用违约事件。而当企业无法承担因信用风险事件而产生的损失时,可以通过风险转移的方式,将其潜在的损失与收益有意识地转移给予其有相互经济利益关系的另一方,通常情况是另一方更有承担该风险的能力和意愿。在风险转移的方式中,企业可以选择将其可能遭受损失的财务转嫁出去,也可以选择不转移财产本身而将风险及其损失的财务结果转移出去,通过分摊风险的形式缓解风险所带来的损失。

2. 债务重组

企业在财务发生困难无法对到期债务进行偿本付息时,通过债务重组的方式与债权人达成和解,是处理信用危机的一种有效方法。债务重组是在债务人和债权人达成协议的基础上进行的,以低于重组债务账面价值的金额偿还债务,也可以通过将短期债务转变成为长期债务、资产转化为股票等方式改变资产结构。成功运用债务重组的方案,可以避免债务人因负债破产而给双方带来更加严重的经济损失。进行债务重组时,依照债务重组的相关法律,债权债务双方应邀请社会中介机构等多方共同参与,最大限度地保障债权人和债务人的利益。此外,还需要加强债务重组过程中的审计工作,界定债务人的财务困难性质,审查企业资产的真实性,并对债务重组程序是否合乎规定进行审查。

3. 寻求外部支持

外部支持是在企业财务陷入困境时,企业能及时获得的暂时性、特定性的支持,是能够帮助企业摆脱困境的方法。这里所指的外部支持,从支持的来源分类,主要是指政府支持和股东支持。政府支持是企业获得的来自各级政府及其所属部门的特定支持,政府通过向企业提供短期借款、贷款,或者利用自身的信用借助银行向企业提供流动性支持,也可以为企业提供债务担保或代为偿还债务。股东支持是企业获得的来自控股股东或实际控制人的特定支持,通常是来自集团或母公司的支持。股东可以对企业进行资金注入、融资担保、业务运营的支持,或通过将债权转换为股权等措施,降低企业的债务额,维护企业的正常运转。

4. 申请破产

当债务人不能清偿到期债务,并且出现资不抵债的情况时,债务人可以通过申请破产,维护企业和个人的局部利益。申请破产是企业找不到其他有效的方式来摆脱经营困境所能采取的最后办法,可以使债务人的损失尽可能地减少,这也是法律上赋予债务人的权利。当债务人在用全部的资产清偿债务后,对于剩余未清偿的债务处置的问题,不同国家的免责制度存在差异。部分国家的法律规定债务人可以不再负有清偿义务,也存在一部分国家的法律规定对债务人的免责是有条件的。总的来说,免责制度可以为债务人提供经济复兴的机会,使其在破产之后仍然可以获得从事经济活动的可能和条件。

练习题

一、选择题

1. 下列哪项不属于生产型企业的信用风险来源?(　　)
   A. 高负债率及资金断流　　B. 企业竞争力不足
   C. 应付账款　　D. 外部环境因素
2. 企业通过哪些方面来提前做好控制信用风险的管理?(　　)
   A. 完善管理制度　　B. 加强债务和应收账款管理
   C. 加强客户信用管理　　D. 增加赊销业务量
   E. 提升企业竞争力
3. 当企业发生信用危机时,下列哪些选项是可用的处理方法?(　　)
   A. 风险管理财务方法　　B. 债务重组
   C. 提升企业竞争力　　D. 寻求外部支持
   E. 申请破产

二、简述题

1. 一方面,企业在赊销产品时承担信用风险,另一方面,企业作为借款人或发债主体,会给贷款人或投资人带来信用风险,谈谈这两方面的关系。
2. 分析生产企业信用风险的重要因素有哪些。
3. 简述生产企业信用风险评估的框架及其应用。

第 12 章 商业银行信用风险

12.1 商业银行概论

12.1.1 银行及银行业务

商业银行是经济金融活动中最重要的金融机构之一,它以盈利为目的,通过吸收存款等负债业务来筹集资金,并以提供贷款等多种金融资产业务为经营对象。商业银行是具有信用创造功能的金融机构,是个人、企业、地方政府等获取信贷资金的主要来源。

商业银行的主要业务分为三大类:负债业务、资产业务和中间业务。

负债业务是指商业银行形成其资金来源的业务,是银行资产业务和其他业务的基础。商业银行的全部资金来源可以分为自有资金和外来资金两个部分。自有资金是指商业银行成立时依法必须筹集的资本,虽然占商业银行资金来源的比重较小,但却是吸收外来资金的基础。外来资金的主要渠道有吸收存款、向央行借款、向其他商业银行拆借以及向国内国外货币市场借款。其中存款业务是商业银行最重要的负债业务,它也是商业银行运营资金的主要来源,主要包括定期存款、活期存款和储蓄存款。

资产业务是银行运用资金获取利润的主要途径。商业银行的资产业务主要包括以下几种:为公众提供贷款,是指按一定的利率贷给客户并约定其按期还款的业务;票据贴现,是指根据客户的要求,买进未到付款日期票据的业务;证券投资业务,是指商业银行以其资金持有各种有价证券的投资业务,其目的是使商业银行进一步获取资金利润,分散其他方面的风险,同时保证商业银行的资产流动性。资产业务还包括金融租赁等其他资产方面的业务。

中间业务是指商业银行不动用自有资金,只是代理客户办理收付款和其他委托的事项,并据以收取手续费的业务,它不形成商业银行的表内资产和负债,而是银行的非利息收入。银行可以依据其自身优势,如拥有的技术、信息、资金、信誉等,为客户提供各种金融服务并从中收取费用。中间业务主要包括支付结算类业务、信用证和银行卡业务、代理类中间业务、汇兑业务、咨询顾问类业务等。

12.1.2 商业银行的基本职能及重要性

1. 商业银行的基本职能

商业银行作为金融市场中最主要的金融机构,为现代信用经济社会提供了最基本的中介服务。商业银行不仅吸收存款、发放贷款,还承担了众多职能以维持自身的竞争力、满足了公众的需求。目前商业银行的主要职能有信用中介职能、支付职能、信用创造职能、担保职能、代理职能几个方面。

信用中介职能是商业银行最根本的职能,反映了银行经济活动中的本质。银行的信用中介的本质是通过吸收存款这一主要负债业务,把社会上的闲置资金集中到银行,再通过发放贷款、投资等资产业务,把汇集的资金投向实体经济中。银行在借入者和贷出者之间充当了货币资金运动的中介人,并在付出成本吸收资金与发放贷款或投资取得利润中获得了价差,实现了社会各部门之间的资金融通。商业银行在信用经济的体系中扮演了双重角色:一是当银行吸收存款、在金融市场中进行融资时扮演债务人的角色,银行作为债务人所涉及的信用风险则是银行的主体信用风险。二是当银行向公众发放贷款或者购买公开发行的债券进行投资时,银行有权利收回债务本息。此时的银行在资金的运用与管理中作为债权人的身份出现,而银行的客户是债务人,有违约的风险,银行面临的信用风险就是银行客户的信用风险。下一节我们会详细介绍银行信用风险。

商业银行的支付职能也体现了其在信用经济社会中的中介服务职能。银行运用支票、电子支付、电汇等信用流通工具,通过资金在存款账户上的转移,为客户完成支付。现代经济社会中的各种信用经济关系基本体现了以银行为中心搭建起来了无数的支付链条和各种复杂的债权债务关系。银行的支付职能加快了货币的流通速度,促进了商品经济的发展。

商业银行的一个特殊职能就是信用创造职能,信用创造是建立在信用中介职能和支付中介职能基础上的。信用创造是指商业银行利用其吸收活期存款的有利条件,通过发放贷款,从事投资业务,以此衍生出更多的存款,扩大货币的供应量,推动经济的发展。

另外,商业银行承担的基本职能中还有担保职能、代理职能。担保职能是指银行可以为客户做出担保,担保在客户无力支付时,代其偿付债务,如签发信用证。代理职能是指银行可接受客户的委托,代其办理一些客户指定的经济业务。如代理证券业务、代理保险业务等。代理客户管理客户的资产。

2. 商业银行的重要性

(1) 商业银行执行国家货币金融政策。商业银行是国家货币金融政策的执行载体,为经济社会提供了政策职能,可充当政府调控经济、实现宏观经济政策目标的工具,其调控手段主要有对利率的调整、调整信贷规模、调节资金的投向等。

商业银行是国家调节经济的重要部门。它可以通过对中央银行货币政策的传递来调控社会信用量,从而调节经济;可以通过发放贷款和投资来引导资金流向,调节企业的生产经营活动;可以通过办理消费信贷来调节和引导消费,从而引导生产,实现经济结构、产业结构和社会消费投资比例等方面的系统性调整。另外,银行可以通过在国际市场上的融资活动来调节本国的国际收支状况。随着市场经济和全球经济金融一体化的不断发展,商业银行的职能多元化和全能化的发展趋势更加凸显。

(2) 银行业在国民经济发展中承担着重要责任。银行业在金融市场中处于核心的地位,对国民经济的发展起到了至关重要的作用。银行为现代的信用经济活动提供了各种金融服务,如信用中介、支付中介、信用创造等多种职能,并通过这些职能发挥作用。作为一种特殊的公司形态,商业银行通过吸收存款、发放贷款等金融服务业务承担着经济体系中资源配置、调节经济的功能,是一国经济发展的命脉。

相比一家普通的工商企业破产的影响力,商业银行的破产违约事件则会产生更大的不良影响。急剧放大的外部效应,会影响其他金融机构的经营,严重情况下还会导致整个金融系统陷入危机。历史表明,每当经济体系中出现了系统性的风险事件时,首当其冲的就是银行业,其遭受的损失程度也相对较大。商业银行在规避债务违约等系统性风险冲击时,除自身的财务实力外,更多的与政府支持有关。因此,银行业在遭受系统性风险冲击时往往会获得外部支持,譬如政府的支持。在大型商业银行面临重大违约风险时,主权政府常会因其违约的社会成本过高而不得不动用财政手段进行干预。

12.1.3 商业银行面临的风险

商业银行在经营的过程中面临的主要风险有信用风险、市场风险、流动性风险和操作风险。

信用风险是商业银行面临的最主要的风险。商业银行的信用风险管理水平决定了其自身的生存和发展。在现代信用经济体系中,银行担当着重要的角色,即存款的吸纳者和信贷的提供者,这使得银行更应该注重其所面临的信用风险。银行面临的信用风险主要是客户违约,如资产业务中借款人不能按期偿还借款而引起的资产质量的恶化;负债业务中存款人大量提取存款而导致的挤兑等。

在商业银行业务发展多样化的今天,银行面临的信用风险种类也越来越多。银行贷款给某位客户,可能面临资金不能追回,形成呆账贷款,最终表现为本金风险。由于市场价格波动,交易对手从交易日起到交收日止这段期间面临的违约损失,其大小根据市场走势向预计的相反方向发展时,可能造成的最大损失来计算。对银行而言,可能是交易对手违约,而市场又向不利方向发展时,被迫代替交易对手完成原交易所付的代价,形成潜在的替代风险。另外,如果债务人违约不能偿还债务,而且担保方或承诺方又不能代债务人偿还债务,就出现了第三者担保风险。银行信贷集中,贷款发放给少数客户或贷给某一客户的贷款超过其贷款总额的一定比例,从而使所发放的贷款遭受损失的可能性大大提升,银行就面临信贷集中风险。还有常见的贴现、信用卡透支、信用证、同业拆借、证券包销等业务中都会涉及信用风险,这也是商业银行面临的重要风险。

银行业面临的市场风险涉及面很广,主要是指因市场价格发生不利变动而使得银行表内、表外业务发生损失的风险,如利率、汇率、股票价格以及商品价格发生变化而引起的。

从金融市场的变化及影响来看,银行业面临的市场风险主要体现在以下几方面。一是金融危机使得银行的自营资产遭受损失。银行涉及的自营资产风险主要有购买债券,包括次级债等固定收益的产品,由于发行主体的危机、破产造成的损失。以及对外进行股权投资,因股票价格的波动而造成损失。二是银行发行的一些理财产品,包括境外理财产品。利率、汇率的波动,资金的投资方向、产品的流动性都将影响理财产品的收益。虽然理财产品的损失不会引起商业银行资产质量的严重恶化,但是考虑理财产品投资者的风险意识、风险承受能力、银行信息披露的充分程度等情况,理财产品的大幅亏损也会对银行的声誉产生不良影响。三是国际金融危机引发的宏观调控,例如,中国央行的多次降息、下调存款准备金率,对银行业的经营产生的巨大影响。央行货币调控对银行业经营的影响主要体现在以下方面,第一,法定存款准备金率的下调有利于银行的经营。法定存款准备金率下调后,当前的流动性较充裕,银行有更多的资金投向收益更高的资产。第二,降息对银行业的影响相对复杂。从成本收益角度考虑,下调存款基准利率有利于银行的经营;相反,下调贷款基准利率则不利于银行的盈利。如果央行采取非对称降息,就要比较存款利率与贷款利率的下降幅度;另外,降息可以降低企业使用资金的成本,提高企业的盈利能力,促进经济增长,对房地产、股市等一些市场都有帮助,这些对银行的经营都有间接性的影响。

流动性风险是指商业银行因没有能力在一定时间内,为偿还债务或者增加资产提供融资而造成损失的风险。狭义上讲流动性风险主要是指商业银行没有足够的资金来满足客户提取存款而带来的支付风险;广义上则还包含银行资金不足,不能满足客户合理的信贷需求或现金需求而使银行信誉损失或经济损失的可能性。例如,2008年的美国次贷危机就是因为银行流动性不足导致的,但其根本原因是银行资产配置失误,较多的次级贷款。

商业银行的流动性风险可从资产流动性和负债流动性两方面分析。资产流动性是指银行所持有的资产在没有损失或较小损失下快速变现的能力。银行资产的变现能力越强,银行的流动性就越好,其面临的流动性风险也就越小。所以银行应比较其所持有的可快速变现的资产与预期流动性是否匹配。负债流动性则是指银行在一定的时间内,合理的成本条件下快速获取资金的能力。若银行短期融资能力比较弱,没有足够的资金存入,则易引起流动性风险。

商业银行流动性的好坏对其市场名誉有很大影响。银行应增加资产的流动性、提高负债的流动性,保持良好的流动性来增强市场信心,保证有能力偿还借款、履行贷款的承诺,稳定客户关系。

商业银行在发展经营过程中始终存在操作风险,其已成为商业银行风险管理的重要部分。巴塞尔协议将操作风险定义为由银行内部操作程序、系统运行有误、员工操作不当以及外部事件引起的银行损失风险。与其他风险不同,每个银行所面临的操作风险因其操作环境的不同而不同,银行应根据具体情况对操作风险进行控制。主要可分为四大类,即内部流程、外部事件、人员操作、系统缺陷。具体表现有:内控制度没有得到有效执行;银行对员工的思想教育不到位;监督检查制度落实不到位;责任追究制度不够严格。

12.2　商业银行主体信用风险

商业银行资产负债期限的不匹配以及核心资本比例较低等因素是决定商业银行自身的脆弱性的原因。对商业银行信用风险进行科学有效的评估,不仅有利于商业银行进行信用风险管理,而且对于稳定金融市场秩序、促进实体经济发展具有特殊意义。

如前所述,商业银行在日常管理的过程中要面临很多风险,比如,客户信用风险、市场风险、流动性风险、操作风险等,这些形态的风险聚集到一定程度时很可能引发商业银行主体信用风险。评估商业银行主体信用风险要考察的因素很多,如所处的宏观环境的好坏,商业银行自身经营管理的有效性,商业银行的资本充足率等。分析这些因素的构成,确定每一要素的重要性,从而从整体判断其综合信用风险水平。本节将针对四个方面展开分析,分别是商业银行经营环境、经营管理能力、盈利能力、风险管理能力。

12.2.1　经营环境

商业银行的主体信用风险在很大程度上取决于它的经营环境。银行所处的宏观环境状况会直接影响到商业银行的业务活动,若经营环境恶化,银行往往会发现其融资或信贷都会承担更大的风险。宏观经济的波动、法律体系的不健全和法治的不完善、银行业体系的不完善、金融市场的不成熟与不完善、竞争环境的不合理等,这些不利的经营环境无疑会加大商业银行的信用风险。在对商业银行经营环境的初步分析中,我们将选取比较容易量化或评价的指标做详细介绍,它们是宏观经济环境、法律环境、行业因素、金融市场的完善程度等。

1. 宏观经济环境

宏观经济环境是影响商业银行经营状况的一个重要因素。在经济上升周期中,由于对市场前景的预期较为乐观,银行会扩大信贷,使经营杠杆放大,这将有更大规模的盈利。加之经济扩张背景下资金流动性充足,信用供给增加,银行更易获得稳定充足的低成本资金,流动性压力也相对较小。同时,经济处在繁荣时期,客户的信用违约现象也比较少,银行在一定的内控措施下的不良资产率、违约损失率等信贷资产质量也会达到相对理想的水平,银行的主体信用风险得到保证。相反当经济增长率突然下降,经济进入下行阶段,企业大量破产,失业率增加,金融市场的流动性紧缩,银行贷款中呆坏账比例增加,资产质量恶化,银行业的盈利状况也将迅速恶化。当然,这只是一种很简化的情形,实际情况要复杂得多。所以宏观经济环境一旦趋于恶化,其负面效应将快速传导至银行的业务经营上来,引起银行的主体信用风险上升。因此,我们可以得出结论,假如其他条件不变,经济周期波动较大会引起经营环境恶化,进而对商业银行的主体信用风险造成威胁。

宏观经济周期在发达国家中较为平缓,因为在过去20年间,有大约70%发达国家的GDP增长率只有1%—2%的变化;发展中国家则会显现出较大的经济周期变化的特点,其GDP增长率的标准差在7%—12%。我们可以根据每个国家GDP增长率的标准差来对宏观经济状况进行评价。GDP增长的标准差越小,一般情况下代表宏观经济的稳定性越强,银行所处的经营环境越好,主体信用风险压力也越小。

2. 法律环境

法律体系的完善程度也是影响商业银行经营环境的重要因素之一,健全且执法严谨的法律制度能够更加有利于银行的日常运营。这是因为银行大部分的业务如贷款、远期等是订立在契约之上的信用业务,同时银行大部分的风险管理工具也都需要一套完整成熟的法律体系才能发挥其作用。法律体系的完善程度可用银行取消住房抵押贷款、抵押品赎回权所花费的平均时间来衡量。一般来说,在法律体系完善、司法效率较高的国家,法院只需要不到一年即可以完成。但在一些法律体系不完善、司法效率较低的国家,可能需要五年到十年的时间才能完成银行对抵押资产的所有权,这会导致银行抵押资产的价值大幅下降。

3. 行业因素

银行业体系的发展完善程度也是影响商业银行经营的环境因素。健全的银行体系有助于商业银行展开经营业务,从而对提升盈利能力有帮助。然而,在发达的、竞争激烈的行业环境中,商业银行自身的特许权价值减少,商业银行需要更大的努力才能维持自身的盈利能力。

一般情况下,银行业比一般企业面临更大的风险,这主要体现在三个方面。第一,银行具有先天脆弱性。银行是经营和管理风险的机构,由于其负债经营、高杠杆性和资金借贷中的短借长用的特点,使其具有先天脆弱性,这就要求银行在经营管理风险的过程中更加谨慎。第二,银行具有明显的外部性。由于银行是金融市场的核心机构,当其出现风险甚至倒闭时对金融市场乃至经济社会都会产生影响,具有极强的传染效应,各国政府一般都建立了安全网,对银行的经营管理进行保护,而安全网在一定程度上削弱了对银行的市场约束,从而对银行的内部治理要求更高。第三,银行的信息存在高度不对称性,银行因其业务的专业性和复杂程度对信息披露和透明度的要求更高。

银行面临的经营风险程度总是和它所处的行业变化相关。我们分析的焦点是行业的未来发展状况,以及影响该行业的竞争因素,并且所有分析都建立在行业风险分析的基础之上。行业分析聚焦于行业的发展前景、辨明竞争因素、风险以及该行业参与者所面临的挑战。这些考察要素主要包括行业的发展与盈利潜力、受经济周期的影响程度、资本密集程度、运营和成本结构、进入门槛的高低、竞争的本质、竞争的激烈程度、监管要求以及技术发展方向等。行业中处于领先位置的银行往往在以上某些因素中占据优势,或者在降低行业的固有风险中更有效率,因而取得了竞争优势,可以得到更高的评价。

4. 金融市场的完善程度

金融市场的完善程度也能反映商业银行所处的经营环境的优劣。发达的金融市场包括一系列的金融中介机构,它们有效地连接了买方和卖方,并且有效地为交易定价。这些中介机构包括投资银行、保险公司、共同基金、私人基金、套利基金和商业银行等。

发达的金融市场促进了资金融通,能够改善商业银行所处的经营环境。金融市场的完善程度可从以下角度考虑。一方面是金融存量指标,主要包括经济货币化以及金融化两个指标。金融市场化程度提高会导致金融资产品种的范围扩大,期限种类也会增多。另一方面是金融流量的指标,比如国内储蓄等。此外,与利率和汇率相关的指标也能在一定程度上反映某一地区的金融市场完善程度。

12.2.2 经营管理能力

经营管理能力对一家银行的主体信用风险水平来说是至关重要的。如果说前面的经营环境因素为一家商业银行的信用分析铺设了基本的道路,那么商业银行自身的经营管理则是商业银行在给定的道路上有效前进的保证。商业银行经营管理能力与商业银行的结构状况和治理情况息息相关。

1. 商业银行的结构状况

(1) 所有权结构与组织情况。如果银行内部所有权结构复杂或者对所有权的控制比较集中,例如:多重少数股东、金字塔结构、银行财团、交叉持股、循环持股,或超过一半的所有权由个别法人(包括政府)持有,以上的情况很可能会加大监事会对控股股东进行独立监督的难度。家族所有者或者一般的大股东,很可能会采用长期决策的形式。但是对实体进行控制的监事会必须解决好控股股东与小股东之间存在的潜在利益冲突的问题。如果出现以下两种情况——公司的组织结构十分复杂、控股股东担任主要管理职务,那么监事会的工作会更加艰难。

(2) 主要人员风险。对管理层整体素质的评价由很多因素体现,比如,银行的战略定位和过往财务记录等,还有一个额外关键的要素是银行依赖于某一个或一些管理人员的程度,特别是在这些人员掌控了重要的决策职位的情况下。如果存在上述依赖局面,那么很可能会产生"主要人员"风险,即失去这些人才可能不利于银行未来的发展。在这种环境下,即便管理层在更替方面有较为周密的规划和流程,监事会也将因失去主要管理人员而面临诸多挑战。

(3) 内部与关联方风险。独立而又稳固的信贷审批流程对于银行管控信用风险来说是十分必要的。所谓的关联方贷款,即是向"内幕人员"大量放贷,这种情况可能表明授信标准被规避,或至少产生了授信标准没有被统一采纳的表象。此类贷款亦可能造成信贷集中,对于管理层或者监事会而言,这种集中会由于内在的利益冲突而变得更为难办。若这类贷款的对象是银行的控股股东、管理人员抑或是跟两者都有干系的实体,那么局面会更加令人担忧。监事会的独立性低也同样会提高银行的风险,因为这种情况会造成对于内部机构(包括管理层或控股股东)的独立监督有限的后果。因此,监事会中存在独立监事是很有必要的,无论银行采用何种所有权结构,未任命独立监事的银行可能会具备更高的经营管理风险,相应的也很可能面对更高的信用风险。

2. 商业银行的治理情况

银行通过制定目标并明确实现这些目标所采用的方式以及相关执行监督的手段,以此来构成治理的框架。良好的银行治理应该理顺各个相关方的权力、责任和利益关系，使得银行内部董事会和管理层能够合理有效地运作，能够以银行的价值和股东的利益最大化为根本目标。

商业银行治理的好坏会对一家商业银行经营管理的成败产生重要影响。商业银行的治理情况是进行风险分析的重要因素之一，也是评估银行信用的重要方面。高质量的治理减少了未来银行危机发生的可能性，或提高危机后的恢复速度，因此能够降低信用风险。

具有良好信誉的商业银行，在公司的管理上以诚信的态度重视商业道德、内部控制系统、公司文化和公司经营战略，以及为股东、债权人、员工、经营合作伙伴和顾客创造价值。公司治理分析所涉及的内容不仅包括评价高级执行官的诚信。它还包括一个组织的激进程度和风险偏好，以及为保持公司决策集中在有利于公司的目标而不是其他目标。

在评估一家商业银行公司治理情况时，可以从以下几个方面考虑。首先，关注商业银行的组织架构是否完善。完善的组织架构是实现良好公司治理的前提条件。其次，要关注商业银行的章程制度是否清晰。清晰的章程制度应该明确地规定了职责边界，并对决策的执行做出约束。商业银行出色的制度建设有助于商业银行更好地经营，从而降低自身的信用风险。此外，还要关注商业银行的信息披露和透明度。其中，股权结构披露是关键因素，同时还要格外注意披露信息的准确度。最后，要注重商业银行对自身形象的维护。一家治理出色的公司，不会一味只追求自身的利益，它们同时会树立责任感，承担起自身的义务，合法合规经营，取得较好的社会效益。

上述几个要素影响了一家商业银行的公司治理情况。一家公司治理卓有成效的商业银行，将会降低信用风险，促进银行的长期发展。

12.2.3 盈利能力

商业银行的盈利能力是指商业银行为其所有者获得利润的能力，是商业银行经营管理状况的综合反映。盈利率的高低影响了股东收入的高低以及银行弥补损失、提供足够资本的能力。在面临信用风险甚至信贷损失时，具有高盈利能力的商业银行能够迅速挽回损失，走出困境；而盈利较差的银行则可能较长时间无法摆脱危机。因此盈利能力也是商业银行在面临信贷危机时有力的防御武器。正因为如此，对商业银行盈利性的分析一直备受重视。盈利能力会对一家商业银行的信用风险水平产生较大影响。

一家商业银行综合盈利能力的高低受多种因素的影响，我们既要审视国家宏观环境以及银行业的框架体系，也要立足于商业银行自身。只有这样，才能对一家商业银行的盈利能力进行科学评价。其中，内部的盈利水平和效率是决定商业银行盈利能力的核心元素，而市场占有率和持续性、盈利的稳定性、盈利的多样化等因素也会对商业银行的盈利能力产生重要影响。

1. 盈利水平

盈利水平是银行降低信用相关损失,以及业务、市场以及运营风险所产生损失的最基本防线,旨在反映对债权人的保障能力。盈利水平能够反映出银行的综合财务能力,揭示出银行内部要素对银行盈利能力的影响,并且更加全面细致地分析银行的盈利能力。针对盈利水平,我们选取了三个重要指标进行测度。

(1) 扣除贷款损失准备金和税项后的收入占平均风险加权资产的百分比,也称拨备前利润占平均风险加权资产的百分比。该指标能够反映出银行的核心盈利水平,并且代表针对潜在未来损失的本金缓冲。利润是针对风险加权资产来衡量,作为对债权人的保障比率。这是较总资产更佳的风险衡量方法,因为这能反映出资产负债表内和资产负债表外的风险。不过,这种方法也不能衡量所有的资产风险。在不必披露风险加权资产的地区,我们可以用主要资产负债表和资产负债表以外类别及标准风险的权重来估计资产的风险。最后将估计出来的结果与所披露的风险加权资产的结果相比较,以此来核实其合理性。

(2) 净收入占平均风险加权资产的百分比。底线盈利能力可用来衡量扣除所有成本后的表现,不论是持续性或一次性,也可反映经常性或非经常性的收益。我们仍将风险加权资产作为算式中的分母。

(3) 同样作为考察商业银行盈利水平的较实用的综合性指标的资产收益率(return on assets,ROA),是指银行运用全部资产所获得净收益的比率,反映银行每1元资产所获取的收益。资产利润率数值越大,表明银行资产盈利水平越高。其计算公式为:资产收益率(ROA)=(净利润/平均资产总额)×100%。由于在商业银行收入结构中,净利息和非净利息收入占了银行净收入的绝大比重。在忽略营业外收入的前提下,税后净利润≈净利息收入+非净利息收入。ROA不仅衡量了商业银行最重要的存贷业务,同时也衡量了中间业务的管理状况,所以,在衡量资产负债管理水平和效率时,ROA能够作为一个重要指标,起到全面衡量的作用。

2. 盈利效率

银行是属于人力密集且技术密集的行业,而控制成本是银行提高效率的重中之重。竞争加剧以及银行产品的商品化,使得银行提升利润变得越来越困难。效率既能让银行满足股东对盈利增长的渴求,也可以降低自身的信用风险。针对盈利效率,我们通过一个重要指标和一个重要方法来进行评估。

一个指标是成本-收入比率。这一比率以总非利息开支相对于总收入来衡量(总收入为净利息收入与非利息收入的总和,包括出售证券的净所得或损失)。这是对银行效率与其产生更大利润和增加利润的能力的衡量指标。

一种方法是经济增加值方法。其核心理念就是投入资本所能够获得的收益,并且该收益至少要能够补偿投资者所承担的投资风险。这种方法能够反映出银行为股东创造财富的效率,能够将企业的盈利能力评价直接与股东财富联系起来,更准确地反映企业真实盈利的多少。在目前银行所有权和经营权分离的条件下,基于委托代理理论,从这种角度来衡量商业银行的盈利能力,能够考虑到银行的所有成本和风险因素,以此为基础建立的商业银行盈利能力评价体系能更为真实地反映出银行的盈利效率。

该方法计算出来的数值即为通过调整的税后净经营利润减去全部的资本成本之后的余额。基本计算公式可以表示为：

经济增加值＝税后净营业利润－资本成本
　　　　＝税后净营业利润－资本总额×加权平均资本成本

从公式可以看到，计算该指标主要取决于三个变量，即税后净营业利润、资本总额和加权平均资本成本。

税后净营业利润就是银行在不考虑各类融资成本的前提下，计算出来的营业所得的税后利润，是股东的权益资本和债权人的债务资本累计得到的利润，因此税后净经营利润在数值上就等于税后净利润加上贷款的利息支出部分，即税后息前利润。

资本总额是指银行可以使用的全部资金的账面价值，包括股东投入的股权资本和债权人投入的债务资本。

加权平均资本成本，也即 R_{WACC}，是指按照企业的权益成本和债务成本占总成本的比重，对各项资本成本加权平均所计算出来的成本率：

$$R_{WACC} = \frac{S}{S+B} R_S + \frac{B}{S+B} R_B (1-t_c)$$

其中 $\frac{S}{S+B}$ 为权益的权重，$\frac{B}{S+B}$ 为负债的权重，R_s 为权益资本成本，R_B 为债务资本成本，t_c 为税率。

3. 市场占有率和持续性

一般而言，高的市场份额显示稳定的市场地位以及广泛的品牌认可度，这往往伴随较高的定价能力。这些因素可以有效地阻止其他参与者进入，表明了银行的地位以及具备抵抗竞争者冲击的条件。因而市场占有率和持续性对于衡量商业银行的盈利能力是至关重要的。我们可以从银行经营的多种产品在市场上是否占有优势地位来衡量，若其多种产品均在市场上占有主导地位，例如，平均每个顾客拥有其 4 种以上产品，则对其评价会很高；如每个客户拥有其 3—4 种产品，则对其评价会比前者稍次，以此类推。如果银行在很多不同地区运营或者银行有许多不同的业务种类，我们将估计一个加权市场份额。每一个业务种类的市场范围和规模都是由客户以及产品的性质决定的，市场进入壁垒对此也有一定的影响。很多零售银行产品的相关市场可能局限在本地或地区市场，而其他产品的相关市场范围则可能是全国或国际市场。有关市场也可能包括非银行竞争者，需要视产品而定。并不一定规模大的银行才能拥有庞大的市场份额，这主要是由市场的性质决定的。一家小型的银行如果在一个受保护的小市场占据主导地位，便有可能具有重要的品牌价值，并因此获得较大的盈利稳定性。反之，另一家拥有类似规模甚至更大规模的银行若要在全球市场中进行竞争，则其市场份额可能会很有限。

4. 盈利的稳定性和多样化

关于银行盈利稳定性的指标，一方面，特别是从事零售业务的银行，此类银行的风险调整盈利流的可预测性很高。这种盈利稳定性往往是传统零售银行中客户关系比较稳定、客户更换银行有较高成本、贷款组合的高度分散等因素共同作用的结果。另一方面，从事批发、企业业务或交易的银行因为一些市场因素不在自己控制之内，通常业绩的波动较高,且能在极短时间内发生重大变化。造成上述业务波动性高的原因还有客户群构成较复杂、客户更换银行的成本低、市场进入壁垒低以及贷款披露低。主要依靠低预测性盈利的银行(例如,批发和企业银行业务、交易业务等),由于受到无法掌控的市场因素驱使,往往业绩的波动较高,且能在短时间内发生显著变化。在多数情况下波动意味着风险,因此对银行主营业务可预测性的分析是评估其风险管理和定位的必要组成部分。

针对银行盈利的多样化,我们需要考虑是否因为银行缺乏多元性,使得过度依赖一种业务的银行失去了竞争中的优势。过度依靠一种业务使得银行极易受到市场动态潜在变化的影响,这种变化可能很突然,且无法预测,银行亦无补偿盈利来源来保护其经济偿付能力。在评价标准上,如果银行一种业务活动或产品的净收入占到银行净收入的80%以上,这样的银行就可以被界定为单一业务银行。例如,80%以上的利润来源于信用卡、汽车贷款、按揭业务、租赁业务、项目融资、市政贷款、保理、证券服务或资本市场运作等业务的机构。传统的零售银行本质上有吸收存款与发放贷款的不同业务,因而不应视为单一业务银行。如果银行从事单一业务,那么对盈利多元性的评价就会很低。如果单一业务银行得益于稳定的盈利和良好的市场份额,那么我们可以考虑适当提高对其的评价。但是在盈利多元性这一方面给予较低的评分依然是恰当的,因为这类银行依然会很容易受到市场动态潜在变化的影响,却没有能用来保护机构经济偿还能力的补偿盈利流。

12.2.4 风险管理能力

商业银行的本质是通过经营风险来获取风险溢价,所以风险管理是银行类金融机构日常经营管理的核心内容之一。如果商业银行无法对其面临的风险进行有效管理,则会使其资产质量下降、利润减少,从而提升自身的信用风险水平。因此,商业银行的风险管理能力是有效识别交易对象的信用度、科学合理规范地管理风险、确立自身的信用地位的关键。

商业银行风险管理涉及众多方面,是一项复杂的工程。要评估一家商业银行的风险管理水平,可以从风险管理的整体框架、财务报表的透明度、资本充足率、资产质量和流动性这些角度考虑。

1. 风险管理的整体框架

对风险管理的重视程度。这是一个相对抽象的指标,可以从一些具体的方面来体现,比如,领导层对风险问题的讨论频率、风险部门人员与业务部门的独立性等。银行对风险管理越重视,相对来说讨论频率就会越高,很难想象一家一年之内领导层从未就风险问题进行严肃讨论的银行对风险管理能够有较高的管理水平。与此同时,风险控制的特殊性要求风险部门的人员往来与处理事项与业务部门有一定的独立性。最重要的是首席风险官和风险职能的全面独立性。有一些小型机构可能没有首席风险官,在这种情况下,负责风险管理的管理人员不能同时负责某一种业务,这些机构应当具备的主要特点包括:负责监督业务部门风险管理的管理人员的独立性以及对所有风险的全面看法。

所有银行的风险管理信息系统、衡量工具和实际做法都应当与该银行的特定规模、结构、风险承受能力和风险状况相一致。业务部门不能过多干预风险部门,以保证风险管理的有效性。

风险管理组织架构。我们可以考察商业银行风险管理组织架构的完善程度以及风险规章的详细程度。一般来说拥有丰富风险管理经验的商业银行其组织架构建立的时间较长,高级管理人员和监事会之间、风险和业务部门之间相互制衡与协调,有健全的限制制度,有定期运用的压力测试,有较丰富的风险管理经验,风险管理部门岗位齐全,并配备专门的风险管理人才,岗位分工明确细化,规章清晰详细。这些都是对于风险管理能力进行评价的重要依据。

2. 财务报告的透明度

财务报告的透明度是我们分析银行风险管理能力时要考虑的一个重要因素,因为银行公布的财务和运营方面的数据将会作为我们信用分析的起点。此外,如果财务报告的质量差,那么在很多时候都会使银行的内在风险被隐藏,而这些风险可能会对该银行的信用状况产生负面影响。具有强大风险管理能力的银行一般都会具有可靠、透明而及时的财务信息,下面来详细介绍我们在评估银行财务报告的透明度时要考虑的几个因素。

(1) 全球可比性。银行公布的财务信息必须具有全球可比的特点,这样我们才能比较不同国家银行的风险状况,并且确保我们计算出来的财务比率在大体上是全球一致的。一般情况下,如果财务报告是以 IFRS、美国 GAAP,或大体上类似的具有广泛应用的会计标准为依据编制的,同时又被全球认可的会计公司审计,那么财务信息就会是全球可比的。出现任何严重偏离这一基准的情况,我们对其财务报告透明度的评价都会大幅降低。

(2) 及时性和频率。银行汇报的及时性也是一个非常关键的要素,因为太过时的财务报告其相关性会大打折扣。管理层需要在及时汇报的相对好处和可靠信息的提供之间做出平衡。一般情况下,良好的汇报频率是在每一季某一汇报日期的数星期内按时发布季度财务信息,但是在某些银行体系强大的地区(如英国、荷兰、澳大利亚),银行也可以每年只汇报两次,在中期汇报时作重大汇报,并辅以每季交易的最新情况。另一方面,一些太迟才进行季度或年度汇报的银行一般会被认为在财务报告透明度上的表现较差。

(3) 财务信息的质量。银行之间的财务信息质量往往是参差不齐的。从整体上看,银行应从"方便使用者"的角度出发来发表财务报告,并披露所有重要信息,例如,贷款分散性和集中度、受贷款损失准备金覆盖的不良贷款覆盖率、不良贷款水平、风险加权资产、核心资本比率、融资结构、各业务的表现、利用衍生工具作为交易及对冲用途的情况,以及其他重要信息。我们将同时探讨对管理层的分析问题,以便对银行的业务情况和财务表现提供全面分析,并针对银行所承担的风险水平作全面而具针对性的描述(包括信用风险披露、外汇风险、利率风险以及 VAR 和压力测试信息)。如果财务信息的质量并没有预期的高,或者信息有所缺损,比如,银行未披露其不良贷款水平、风险加权资产或核心资本比率,那么对该银行的财务报告透明度的评价会很低。

3. 资本充足率

资本充足率是指银行自身资本和加权风险资产的比例,代表银行对负债的最后偿还能力。银行用少量的资本运营大量资金,这种"杠杆效应"是银行产生系统风险的根源之一。资本充足率会对商业银行抵御风险的能力产生重要影响,因此称为影响商业银行信用水平的重要因素。

要评估一家商业银行的资本充足率,一般会考虑两个因素。一个因素是商业银行核心资本充足率的高低,如核心(一级)资本充足率,另外一个则是有形普通股权益资本,可以用有形普通股权益比率来表示。

核心资本又叫一级资本或产权资本,是银行资本的构成部分之一,包括权益资本和公开储备。核心资本的来源包括发行普通股或实收资本、资本公积、盈余公积、未分配利润和少数股权。核心资本充足率可用来反映商业银行核心资本的充足程度,它是核心资本与加权风险资产总额的比率。我们在考察一家商业银行的资本充足情况时,之所以会格外关注核心资本充足情况,是因为核心资本剔除了次级债,是距离股本最接近的指标。次级债无法用于损失清算,因此也就无法保护商业银行免于破产。因此核心资本充足率作为衡量资本充足情况的重要指标。

有形普通股权益资本是指普通股东在银行清盘时实际上可以拿到的资产,其计算公式为:有形普通股权益资本=股权－优先股－商誉－无形资产。普通股权益比率就是指有形普通股权益与有形净资产的比率,通常被称为TCE比率,它是衡量银行资本充足率的一个重要指标。表明经济下行时,有形普通股权益对银行负债和优先股的保护程度。而从定义可以看出,普通股权益资本比核心资本要更进一步。

4. 资产质量

商业银行资产质量的好坏,直接影响着商业银行自身的前途与发展。信贷资产的规模、质量和结构与风险的大小息息相关。如果银行大量持有次级贷款,则在未来有较大的可能会出现大量呆账、坏账,其自身承担的风险加大,信用水平必然降低。

对资产的质量进行管理是商业银行资产管理的重要环节。贷款组合通常是银行资产负债表内的最大部分。因此,贷款的质量被认为是决定银行信用风险水平的主要因素。若商业银行贷款中大量贷款变为呆坏账,则说明商业银行资产质量出现了重大问题。不良贷款率作为银行业信贷风险的重要指标,在风险防范和预警体系中起着重要作用。

5. 流动性

商业银行的流动性是指商业银行能够满足存款人随时提取现金、借款人正常贷款需求,并且支付银行到期债务的能力。流动性对商业银行的经营至关重要,是影响商业银行风险管理能力和信用水平的关键因素。当银行出现流动性严重不足时,会产生集体挤兑的现象,导致银行资金链断裂,甚至危及整个金融市场的发展。但这并不意味着商业银行的流动性越大越好。商业银行的流动性过剩会削弱商业银行的盈利能力,加剧局部信贷的紧张程度,同时大量货币囤积在银行体系内还会促使商业银行更易进行高风险的贷款,从而加大商业银行的风险。下面我们通过一些指标来对商业银行的流动性水平进行详细评价。

流动比率是指流动资产总额与流动负债总额之比,在短期债务到期以前,商业银行流动资产可以变为现金用来偿还负债的能力,即短期偿债能力。一般来说,比率越高,说明商业银行资产变现的能力越强,流动性越高。但过高的流动性比率会导致流动资产占用过多,影响资金周转效率以及获利能力。

存贷比率是指商业银行贷款总额与存款总额的比值。从盈利角度来看,存贷比越高,意味着越多的资金贷放了出去,商业银行的盈利能力自然提高。但是从流动性角度看,过高的存贷比往往意味着较高的风险和较低的流动性。这是因为商业银行贷出的资金越多,其应付广大客户日常现金支取和日常结算的库存现金存款准备金相对就越少,有可能导致银行的支付危机。

市场资金减流动资产后占总资产的百分比。市场资金包含所有长期和短期债务,包括应付其他银行的欠款。这是针对总资产的期末计算。这个比率反映银行依赖非核心融资(即客户存款以外的融资)以支持其资产基础的程度。

资产负债的期限结构也可以对商业银行的流动性进行评价。它是指在未来的特定时间内,到期资产数量与到期负债数量的构成状况。资产负债期限结构错配通常是指商业银行将大量短期借款用于长期贷款,这会大大降低商业银行的流动性,增加商业银行的流动性风险。

12.3 商业银行信用风险管理

12.3.1 商业银行信用风险管理的成因

随着经济的快速发展,中长期信用的趋势增强,银行业信贷不断增加,加之经济周期性波动剧烈,银行业面临较大的系统性风险。宏观经济因素的不确定性、银行业自身的变化都使得银行面临更加严峻的信用风险管理的挑战。

宏观经济因素的不确定性使得银行信用风险增强。商业银行的发展有很强的顺周期特性。在经济扩张的环境下,金融机构加大了信贷支持力度,银行在这时很容易放松信贷管理以求得竞争,因此银行的诸多不审慎行为引发的风险不断加剧。另外行业风险的影响也越来越凸显,特别是与经济周期较为密切的房地产行业,其在银行内的资金融通占比较高,更加强了顺周期行业的信用风险在银行内的聚集,因此要对银行的系统性风险更加重视。银行业自身的变化也使得银行需加强信用风险管理。

首先,随着经济社会信用活动的普及,银行贷款的结构也发生了很大变化。一方面,在银行业务中,公司作为主要的借款人,是银行信用风险的主要来源。一家银行在几家大型企业或一个行业中投放过多的信贷资产,信贷集中度过高,很容易造成企业的关联风险。银行的资产运营更多地依赖于这几家企业或行业的运营状况。一旦这几家企业的自身运营出现问题或者行业出现新的调整,贷款风险加剧,银行会面临巨大损失。另一方面,在银行业务中,个人消费贷款、住房抵押贷款、中小型企业贷款等占银行贷款的比重也越来越高,而且其涉及范围很广,从住房、汽车等耐用品消费到旅游、医疗等日常消费等。加之银行业面临的强大的"金融脱媒"压力,许多优质大公司客户更多地选择直接融资市场,这使得银行把重点进一步放在对个人以及小企业客户的营销上。

其次,商业银行的盈利能力受息差等影响有减弱趋势。随着利率市场化的推进,息差的降低给银行盈利带来了很大压力,银行想获得高利差的前提是要进行有效的风险管理,包括贷款定价能力和有效的风险管控技术。还有汇率市场的变化也会影响银行的资产,或者通过其贷款企业的风险传导引发银行信用风险。银行的盈利能力很容易受到信贷政策、信贷规模、利率、汇率政策等因素的影响,若银行的盈利能力较弱,当面临信用风险时就无法挽回损失、摆脱危机。

再次,不良资产比例过高,不良贷款率居高不下,由不良资产引起的信用风险过度集中会严重影响银行的发展以及整个社会金融系统的安全。另外,流动资金贷款所占比例较高,"借新还旧"贷款仍占很大比例,其实这部分贷款已属于不良贷款,只是因某些原因未被列入不良范围而已。

最后,随着金融市场的不断发展,商业银行更多地向保险业、证券业等领域扩展,与保险公司、证券公司等各类金融机构的业务联系不断加强,这给银行带来的金融系统内部的风险也不断加强。表外衍生品的快速增加也扩大了银行的信用风险。20世纪90年代以来,各类金融衍生品势如破竹,快速发展,银行是这些衍生品交易的主要参与者,随着衍生品市场的快速扩张,其给银行带来的表外业务的信用风险也不容小视。

12.3.2 商业银行信用风险管理的内容

信用是金融行业赖以生存的支柱,尤其对银行来说,银行凭借自身的信用水平吸收公众的存款获取资金,形成对公众的负债;又通过对公众的信用将资金贷给需求者。银行作为债务人必须对债权人承担责任,而作为债权人对债务人发生的违约却是被动接受。银行的特殊地位使得银行必须加强管理其所面临的风险,同时也要提升自身的信用水平,确保银行稳健高效地运行。

1. 商业银行如何管理面临的风险

前文已经讲到商业银行在经营过程中面临信用风险、市场风险、流动性风险以及操作风险。下面我们就从这四个方面着手,分析商业银行对风险的防范和管理上的措施以及需要完善的地方。

(1)信用风险。为了避免信用风险,商业银行可采用内部评级法对贷款人进行信用评级,建立客户信用评级体系,加强贷前的调查工作,避免出现关联企业的贷款风险;对贷款风险等级进行分类,一般都采用国际上惯用的五级分类法,即正常类、关注类、次级类、可疑类、损失类。对贷款人和贷款种类进行评级可使银行在评估贷款风险时能更加理性。

银行在贷款业务的管理中,要严格控制贷款规模。规定银行的存贷款比率,例如,中国的银行贷款余额与存款余额的比例就是75%,这样可以防止银行过度扩张;同时要严格控制贷款的集中度,以行业、地区分析为基础,根据各行业和地区的市场竞争力、资本回报率等情况进行贷款业务的布局,避免对某一行业的信贷规模过大,对各行业和地区的信贷规模与增长比例进行控制;对单一客户的授信集中度也要管理,在中国要求各银行为最大的单一客户授信金额占资本净额的比例不超过15%。

银行应做好内部风险管理工作,加强内部控制制度建设。商业银行应当完善风险管理委员会的职能,由风险管理委员会负责全行的风险管理工作,下设信贷政策委员会对信贷风险进行实时监控、对各业务部门的具体工作进行详细的管理,确保每笔贷款业务的信用风险都能被有效地识别、评估、监测、控制。

制定信用风险管理的政策措施,每项贷款审批业务都要严格按照程序进行。信用风险管理政策涉及的内容很多,如,风险等级体系的设计、贷款集中度的管理、资产组合的管理、信贷审批员的权限和职责、贷款授权的制度等。银行应建立资产组合限额标准,降低因违约事件所造成的损失,对信贷资产的质量进行分类考核,将风险大的贷款人与风险小的区别开,严格按照评级标准分配给贷款人的风险限额,少数超限额情况必须有高级风险管理层批准。实行审贷分离的贷款审批程序,分层次的贷款授权制度;对于信贷审批的专职人员要有一套严格的考核标准和工作流程,每个信贷审批人员都要进行严格系统的培训,并进行分类以此来授予其不同额度的贷款审批权限。对于每一项贷款业务都要有市场部、信贷产品部、风险管理部三个部门的相关人员签字,风险管理部门最终进行决策,每一步程序都要落实到责任人,以明确责任,并且严格执行贷前调查、贷中审查、贷后检查,确保贷款合同设计内容全面完整。在经营管理过程中,将每一项业务都标准化、集中化处理,避免人为的随意性,这种程序明确的信贷授权管理不但实现了信贷决策的分散化,还提高了审批效率,控制信贷风险,明确贷款业务的责任。

建立风险评级系统,借助先进技术力量,在数据累积处理的基础上,对客户的信贷违约率、违约损失率、回收率、期限等主要指标进行计算,对风险评级实行量化和动态管理。目前国际上最为流行的两个信用风险管理模型就是 KMV 模型和 Credit Metrics 模型。KMV 模型意在建立全球范围的企业违约信息数据库,计算出各类信用等级的经验预期违约率,并以此为基础给出信用分值;Credit Metrics 模型则对贷款等非交易性资产进行估值及对风险计算给出风险估值的框架。它主要是利用借款人的信用等级和信用等级的变化概率、违约贷款的回收率来计算出贷款的受险值。这两个模型都能对贷款客户进行信用状况分析,防止银行集中授信,为具体的授信决策提供了可以量化的科学依据。

(2)市场风险。商业银行面临的市场风险主要有利率市场化和汇率浮动的影响,将其分为利率风险和汇率风险两方面。市场风险可以引发商业银行的主体信用风险。

在利率频繁变动的市场环境中,利率风险对商业银行的资产负债结构的调整有重要影响。利率敏感性资产与负债之间出现差额就会产生利率风险,所以商业银行要有针对性的调整资产负债结构。商业银行可对利率敏感性缺口(利率敏感性资产-利率敏感性负债)进行管理,当缺口为正值时,市场利率下降会减少银行的净利息收入;反之缺口为负值时,市场利率下降会增加银行的净利息收入。银行可根据缺口分析报告和利率预期走势来进行资产负债的调整,预测利率上升时可营造资金配置的正缺口,相反预测利率将要下降则营造负缺口,以此来增加净利息收入。

另外,商业银行还可以采取持续期缺口管理,主要是针对固定利率资产及负债的变动给银行带来风险的管理。持续期就是债券各期现金流偿还初始资金的平均时间。持续期缺口管理与利率敏感性缺口管理相类似。银行还可通过一些利率衍生产品交易来化解风险,如远期利率协议、利率期权、利率互换等。通过这些信用衍生品工具来锁定未来的贷款利率或借款利率,以避免利率变化给银行带来的损失。

目前大部分外汇交易都是通过商业银行完成的,所以汇率的变动对银行的外汇资产影响很大。商业银行对于外汇风险的管理主要通过两种办法,一种是不利用金融衍生工具,直接定制利于自己的合同货币,在合同中增加保护性的条款,而且尽可能采用即期外汇交易等措施;另一种就是利用金融衍生工具来进行投资交易规避风险,如货币互换,通过货币相互交换来控制汇率的中长期风险;还有外汇远期合约,在双方签订合约时就定好未来交割日买卖的外汇汇率,避免因汇率不确定性带来的风险。外汇期货、外汇期权也是防范汇率风险常用的衍生工具。

(3)流动性风险。商业银行的资金流动最为频繁,如果流动性不足很可能给银行带来经营风险,进而形成信用风险,所以银行必须保持资产的流动性。在商业银行存款增速放缓、资金来源受限的情况下,未来银行流动性仍面临着压力,如何规避流动性风险,使银行总体流动性保持平稳至关重要。

商业银行应当建立与业务规模、性质和复杂程度相适应的流动性风险管理体系,进行有效的流动性风险识别、计量和监控,建立完整的现金流测算和分析框架,提高银行的流动性准备比率,满足存款人的取款需求和贷款人的贷款需求。银行流动性可从资产流动性指标和负债流动性指标两方面衡量,具体指标各银行略有不同,一般商业银行总动性需求=负债流动性需求+贷款流动性需求=95%×(游资负债-法定准备)+30%×(易变负债-法定准备)+15%×(稳定资金-法定准备)+100%×预计新增贷款。在中国规定商业银行的流动性比率不低于25%。银行为保持资金流动性就需要避免过多地投资高收益、长周期的贷款项目;在贷款结构上也要均衡,贷款日期、金额要合理分布,保持资金来源和运用的动态平衡;另外提高商业银行资本充足率也将增加其流动性比率,减缓商业银行的流动性风险。而商业银行股权结构过度集中则会降低流动性比率,增加银行的流动性风险。所以商业银行应适度分散股权集中度,有利于增强商业银行的流动性。

(4)操作风险。对于操作风险,商业银行要根据自身的业务性质、规模和复杂程度制定相适应的操作风险管理体系与稳健的营运控制机制,及时整合业务流程,对操作岗位的工作范围、职责权限要清晰明确,加强内控制度的建设,实行管理人员与操作人员相分离制度,即高级管理人员不得从事具体业务操作;程序设计人员与业务操作人员相分离的制度,银行业务更多地进行了电子化处理,提高了银行工作效率和内部监督的时效性,能有效识别、评估、监测风险,缓释操作风险。

2. 商业银行如何提升自身信用水平

银行同时作为债务人吸收存款,此时银行应管理好银行内部的风险,以提高银行自身的信用等级。商业银行应主要从公司治理机制、风险管理有效性、资产负债管理体系、电子信息化管理等方面对银行主体的信用风险进行管理以提高银行的自身管理水平,其涵盖了银行主体信用风险评估的几大指标,如,经营管理、财务政策、盈利能力、风险管理有效性、资本充足率与资产质量等。

（1）良好的公司治理机制。良好的公司治理机制是商业银行成功的标志,是提高商业银行盈利能力的基础。良好的公司治理机制包括完善的组织架构、清晰的规章制度、提高信息披露和透明度以及银行自身的形象维护。例如,花旗银行运用现代管理理论构筑扁平的矩阵式管理结构,是一种由按职能划分的纵向关系和按执行任务划分的横向关系形成的一个矩阵。其组织架构简单,部门设置高效且专业。商业银行在组织结构和部门设置方面,应建立独立的、科学合理的风险组织构架和内部信用风险控制体系,并提高董事会成员经理层人员的专业化程度和独立性。

在商业银行的规章制度中要特别强调风险管理,董事会要掌握银行的风险敞口和风险管理状况,由风险管理委员会实时监控;董事会和银行高级管理层承担风险管理的最终责任,建立风险的识别、度量、监测、管理系统。

商业银行应实现产权主体多元化,股东之间形成相互监督、相互约束的格局,不但有利于有效的公司治理,还能提高银行的盈利能力。银行股权结构是否最优,股权集中度可作为参考标准。在中国商业银行的股份制改革就是国有银行实现产权改造的最佳办法。

加强银行的信息披露制度,建立完善的信息报告制度,及时提供银行风险变化的信息,防止银行内部人控制的现象,加强对高级管理层的监督。

通过司法制度不断提高法律对投资者权利的保护以及法律实施的质量,关注法律和政府监管的公司治理途径,切实保护投资者利益。

（2）资产负债管理体系。商业银行应控制过热行业的信贷资金,对高风险信贷规模加以控制,抑制资本套利行为,要对银行资产负债进行全面动态管理,不仅能计算并管理利率风险还能协调银行内长短期盈利目标,优化资本配置。商业银行经营管理要满足三个基本原则,即安全性原则、流动性原则、盈利性原则。通过"三性"原则来考察银行的风险管理现状,基于风险规避来调整银行的资本结构。

商业银行的安全性主要取决于资产的规模、结构和风险度。因此商业银行应提高资本充足率,降低不良贷款率,加快不良贷款核销力度,降低单一客户贷款集中度。为此要完善资产负债管理的组织框架,优化资产负债结构,满足资金风险监控指标;建立定期缺口分析报告制度,指导资产与负债的结构调整,保证银行资产负债比例协调、资本充足率适度;保证存贷比率不超标、拆借资金比例合理,防止银行拆入拆出资金比例过大造成超负荷运行等;保障资产安全,不良贷款比率以及其他不良资产占比都要有所控制,优化资产质量,其中呆账贷款余额与各项贷款余额的比不超过 2%,呆滞贷款余额比不超过 5%。

商业银行以盈利为目的,盈利性越高,获利能力越强,其抵御风险的能力也就越强。商业银行应满足资产利润率不低于 0.6%,资本利润率不低于 11%,成本收入比不高于 45%,以确保银行有较强的盈利能力,这也反映出银行经营管理的能力。保障银行的收益性、流动性与安全性协调统一。同时建立资本分析报告制度和资金配置机制,借助计算机工具强化对风险的计量,并制定与银行资产负债特点相符合的流动性管理指标警戒值。

（3）电子信息化管理。推进银行电子信息化管理,可将银行80％的业务流程标准化、程序化,这样不仅能提高效率还可以降低成本。积极开展网上银行业务,实施电子化风险管理系统,逐步完善数据的集中处理能力,并将计算机管理系统的设计人员与具体操作人员、业务人员相分离。信息化减轻了信贷人员的工作强度,提高了工作效率,使银行能够实时监控本行的业务活动,及时发现风险。世界上先进大银行非常重视信息化建设,中间业务的快速发展更需要信息技术的支持,如银行的信用卡业务、个人理财业务等。

（4）健康的风险管理文化。树立健康优秀的信用风险管理文化对商业银行的经营管理有重要的影响。信用风险管理文化是集银行的经营思想与管理理念、风险控制与道德标准于一体的企业文化。在商业银行经营管理的内部树立健康的风险管理文化将有助于风险管理技术的运用和决策的执行。在银行内部倡导和强化风险意识,树立全方位的风险管理理念,包括每个部门、每项业务、每种产品,熏陶每个员工都能有审慎务实的精神,对客户负责、对银行负责、对自己负责,形成一支作风严谨、技术一流的风险管理队伍,这对于一个银行的经营管理、风险管理都至关重要,有利于提高银行的自身形象。

练习题

一、选择题

1. 商业银行面临的最主要风险是（　　）

   A. 市场风险　　　B. 操作风险　　　C. 流动性风险　　　D. 信用风险

2. 下列哪一项不是评估商业银行主体信用风险所考察的因素（　　）

   A. 经营环境　　　B. 经营管理能力　　　C. 负债能力　　　D. 风险管理能力

3. 商业银行应主要从哪些方面进行信用风险管理以提高银行的自身的信用水平？（　　）

   A. 公司治理机制　　　　　　　B. 风险管理有效性

   C. 公司竞争力　　　　　　　　D. 资产负债管理体系

   E. 电子信息化管理

二、简述题

1. 请简要论述为何商业银行的特殊性决定了其风险管理的重要性。
2. 简论商业银行主体信用风险评估的框架及其应用。
3. 商业银行对信用风险的防范和管理上的措施都有哪些？

第 13 章　保险公司信用风险

13.1　保险公司概述

13.1.1　保险的概述

1. 保险的产生和发展

保险作为对人类生产活动中遇到的意外事件的风险分担,是社会发展过程中不断探索和创新的结果。最初,面对巨大的自然灾害和人为损失,古人发现可以通过集合同类危险聚集资金,对危险的后果进行经济补偿可以分散风险,减少风险损失,保险思想随之产生。古巴比伦王征收过一种用作救济火灾的税金,这种思想先后传入腓尼基和古希腊。古罗马曾存在过一种名叫"拉奴维姆丧葬互助协会"的组织,要求会员缴纳会费,并均摊分做会员的丧葬费用和遗属救济金。14世纪,地理大发现和海上贸易的兴起产生了共同承担海损的分摊原则,使海上保险首先在意大利出现,其初级形式是船舶抵押借款。哥伦布发现新大陆之后黑奴贸易的兴盛促使了人身保险的产生,17世纪英国伦敦大火又促进了火险保险的出现和发展。中国作为传统的农业大国,在农业方面业也发展了自己的保险思想和方法。孔子提出了"耕三备一"的思想,强调积粮备荒,古代的粮仓和镖局也是保险思想的体现。

随着社会经济的发展,特别是在过去的二十年里,保险业作为金融业的三大主要产业之一取得了蓬勃的发展,而其地位也在市场经济中不断提升。自1990年起至2009年,保费收入在全球范围从1.4万亿美元增长到4.06万亿美元。据统计,国际经济合作组织国家成员国中,保险资产占金融总资产的比重为近20%,并且全球GDP中的8%为保费收入;该数字在发达国家的平均值甚至达到10%以上。根据纽约证券交易所的数据,保险资金的投资占纽交所投资资金总额的30%;而据《财富》杂志对2009年的世界500强企业的统计数据表明,500强企业中共计55家保险公司,它们的营业收入超过金融业总营业收入的40%,而利润占金融业利润的35%。

2. 保险在社会经济中的作用

保险的处理对象是风险,它的目标是实现风险转移和共担,并进行相应地损失补偿。保险通过集合众多经济单位,基于精算等计算方式来负担业务中所需要的资金,以建立一个持续经营的经济制度,因此保险活动是国民经济的一种再分配。

保险的基本职能包括分担风险和补偿损失,派生的职能包括融资、防灾减损和促进社会的再分配。保险有助于受灾的个人和企业减少损失,有利于平衡财务收支,同时保险还有助于在大范围内分散风险,促进社会经济交往,稳定社会生产的再循环和经济运行。总之,保险的这些职能可以分为经济补偿、资金融通和社会管理三大类,经济补偿是最能体现保险业务特色的基本职能,资金融通是体现保险金融属性的职能,社会管理职能通过资金融通的方式来实现。作为管理经济社会风险的手段,保险已经成为金融和社保体系中的重要组成部分。

13.1.2 保险业的经济学基础

原理概述

保险公司(insurance company)是指从事风险集中与分散的、采用公司组织形式的机构,具有风险集散和资金投资的特点。作为一种销售保单、为客户提供风险保障的经济组织,保险公司通过赔偿被保险人的事故损失为客户转移、分担风险,并收取一定的保险费作为回报,同时保险公司还把保费收入作为投资资金进行资本运作,以此获得投资收入。保险公司把风险作为经营对象,同时公司自身的经营也存在风险。保险公司有直接保险公司和再保险公司之分,前者直接为普通投保人服务,后者为一般保险公司服务。

保险经营以大数定理为基础,通过集合大量异质风险,预测风险损失,再对风险进行分摊。根据大数定理,当随机事件大量重复发生时,一般会呈现出接近必然的规律。对于保险公司而言,随着风险单位数量的增加,实际产生的赔付结果逐渐接近在拥有无限风险单位数量的情况下取得的预期赔付。保险公司正是借助亏损在特例情形下的不确定性会在大数条件下减少甚至消失的特点来解决单一个体不能承受的风险,并从中获利。与保险业关系密切的几个大数定理包括切比雪夫大数定理、伯努利大数定理、辛钦大数定理、泊松大数定理等。以切比雪夫(Chebyshev)大数定理为例,设 $X_1, X_2, \cdots, X_n$ 是相互独立的随机变量,每一个变量都有有限方差,且有公共上限,依次为 $\sigma_1^2, \sigma_2^2, \cdots, \sigma_n^2$,且存在正常数 k,使得对 $i = 1, 2, \cdots$,有 $\sigma_i^2 \leqslant k, (k > 0)$,并且,对任意小的 $\varepsilon > 0$,有:

$$P\left\{\left|\frac{1}{n}\sum_{k=1}^{n}X_k - \frac{1}{n}\sum_{k=1}^{n}E(X_k)\right| < \varepsilon\right\} = 1 \tag{13-1}$$

公式(13-1)表明当 n 足够大时,那些相互独立、方差有界的随机变量的均值依概率收敛于其数学期望。对于保险行业,该定理表明当有 n 个投保人同时投保这 n 个相互独立的保险标的时,X_n 为每个标的实际发生损失的大小,$X_1, X_2, \cdots, X_n$ 期望值相等,$\frac{1}{n}\sum_{k=1}^{n}X_k$ 为平均每人获得的实际赔偿金,$\frac{1}{n}\sum_{k=1}^{n}E(X_k)$ 为理论上每人缴纳的纯保费。当投保人足够多时,纯保费基本等于实际赔偿金,说明保险公司可通过合理收取保费、合理赔偿来减少风险。

再看泊松(Poisson)大数定理,设在第 i 次试验中事件 M 发生的概率为 $P_i(i =$

$1,2,\cdots,n)$,$n_{(M)}$ 表示 n 次试验中事件 M 发生的次数,则:

$$\left\{\left|\frac{n(M)}{n}-\frac{\sum_{i=1}^{n}P_i}{n}\right|<\varepsilon\right\}=1 \tag{13-2}$$

公式(13-2)表明,在独立随机试验的条件发生改变的情况下,事件发生的频率依然保持稳定性。则随着 n 的增大,在 n 次独立试验中,独立事件 m 发生的频率也会保持在事件 m 发生概率的平均值附近波动。如图 13-1 所示,对于保险公司而言,即使相互独立的被保险对象损失的概率不一致,一旦拥有了足够多的保险标的,便可在平均意义上求出相同的随机概率。以此为依据,可保证保险公司在整体收支平衡的情况下,适度调整各保险产品的费率,最终实现风险化解和经营收益。

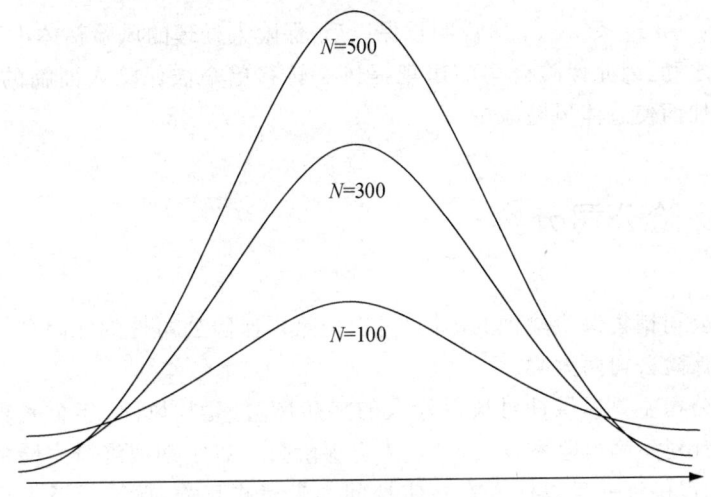

图 13-1 保险数量和损失分布关系

大数定理在保险公司经营中的实际应用包括以下几个方面。

(1) 计算保费费率。根据切比雪夫定理,若有 n 个投保人同时投保,其总共 n 个独立的保险标的,当投保人足够多,即标的数量足够大时,$\frac{1}{n}\sum_{k=1}^{n}X_k$ 为平均每人获得的实际赔偿金,$\frac{1}{n}\sum_{k=1}^{n}E(X_k)$ 为每人缴纳的纯保费。

(2) 计算保险单位数。设有 n 个被保险单位的损失变量 $X,X_1,X_2,\cdots,X_n$,有两种状态:无损失时,$X_i=0$;有损失时,$X_i=1$。根据大数定理以及中心极限定理,当 n 极大时,保险的平均损失次数为 $\overline{X}=\frac{1}{n}\sum_{i=1}^{n}X_i \sim N\left(p,\frac{p(1-p)}{n}\right)$,即服从均值为 p,方差为 $p(1-p)$ 的正态分布。从而可得到 $\overline{X}$ 的一个置信水平为 $1-\alpha$ 的置信区间为 $\left[p-\frac{\sqrt{p(1-p)}}{n}Z_{\frac{\alpha}{2}},p+\frac{\sqrt{p(1-p)}}{n}Z_{\frac{\alpha}{2}}\right]$,实际损失变动与保险单位总数比率为 $\varepsilon=$

$\frac{\sqrt{p(1-p)}}{n} Z_{\frac{\alpha}{2}}$,若需要 ε 小于某具体常数 β,则可由 ε ≤ β 得到:

$$n \geqslant \sqrt{\frac{\sqrt{p(1-p)} Z_{\alpha/2}}{\beta}} \tag{13-3}$$

由此可确定最低保险单位数。

(3) 降低被保险人承受的平均风险程度。若保险公司承保的风险单位为 n,每个单位的损失分别为 $X_1, X_2, \cdots, X_n$,则单个被保险人面临的损失为实际损失 X_k 与期望损失 $E(X)$ 的偏差。设 X 的标准差为 σ_X,则每个被保险人的损失为 $\overline{X} = \left(\sum_{k=1}^{n} X_k\right)/n$,损失偏差值为 $\sigma_{\overline{X}} = \sqrt{\frac{Var(X)}{n}}$,总损失为 $\sum_{k=1}^{n} X_k$,方差为 $n\sigma_x^2$,标准差为 $\sqrt{n}\sigma_X$,面临的风险总和为 $n\sigma_x$,因为 $\sqrt{n}\sigma_X < n\sigma_X$,这说明投保以后,保险人处理的风险整体小于单个被保险人所面临风险之和,因此保险公司的出现提供了转移单个被保险人面临的风险,并因被保险人数的增加而使总体风险减少。

13.1.3 保险公司分类

根据保险公司销售保险险种的不同,可以把除再保险公司外的保险公司分为人寿保险公司和财产保险公司两大类。

人寿保险公司主要提供针对被保险人的疾病风险、死亡风险、年金和养老金等投资储蓄的服务。针对疾病风险和死亡风险,人寿保险公司以定期或终身寿险的方式向投保人提供赔偿金,以保证一旦投保人在一定期间内生病或死亡,保险受益人可以得到指定的赔偿。针对投资储蓄活动,保险公司以养老金或年金的方式,向投保人在一定期间内定期支付定额的现金补偿,直至期满或投保人死亡。人寿保险面临两个最显著的风险困扰,一是死亡率的误差,二是利率的波动。寿险产品的主要保险对象是人的寿命,那么产品预测的死亡率和实际死亡率之间的误差(死差损)就成为保险产品风险的重要来源;利率是另一个风险来源,一般的寿险产品可能长达数十年,在此期间,无论是投保人缴纳的保费还是保险支付的补偿金都可能受到利率波动的影响而在价值上发生变化。

财产保险公司主要经营意外伤害保险和财产保险两种业务。以工伤赔偿为例,保险公司在处理意外伤害险业务中的工伤损失时应该充分考虑到以下问题:伤者长期健康损失问题、因工伤造成的收入减少、生活质量下降问题以及其他因工伤裁定判决造成的费用损失问题。在保险公司财产险业务的经营问题中,在预估损失的同时还应该分析基于损失和未来预期现金流支出和未来新的预期保费现金流收入的保险盈利。另外,保险公司的不良债务和投资业务的操作不善都会造成重大风险。

13.2 保险公司的盈利与运营

13.2.1 保险公司的需求和供给

投保人对风险规避的需求,保险公司有利用集中应对风险获取收益的条件,需求和供给的存在催生了保险行业的发展。保险公司在不断发展和开展新业务的过程中完善了自身经营,并逐渐获得了大量的收益。本小节介绍保险公司的盈利原理以及客户的需求和保险公司的供给。

1. 保险契约成立的条件

当面临边际效用递减的效用曲线时,决策者损失一单位财富失去的效用远远大于增加一单位财富得到的效用,也就是说决策者愿意以高于期望的价格获得保险保障,从而提高其期望效用。而引发风险厌恶的原因是因为赌博收入效用的边际递减。图 13-2、图 13-3 和图 13-4 表明这种边际递减的情况:赌博收入 $U_2 - U_1 > U_4 - U_3 > U_6 - U_5$。

人们在决策时,需要把不同决策的最终效用进行综合比较,并选择其中平均收益最大或平均损失最小的方案,此即为期望效用原理。该原理表明当风险存在时,对风险厌恶的代理人的财富效用的期望值低于财富期望值的效用。期望效用函数(expected utility function)说明,若某随机变量 X 的概率 π_i 的值如下:

$$X_i, i = 1, 2, \cdots, n, \quad 且对应效用为 U(X_i)$$

则此随机变量产生的效用应为:

$$U(X) = E(u(X)) = \sum_{i=1}^{n} \pi_i u(X_i) \tag{13-4}$$

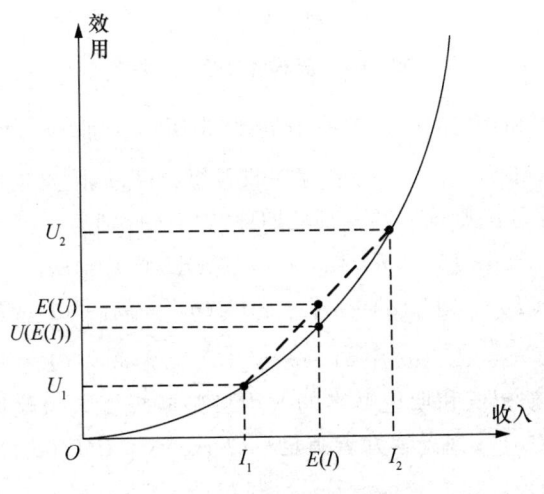

图 13-2 喜好风险效用函数

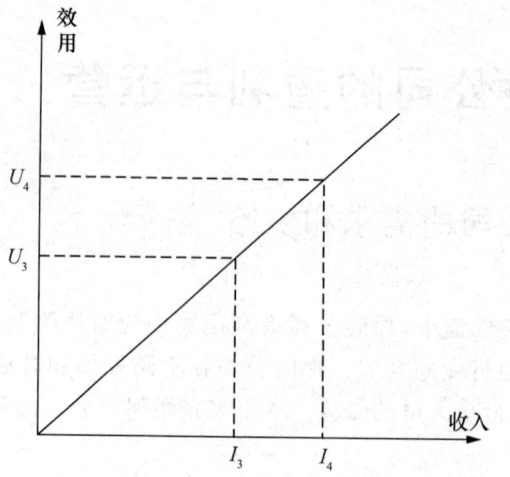

图 13-3 中性效用函数

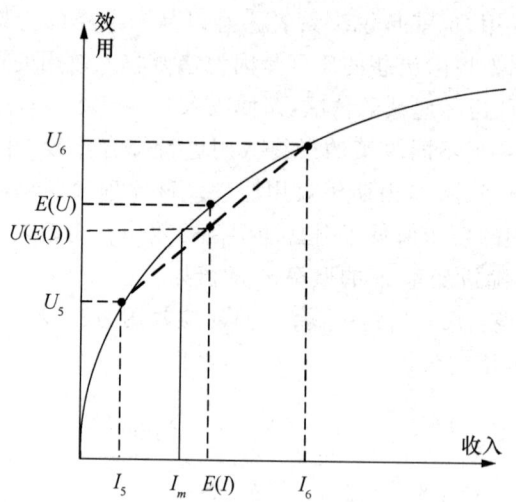

图 13-4 厌恶风险效用函数

图 13-2、图 13-3 和图 13-4 是三种不同的效用函数曲线,其效用表达式分别为 $u(x)=x^2, u(x)=x$ 和 $u(x)=\sqrt{x}$。若存在收益组合 T,风险发生概率为 π,有风险时收益为 a,无风险时收益为 b,则这三种模型的期望效用值分别为:

$$U_2(T) = \pi U_2(a) + (1-\pi)U_2(b) = \pi a^2 \tag{13-5}$$

$$U_1(T) = \pi U_1(a) + (1-\pi)U_1(b) = \pi a + (1-\pi)b \tag{13-6}$$

$$U_3(T) = \pi U_3(a) + (1-\pi)U_3(b) = \pi\sqrt{a} + (1-\pi)\sqrt{b} \tag{13-7}$$

通过比较效用的期望值和期望财富的效用可判断投资人风险偏好。风险中性者满足 $U(E(w)) = E(U(w))$;风险喜好者满足 $U(E(w)) < E(U(w))$;或风险厌恶者满足 $U(E(w)) > E(U(w))$。

对于风险厌恶的投资者,其效用函数满足新古典条件,即,对任意正收入 $X > 0$,有

$U'(X) > 0, U''(X) < 0$,由此说明若决策行为符合一致性条件,则非确定性条件下的最优投资决策可由期望效用最优化原理得到。

购买保险的人表现为风险厌恶。如果可以确定地获得一定财富 $E(w)$,风险厌恶的人认为这比在存在不确定情况下获得期望财富 $E(w)$ 的效用要高。这正是上面第三个效用关系反映的意义。

为了说明投保人购买保险愿意支付的保费,我们用一个例子来说明。假设一个人的初始财富为 w_0,面临意外事件的概率为 π,事件发生会使他损失 L 元,他的效用函数为 $U(x)$,满足古典风险厌恶条件。如果保险公司在意外发生时愿意支付的赔偿为 q,保费率为 p,那么保险公司收到的保费为:$F = qp$。

定义 $I = 0$ 为无保险状态,投保人自己承担风险,其期望效用是:

$$E(U \mid I = 0) = \pi U(w_0 - L) + (1 - \pi)U(w_0) \tag{13-8}$$

相对地,$I = 1$,即投保人购买保险时,其期望效用变为:

$$E(U \mid I = 1) = \pi U(w_0 - L + q - pq) + (1 - \pi)U(w_0 - pq) \tag{13-9}$$

投保人购买保险的条件是购买保险后的期望效用不小于未购买保险的期望效用,即 $E(U \mid I = 0) \leqslant E(U \mid I = 1)$。

保险公司也面临此意外事件的风险,如果事件不发生,其收入为 pq,如果事件发生,其支出为 q。保险公司的期望收益 R 是:

$$R = -\pi p + (1 - \pi)qp \tag{13-10}$$

保险公司愿意提供该项保险业务的条件是其期望收入不为负数,即 $R \geqslant 0$,或 $-\pi p + (1 - \pi)qp \geqslant 0$。

2. 投保人的保险需求

为了避免复杂的数学问题,我们假设投保人的选择是投保人的最大化效用问题的最优解。当给定保险费率 p 时,投保人的问题是愿意购买多少的保险,也就是希望在意外事件发生时获得多少的赔偿。该最大化问题表示如下:

$$\max_{q \geqslant 0} E(U \mid I = 1) = \pi U(w_0 - L + q - pq) + (1 - \pi)U(w_0 - pq) \tag{13-11}$$

这是个单变量的最大化问题,我们知道这个问题存在唯一解的条件为 $\dfrac{dE(U)}{dq} = 0$,且 $\dfrac{d^2 E(U)}{dq^2} < 0$。如果投保人是风险厌恶的,这两个条件在收入为正时可以得到满足。我们假设该问题的最优解存在于正收入的某个水平。通过求解一阶倒数条件,可得:

$$\pi(1-p)U'(w_0 - L + q - pq)(1 - \pi)pU'(w_0 - pq) = 0 \tag{13-12}$$

整理后我们得到:

$$\frac{\pi U'(w_0 - L + q - pq)}{(1 - \pi)U'(w_0 - pq)} = \frac{p}{1 - p} \tag{13-13}$$

如果保险人购买的保险额 q 满足(13-13)式,则在保险费率为 q 时,保险人通过保险契约,购买 q 量的保险,使得自身在面临的两种状态的风险时可以达到效用最优。

(13-13)式中表示保险需求的 q 是关于初始财富 w、风险损失 L、保险费率 p 以及风险损失概率 π 的函数形式,我们用数学符号表示为:

$$q = Q(w, 1, p, \pi) \tag{13-14}$$

式(13-14)说明在给定初始财富 w、风险损失 L 以及风险损失概率 π 的前提下，投保人的保险需求受到保险费率 p 的影响，投保人会根据市场给定的保险费率确定最大保险需求。

但是 p 的决定一般需考虑各种因素，比如保险公司对市场的判断。为了便于说明，我们假设存在一个使投保人效用最优的费率 p，使被告人在投保后可以得到确定的收益，且与初始的期望收益相等，即公平精算保费 p^*，满足以下公式：

$$\pi(w_0 - L) + (1-\pi)w_0 = \pi(w_0 - L + q - p^*q) + (1-\pi)(w_0 - p^*q) \tag{13-15}$$

解得 $p^* = \pi$，即"公平"保险的保费率就是意外事件发生的概率。

带入等式 $\dfrac{\pi U'(w_0 - L + q - pq)}{(1-\pi)U'(w_0 - pq)} = \dfrac{p}{1-p}$，我们有：

$$U'(w_0 - L + q - pq) = U'(w_0 - pq) \tag{13-16}$$

因为函数 $U'(x)$ 是单调函数，这个等式成立的条件为等式两边一阶效用函数内的数目相等，即，$w_0 - L + q - pq = w_0 - pq$，从而可知，在此情况下，当风险损失概率等于保险费率时，要保证投保人在损失发生和不发生的情况下的边际效用是一致的，其所购买的保额为 $q = L$，即在发生意外事件时，投保人得到的赔偿正好是其损失。在公平保险的情况下，投保人会全额购买风险头寸。

在图 13-4 中，我们可以购买保险的效用为 $E(U)$，购买公平保险的效用为 $U(E(I))$，而 $E(U) - U(E(I))$ 为通过购买公平保险获得的额外效用。

需要说明的是上例是在假设"公平"保险情况下的保险额度，这时投保人为其所有可能的损失购买了保险。在实际情况下，保险的购买额度未必等于可能损失。但即使在这个情况下，我们可以求得投保人的效用为 $U(w_0 - pq)$，大于不够买保险时的效用，这表明，投保人愿意购买此保险。

3. 保险公司的保险供给

事实上，没有保险公司愿意提供"公平"保险产品给投保人，也就是，保险公司不会接受保费率 $p = \pi$。因为即使保险公司要求更高的保险费率，只要保证被保人在购买保险之后的效用大于被保险人自己承担风险时的效用，被保险人仍然会购买保险。所以实际上，保险公司提供的费率只需保证：

$$\pi u(w_0 - L) + (1-\pi)u(w_0) \leqslant \pi u(w_0 - pq - L + q) + (1-\pi)u(w_0 - pq) \tag{13-17}$$

投保人都会购买 q 单位的保费率为 p 的保险产品。

如图 13-4 所示，因为投保人承担风险时得到的效用为 $E(U(I))$，只要保险公司提供的保险费率可以使其效用大于 $E(U(I))$，风险厌恶的投保人都会购买此保险，因此存在一个保险费率 $p \geqslant \pi$。那么，我们需要知道超过多大的保险费率，投保人就将不会购买。如图 13-4 所示，如果确定收入水平为 I_m，这是能保证投保人的效用为 $E(U(I))$ 的最低消费，即 $U(I_m) = E(U(I))$，那么投保人也为其所有风险暴露购买保险，这时的费率可以由等式 $w_0 - pL = I_m$，得到 $p_m = \dfrac{w_0 - I_m}{L}$。

保险公司实际上可以要求的保费率为 P_m，这通常比事件发生的概率 π 要大，也就是保险公司要求的保费率比公平保险的费率要高。进一步的分析可知任何费率在区间 $[\pi, p_m]$ 都是可能存在的。

13.2.2 保险公司的利润来源

1. 利润构成

保险公司的利润主要由承保收益和投资收益两部分构成。用财务的视角看，一般认为保险公司的营业收入包括保费和投资收入；营业支出包括理赔款项、营业费用和准备金提转差；实际利润是这两部分的差值。保险公司的税前利润由五部分构成：利差益、死差益、费差益、退保差益以及准备金释放，其中除了利差益属于投资收益以外，剩余的四部分均属于承保业务收益。

(1) 利差益（利差损）。在一个运营周期内，保险公司需要保证拥有足够的责任准备金来支付运营周期内预期需要支付的索赔。在责任准备金的计算过程中包括保障成本的预期，即责任准备金的保障成本率。当保险公司实际投资的税后收益率大于预估利率时所产生的利润即为利差益，反之则产生利差损。

利差益 =（期初准备金 + 净保费）× 投资收益率 − 期初准备金 × 保障成本率

由公式可以看出利差益（损）的产生主要受到保险公司投资收益结果影响。同时，净保费可为保险公司提高更多的低成本资金；合理的保险产品设计可以减少保险公司的投资成本从而提高利差益。

(2) 死差益（利差损）。在寿险定价过程中，对投保人群死亡率和重大疾病率的预估是重要的一环。当实际发生的死亡率低于定价中所预期的死亡率时，保险公司所需支付的赔偿也低于预期，从而产生预期外收益，即死差益，反之则产生死差损。死差益一方面来源于实际死亡率和重大疾病率的变化，另一方面来源于保险公司在通过更有效的运营降低逆向选择和欺诈，减少不必要的赔付。

死差益 = 预期死亡赔偿 − 实际死亡赔偿

死差益 = 保险金额 × 预期死亡率 − 保险金额 × 实际死亡率

影响死差益（损）的主要因素为预期死亡率和实际死亡率之间的差异。因此，通过保险产品的研究及定价所确定预期死亡率和承保及理赔过程中实现的死亡率决定了保险公司的死差益。为了提高死差益，保险公司可以通过合理的产品设计确定合适的预期死亡率；或者可以通过减少反向选择和保险诈骗，避免由不必要理赔带来的实际死亡率增加。

(3) 费差益（费差损）。在保险产品的定价过程中，保险公司不仅需要考虑未来理赔的支出，也需要考虑运营过程中所带来的费用。所以，保费的一部分是用来支付保险公司的运营、管理和维护等的费用。在保险产品定价中，预期营业费用可表示为保险费总额的比例。所以，当运营周期内所产生的实际费用低于期初所预期的费用时，就会产生费差益；反之则产生费差损。

$$费差益 = （预定营业费用率-实际营业费用率）\times 保险费总额$$

费差益（损）的实现主要受到保险公司经营流程的影响。具体分析单个保险合同：在合同签订的第一年，由于前期的背景调查、合同手续等流程导致较高的运营费用从而产生费差损。但是，随着保险合同的持续和续保，相关的费用项目会大大减少从而使单个合同产生费差益。因此，从内在提高运营效率和加强管理等可以实现实际营业费用率的降低；从外在做好客户服务和提高产品质量等亦可通过提高合同的期限和续保率来实现更低的实际营业费用率。

（4）退保差益（退保差损）。在保险合同签订后，存在投保人要求提前终止合同的可能。在退保过程中，需先从剩余保费中扣除相应手续以弥补公司的损失，所以退保过程往往会产生消耗的准备金低于实际退保支出，从而产生退保差益，反之则产生退保差损。

$$退保差益 = 期末准备金预期退保率 - 当期实际退保支出$$

虽然退保差益是保险公司的利润来源之一，但退保差益的产生带来的是费差益、死差益和利差益的流失。所以，与费差益相同，通过提供更好的保险产品和服务来获得更多客户以及更高的续保率能在总体上提升保险公司的利润。而从单个保险合同来考虑，保险公司可以通过更高效的运营，提高退保差益或降低退保差损。

（5）准备金释放。准备金释放指在已净赚保费中，减扣死差益后再减去准备金增加额或加上准备金减少额后的差额：

$$准备金释放 = 净赚保费 - 死差益 - 准备金增加（+ 准备金减少）$$

2. 投资收益

保险资金投资指保险公司在承保业务之外将闲置保险金用于投资、融资以获得额外收益的过程。可用于投资运作的保险资金包括资本金、公积金、公益金、保险责任准备金等资金，具备稳定性、负债性、长期性等特点。投资方向包括股票、债券、基金、银行存款以及其他金融衍生品、贷款、不动产等。保险公司在投资过程中一般以安全性、流动性、收益性三大原则为操作准则，在积极控制风险的前提下获得最大收益。

按照风险来源，保险投资风险包括系统性风险和非系统性风险，系统性风险是包括政策风险、利率风险、汇率风险、通胀风险等在内的由外部因素变化引起的经营环境的风险，而非系统性风险是包括信用风险、流动性风险、债务风险、经营风险、操作风险等在内的由特定条件变化所产生的特有风险。

3. 经济业务收益

在保险公司的定价过程中，保险公司要在精算的基础上测算出经营成本，再在成本基础上加上所追求的利润而最终形成价格，用于保证承保业务的盈利和公司的正常运营。由于风险的不确定性，承保利润会受到该运营周期内风险预期与赔付实际之间的差异的影响，利润多时实际赔付低于预期，利润少时赔付高于预期，一旦出现巨灾，保险公司还可能出现亏损乃至破产倒闭的情况。

虽然保险公司的收益来源于投资收益和承保业务两部分，但目前世界上发展比较成熟的保险公司都已经逐渐把投资收益作为保险公司的主要收入来源。因为随着市场竞争的加剧和金融市场的开放，保费收益逐渐难以弥补赔付的支出费用，单纯依赖承保业务作为收入来源的保险公司大多发生亏损，因此保险公司在主营业务之外往往通过保资金投资弥补业务亏损,提高公司的经济效率,但是在一些发展尚不成熟的市场中仍然有很多保险公司比较依赖承保业中的保险费收入。

13.2.3 保险公司运营环节

1. 运营活动

保险公司的运营活动分为营销、承保、理赔、客户服务等环节。营销是保险公司销售产品的环节,包括开拓客户市场、调查保险需求、推荐保险方案、保险签约等几个步骤。保险营销一般通过以业务员推销、电话网络销售为主的直接销售渠道和保险代理人或者以保险经纪人销售为主的间接销售渠道进行。保险营销是保险公司获取投保资金、获得盈利的前提。承保是保险人对有意愿购买保险的投保人审核投保申请、决定是否和如何接受的具体过程,一般包括核保、做出承保决策(是否正常承保、有条件承保或是拒保)、制单、签章、收取保费等步骤。承保完成后保险公司可收取投保人的保费。理赔是保险经营中的重要环节,它是指保险人在保险标的发生风险事故之后,处理被保险人或受益人提出的索赔申请的活动。从被保险人的角度来看,在风险事故发生时能够及时获得保险补偿便可在一定程度上弥补自己的"损失"。从保险人的角度来看,理赔确实可以充分发挥其作用来体现保险制度存在的价值。理赔程序包括损失通知、审核保险责任、损失调查、赔偿保险金、损余处理以及代位追偿等步骤。客户服务主要有提供产品、履行合同、保证客户利益以及处理纠纷等活动。财险客户服务包括咨询服务、风险管理、查勘定损、核赔以及处理投诉等,寿险客户服务包括提供合同内容变更、续期收费、转移保险关系、生存给付以及孤儿保单服务等环节。

2. 主要环节风险

(1) 营销环节风险。营销风险是保险销售人员在拓展业务的过程中,因没有遵循规章制度而使公司遭受制裁监管和财务、声誉上损失的风险。最主要的营销风险是保险公司为了保证业务规模过度依赖人员扩张,忽视了保险人员的业务和道德素质,从而引发销售风险。例如,销售人员为了获取利益利用客户信任提供虚假客户信息,非法集资、诈骗、盗取客户资金,使公司失去发现风险的机会,或者销售人员为了增加业务收入,利用公司的制度漏洞进行违规销售,如不实告知标的风险,对客户误导销售和过度承诺,保单要素填写不齐全等。

(2) 承保环节风险。承保环节中的风险有很多,一是业务人员不检验保单,对承保申请来者不拒,有时为了增加业务量甚至主动承接高风险的保单;二是由于保费收入与业务业绩挂钩,部分业务员为完成业务不惜牺牲整体利益,降低公司业务的质量;三是业务管理衔接不佳,展业人员和理赔人员在收取保费和给付理赔时缺乏沟通合作,各行其是。

(3) 理赔环节风险。理赔环节中的风险主要有:一是为了保持客户关系在赔付案中发生通融现象,违背保险公司制度,不该赔款的时候予以赔付,在应该少赔的情况下多赔,甚至恶意制造虚假索赔;二是保险公司可能针对某些特殊客户,利用家财险等分散性理赔案的处理,扶持公司的财产保险、运输保险等主要险种,即以分散性险种的赔付扶持主要险种；三是不严格执行相关理赔制度，不根据实际情况确定损失，而是通过自身的理赔权限确定理赔额度，增大保险公司信用风险的概率。

13.3 保险公司信用风险评估

保险公司信用风险是保险公司未能履行债务偿付的可能性以及对债权人造成的损失程度。本节的目的在于帮助读者了解对保险公司信用风险评估的一般思路，认识到保险公司与其他企业的相同和差异之处，掌握保险公司的行业特点，以辨别保险公司的信用风险来源、特殊的信用风险要素。信用风险评估需要对影响保险公司未来偿付能力的各种因素进行全面分析，将定性分析与定量分析相结合，着重从宏观、中观、微观三个层面全面考察保险公司的信用风险水平。在宏观层面需要考虑宏观经济、经济运行的周期性、区域经济发展状况、法律制度等保险公司的大环境；中观层面需要考察行业的竞争情况、进入壁垒、退出机制等本行业发展状况；在微观层面需要分析保险公司自身在财务运营、风险控制、组织管理以及战略制定和竞争力方面的风险因素。

13.3.1 运营环境

保险公司的信用风险会受到经济环境、法律监管、行业发展状况等因素的影响，这些是保险公司运营过程中的外部环境和直接影响企业实现其经营目标的外部力量。运营环境能通过经济发展形势、法律制度的完善程度和同行业发展水平等方面影响保险公司信用风险；运营环境的变化关系到保险公司未来经营状况的好坏与偿付能力高低。一般来说，经济形势越好、法律法规越健全的环境越有利于促进保险公司健康经营，降低其信用风险发生的可能。评估运营环境所需考察的要素大致包括公司所处的宏观经济环境、区域经济环境、经济政策的实施、法律监管情况、行业竞争程度、行业门槛等，我们将这些要素归类于经济环境、法律环境、行业状况三类。

1. 经济环境

经济环境包括经济政策、宏观和区域经济状况。经济政策主要体现为宏观调控政策，如财税政策、利率政策、货币政策等。以利率政策为例：一国利率政策的变化，会通过影响保险公司的投资收益从而改变其债务偿付能力。利率下降会刺激市场中的消费和投资需求，有利于提高投资收益，增加保险公司的经济收入，弥补承保业务收入的损失或者不足，进而对保险公司的偿付能力的提高和信用风险的降低有积极作用。宏观经济状况，即经济运行的周期性波动状况。经济周期通过有规律的经济扩张或收缩影响一国居民的投资和储蓄行为，从而间接影响保险需求。在经济周期波动的扩张阶段市场需求旺盛，资金周转灵活，对保险业务的需求也相应上升，反之需求下降。市场对保险需求的变化会引起保险业务收入和理赔支出的相对变化，保险公司的偿付能力和信用风险也会因此变化。而区域经济状况是指一定区域内经济发展的内部因素与外部条件相互影响作用的状况,它会受到地区投资资金、技术、劳动力等因素的影响和制约。区域经济发展水平的高低也会影响对保险产品的需求和保险公司的收入,从而影响公司的信用违约状况。我们可以通过对宏观经济波动和宏观经济政策的定性、定量分析、测算经济环境的影响程度。

度量经济环境状况的指标主要有但不限于 GDP、通胀率、利率敏感比率、需求价格弹性、需求收入弹性等,其计算公式为:

$$实际 GDP 增长率 = \frac{本期实际 GDP - 上期实际 GDP}{上期实际 GDP} \times 100\%$$

$$通胀率 = \frac{本期价格指数 - 上期价格指数}{上期价格指数} \times 100\%$$

$$利率敏感比率 = \frac{利率敏感资产}{利率敏感负债比率} \times 100\%$$

$$需求价格弹性 = \frac{需求量变化}{价格变化} \times 100\%$$

$$需求收入弹性 = \frac{需求量变化}{收入变化} \times 100\%$$

2. 法律环境

法律环境既要考虑公民法律意识,又要考虑法规制度和监管体系。法律法规的质量和法律监管体系的完备性对保险公司的经营和效率具有很大影响。良好的法律监管环境有利于保险公司依法经营、依法竞争,降低由保险公司的不良经营而带来的风险,有效保护投保人的正当利益,促进保险行业的良性发展。我们一般可以从相关法律、监管条例的颁布和贯彻情况、法律监管体系的完善程度、相关机构对保险公司许可证内容的检查力度以及对保险行为的监管力度等方面考察法律环境。

3. 行业状况

保险行业是由许多同类保险企业构成的群体,在市场竞争为主的现代经济中,保险行业也是有竞争性的,而制约个体保险企业生存和发展的是保险行业的发展水平和周期性波动。保险行业的某些特征是决定保险公司投资价值的重要因素。因此,对行业状况的分析是保险公司信用评估的前提条件,也就是说分析保险公司的信用风险要素需要考虑其行业发展状况。经济和法律环境只能描述宏观环境对保险公司信用风险的影响,而行业状况可以更直接地影响保险公司的信用风险。整个保险行业状况越好,越有利于保险公司个体开展业务,其中越是良好的行业竞争氛围、越高的道德水平、越完善的行业退出机制等,越有利于保险公司避免因为恶性竞争而引发信用风险。为了对行业状况进行评估,我们将其分为行业发展情况和行业道德水平两个方面。

行业发展情况是指整个行业所处的发展阶段、行业市场竞争状况、行业的经济地位、市场结构以及行业进入门槛、企业退出机制的完善程度等。保险行业的状况关系到保险公司的运营发展趋势和整体盈利能力。对保险行业状况的分析有利于确定所评估的目标保险公司所能够得到的最高和最低信用评分范围。

具体评估保险行业的发展状况时,可以定性地判断行业发展的阶段,例如,幼稚期、成长期、成熟期和衰退期,这是对整体行业发展现状和趋势的综合结论。同时也关注行业内部结构,比如,企业数量、规模构成、竞争方式和竞争激烈程度。另外,一些国家的保险行业有隐性或显性的壁垒,例如,规模壁垒、行政壁垒、退出壁垒等。在对保险行业进行评估时,不能完全依赖于定性分析,以数据为基础的定量分析更能揭示行业发展状况。量化分析可以从两个方面开展:一个是行业自身的数据,即保费增长率、受保人数量和结构变化、保险公司数量、保险产品的变化、各险种的收益变化等,都是分析的依据。另一个是分析保险行业在国民经济中的地位,具体可以通过保险公司对国民经济的具体贡献的比例及其变化、保险行业的税收贡献等。

保险行业所面对的内外部道德风险,对于保险公司来说具有特别重要的作用。保险公司是风险和信用的集合体,保障保险业务的正常交易需要考虑行业道德观念和法律意识。道德风险有可能来自被保人,也可能来自公司内部员工。被保人的道德风险表现为恶意骗保,内部道德风险表现为员工为了义务而低估被保险人的风险。因此,评估保险行业的道德水平可以通过分析整个行业因恶意骗保和低估被保人风险的案例数量及其变化来进行评估。

13.3.2 组织管理能力

企业组织管理能力是评估企业信用风险的重要因素之一。管理能力是系统组织能力和领导力的总称,它是一种致力于提高组织效率的能力。对于每个保险公司,它内在的经营管理能力决定了其特质的风险因素。一个公司即使拥有较好的运营环境,如果公司组织混乱、管理水平低下,不具有高效的运营能力、战略水平和危机处理能力,其内在的风险水平仍可能较高。保险公司的管理能力和治理水平的高低决定了公司在未来的经营中能否有效降低成本和风险、增强盈利性以及提高安全性和企业竞争力。评价保险公司组织管理能力主要考察公司的组织结构、内部控制、管理者能力等方面。

1. 组织结构

保险公司的组织结构是指保险公司内外各部门和各类资源的排列形式、聚集状态及相互之间的关系,主要包括部门设置及其功能权限、各部门关系、下属分支机构功能、业务运营组织框架以及总部对分支机构的管理模式。组织结构是企业实现发展战略的重要保证,保险公司组织结构的合理与否影响了公司的经营管理效率和经营成果。保险公司组织结构越完善,公司运营越高效,经营成果越好,处理各类风险事故、防范风险的行动也会越及时有效,良好的组织结构有助于降低公司内部的矛盾和风险。

与其他现代企业相类似,职能健全的保险公司也应该具备以经理层、董事会、股东大会以及监事会为主体的治理结构,同时引入完善的决策制度、执行机制以及外部监督机制。理想的治理结构有助于明确分工,让部门各司其职,提高公司的运作效率;了解经理层的职权范围、履职和决策情况,有利于分析保险公司的执行能力;了解股东大会的召开程序和董事会的决策情况,有助于判断保险公司的决策部署能力的强弱。因为组织治理结构主要指股东大会、董事会、监事会的完善情况,所以可以通过第一大股东持股比例、董事会状况、监事会状况等指标来衡量保险公司的组织治理结构。组织结构的存在和组织结构的合理性判断只是表面的现象,我们还需要评估公司组织的各个部分是否在发挥其应该具有的功能以及是否实现其效率。这方面的评估依据主要是企业组织在过去的表现、岗位人员的流动比率、各部门在工作流程中的时间占用比例等。

2. 内部控制

内部控制是指为了协调经济行为、控制经济活动以及控制公司内部分工而形成的相互制约机制,产生具有控制职能的部门和岗位,从而帮助公司实现经营目标的过程。保险公司内部控制可以通过审计保险公司的财务、资本、行政等方面的信息而展开。内部控制制度按照控制的目的不同可以分为会计控制和管理控制。会计控制是指为了保护公司的财产安全性、会计信息真实完整性和财务活动完整性的内部控制;管理控制是指为了保证经营决策的贯彻执行、提高经济效率而实现的内部控制。内部控制制度的目标是保护资产安全,防止公司的现金、存款、商品等重要资产的流失,保护重要会计资料和经营信息的真实完整,以及通过控制公司经营管理的各个方面促进管理层经营方针的贯彻进程。考察内部控制制度的目的是通过关注它的完备性和执行力来分析保险公司能否借此降低财务风险,以减少经营失误。完善的内控制度可以促进保险公司保持良好的财务状况。分析保险公司内部控制制度的具体情况需要考察公司是否设立专门的内部审计部门与专门的风险管理部门,是否在组织结构、会计记录、资产保护、员工素质、预算管理、业绩报告编制等方面实施有效管理。

3. 管理者能力

管理者是在企业中指导他人工作的人。管理者能力是保险公司管理人领导员工、管理公司的素质和风格。管理层的风格和能力直接影响了组织经营与成果的质量,并在一定程度上影响了保险公司的业绩和发展潜力。优秀的管理者不仅熟悉保险法律法规,还可以打造积极向上的企业软实力,在公司招揽、保留高素质人才的同时还能够任人唯贤、人尽其才,并且在自我完善的同时挖掘员工的潜力,保持高效的领导、决策和执行能力,让保险公司保持较强的发展潜力。评估管理者能力一般可以从领导者的综合素质、管理水平、领导风格等方面考察企业的信用资质。

13.3.3 企业财务能力

财务能力是影响保险公司信用风险的核心因素。保险公司的运营状况、发展前景直接由财务指标来体现,如果一家保险公司财务状况不佳,则公司可能在经营上存在严重的问题。测度保险公司财务能力的指标一般包括盈利能力、偿付负担、投资能力、资本流动性等方面。如果忽视了财务方面的管理,保险公司就会在资产和流动性方面陷入极大的困境,从而引发信用风险。

1. 盈利能力

盈利是一个公司经营的目的,是保险公司生存和发展的保障。较强的盈利能力有助于保险公司增强财务实力,便于提升保险公司吸引外部资本和进行业务扩张,且能够减少信用风险发生的机会。一般来说,衡量保险公司盈利能力的有成本率、费用率、赔付率、给付率、利润率等几个指标。分析保险公司的盈利能力需要考察其盈利水平、盈利的构成以及稳定性,评价盈利能力可以从成本和利润两个方面进行。

成本是指保险公司开展业务过程中所消耗的人力、物力和财力资源,包括保险公司的赔款、利息、保险责任准备金及其他相关支出,它是衡量保险公司效益的依据和制定保险费率的标准。衡量成本的指标中比较有代表性的是赔付率和成本率:

$$赔付率 = \frac{赔款支出 - 摊回分保赔款}{保费收入 - 分保费收入} \times 100\%$$

$$成本率 = \frac{总成本}{营业收入} \times 100\%$$

赔付率可以反映保险公司的盈利能力、业务质量和经营水平。赔付率越低的保险公司其盈利能力越高,发生信用风险的概率越小;成本率反映的是总成本占保险公司营业收入的比重,成本率越低的保险公司其盈利能力越高。

保险公司利润的核心是营业利润,它衡量保险公司通过经营取得利润的能力,即经营效率。衡量保险公司利润的指标中比较有代表性的是净资产收益率和营业利润率等。

净资产收益率又称净资产利润率、股东权益收益率,是衡量保险公司的盈利能力和公司对股东投入资本的利用效率的重要指标。负债增加会导致净资产收益率上升,净资产收益率越高,则表明为投资带来的收益越高,公司盈利能力越强。

$$净资产收益率 = \frac{净利润}{平均净资产} \times 100\%$$

$$净资产收益率 = \frac{净利润 \times 2}{本年期初净资产 + 本年期末净资产} \times 100\%$$

$$营业利润率 = \frac{营业利润}{全部业务收入} \times 100\%$$

其中,全部业务收入(=主营业务收入+其他业务收入)、营业利润率越高,表明保险公司保险产品销售额提供的营业利润越多,公司盈利能力越强。

2. 偿付安全

保险公司随时面临所承担保险业务的赔付支出,其现有资产状况是否足以应付意外事件发生所需要的资金是保险公司需要重点监控的事情。偿付安全状况是指保险公司是否有足够的资金来覆盖预期中的理赔和债务偿付义务。在对历史偿付和理赔的分析基础上,保险公司应该对未来一段时期内的意外事件发生概率有一定的预估,根据预测的结果来准备一定的资产,这是保险公司安全运营的保障,显然,这也是决定保险公司信用水平的重要因素。另外,针对既有债务结构的保险公司,是否有充分的资金和预期收入偿付未来到期债务往往会直接影响保险公司的信用水平。

在实际评估中,我们可以使用一些指标来判断保险公司的偿付安全状况,例如,资本充足率。资本充足率度量的是保险公司的资产与偿付义务之间的关系,一般可以包括偿付资本充足率、预期负债率等。

偿付资本充足率是指实际资本和最低资本之间的比率。最低资本是指在考虑了保险公司应对资产风险、承保风险等使公司资产降低的因素之后的资产额。如果实际资本低于最低资本,这意味着保险公司已经不能正常地兑现其偿付义务,陷入了信用危机。

预期负债率是指预期负债和实际资产之间的比率。预期负债是指在对既有负债综合预测的基础上,对期限和数量折算的结果。预期负债率越高表明保险公司的既有债务负担越重,信用风险越高。

另外,资本充足率会随未来收益的变化而波动。如果保险公司的保险业务能够为企业带来持续的收入,并有效地提高资本量,同时保险公司在资金的使用效率上表现优异,那么表明公司的资本充足率会不断优化。

3. 投资能力

保险公司的投资能力是指公司在组织经济补偿的过程中,将积累的保险资金加以投资,进而使资金增值的能力。随着保险市场的发展,竞争会变得愈加激烈,由传统保险业务所带来的利润逐渐减少,从保险产品结构的创新和保费收入中的利润附加值正在消失,而现代保险公司的投资收益越来越成为主要收入来源。保险投资经常通过增加公司的金融资产而获得盈利,从而强化经济补偿能力,增加公司的资本存量。投资能力成为保险公司运营能力的主要组成部分,因而投资能力关系到保险公司优化风险管控与收益的平衡,决定着信用风险水平。

投资对保险公司的信用风险的影响体现在投资后资产价值的波动和流动性问题上,会导致保险公司出现偿付危机。评估一个保险公司的投资能力需要考察其投资收益率、投资波动率、投资资产流动性等。

投资收益率是最基本的评估指标,收益越高越能提高保险公司的资本,从而保证保险公司准时偿付债务和理赔。但投资的风险可能会恶化公司的资本状况,偿付能力在投资收益降低时会加速下降,所以我们需确定投资资产的风险状况,投资资产的风险可以使用资产价格的波动率,波动率可以来自历史价格的估算,也可以来自模型下的估计。

另外,投资资产价值的波动与偿还债务或理赔的时间点之间的差异越大,导致违约的可能性也会越大。我们不仅要看资产的价值波动率,还要看其波动形态,不同的波动形态引起的期限错配的程度也有可能不同。对于此指标可以参考其历史投资资产与赔付的错配程度来考察。

即便是账面上浮盈的资产也不能保证偿还的及时和足额,因为投资资产的流动性不高会导致资产的出售延期或贬值。在评估投资的实际可用于偿还的价值时需将考虑其流动性折价,流动性越低的资产其实际价值越低。流动性的考核可以同时与其他资产的流动性一同进行。

4. 资本流动性

除了投资资产的收益性,还需考虑保险公司其他资产的流动性以及现金储备。资产流动性可体现出企业回收资金的能力和资产变现的能力,它重点反映保险公司的资产负债状况以及在无损失状态下迅速变现的能力。变现能力越强,所付出的成本越低。保险公司在经营中会时刻面临流动性风险,流动性风险又会引发经营风险。保险公司在经营过程中一方面需要获得投资收益,另一方面需要保持适度的流动性以应对各类现金需求,避免变现压力带来的资产损失。一旦保险公司的资产流动性不足,就可能引发客户的信任危机,进而失去清偿能力,造成较大的经营风险。

资产流动性可以通过流动比率和固定资产比率、资产认可率、现金比率等指标来衡量：

$$流动比率 = \frac{流动资产}{流动负债} \times 100\%$$

$$固定资产比率 = \frac{固定资产}{资产总额} \times 100\%$$

$$资产认可率 = \frac{资产净认可价值}{资产账面价值} \times 100\%$$

流动比率用于衡量流动资产在债务到期前的可变现能力。比率越高，变现能力越强，短期偿债能力也越强。资金流动性较好的保险公司其流动比率一般会大于2；固定资产比率越低的保险公司其资产流动性越快，运营能力越强；一般认为资产认可率越高的保险公司资产质量越好，资产变现能力越强，信用风险小；现金比率是现金与现金等价物对流动负债的比率，计算式为：

$$现金比率 = \frac{现金 + 现金等价物}{流动负债} \times 100\%$$

现金包括库存现金和银行存款。现金比率越高，短期债务风险越小，信用水平越高。

13.3.4 风险管理能力

保险公司作为风险的经营和管理者，其本身就是一个风险聚集地，因此在影响保险公司信用风险的内部因素中，除了组织、管理能力和财务能力，公司本身对风险的管控能力也占有重要的地位。保险公司的风险管理是指对保险公司在经营中可能存在和产生的风险进行识别、衡量、防控，通过科学处理风险，保障保险公司运营安全的管理方法。保险公司风险管理能力的好坏决定了保险公司的资产是否完整安全、是否存在财务风险以及能否实现经营目标。保险公司的管理风险主要来自经营活动（承保和投资活动），因此，我们从资产负债管理能力、投资风险管理能力和保险产品定价管理能力等几个方面来评估保险公司的风险管理能力。

1. 资产负债管理能力

资产负债管理是指保险公司根据不同保险产品的赔付特征，在充分考虑资产负债状况的基础上制定合适的投资策略，使投资收益的现金流入与经营活动产生的现金流出、不同资产和负债在收益、成本等方面相匹配，降低利率风险对公司盈利的不利影响，以控制风险，获得利润。资产负债管理能力越强，保险公司的资产安全性就越高，长期运营的稳定性就越好。

描述资产负债管理情况的指标包括资产负债率、资本风险比率、固定资产比率等。

$$资产负债比率 = \frac{负债总额}{资产总额} \times 100\%$$

资产负债比率指标反映了保险公司总资产中由借贷而来的资产的比例；在保险公司破产清算时，该指标也用来衡量对债权人利益的保护程度。资产负债率越低，保险公司偿还债务就越有保证,对债权人利益的保护就越好,一旦指标高于100%,则表明保险公司资不抵债,濒临破产,而如果该指标过低,又说明保险公司缺乏开拓创造能力。

$$资本风险比率 = \frac{年末不良资产余额}{年末所有者权益} \times 100\%$$

资本风险比率指标反映保险公司不良资产在所有者权益中的占比,数值越大说明公司的资本安全性越差。

$$固定资产比率 = \frac{固定资产总额}{所有者权益} \times 100\%$$

固定资产比率指标用于评价保险公司固定资产总额对所有者权益的占比,比重如若过高,则表明公司财务灵活度较低。

2. 投资风险管理能力

保险公司的投资管理是指在确保资金合法运用、有效监督内部运营的基础上保障资金安全性和投资收益的长期稳定。投资收益是保险公司盈利的重要来源,它能够弥补保险公司在业务经营上可能出现的亏损,增加公司的收入,对投资活动的管理能力越强,保险公司就能获得更多的盈利,从而维持公司长期有效运营。考察保险公司的投资管理水平需要从保险公司的投资决策制度开始。衡量保险公司投资管理能力的指标是不良资产比率:

$$不良资产比率 = \frac{年末不良资产余额}{年末资产权益} \times 100\%$$

它反映了公司总资产中不良资产的占比,可以衡量保险公司的投资效率和资产安全性。

3. 保险产品定价管理能力

产品定价是保险业务的开端和最重要的环节之一,对产品定价的管理直接影响消费者和保险公司的利益。保险公司定价管理能力越强,说明它越了解市场现状和客户需求,越有利于公司规避经营风险,减少损失,并且获得较高的收益。在保险公司的产品定价过程中,会因为精算水平不高和过度竞争造成定价风险,具体有赌博性承保、超出承保能力承保、降低承保条件承保、以赔促保等风险。因此,产品定价管理对保险公司的风险管理尤为重要。

产品定价管理是指保险公司利用精算方法对保险产品进行风险分析、费率制定、是保险产品成本量化的过程,具体包括收集销售、成本、价格等方面的数据,分析客户对产品价格变动的敏感性,利用分析结果和精算技术确定保险费率以及监测评估市场的反应。保险定价管理包括保险公司对保险产品整个生命周期的管理。定价管理中会出现由偏离赔付成本、受到精算技术、数据收集、风险识别、费用管控等因素制约所导致定价不合理等问题等。一旦定价水平较低,保费收入就很难覆盖承保风险,使公司无法提足准备金,从而加大公司资金运用的压力,有可能诱使保险公司通过金融市场的投资行为弥补业务收入,增加运营风险。产品定价过程中伴随大量风险,包括利率风险、费差损风险、保单贷款风险等,定价管理能力的强弱就是要看保险公司能否建立合理的利率模型、科学预测利率,能否在假设的费用与总费用基本保持一致的前提下,将包含通胀率的利率假设反映在保单维持费用之中,以及能否保留足额的风险准备金以支持保单持有人以保单为抵押进行贷款的活动,避免公司在投资和利率方面的损失。

13.3.5 企业竞争力

一个保险公司若想在市场中长远立足,如何增强其竞争力是一个必须要考虑的问题。企业的发展前景从根本上是由其核心竞争力决定的,企业的核心竞争力是指企业所具有的其他企业难以模仿的独特战略能力,一旦形成,则会使保险公司在行业内保持长期的竞争优势,占据较大的市场份额,公司的竞争力越强,应对各类风险的实力就越强。

保险公司的竞争力主要体现在公司战略、创新能力、品牌形象和社会贡献等几个方面。保险公司能否根据自身的情况确定短期和长期发展目标,能否迅速适应环境、开发新保险产品和经营模式,能否塑造良好的品牌形象并且培养品牌忠诚度和占据一定比例的市场份额,以及是否积极参与社会贡献都是衡量保险公司企业竞争力的重要指标。一般用市场占有率(=个体公司保费收入/全国同行业保费收入×100%)来衡量保险公司的市场份额,比率越高表明公司市场份额越大,竞争力越强。其中保险公司的社会贡献参与度由社会贡献率衡量,即社会贡献率=社会贡献总量/平均资产总值×100%,一般来说社会贡献率高的保险公司其知名度越高,口碑也越好,竞争力相应也越强。

13.3.6 风险管理:降低信用风险的途径

为了降低信用风险所带来的损失,保险公司可通过一些经济和技术手段对风险进行管理,从而将风险降为最低。下一节将详细介绍这一内容。

13.4 保险公司风险管理

13.4.1 营销风险管理

营销风险主要是指保险公司在营销过程中由于对标的风险缺乏评估和选择而产生的风险。管理营销风险需要转变营销理念,把营销风险管理上升到战略管理的高度,让更多营销人员参与到诚信建设中,在营销人员的技能培训中加大投入,同时组织相关部门上下联动,进行系统性管理;完善营销风险管理需要完善风险识别和预警系统、营销人员信用评估系统等,监控高危报单,针对营销人员截留、挪用保费等行为提升预警能力。作为一项系统工程,管理营销风险需要改变保险公司粗放管理的模式,创新销售风险的管理手段,从提升监督资源的利用效率入手,完善风险监控系统的运行,同时提高公司营销人员的认识水平,持续不断地对销售团队进行诚信文化的灌输和培育。

13.4.2 承保风险管理

承保风险由保险公司缺乏严密的核保制度,对保险标的缺乏严格的风险选择和承保控制而引起,它主要表现在三大方面,一是因忽视风险责任控制而随意放宽承保条件、降低费率引发恶性竞争;二是保险公司不顾自身能力和技术的限制盲目接受风险以致超过自身实际能力;三是管理混乱,使得拖欠挪用保费等不法行为损害公司利益。管理承保风险需要建立规范的核保制度和严格的核保程序。在制度方面,应该制定与保险公司的承保能力、再保险能力相适应的核保政策,考虑到各个环节的定价标准、费率、赔付准则等情况,保证持续经营和偿付能力;坚持对保险人和被保险人公平的核保原则,避免因过度关注业务而忽视公平的情况;同时还要制定规范科学的核保标准,严格审查核保人员的业务资格,提高他们的业务水平。在核保程序方面,应注意规范核保程序,在收集完整的标的信息的基础上进行风险评估,并随时予以监督。

13.4.3 理赔风险管理

理赔风险是指保险公司在理赔过程中由于缺乏有效的核赔手段和鉴别欺诈的能力而引起的。一般分为由保险公司内部制度、人员素质问题而造成的内部理赔风险和由投保人、被保险人造成的欺诈骗保风险两类。管理理赔风险需要保险公司严格遵守法律法规的规定,提高理赔人员业务素质,通过培训和考试培养业务能力过硬的从业人员。此外,还应严格理赔权限,最好以理赔金额和保险责任划定理赔权限,超过权限的上报部门可进行审批,以防范风险,同时还应在严格公司内部审计勘察以杜绝人情业务。

13.4.4 组织管理风险管理

降低组织管理风险主要从内控风险管理、道德风险管理和人力资源风险管理三个方面来解决。内控风险管理主要是指,保险公司应该在公司内部建立专门的风险管理机构,健全内部控制,包括岗位职责、组织结构、业务流程、处理程序、检测标准等各个方面建立风险评级预警系统和保证金集中管理制度,完善内部审计,保证充分的流动性,管理内部风险,提高运营效率。道德风险管理主要指提高保险业务人员的法律道德意识和风险防范意识,建立代理人承保质量的评估体系;强化理赔报案制度,重视再保险和风险准备金机制,避免巨灾对保险公司的影响;注意利用历史信用数据、投保经理和信用档案等资料严格考察、分析被保险人的信用状况,将防范信用风险的要素考虑到保险产品的设计中,合理规定理赔责任、免赔事宜、赔偿金额等重要细节。关于人力资源风险管理,保险公司应根据公司发展战略的需要合理配置人力资源,招聘一定数量的高素质人才,同时加强对员工和代理人的业务培训考核,提高他们的专业素质和道德素质;公司应该设计促进员工发展和成长的晋升制度,做好员工考评、奖惩工作,将业绩与收入挂钩,在充分发挥业务人员能力的同时激发他们工作的积极性。

13.4.5 财务风险管理

在财务风险管理中,资金风险管理尤其重要。保险公司应该完善应收保费管理和保费控制制度,对在规定期限内返还款项的客户予以优惠,对逾期不还的采取惩罚措施;加强对资金账户的管理,严格控制对资金的支出,合理管控各项支出;对发票的使用、销核都要严格记录查验,控制风险。

此外,应做好偿付风险的管理。应该加强对保险公司偿付风险的法定监管和提高保险公司自身监管的意识。在政府层面,一般会通过财务比率分析法、风险资本要求法来规定最低资本金等方式监督保险公司的偿付能力,例如,财务比率法是保险监管机构通过设置流动比率、财务杠杆比率等指标通过考察保险公司的资产负债、所有者权益情况等对偿付能力进行预警;在公司层面上,保险公司需要控制自身的承保风险能力,合理安排巨灾风险,拒绝盲目扩大业务;同时管理自身的偿付边际能力,将未分配盈余投放在业务发展方面,在促进业务增长的同时,保证经营和盈利的连续性。

为了监控保险公司的偿付能力,可以从最低偿付能力、法定偿付能力和实际偿付能力进行静态和动态的对比分析。一般是由以往保险公司的运营经验和保险公司现有的业务综合分析得出的结果。

为保障被保险人的利益,最低偿付能力额度是保险公司必须保持的偿付能力,从而达到在完成对被保险人义务的同时不影响公司自身正常的运营。理论上,保险公司的资产和负债的差值不应低于最低偿付能力的额度。而法定偿付能力额度则是来自有关法律的规定,是保险公司必须保持的偿付能力额度。实际偿付能力额度是根据公司现有资产和债务通过评估和计算得出的可在不影响公司正常运营情况下进行的偿付额度。实际偿付能力的确定需要结合公司、行业、经济的状况综合分析来计算。

在静态评估中,实际偿付能力额度需要大于最低偿付能力额度和法定偿付能力额度;在动态评估中,实际偿付能力额度亦可反映出保险公司偿付能力的变化。

同时,我们也可通过计算财务稳定指标 K 来监控所收取保险金是否足够支付索赔。

(1) 基本系数。假设所有保险标的对象相同,风险相同的前提下,财务稳定指标可以表示为:

$$K = \frac{\delta}{P} = \frac{a\sqrt{nq(1-q)}}{anq} = \sqrt{\frac{1-q}{nq}} \tag{13-18}$$

其中,δ 为该保险产品的赔付均方差;P 为净保费总额;a 为每份保险的平均保险金额;n 为保险标的件数;q 为预期赔付不发生的概率。

该标的假设所有保险标的相互独立。因此,若存在两个或以上保险标的有较大相关性,该指标应经调整来反映保险标的的相关性,即:

$$\delta' = am\sqrt{(nq(1-q)/m)} = \delta m \qquad (13\text{-}19)$$

其中，m 为该组保险标的中的 m 个相关标的，如：

$$\frac{K'}{K} = \frac{\delta'}{\delta} = \sqrt{m} \qquad (13\text{-}20)$$

即，当 m 个相关标的中的一个发生理赔时，该组保险的财务稳定指标 K 应调整为：

$$K' = K\sqrt{m} \qquad (13\text{-}21)$$

（2）险种系数。当同一保险公司的同一险种有不同的保险标的组别时，可以通过计算险种系数来衡量该险种的财务稳定性：

$$K_A = \frac{\delta_A}{P_A} = \frac{\sqrt{\delta_1^2 + \delta_2^2 + \cdots + \delta_n^2}}{P_1 + P_2 + \cdots + P_n} \qquad (13\text{-}22)$$

其中 A 为一个险种 $1,2,\cdots,n$ 为同一险种下的 n 个保险标的组别。

（3）综合系数。通过计算得到保险公司各个险种的险种系数，可通过同样的方法计算保险公司的综合系数：

$$K_J = \frac{\delta_J}{P_J} = \frac{\sqrt{\delta_A^2 + \delta_B^2 + \cdots + \delta_X^2}}{P_A + P_B + \cdots + P_X} \qquad (13\text{-}23)$$

其中 T 代表一家保险公司；$A,B,\cdots,X$ 为各个险种。

K 的值越低，则财务的稳定性越高。对于财务稳定性指标来说，一般经验上认为$(0,0.1)$是较为合理的区间。由公式中各个变量的关系可以看出，K 与赔付的均方差和赔付概率成正比；与保险标的数和售价成反比。因此，可根据该指标在其他条件不变的情况下通过合理运营和产品设计提高稳定性，从而降低风险。

13.4.6 投资风险管理

1. 流动性管理

相比其他投资公司而言，由于需要更多考虑运营周期内的赔付支出和运营支出，除了系统风险以及非系统风险，如何避免流动性风险所带来的损失对保险公司而言显得尤为重要。因此，保险公司需要保证较多的高流动性资产，如：现金和银行存款。如果没有足够的流动性，保险公司将经常遇到被迫变卖投资组合中的资产来处理理赔，导致收益率的降低，最终给保险公司的盈利能力带来负面影响。在有效预测未来理赔支出和运营支出需要的同时，在投资组合中保证充足的流动性和提高投资资金流入与运营资金流出的匹配度将是保险公司流动性风险管理关注的重点。

2. 久期管理

在保险公司的投资组合中权益资本比重较小，且主要投资对象为债券和房贷等长持有期资本。保险公司的资产和负债都有着较长的持有期，而利率的变化也成了影响保险公司资产价值的主要因素。因此，在保证良好流动性的同时，久期管理也能有效管理保险公司面临的利率风险。通过久期对冲利率风险，即使很难做到对每一笔赔付的对冲，但也可以在整体上保证在利率发生变化时，保险公司的投资组合价值不会大幅低于保险负债。

3. 风险价值(VaR)管理

作为保险公司收益的主要来源,投资收益直接影响着保险公司运营的稳定性和偿付能力。相较其他投资公司的独特性,保险公司对流动性的要求导致其风险承受能力十分有限。基于保险公司相对较低的风险承受能力,VAR 能很好地帮助保险公司控制投资风险。用 VaR 来辅助保险金的投资决策能帮助保险公司在合理的风险承受范围内制定合适的投资策略并在投资期限内动态调整投资组合风险,以此来限制投资风险,保证偿付能力在正常情况下不会受到严重的损失。

练习题

一、选择题

1. 如果某投资人的风险偏好可以用函数 $u(x) = x^{1/3}$,则他是一个( )
   A. 风险喜好者　　B. 风险中性者　　C. 风险厌恶者　　D. 不好确定
2. 评估保险公司运营环境所需考察的要素主要分为哪几类?( )
   A. 经济环境　　　　　　　　　B. 法律环境
   C. 政治因素　　　　　　　　　D. 行业状况　　　E. 文化发展
3. 评价保险公司组织管理能力主要考察哪些方面?( )
   A. 经营环境　　B. 行业竞争　　C. 公司组织结构　　D. 内部控制
   E. 管理者能力
4. 保险公司风险管理能力的评估所涉及的方面不包括( )
   A. 市场环境判断能力　　　　　B. 资产负债管理能力
   C. 投资风险管理能力　　　　　D. 保险产品定价管理能力

二、简述题

1. 保险公司的最重要的收入来源有哪些?
2. 保险公司流动性风险管理关注的重点是什么?
3. 简述保险公司信用风险评估的框架及其应用。

三、计算题

1. 有 100 位投保人,他们来自不同的行业,面对不同来源的风险,为了简便运算,我们假设他们面对的损失变量 $X_1, X_2, \cdots, X_{100}$,都服从正态分布 $N(-5, 100)$,表示损失的均值为 5 万元,方差为 100 万元。

(1) 如果这些人都不参加保险,那么他们每个人损失超过 100 万元的概率是多少?

(2) 如果他们都参加保险,保险公司来承担损失,保险公司承担的损失,平均每人超过 100 万元的概率是多少?

2. 某农业公司的农作物一旦遭受暴雨就可能大量淹死,给公司带来损失。根据以往经验,当地发生足以造成灾害的暴雨的概率为 5%。如果农作物正常,其价值为 150 万元;如果发生暴雨,仅仅会有 50 万元收入。该公司投保负责人的效用函数为 $u(x) = \sqrt{x}$,那么保险公司能够提供的最高保费率为多少,农业公司在购买保险后的效用可以提高多少?

第 14 章　个人信用风险

14.1　个人信用概述

随着市场经济的不断发展,信用交易已经成为现代市场经济中一种重要的交易方式。主权信用、地方政府信用、企业信用和个人信用构成了一个完整的信用体系。其中,个人信用处于基础地位。

通过本书第一章的介绍,我们知道信用在道德和经济上扮演着不同的角色,个人信用也是如此,既有在道德层面上的静态体现,也有在经济层面上的动态体现。传统的看法认为个人信用是一种道德水准,指人遵守约定、诚实守信的程度。按照现代经济学的观点来看,个人信用指的是基于信任、通过一定的协议或契约提供给自然人或其家庭的信用。简单地说,个人信用不仅指人们守信的意愿,还指在现代市场经济中当事人履行信用承诺的能力。信用可以看作是建立在信任基础上的一种能力,即无须立即付款就可以获取资金、物资或服务的能力。因此个人信用不仅是一种道德,更是一种商品;不仅是一种意愿,更是一种建立在个人净资产和对未来收入预期的基础上的支付能力。

14.1.1　个人信用的概念

个人信用是人类社会的生产和商品交换发展到一定阶段的产物,它随着商品经济的发展而发展,并从道德领域逐渐分离出来,成为独立的经济学范畴。个人信用的诞生可以追溯到原始社会末期。产品剩余和社会分工的出现为商品交换提供了基本条件,拥有剩余产品的一方通过交换获得一般等价物或者货币,再将获得的一般等价物或者货币以未来还本付息为条件转移出去,个人信用也就随之出现。在个人信用发展的初期,信用关系表现为个人与个人之间的个别信用关系,具体来说,表现为商业信用中的赊销赊购以及简单的借贷信用。随着个人信用关系的复杂化、普遍化,一些信用原则逐渐规范和清晰起来,形成了以失信成本约束为主导的内部道德约束机制。在封建社会末期,随着生产力的发展,商品经济开始活跃起来,这种内部约束机制逐渐无法适应商品经济发展的客观需求,经济发展迫切需要个人信用的外部约束机制。因此,现代银行诞生了。现代银行为个人信用的持续发展和日渐成熟奠定了基础。现代商业银行作为中介,为客户办理存贷款业务,作为金融中介将存款人和贷款人联系起来,使得个人信用具备了社会性。在资本主义社会,生产力进一步发展,信用体系也逐渐建立和完善,形成了包括征信公司、信用评级机构、商业银行、信用卡公司和汽车金融公司等在内的一整套信用体系,法律制度也逐步健全,形成了个人信用的外部约束。

个人信用表现为个人消费信用和个人经营信用两种形式,其中个人消费信用是个人信用的主要形式,也是个人信用制度的核心内容。个人消费信用是指个人以赊账方式向商业企业购买商品,包括金融机构向个人提供的消费信贷,即通过正常的商业途径发放给个人的用于购买商品或服务的个人消费的短期及中期信贷,有时指由个人消费出现的债务再融资而发放的信贷。如汽车贷款、住房贷款、有担保及无担保的周转信贷等都是个人消费信用的重要类型。个人经营信用是指企业业主或第三方以个人信用贷款而用于企业经营的借贷活动。

个人信用风险是指受信人不能按时还本付息,没有履行签订合约中的义务而给授信人带来的风险。具体来看,信用风险主要表现为还款能力风险、还款意愿风险和欺诈风险。还款能力风险是指借款人客观上没有还本付息的能力所引发的风险,例如收入不够无法还款。还款意愿风险是指借款人主观意愿发生变化,不愿守信还款所造成的风险。欺诈风险是指借款人欺诈、骗贷等行为引起的风险,是个人信用风险中最恶劣的表现形式。

14.1.2 个人信用的经济学原理

面对稀缺的资源时,每个人都希望能最大化地满足个人需求,因此我们每时每刻都在进行着最优的选择。生活质量的提高会伴随效用的最大化,下面将具体介绍个人信用在其中所起的作用。

假设在某一时间段内,个人只经历了两次消费期,消费量分别为 C_1、C_2,并且在两次消费期内各有 I_1、I_2 的收入,这两期的收入不用于其他时期的消费,即无储蓄,从而有 $C_1+C_2=I_1+I_2=\bar{I}$,$\bar{I}$ 是总收入。同时,假定在这一时间段内,影响个人效用的个人偏好不变,则个人在这一时间段内获得的效用可由 $U(C_1,C_2)$ 决定,其中 $U(C_1,C_2)=U(C_1)+\beta U(C_2)$,$0<\beta<1$,这里提及的个人效用只由消费量决定,其他影响个人效用的因素在这一时期内保持不变。

在非信用经济时代,特别是在缺乏个人信用市场的经济背景下,为了获得最大的个人效用,当期的收入会全部用于当期的消费中,即 $C_1=I_1$,$C_2=I_2$,这是因为效用与消费量成正比,同时在个人信用还没有成为个人借贷资源的条件下,个人无法对收入进行最优的跨时期配置。在这种条件下,个人获得的最大效用为 $U(C_1,C_2)$,如图 14-1 所示。同时在这两次消费期内,收入或许有所波动,即 I_1 与 I_2 的大小不确定,但这并不影响我们对个人效用的分析。正如图中 A、C 两点所示,我们假设个人 A 第一期收入比第二期少,即 $I_1<I_2$,个人 C 第一期收入比第二期多,即 $I_1>I_2$,但它们都在同一条无差异曲线上,即效用相等。

在个人信用为市场所认可并成为一种资质的条件下,我们就具有了跨时段配置资源的能力,不再受消费量小于等于收入的限制。因为 $C_1+C_2=I_1+I_2=\bar{I}$,所以个人效用

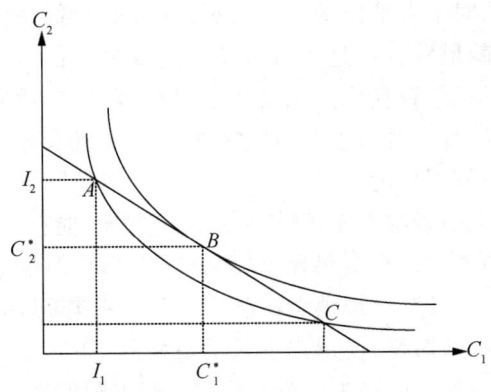

图 14-1 跨期的收入和效用

函数 $U(C_1,C_2) = U(C_1) + \beta U(C_2)$,$0 < \beta < 1$ 就可以改写为 $U(C_1,C_2) = U(C_1) + U(\bar{I} - C_1)$,对 C_1 求导,令 $\frac{\partial U(C_1,C_2)}{\partial C_1} = 0$,得到个人效用最大化的最佳消费配置 C_1^*,$C_2^* = \bar{I} - C_1^*$,如图中 B 点所示,个人效用达到 $U_2(C_1^*,C_2^*)$,明显高于 $U_1(C_1^*,C_2^*)$。

如图 14-1 中所示,对于个人 A 来说,$I_1 < C_1^*$,$I_2 > C_2^*$,说明个人 A 在第一期时进行借款,获得了更多的消费,而在第二期需要把部分收入用于还款,因此第二期的消费减少,但是两期的总效用仍然增加了;同样,对于个人 C 来说,$I_1 > C_1^*$,$I_2 < C_2^*$,说明个人 C 在第一期将部分收入贷给他人,以追求在第二期更高的消费,最终的总效用也增加了。不难发现,个人 A 和个人 C 正是代表了年轻人的超前消费和老年人的储蓄消费。因此,我们说信用经济中的借贷行为的确可以增加人们的效用。

当然,在这里为了使模型更加简明易懂,我们并没有考虑利息等其他因素,即便考虑在内,进行借贷行为后的总效用仍会介于 U_1 和 U_2 之间,因此并不影响我们的分析结果——个人信用的使用可以显著提高生命周期的个人效用。

14.1.3 个人信用于信用体系中的地位

正如社会的基体是自然人,个人信用是整个信用体系的基本构成元素。如果把信用体系比作一座房子,个人信用就是这座房屋的基石。因此要建设一个完善的信用体系,首先要具备一个良好的个人信用体系。

个人信用体系是关于个人信用信息的整体架构,包括个人信息的调查、个人信息的分析、个人信用的咨询、个人信用的评价以及个人信用的延伸管理。在信用经济越来越发挥作用的时代,信用市场的发展和完善离不开个人信用体系的建立。一般情况下,信用市场中授信与被授信主体掌握的信息资源是不一致的,被授信主体对信贷资金的配置风险和自身经营状况有比较清楚的认识,而授信主体则难以获得这方面的真实信息,也就是说,他们之间的信息是不对称的。在签订信用合约之前,非对称性的信息容易造成市场资源的配置扭曲,即导致信用市场中的逆向选择。同时这种不对称性增大了经济运行的"摩擦",并且缺少了对个人信用的信任依据,导致了信贷机构采取低效率且增加业务成本的方式来降低贷款风险。信息不对称还会造成个人在消费信贷机构提供金融产品时无法得到应得的授信额,致使个人消费无法得到满足,生活质量也难以提高。个人信用体系的建立不仅能够起到对信息不对称的改善作用,还能增加整个社会的经济信息量,建造一个良好的经济信用环境。

个人信用是一座巨大的资源宝库,开拓利用这座宝库,能有效地拉动消费,优化社会资源的配置,促进经济的发展。据资料显示,西方国家汽车销量的1/3都是分期付款支付的,这也表明了个人信用具有促进消费品生产和消费的作用,并且能够促进经济的增长。对于一些像住房等价格昂贵、使用周期长的消费品,如果不利用信用消费则不会提高中低收入阶层对这类消费品的购买。个人信用也有不利的影响,如在一定的生产力条件下,增长过快的消费需求容易导致供不应求,物价上涨,最终降低消费水平。因此,个人信用在经济条件不同的地区,甚至是同一地区的不同时期都会产生不同的效果。不可否认的是随着市场经济的发展,个人信用的作用体现得越来越明显。同时,个人信用体系的完善程度也已经成为衡量市场经济是否成熟的标准之一。

14.2 个人信用评估原理

个人信用风险管理的前提是对个人信用水平的度量。自20世纪40年代以来,银行开始对个人借贷者进行信用评估的尝试,到20世纪60年代,随着银行卡和信用卡的发展,机构发现了对个人信用进行评估的重要作用。信用评估的方法也从简单的经验判断逐步发展和进步,现在已经有许多计量方法和评估模型被不同的机构所采用。个人信用评估的目的在于提供个人信用违约的概率,所以我们需要找出决定个人违约的关键因素,并验证这些关键因素在多大程度上影响了违约率,也就是确定风险要素及其最终在信用得分中的权重。

14.2.1 个人信用评估概念

从上一节可以看出,随着经济发展和个人信贷的普及,个人信用在整个信用体系中的地位变得越来越重要,个人放贷量的提高也对银行的个人信用评估能力提出了更高的要求。盲目地放贷带来的不仅是高放贷量,还有高违约率,最后造成银行的利润受损,甚至产生信贷危机。而优秀的个人信用评估能力能够帮助银行高效地把优质的贷款人筛选出来,在降低风险的同时提高利润;而对于信用风险较大的个人,银行就偏向于寻求较大的信贷利息。因此,如何正确理解并科学全面地评估个人信用尤为重要。

所谓个人信用评估,就是在对个人资信水平全面考察的基础上,确定个人的信用风险要素,使用科学的工具对各种信息进行分析,并根据统一的评级或评分指标来评定个人的还款能力和意愿。个人资信水平一般包括两方面：一方面是指个人的资产水平，包括个人及其家庭的资产状况，有时还有其他外部能提供的支持；我们可以通过衡量个人财富状况和创富能力来评判其债务偿还能力。另一方面是指个人的信用状况，即个人偿还意愿。个人财富水平并不能直接决定其信用水平，因为在有偿还能力的情况下个人仍然有可能违约。因此，我们还需要通过历史违约情况来衡量个人偿还意愿。

具体来说，个人信用评估要对个人进行全面、综合的考察，不仅包括能反映其客观经济状况的指标，如个人资产、个人收入、工作职位、社会背景、财富管理能力以及所处的宏观经济状况等，还包括能反映其个人道德诚信水平的指标，如信用历史期、信用卡信用、住房贷款信用、私人贷款信用以及所受处罚与诉讼情况、犯罪记录等。其中，个人资产的范围包括个人金融资产、实物资产、无形资产和其他资产。金融资产又包括流动性金融资产和长期投资资产；实物资产包括消费性资产和收藏性资产；无形资产又包括个人专利、著作权、商标权和其他技术专有权等。因此，在考察个人资产时要全面考察上述所有资产。

当然，个人信用评估面临的主要问题是数据获取的难度，因此个人资信数据库的建立和完善是十分必要的，在个人信用档案中包含个人自然状况、信用记录、资产负债状况、社会保险等，有助于对个人信用进行有效评估。

14.2.2 个人信用评估原则

个人信用评估原则是在政府或金融机构征信部门等个人信用评分评级机构长期发展的过程中逐渐形成的科学的指导原则，是征信顺利开展的根本。通常，我们根据个人信用评估原则的真实性、全面性、及时性和保护隐私的特点，将其分为四个方面：

1. 真实性原则

真实性原则是指评估机构在评估个人信用的过程中保证其信用信息的真实性，也就是说，在核实原始资料时，评估机构应采取适当的方法确保信息是真实的。只有在信息准确无误的状态下，才能对被评估人的信用状态做出正确的评估，保证对被评估人的公平。这就是在数据收集中的真实性原则。

我们还有数据使用的真实性原则。面对数据缺失时，我们不能为了满足评估模型的需要而人为制造数据，即使是使用科学方法获得的"预测数据"或"估算数据"，也可能不能描述评估对象的真实情况。在面对模型和数据取舍时，我们倾向于牺牲模型，除非使用者有很大的把握相信其"制造"的数据是可靠的。

2. 全面性原则

全面性原则是指对被评估人的信用数据资料进行全面的搜集，并且搜集工作要做到内容明确清晰。虽然人格、金融、司法、工商、财产和经济环境等要素的性质不同，但都在不同程度上直接或间接地影响着被评估人的信用水平。不过，评估机构通常通过搜集与客户历史负债信息相关的信用记录反映其信用状况。历史信用记录分为正面信息和负面信息。正面信息可以帮助提升被评估人的信用评分，比如，良好的贷款记录、赊销记录、支付记录等;如果客户存在拖欠、破产、诉讼等不良记录,也就是负面信息,则会降低被评估人的信用评分。

全面性原则面对的挑战来自收集信息的成本,要获得信息越多,所花的时间和金钱就会越多。对于机构来说,本质上并不应该通过"成本-收益"关系来寻找"最优"的收集停止点,但现实的机构往往会寻求一个"合理"的妥协。在数据化和互联网化的今天,不同机构之间的共享信息是快速有效实现数据全面性的捷径。

3. 及时性原则

及时性原则是指信用评估机构对被评估人的信用记录进行实时跟踪,获取最新的信用记录,从而能反映出被评估人最新的信用状况,避免了因获得不及时的被评估人的信用信息而带来的损失。此外,还必须对影响个人信用质量的重大事件进行实时监控,及时调整对个人的信用评级或评分结果。

及时性原则与全面性原则之间经常会产生冲突。及时性考虑的是时效问题,而全面性考虑的是信息量。较大的数据量意味着需要更多的时间,更多的时间意味着时效的丧失。而如今,时效性的实现也因计算机和互联网技术的进步而变得越来越容易。

4. 隐私和商业秘密保护原则

隐私和商业秘密保护原则是进行信用评估时最基本的职业道德,是指对被评估人的隐私或商业秘密进行保护的信用评估原则,同样也是征信立法的主要内容之一。信用评估机构应在严格的业务规章和内控制度下保障被评估人的信用信息安全,小心谨慎地处理被评估人的信用信息,以保证征信活动的顺利展开。在信息搜集中,应明确信用信息和个人隐私与企业商业秘密之间的界限,严格遵守隐私和商业秘密保护原则。

信用信息的隐私保护远远超出了道德的范畴,因而不能仅仅指望道德约束就可以解决问题,隐私保护是经济和法律问题,同时也是技术问题。经济问题指的是,如果倒卖和窃取隐私有利可图,那么一定会有人为之。法律问题指的是,既然窃取和倒卖隐私可以带来收入,那么就应该利用法律手段来使强制窃取者比其收入付出更高的代价。技术方面包括:隐私的加密技术、数据的分割和合并、数据的屏蔽等,还包含数据收集和处理流程的设计等。

14.2.3 个人信用评估的意义

从社会的角度来看,个人信用评估是防范金融风险的重要手段。一方面,通过大力提倡个人信用的使用,可以有效地促进消费,刺激经济的发展,个人还可以随时查询到自己、合作方或交易方的信用水平,减少市场中的交易风险,并且也能够获知制约自身信用水平的因素,可以有方向性地提升个人的信用水平,进而为社会营造良好的道德氛围;另一方面,对个人信用进行评估会增强投资者和信贷机构在借贷融资活动中的可靠性与安全性,弥补信贷机构在进行个人信用决策过程中可能发生的风险评价偏差。从而,降低金融风险,为社会经济的稳定发展提供保障。

从中小企业的角度来看,个人信用也是中小企业信用的主要组成部分。大型企业的信用可能较少受到个人资信的影响,这是因为大企业的机制较为完善,很少因个人的存在而发生很大的变化。但是中小企业的主要负责人的行为对企业的行为则具有重要的影响力。个人信用较高的中小企业的主要负责人往往也会使企业有较高的信用。在对了解个人信用并进行有效管理的情况下,企业可安全地进行信用销售,降低了坏账风险,为企业的金融安全提供了保障。

从消费者的角度来看,个人信用评估是个人参与经济交易的一个重要环节,是对个人在参与市场经济的过程中对履行有关与资本项目、融资、合同、契约或履行某项责任的能力及其可信度的综合评定——即个人资产状况与个人信誉的综合反映。而在缺少个人信用评估制度的市场中,个人无法获得应得的信用支持,自身需求也无法得到有力的满足,使绝大多数的消费者最终沦为无力的需求者。对于信用好的人,在进行个人信用评估后可准许其提前购买生活资料,提供了便利和舒适的物质生活;在面对各种突发事件时,消费者可凭借其高信用获得紧急开支;当个人需要资金来进行生产经营活动时,可通过高信用获得贷款,从而大大缩短了生产资料积累的周期。

总体来说,个人信用评估有利于建立起一个客观标准来进行事前的信用风险控制,避免和减少损失,并利于快速、一致、公正地进行信贷决策。个人信用评估可以提高信用审批的效率,提高评价过程的一致性,减少在授信决策中人为因素的偏差。个人信用评估可以帮助不同风险水平的受信者量化其可能的损失。但是,如果没有严格管理个人的信用评估,那么将会对个人和企业产生都负面的影响。比如,就企业而言,会使企业的坏账损失增加,从而导致企业的成本增加,对企业在市场中的竞争有不利影响;对消费者而言,过度消费会使消费者面临无力偿还借款的风险,甚至会有违法行为。

14.2.4　个人信用评估的用途

个人信用评估结果或信用得分有多种用途:第一,个人信用的数据资料都在信用报告里,可以快速地对个人进行调查与核实,节省时间。第二,个人信用评估也会使被评估人认真对待自己的信用记录,尽量避免不良记录的出现。第三,信用良好的人会在贷款、信用卡服务中获得金额或利率上的优惠。第四,信贷人根据个人信用历史的客观记录对申请人进行信用评估,有利于公平信贷。

生活中有很多常见的例子,比如,资金出借人通过考察贷款人的信用得分来决定是否发放贷款,或确定应该收取的利息;保险公司可以通过信用得分来决定是否与汽车购买者签订保险合同;企业在雇用员工时,可以以应聘者的个人信用得分作为背景考察的依据,从而帮助做出聘用与否的决定;生产企业也可利用个人信用评分来决定对分销代理的应收账款额度;个人信用评分广泛地应用于各种小额贷款、信用卡信用额度的确定、消费信贷、住房抵押贷款等。

14.3 个人信用评估要素

从本章上文我们知道,个人信用评估从根本上来说就是评估个人的债务偿还能力和偿还意愿。然而在现实中我们往往很难直接获得这两方面的量化指标,评估机构需要考虑个人信用在经济行为中的运行规律,分析和总结既有数据以获得反映这些规律的关键角度。我们认为个人信用水平的评定可以从四个方面入手:创富能力、信用管理、偿付历史和外部关联。这四部分构成个人信用评估的重要环节,同时在实务中,我们可以获得相关方面的信息,所以也兼顾了可操作性。

偿付能力反映了个人在未来会有多少的财富以偿还债务。但即便能够创造足够的财富,如果肆意滥用信用,也会导致在某些时候无法偿还到期债务,所以我们还应该考察一个人的信用管理能力。在有足够的资金和良好的信用管理能力的情况下,一个人的偿债意愿太低,其信用水平也不会太高。在主观上是否有准时偿还债务的意愿可以从其偿还历史中获得相应信息,因此分析其偿还历史是对个人信用评估的重要过程之一。在对被评估人进行信用分析时,其个人与其外在的关联情况同样也会影响其资信水平:一个人的信用会因其承担的责任或义务而受到负面的影响,也会因其有他人的支持而得以提高。

14.3.1 创富能力

创富能力,顾名思义指的就是创造财富的能力。个人所拥有的财富以及持续创造财富的能力在很大程度上决定了其债务偿还能力。我们一般可以从以下五个方面入手对创富能力进行分析。当然,这些指标都不是绝对的,在评估时可以结合实际情况进行调整,但无论如何调整都不能脱离评估创富能力的目的。

(1) 年龄。在评估个人的创富能力时,我们常常要考虑到他的年龄,但这并不是最主要的因素。考虑年龄的目的在于通过年龄来判断个人创造财富的基本能力及稳定性。一般来说,处于18岁至23岁或56岁至60岁的人创富能力较低、稳定性较弱;而在24岁至35岁,个人的创富能力较强,也具有一定的稳定性;在一个人处于36岁至55岁时,可以说他的创富能力以及稳定性达到最高。

(2) 文化程度。文化程度影响着一个人的收入,调查结果显示,学历越高者其平均收入也越高,因此文化程度是评估一个人创富能力的重要因素。一般分为硕士及以上、大学本科、大专、中等教育及其他。

(3) 职业。职业也是影响创富能力的重要因素之一。在考虑职业时不仅要考虑该职业所处行业的背景和潜力,还要考虑职业收入的稳定性。这需要结合个人所处国家的国情和时间进行考虑,如在我国公务员或高校职工收入的稳定性较高,金融、房地产、通信等行业的平均收入较高。此外,我们还需要考虑个人在该行业中的地位,即职位或职称,同一行业内的不同职位或职称带来的收入水平也具有显著的差别。为了考察个人在该职业就职的稳定性,我们还需要关注其从业时间,通常来说,从业时间越长就说明越稳定。

(4) 个人收入。这里的个人收入指的是个人的职业所得工资,并不包括其他资产收入,如投资股票、债券、房地产等所得收益。个人收入可以说是创富能力最直接的体现,但并不表明收入高的人就一定有偿还能力,还需要考虑其已有债务以及所申请贷款的额度。因此,我们既要分析个人的绝对收入,还需要考虑个人的相对收入。此外,我们还要观察其往年收入的波动性和整体趋势以衡量其收入的稳定性。也就是说,如果一个人的收入每年波动很大,或是呈现出一种明显下降的趋势,我们就应该在一定程度上降低对其创富能力的评价,反之亦然。

(5) 个人财富及其管理能力。个人财富,即个人所拥有的有价值的资产,包括货币、不动产、所有权等。当个人无法偿还债务时,可以通过变卖资产来获得偿还资金,而有价值的资产在贷款中往往用作于抵押,因此个人财富也是衡量创富能力的一个关键因素。比如,在分析个人住房时可以依据对个人偿还能力的贡献划分为自有住房、分期付款住房、租用住房和其他几个类型。除了个人财富的总量,我们还需要考察个人的财富管理能力,即其财富是如何分配的,多少用于消费,多少用于投资,如何进行投资,投资的效率如何。对于财富管理能力,可以采用一个直观的指标来观测——资产收益率。然而并不是资产收益率越高越好,收益率的波动也是值得注意的,因此我们可以结合一段时间内的平均收益率及收益率标准差综合考虑。个人的风险偏好也在很大程度上决定了个人资产的配置,我们可以采用个人投资于基金和股票的比值来衡量个人的投资风险,比例越大说明风险偏好越强。

14.3.2 信用管理

在我们衡量个人资产水平时,除了创富能力,还需要考虑信用管理水平。一个人的信用管理水平源于自身对信用的理解和态度,信用管理水平高的人,能够理智地根据自己的偿还能力进行信用消费或其他贷款;信用管理水平低的人,则很容易过度使用信用,借入超出其偿还能力的贷款,甚至视信用消费为"免费的午餐"而最终恶意透支。一段时间内的信用管理状况能够很好地反映一个人的信用管理水平,我们通过以下三个要素来分析个人的信用管理状况。

(1) 信用账户数。信用账户数考量的是个人在一定偿还能力下过度使用信用的可能性。拥有信用账户需要偿还并不意味着个人的信用风险高,但如果偿还能力已经被用尽,就意味着有更高的违约可能性。信用账户数不仅指信用账户的数量,更重要的是各个信用账户的使用情况。比如,仍需要偿还的信用账户数量及余额、信用账户的剩余额度及额度的使用率。信用额度的使用率越高说明信用风险越大,一个剩余少量信用额度的信用账户也会比没有额度的信用账户让贷款方更感觉到可靠。

(2) 开卡分布。开卡分布指的是个人开立信用账户(不局限于信用卡)的时间和数量分布。如今，人们越来越倾向于开立新的信用账户来选择信用消费的方式，这并不能直接反映个人的信用风险。然而，倘若某客户在短时期内开立了多个信用账户或目前正在申请多个信用账户，则具有更高的风险。这一方面表明该客户在未来可能会有较大的信用消费，另一方面表明该客户存在恶意透支倾向的可能，需要我们结合个人的信用历史等信息来进一步确认。

(3) 负债率。负债率是指个人总债务和个人总资产的比值。拥有良好创富能力的人并不意味着拥有良好的偿还能力，一旦债务水平超出其资产水平，同样会带来很高的信用风险。因此，负债率结合资产水平来衡量个人的相对负债，在评估个人的信用管理能力时显得尤为重要。值得注意的是，我们不能仅仅考虑客户申请时的负债率。虽然负债率是一个时间点上的静态指标，但我们仍然需要考察在过去一段时间内其负债率的变化情况，即最高值、最低值、平均值等，再结合实际情况取值。

14.3.3 偿付历史

偿付历史即为偿还付款的历史情况，同时也是个人历史偿还意愿和历史偿还能力的综合体现。考察偿付历史有利于授信结构更好地预测受信方未来的偿付意愿与偿付能力，从而决定对该个体应予的授信程度，从而降低个人贷款的违约风险。在考察偿付历史时，历史信用期、还款记录等都是我们所要关注的要素。

(1) 历史信用期。信用期可以解释为信用的使用年限，即信用账户的账龄。历史信用期既包括最早开立的账户的账龄，也包括新开立的信用账户的账龄，以及平均信用账户的账龄，账龄越长，个人在短时间内注销相应信用账户的可能性越小，即该个体拥有较为稳定的信用，能在规定的时间内较好地履行相应的义务，偿还相应数量的金额。因此历史信用期是偿付历史的观测点之一，历史信用期越长，授信机构就能有相对比较充分的理由认为该受信个体拥有较好的偿付前景。

(2) 还款记录。还款记录既包括按期还款的记录，也包括逾期还款的记录，而逾期还款记录可以从逾期天数、未偿还的金额、逾期还款的次数和逾期发生时距现在的时间长度等方面进行考虑。通常来说，逾期天数越短，未偿还的金额越少，逾期还款的次数越少，该受信者的历史还款能力越强。当然逾期还款现象并不能绝对说明受信者的历史偿还意愿和历史偿付能力，在某些情况下，一个受信者拥有正常的还款能力和较强的还款意愿，但因为某些不可抗力的因素，如自然灾害、生理疾病，仍然无法按期归还借款，此时的逾期还款事件就不需要给予重视，因此不能片面看待逾期还款事件。同时在考虑各种因素对个人信用的影响时，我们不能一概而论，应综合各种因素进行考虑，譬如一个发生在上个月的逾期30天的记录对个人信用的影响可能大于一个发生在5年前的逾期100天的记录对个人信用的影响。按期还款的次数越多，授信者就有更多理由相信该受信者的偿付能力与偿还意愿，然而在考察按期还款记录时还应思考该个体是否采取了不正当的还款措施，即应注意按期还款记录的质量，譬如一名信用卡使用者为了按期偿还信用贷款,就到授信机构再办理一张信用卡,取出一定数量的现金用于前一张信用卡的偿付,一段时间后,第二张信用卡的还款期限将至时,该个体又向授信机构提出办理信用卡的申请,如此重复,尽管该个体没有逾期还款的记录,但是按期还款记录的质量显然大打折扣。

14.3.4 外部关联

任何事物都有其内在本质,然而在事物的发展运动中,内在本质常常受到外在环境的影响,因此事物是内在本质与外在环境的结合体。在考察个人信用时,除了关注其创富能力和信用管理能力,个人的外部关联同样不容忽略。而外部关联带来的可能是支持,也可能是负担。外部支持可以增强个人的偿还能力,而负担则会相反地减弱其偿还能力。同时,我们将外部关联分为家庭和社会两部分来考量,其中又主要考量家庭部分,因此我们着重介绍家庭关联的下级要素:

(1) 家庭结构。家庭结构即为家庭成员的构成及其相互作用、相互影响的状态。在考察家庭结构时,我们主要关注于家庭关系是否有给客户带来较大的经济支持或负担,而这往往不能一概而论。也就是说,我们不能一概而论地判断婚姻或子女等因素对个人的偿还能力是起支持作用还是负担效果,而应该具体情况具体分析,比如成年有稳定收入的子女对于个人来说就是有力的支持,而年幼的子女则需要个人牺牲一定的偿还能力。此外,还可以考察个人有无与家庭亲属发生金额较大的借贷关系,如果个人常常向亲属借出一定资金,并对其偿还能力造成一定影响的,我们可以适当降低对其偿还能力的评价。通过上述说明我们可以发现,家庭结构往往不是影响偿付能力的主要因素,但需要我们在某些特殊情况慎重考虑。

(2) 家庭收入。家庭收入是个人收入的重要补充。在偿付贷款时经常会发生因为个人收入不足而导致不能按期偿还相应数量金额的事件,此时若有家庭收入的介入,则会降低该事件发生的概率。一方面,家庭收入能减少个人逾期还款的可能性,甚至能减少贷款违约事件的发生,可见家庭收入是个人收入的坚强后盾,能在一定程度上地提高个人信用水平。另一方面,如果个人无法依靠自身收入偿还债务而常常需要家庭支持,那么其信用水平也不会很高,毕竟在评估个人信用时,个人收入是衡量创富能力的主要因素,家庭收入则为个人收入起到补充支持的作用。

总的来说,通过对以上各种指标的分析,我们对个人信用评估要素有了初步的了解,然而还需要注意的是,在衡量评定这些指标时,我们往往还需要考察这些指标在一段时间内的波动以推测其未来的稳定性,并尽可能地发现隐藏在数据中的信息。此外,还可以根据实际情况对这些指标略作调整和补充,但必须符合信用评估的目的,避免和已有的指标发生功能上的重复,同时调整过后的指标仍需要满足可量化、可获得的基本要求,从而为下一步的量化分析提供充足的数据准备。

14.4 个人信用评分模型

在上一节我们介绍了个人信用的评估要素,然而,仅仅对个人要素进行分析只能对个人的信用形成一个粗略的看法,并且还依赖于信贷决策人员的专业技能和经验判断,具有很强的主观性,耗费时间长,效果也不稳定,不同的专家可能会得出不同的评估结果,因此评估的准确性难以得到保证。为了得到可量化、可比较、高效客观的信用评估结果,可以利用数理统计与人工智能方法,运用计算机构建个人信用评分模型。在信息时代快速发展的背景下,个人信贷的规模迅速扩大。目前已有的个人信用评分模型有很多种,在这里我们介绍一种比较成熟常用的模型方法:回归分析法。此外,在建模过程中仍然需要关注个人信用的评估要素,并结合模型特点和样本特征筛选要素。

虽然个人信用评分模型有一定的局限性,但是正是因为其优势才使个人信贷发展壮大。第一,信用评分客观公正,不会受到主观因素的影响,不同的分析师所得到的结果几乎相同的。第二,信用评分模型所需要的信息量少,易于收集,在建模时已将相关性较大的变量进行了合并归类,只需根据模型既定的变量来收集信息。第三,对个人的信用评分以大数据为背景,将人力无法完成的复杂信息进行统一的量化处理,大大缩短了信用评估所需要的时间,降低了信用评估的成本。

我们对个人消费者进行的信用评估,在本质上是模式识别中的一类分类问题——将个人划分为能按期还本付息(即"好"客户)和违约(即"坏"客户)两类。这两类的具体操作方法是通过个人的历史数据中的还本付息和违约记录,从已知的数据中获得两类客户的特征,从中总结出规律,建立数学模型。

回归分析法(regression analysis)包括线性回归、Logistic 回归、Probit 回归和 Tobie 回归,其中 Logistic 回归是一种非线性的统计方法。Logistic 回归对数据相关假设的限制较少,同时它还能量化一些定性指标,如授信申请人的信用。

授信申请人的信用是一种虚拟变量,在信用评分模型特别是回归模型不发达的时代,信贷机构只能主观笼统地将授信申请人划分为优质信用申请人和信用不良申请人,而无法客观确定每个个体的具体信用情况,信贷机构也因此常常面临贷款违约风险。Logistic 回归能系统地量化描述个人信用,因而被广泛地应用于信用评分领域。

Logistic 回归在量化因变量——授信申请人的信用时采用了守约概率的概念。用 y 表示对授信申请人信用的归类,$y=0$ 表示信用不良申请人,$y=1$ 表示优质信用申请人,p 表示 $y=1$ 的概率,即个人为优质信用申请人的概率(或守约概率)。用 $x_1,\cdots,x_n$ 表示自变量,即影响授信申请人信用状况的各因素,这些因素可以是本章提供的个人信用风险要素,也可以是实际验证的其他重要指标。n 表示变量的个数。$\beta_1,\cdots,\beta_n$ 是体现各要素在个人信用评分中所占权重的参数,这些参数的确定需要对大量的样本进行多次 Logistic 回归,在不断检验和修正这些参数之后,Logistic 回归对样本中的个人信用状况判断的准确性才能达到最佳状态,此时 $\beta_1,\cdots,\beta_n$ 的取值就能被确定下来。c_0 为常数项,运用

Logistic 回归建立对个人信用评分模型如下：

$$\text{Log}\left(\frac{p}{1-p}\right) = c_0 + \beta_1 x_1 + \beta_2 x_2 + \cdots + \beta_n x_n \tag{14-1}$$

通过输入新的授信申请人的相关变量就能预测该授信申请人的守约概率，通过这个守约概率，信贷机构即可评价授信申请人信用状况的好坏。

以上守约概率的确定是根据授信申请人的基本信息进行预测的，在进行个人信用评分时除了要考虑他的基本情况，还需要考虑其以往的信用表现，这就需要在运用模型的基础上进一步加入以往信用表现成分，以得出该申请人信用的最终得分。

我们来举个例子，假设从个人征信系统中抽取了 521 份个人信用报告作为随机样本，其中的"好"客户的数量为 362 个，"坏"客户的数量为 159。在建立 Logistic 模型之前，我们需要通过个人信用报告中的基本信息提取出自变量：性别、年龄、学历、婚姻状况、住房、职务、职称、年收入、最近一次工作年限、是否为他人提供担保、是否有特别记录等。客户质量为因变量。

以上的 11 个自变量为分类变量，因此，建模时需要用虚拟变量来表示。需要注意的是，此例子中影响个人信用的因素并没有按照 14.3 节中的主要因素来举例。为了避免"虚拟变量陷阱"，每一个变量对应的虚拟变量数均比分类数少一个。按照以上的要求，我们有 30 个自变量，因此建立了以下 29 个虚拟变量：

性别：$x_1 = \begin{cases} \text{男} = 1 \\ \text{女} = 0 \end{cases}$

年龄：$x_2 = \begin{cases} 1 & \leqslant 25 \text{ 岁} \\ 0 & \text{其他} \end{cases}, x_3 = \begin{cases} 1 & 26\text{—}35 \text{ 岁} \\ 0 & \text{其他} \end{cases}, x_4 = \begin{cases} 1 & 36\text{—}45 \text{ 岁} \\ 0 & \text{其他} \end{cases}, x_5 = \begin{cases} 1 & 46\text{—}60 \text{ 岁} \\ 0 & \text{其他} \end{cases}$

学历：$x_6 = \begin{cases} 1 & \text{高中及以下} \\ 0 & \text{其他} \end{cases}, x_7 = \begin{cases} 1 \\ 0 \end{cases}, x_8 = \begin{cases} 1 \\ 0 \end{cases}$

婚姻状况：$x_9 = \begin{cases} 1 & \text{已婚} \\ 0 & \text{其他} \end{cases}, x_{10} = \begin{cases} 1 & \text{未婚} \\ 0 & \text{其他} \end{cases}, x_{11} = \begin{cases} 1 & \text{离婚或丧偶} \\ 0 & \text{其他} \end{cases}$

住房：$x_{12} = \begin{cases} 1 & \text{自置} \\ 0 & \text{其他} \end{cases}, x_{13} = \begin{cases} 1 & \text{按揭} \\ 0 & \text{其他} \end{cases}, x_{14} = \begin{cases} 1 & \text{租房} \\ 0 & \text{其他} \end{cases}$

职务：$x_{15} = \begin{cases} 1 & \text{高级领导} \\ 0 & \text{其他} \end{cases}, x_{16} = \begin{cases} 1 & \text{中级领导} \\ 0 & \text{其他} \end{cases}, x_{17} = \begin{cases} 1 & \text{一般员工} \\ 0 & \text{其他} \end{cases}$

职称：$x_{18} = \begin{cases} 1 & \text{高级} \\ 0 & \text{其他} \end{cases}, x_{19} = \begin{cases} 1 & \text{中级} \\ 0 & \text{其他} \end{cases}, x_{20} = \begin{cases} 1 & \text{初级} \\ 0 & \text{其他} \end{cases}$

年收入：$x_{21} = \begin{cases} 1 & \leqslant 2.5 \\ 0 & \text{其他} \end{cases}, x_{22} = \begin{cases} 1 & 2.5\text{ 万}\text{—}3.5 \text{ 万元} \\ 0 & \text{其他} \end{cases}, x_{23} = \begin{cases} 1 & 3.5 \text{ 万}\text{—}6 \text{ 万元} \\ 0 & \text{其他} \end{cases}$

$x_{24} = \begin{cases} 1 & 6 \text{ 万元以上} \\ 0 & \text{其他} \end{cases}$

最近一次工作年限：$x_{25} = \begin{cases} 1 & \leqslant 5 \text{ 年} \\ 0 & \text{其他} \end{cases}, x_{26} = \begin{cases} 1 & 6\text{—}10 \text{ 年} \\ 0 & \text{其他} \end{cases}, x_{27} = \begin{cases} 1 & \geqslant 11 \text{ 年} \\ 0 & \text{其他} \end{cases}$

是否为他人提供担保：$x_{28} = \begin{cases} 1 & 有 \\ 0 & 其他 \end{cases}$

是否有特别记录：$x_{29} = \begin{cases} 1 & 有 \\ 0 & 其他 \end{cases}$

因变量：$y = \begin{cases} 1 \\ 0 \end{cases}$

根据 Logistic 回归建立对个人信用评分模型，我们得出了以下模型：

$$\text{Log}\left(\frac{p}{1-p}\right) = c_0 + \beta_1 x_1 + \beta_2 x_2 + \cdots + \beta_{29} x_{29} \tag{14-2}$$

其中，p 为客户会按时还本付息的概率，即 $y = 1$ 的概率。

根据样本中的个人基本信息，假设得到的 Logistic 模型的估计结果为：

$$\begin{aligned}\text{Log}\left(\frac{p}{1-p}\right) = & -19.79 + 0.099\, x_1 + 21.24\, x_2 + 19.56\, x_3 + 19.23\, x_4 + 19.4\, x_5 \\ & + 0.63\, x_6 + 1.29\, x_7 + 1.7\, x_8 + 0.19\, x_9 + 0.055\, x_{10} - 1.63\, x_{11} \\ & + 0.88\, x_{12} + 1.63\, x_{13} + 0.65\, x_{14} - 0.96\, x_{15} - 1.16\, x_{16} + 0.22\, x_{17} \\ & + 0.61\, x_{18} + 0.33\, x_{19} - 0.17\, x_{20} + 1.08\, x_{21} + 0.7\, x_{22} \\ & + 0.37\, x_{23} - 1.05\, x_{24} - 1.04\, x_{25} - 0.24\, x_{26} - 0.1\, x_{27} \\ & - 1.04\, x_{28} + 20.43\, x_{29}\end{aligned}$$

接下来，我们可以通过 Nagelkerke 来检验模型的拟合效果。Nagelkerke 是衡量拟合效果的指标，指标值越大，说明模型拟合的效果越好。为了更好地估测 Logistic 模型的拟合效果，我们计算这个模型的 Nagelkerke R^2。它表示模型的解释力。假设例子中的模型的 Nagelkerke R^2 为 0.278，说明模型的拟合效果较好。

为了得到模型具体的准确度，我们以 0.5 作为概率界限，对样本进行分类，假设我们得到：总的准确率为 74.6%，在拟合的 Logistic 模型中将好客户判断为好客户的概率为 83.3%，将坏客户判断为坏客户的概率为 55.1%。因此，我们称此模型的拟合效果较为理想。然而在实际操作中，由于个人信用报告中的个人信息等的种种原因，其完整性、真实性和准确性尚需进一步完善，所以将坏客户判断为坏客户的概率不是很大，这也说明了 Logistic 模型有一定的局限性。

个人信用的最终得分是基本分和以往信用表现分的总和，而基本得分是通过预测的守约概率计算得出的。我们将每个贷款人的相应信息代入上面的模型中，从而预测出贷款人的守约率 p。假设基本信用总分为 60 分，附加总分为 40 分，现有一个授信申请人，其守约概率预测为 0.8，则其基本信用得分为 48 分，同时通过查阅其以往的信用表现，并结合一定的判断准则，该申请人获得 40 分的附加分，因此其个人信用总分为 88 分，再结合各个信贷机构的评分等级的划分就可以判断该申请人的信用等级，信贷机构也能根据这个信用等级决定对其的授信额度。

14.5 个人信用管理

个人信用管理体系是指通过一系列的规章制度和行为准则对个人信用进行监督、管理，以此来保障个人信用活动的健康发展，它包括个人信用登记制度、个人信用评估制度、个人信用风险预警制度、个人信用风险管理制度以及个人信用风险转嫁制度等，目的是证明、解释以及查验自然人的资信状况，通过制度来约束当事人的信用行为，提高当事人信守约定的意识，进而建立起良好的市场经济运行秩序。

1860年，美国第一家信用局在纽约布鲁克林成立，这是个人信用管理的开端。个人信用管理是市场经济的必然产物，许多发达国家也已经建立较为完善的个人信用管理体系。当今，信用对经济发展正起到越来越重要的作用，各国也不断加强对个人信用的管理和监督。根据信用管理的模式，各国的信用管理体系大致可以分为以美国、英国为代表的市场主导型信用管理体系，以德国、法国为代表的政府主导型信用管理体系，以及以日本为代表的会员制信用管理体系。

在整个个人信用管理体系中，个人征信机构、个人信用数据库和个人信用评分机构属于个人信用管理体系的上游部门，提供个人信用产品的金融机构处于链条的中游，个人信用产品的需求则处于下游。根据个人信用管理主体的不同，我们可以将个人信用管理分为主动管理和被动管理。主动管理是指借款人通过对自身信用条件或要素的改善，提高个人信用等级的行为。被动管理是指授信机构通过对客户信用的调查、评估以及信用风险的转嫁来降低自身风险的行为。

14.5.1 主动管理

由上文可知，个人信用风险的主动管理是指借款人通过对自身的信用条件或要素的改善，来提高个人信用等级的行为。在本章第三节中我们提到，个人信用的评估要素包括创富能力、信用管理、偿付历史和外部关联，对于个人来说，提高自己的信用等级可以从这些方面来入手。个人的创富能力、外部关联的变化与年龄、学历、职业、家庭收入等因素有关，主动改善较为困难。在这些因素一定的情况下，主动管理可以从以下几个方面入手。

（1）建立个人信用。拥有长期、稳定的个人信用的人，不仅能享受到信用卡消费带来的便利，而且能够更容易地申请到个人信用贷款，并在申请个人信用贷款时享受较低的贷款利率，因此，我们建议有能力的个人尽早建立个人信用记录。对于尚未建立个人信用记录的人来说，可以从小额的信用卡和贷款开始建立自己的个人信用，与此同时，偿付历史也随着个人信用的建立而建立。在建立个人信用和保持良好的偿付历史的过程中，个人应注意以下几个方面：

第一,了解信用卡类型和银行开卡及收费政策,找到适合自己的信用卡。银行卡可以分为借记卡和信用卡两类,借记卡不会产生个人信用记录,因此在建立个人信用方面,应当合理分配借记卡和信用卡的用途,在一些消费上优先使用信用卡。信用卡又有准贷记卡、贷记卡、存贷合一卡等不同类型,不同信用卡在年费、取现手续费、使用期限、存款利息、透支还款利息等方面都有差异,办卡人应详细了解银行政策,结合自身情况办理。

第二,通过按时、足额的偿付来体现自己有稳定、足够的现金流作为偿还基础。按时还款是个人信用中最重要的因素,逾期还款不仅要承担还款利息,还会对个人信用记录造成不良影响。因此,按时、足额地还款对个人信用尤为重要。

第三,将信用额度控制在合理范围内。个人信用额度应该控制在个人还款能力范围之内,余额使用率也不宜过高。在信用卡开卡一定时间后(半年到一年),如果持卡人能够保持较多的刷卡次数以及一定的刷卡金额,并保证按期偿付,可以申请提高信用额度,建立更高的个人信用。

第四,控制开卡分布。每一次收到开卡申请后,银行都会调查个人信用记录,短期内频繁地对个人信用记录的调用会对个人信用产生不利的影响。因此,在重大支出(如买房、买车)时,个人应该合理规划支出,避免通过多开信用账户的方式实现。

(2)提高个人信用管理能力。建立个人信用和偿付历史之后,应当培养良好的习惯,将个人信用的主动管理渗透到每天的生活中。具体来说,个人信用管理能力的提高可以通过以下几个步骤实现:

第一,选择适合自己的还款方式。常用的方式有网银手动还款、ATM还款、柜台还款等,个人还可以通过绑定的借记卡办理自动还款业务或通过第三方平台还款。还款方式的多样化给了人们选择的灵活性,为人们提供了便捷,个人也应主动了解这些还款方式,并根据自身情况选择合适的还款方式,制订还款计划,确保还款的及时性。

第二,使用账户管理工具。许多授信机构为客户提供了账户管理工具,以便客户跟踪自己的账户信息。在还款日期将近、大额消费或信用额度不足时,客户可以收到邮件或短信提示。此外,客户还可以通过互联网查询账户记录来查看消费记录、设置预算,并查看每笔消费的时间、金额、描述、分类等各种详细信息。个人应该用好信用账户管理工具,做好预算,维持良好的信用记录。

第三,个人还应及时关注银行的信用账户的相关政策,积极使用信用积分和现金奖励,在维持个人信用的同时,提高个人效用。

(3)维护个人信用记录。个人应按规定流程,定期查看自己的信用记录。一旦发现信用记录有误或需要声明,应及时提出异议和个人声明。发现不良信用记录,应在偿还债务后,通过未来的良好信用记录去弥补或覆盖,而不要试图通过销卡的办法消除不良记录。当个人信用记录查看不便时,也可以查看每月的个人信用账户报表,及时处理未授权交易,如果发现有可疑的扣费,应及时与信用卡公司或开卡银行联系。当信用卡被盗用时,也应及时与信用卡公司或开卡银行联系,及时注销原卡并重新开卡。信用卡盗用、授权错误的事件时有发生,只有做好防范措施,才能很好地维护个人信用记录。

14.5.2 被动管理

由于信息不对称,授信机构对信用的管理是以客户反映的信息为基础的,授信机构无法准确地知道受信人的信用状况,处在被动的一方,因此我们把授信机构对信用的管理称为被动管理,这里的授信机构主要是商业银行。信用风险管理的目标是降低风险,减少损失,实现盈利性、流动性和安全性的协调统一。一个完整的信用风险管理流程包括风险识别、风险评估、风险控制和风险管理评价四个环节。风险识别是指对信用风险的类型和成因进行判别分析,是信用风险管理的第一步;风险评估是指通过模型对大量信息进行处理和分析,估计风险发生的概率和损失率,是信用风险管理中最重要的一步;风险控制是指针对不同类型、不同程度的信用风险,采取不同的措施,将风险降到最低;风险管理评价是指对信用风险管理工作的各个环节进行评价,从而进一步落实信用风险管理的有效性。从具体方法上说,个人信用风险管理方法有信用评估、信用资产组合管理和信用风险转移。

信用评估目的是对信用风险进行事前防范,预先判断申请者的信用等级和资信状况,可以减少后续环节中的诸多风险。信用评估的前提是个人信用征信,然后对征信中获得的信息进行处理和深化,通过人工判断和评分模型的方法对客户的信用进行评分或评级,再根据评估结果决定是否授信以及授信额度。

对于商业银行来说,信用风险不仅取决于个体的信用风险,还受到不同信用资产之间相关关系的影响,因此,需要从资产组合的角度来研究个人信用风险。商业银行信用资产组合管理是指商业银行根据授信业务的种类、风险程度等因素将信贷资产分类组合,实现多层次、多角度的动态监控,确定信贷资产组合的最佳配置方案。信用资产组合管理的目标是实现信用风险平衡,即损失和收益相适应。风险评价指标主要是 VaR 和 ES。目前较为成熟的信用资产组合风险管理模型包括 CreditMetrics 模型、CreditPortfolioView 模型、KMV 模型、CreditRisk+模型等。

信用风险转移是指通过各种金融工具把信用风险转移给其他金融机构或者投资者。信用风险转移的主要方式有信用担保、保险和资产证券化。信用担保是指通过双边合约,将担保人作为信用风险的承担者,当债务方不能偿还时,由担保人承担相应的补偿或代为偿还。典型的个人信用担保是住房置业担保,在各国一般都有政府参与组织。保险也是转移个人信用风险的重要途径,它可以通过信用保险、人寿保险、财产保险等多种形式来完成,各种保险的保障角度也有所不同。信用保险的保险标的是信用关系,当借款人未能履行合同使贷款人蒙受经济损失时,由保险人向贷款人提供经济赔偿;人寿保险可以在借款人受伤、疾病或死亡时,对贷款人的损失进行补偿;财产保险可以补偿贷款人因借款人的财产损失发生违约行为所遭受的损失,住房抵押贷款保险就是一种财产保险。信用风险转移的另一种方法是将贷款或应收债权通过资本市场转换为可在二级市场上流通的有价证券,信用风险也同时被转移到了证券投资者手中,这就是信贷资产证券化。这样做不仅增强了贷款的流动性,也达到了分散风险的目的。

此外，授信机构还会通过监测和跟踪信贷资金流向、监控信用卡交易的方法，及时发现异常状况，避免欺诈、盗用等情况的发生。目前，信用卡机构对交易金额、交易次数、交易时间间隔、跨境交易等都有严格的约束。当违约发生时，授信机构会发出警告，并通过催收逾期欠款、信用卡冻结以及法律途径避免造成更大的经济损失。

不良贷款百分比与良好贷款百分比在不同条件分类下的比值，是一个相对容易操作的评分模型。良好贷款是指没有特殊收集困难的贷款；不良贷款是指严重拖欠债务或是最终以违约结束的贷款。通过不良贷款指数，我们可找出影响个人信用风险的主要因素，从而根据申请人的信用记录、银行关联、赊账信息等对其信用进行判断。

需要注意的是，我们需要通过合作银行来获取良好贷款和不良贷款的随机样本。该样本需满足以下两个条件：第一，其贷款都是在同一时间内放贷；第二，其贷款在这段时间内的分布是完全相同的。对于个人贷款，银行通常比较关注申请人在道德、个人、职业以及财务中的独特性。然而在随机样本中，所获得的信息只局限于贷款人债务、个人和工作特征，并没有可以反映出其历史支付记录或法律诉讼的信息，也没有对其道德特征的相关描述，所以不良贷款指数也有一定的局限性。

接下来我们通过一个假设的例子来了解一下不良贷款指数是如何运算的。

首先，我们的分析研究满足以下假设：① 所有的贷款可以被分成两个互斥的类别，一个为良好贷款，另一个为不良贷款；② 我们假设这两组互斥的样本可以根据某些特征很明显地分成两类，而对于其他特征而言又可以是没有区别的。基于这些假设上，我们抽取一个申请贷款人数量为 2 765 的随机样本。通过对其统计，得出良好贷款的数量为 1 468，不良贷款的数量为 1 297。

在对影响个人信用风险的因素进行分析之前，我们需要注意一下贷款申请失败的原因。在信用分析中，判断出不良贷款人的独特性比判断出良好贷款人的特点更为重要，因为这些失败的原因在一定程度上会反映出影响个人信用风险的因子。

根据对 2 765 个人的统计，申请失败的贷款数量为 1 713 人。其失败原因总结如表 14-1 所示。

表 14-1　申请贷款失败的原因

申请贷款失败原因	百分比
贷款过多	8.3
糟糕的现状	43.9
与本银行或其他银行不良的历史信用记录	17.4
隐藏与其他银行已有的贷款	21.8
银行对贷款申请人的不良记录	0.4
其他原因	8.2
总计	100

其中的糟糕现状是指申请人收入低、工作不稳定、不符合要求的联署者等情况。

首先，如表 14-1 所示，前两个申请失败原因贷款过多和糟糕的现状加起来占了 50%

以上,这就表明准贷款人的职业特征和财务特征不符合要求。而不良的历史信用记录和隐藏与其他银行已有的贷款在一定程度上显示了不诚实和不负责任的个人品质。其他的原因也有类似的体现。

在分析的过程中,我们不难发现良好贷款的数量和不良贷款的数量并不是相同的。数量不相同的两种贷款在对其进行分析时有时会影响结果的有效性。例如,假设我们有一组含有 200 个不同情况的数据。如果不良贷款的数量仅有两三个——这也许是由于样本是从银行所有贷款的投资组合中随机抽取的贷款,那么这样的数据就没有了利用价值。

其次,计算抽样误差是评估结果的重要环节之一。样本中的良好贷款表现出来的特征与不良贷款不同,这种不同总是有偶然出现的概率。样本越小,这种概率越大。统计显著性的试验有很多种,他们都可以用来判断样本误差的范围。在这个例子中,我们采用的测验方法是卡方测验,统计显著性将 1% 作为标准。如果不良贷款指数大于 1,那么我们可得出在该限制条件下的风险高于平均风险,反之亦然。然而这并不表示在任何分类条件下的不良贷款与良好贷款的比值都满足这种计算方法,因为就像前面提到的,不是所有的分类条件都可以将两个互斥样本再进行分类。

我们就贷款申请人的年龄作为分类标准,对不同年龄的良好贷款与不良贷款进行统计:

如表 14-2 所示的不良贷款指数,我们不难得出贷款申请人的年龄对其信用风险有着重要的影响。50 岁以上的不良贷款指数为 0.58,然而 21—25 岁的贷款人的指数为 1.15。信用风险随年龄的变化而变化的程度远远超出了样本误差的范围,并且从表 14-2 中也能观察出信用风险随着年龄变化的现象。当然这种关系必须权衡其他的条件,因为年龄是作为信用风险的因素,同时它也会受到其他因素的影响,就像收入、工作、职业的长久性以及居住地的永久性等因素。不良贷款经历和贷款人年龄之间的关系确实在一定程度上对其他因素产生了些许影响。

表 14-2 良好贷款与不良贷款在不同年龄段的分布百分比

贷款人年龄	贷款样本(%)		不良贷款指数
	良好贷款	不良贷款	
21—25 岁	12.4	14.2	1.15
26—30 岁	19.8	20.2	1.02
31—35 岁	17.1	20.8	1.22
36—40 岁	15.3	18.1	1.18
41—45 岁	13.2	11.8	0.89
46—50 岁	9.6	7.9	0.82
50 岁以上	12.6	7.0	0.58
总计	100.0	100.0	1.00
有效数据	1 267.0	1 250.0	
无效数据百分比	2.2	3.5	
分布差指数	8.7		

按照相似的统计方法,我们便可得出影响个人信用风险的因素。通过这些因素,我们可粗略地判断出个人信用的好坏,从而相应地避免个人信用所带来的风险。

练习题

一、选择题

1. 下列选项中,不能用来进行个人信用水平评定的是(　　)
   A. 偿付历史　　　　B. 创富能力　　　　C. 外部关联　　　　D. 兴趣爱好
2. 下列哪项不是对个人信用风险进行主动管理的途径?(　　)
   A. 建立个人信用　　　　　　　　　　B. 提高个人信用管理能力
   C. 进行个人信用评估　　　　　　　　D. 维护个人信用记录

二、简述题

1. 在现代经济学中,个人信用的含义是什么?
2. 怎样理解"信用信息的隐私保护是经济和法律问题,同时也是技术问题"这句话的含义?
3. 个人信用评估结果或信用得分都有哪些用途?
4. 简述个人信用评估框架及其应用。

三、计算题

有两个员工,一个人在本月和下月的收入分别为 $I_1^1 = 3\,000$ 元, $I_2^1 = 8\,000$ 元和 $I_1^2 = 9\,000$ 元, $I_2^2 = 4\,000$ 元,他们的效用函数分别为 $U_1(C) = C^{1/2}$ 和 $U_2(C) = C^{1/3}$。他们的收入可以一部分借给对方,剩下必须全部用于消费。

(1) 如果他们之间没有借贷,他们的总效用分别是多少?

(2) 如果他们俩进行借贷,最优的借贷额是多少,这样得到的总效用有分别是多少?

第4部分

中国信用体系

第 15 章　中国信用市场

15.1　债券市场

债券市场作为发行债券或者进行债券买卖的场所,是金融市场的重要组成部分,其发展在一定程度上反映着一国的金融发展水平。近三十年来,我国的债券市场进行了多项金融体制的改革,使得我国债券市场得到了快速发展,呈现出多元化的稳步发展格局。

15.1.1　我国债券市场发展历程

1950 年,我国开始发行政府债券,1958 年停止发行,1981 年,为支持国家建设,我国政府重新启动政府债券的发行。中国政府债券市场刚开始规模较小,随着经济发展,近几年,我国政府债券市场已经跻身于世界最大的政府债券市场行列。

最初,我国只有一级市场,国家通过行政手段发行政府债券,发行后政府债券无法继续再转让和交易。1981 年,国债恢复发行,我国债券市场开始复苏。1996 年,中国国债期货市场上发生了重大的违规事件,风险呈现出不可控之趋势,我国政府决意要发展更加统一、透明度更高更健康的债券市场。1988 年,政府开始在指定的几个城市进行二级市场流通转让。随着 1990 年上海证券交易所和深圳证券交易所的先后开市,政府债券才开始在全国范围内进行交易流通。1991 年我国开始使用承购包销制度来发行政府债券,1993 年创立了交易商制度。从 1996 年开始,所有可流通交易的政府债券通过招标发行系统发行。中央国债登记结算有限责任公司于 1996 年 12 月创立,开展债券交易登记和结算工作。1997 年,国务院批准建立银行间债券市场。

在亚洲金融危机时期,我国致力于银行间债券市场的完善,其基础设施得到加强,债券发行市场化程度提高,在支持经济发展中开始发挥更重要的作用。自此,政府债券二级市场形成了全国银行间债券市场、深圳交易所市场、上海交易所市场和场外政府债券市场等多个市场的格局。但相较于其他市场,场外政府债券市场一直仅占有少量的市场份额。1998 年至 2001 年期间,保险公司、城市信用社、资产管理公司、证券公司、财务公司等被批准进入银行间债券市场。至 2004 年,我国债券市场进入了快速发展阶段,债券市场的规模迅速扩大,提升了债市直接融资的效率,降低了融资成本。品种日趋丰富,参与主体不断增加,呈现出多元化的稳步发展格局,有利于促进实体经济的进一步发展。到 2014 年,全年债券发行总量已达到 2004 年的 4 倍。2014 年全年,债券市场共发行各类债券11.87万亿元,较2013年增加3.17万亿元,同比增长36.47%;同时,债券市场总托管量达到35.64万亿元,比上年年末增加6.16万亿元,同比增幅为20.9%。

15.1.2 我国债券市场的规模和分类

我国现在的债券种类繁多,根据发行主体、期限、要求以及利息支付方式等的差异,我国债券可做以下划分:根据发行主体的不同,可分为政府债券、金融债券和公司债券三大类;根据债券的发行地域的不同,可分为国内债券和国际债券;根据债券偿还期限的长短,可分为短期债券、中期债券和长期债券。我国不同债券的支付方式也不尽相同,根据支付方式划分,债券可分为附息支付债券、贴现支付债券和普通支付债券。此外,债券的发行方式也有差异,根据其发行方式的不同,可分为公募债券与私募债券两种。我国有些债券需要抵押品,有些不需要,根据抵押品的不同,又可分为信用债券和担保债权。另外,根据债券是否可转换的特性,又可分为可转换债券和非可转换债券。本小节主要对我国的地方政府债券、企业债券和城投债来详细介绍我国债券市场的发展历程。

15.1.3 地方政府债券

1. 地方政府债券的产生和发展

自中华人民共和国成立以来,我国的地方政府债券政策变化经历了几个阶段,归纳来讲可分为以下四个发展阶段。

第一阶段(中华人民共和国成立初—1981),零星发行阶段。最初我国地方政府债券的发行是在中华人民共和国成立初期,其目的是促进新中国建设、加快战后经济恢复和扩大政府资金来源。其中,最早是在1950年由原东北人民政府发行的"东北上产建设折实公债"。随后在20世纪50年代末至60年代初,一些地方政府根据1958年中央颁布的相关法规,制定发行了本地区的地方政府债券,其中包括黑龙江、安徽等省份。

第二阶段(1981—1995),逐步叫停阶段。到了1981年,由于国债发行的逐步恢复,一定程度上遏制了地方政府债券的发行。不过,对于一些出现严重财政困难的地方政府,也曾发行过少量地方债券来筹集基础设施建设的资金。直到1993年,国务院对地方政府的还本付息能力有所怀疑,明确制止了这一发债行为。1995年中央颁布了一系列法律法规,地方政府发行债券的行为被严格禁止。

第三阶段(1995—2009),全面禁止阶段,但存在变相发行现象。1995年政策发布之后的很长一段时间,地方政府在明面上没有发行任何债券,不过由于地方发展建设存在严重的资金缺口,同时有的地方政府还存在一些隐性负债,所以实际上地方政府仍在变相发行债券,城投债也在这样的背景下应运而生。直到2007年,我国政府开始重新考虑地方政府发行债券的情况。

第四阶段(2009—今),为实践与探索阶段。2009年,国务院正式同意由财政部代理发行2 000亿元地方政府债券,不过是由中央代理地方政府发行和偿还。2011年,在上海、浙江、广州、深圳四地,中央同意地方政府在国务院批准的发债规模限额内,可以自行发债试点。但是在2012年6月的全国人大常委会上,在"是否赋予地方政府发债权"这样的审议焦点上,高层的态度表示并不准备放宽该条款的限制。在2013年,试点省市得到扩展,江苏省和山东省也加入了。值得注意的是,经过这些年来地方政府作为直接债务人运行的实践工作,积累了大量的地方政府自行发债的经验与教训,已经为将来进一步放开地方政府的举债权,推进财政体制改革的进一步深化打下了坚实的基础。目前,我国地方政府债券的试点又取得了新的突破。2015年,国务院又批准了十个地方政府债券发行试点,包括上海、浙江、广东、深圳、江苏、山东、北京、江西、宁夏、青岛。这些试点的地方政府债券采用自发自还的方式,在国务院批准的发债规模限额内发行地方政府债券,同时地方政府自身支付利息,并到期偿还本金。同时,财政部进一步强调了地方政府债券自发自还试点中信用评级的市场性和规范性,突出了信息披露的真实性、准确性、及时性以及合规性。通过自发自还试点的信用评级和信息披露,试图将公众监督引入地方政府举债的制度体系之中。这些都标志着我国地方政府债券的发行和管理正在进一步完善之中。

2. 地方政府债券信用风险分析

我国地方政府债券近几年来开始全面发展,快速的发展必然伴随风险的出现,因此有必要对债券的风险问题做出一个预期的判断。而对于债券投资者来说,最关心的问题是投入的资金和利息能否安全收回。由此看出,信用风险是地方政府债券主要的风险,研究地方政府债券的信用风险是一个重要的话题,下面我们就对地方政府债券信用风险的成因作一个分析。

(1) 发债制度不健全。由于我国发行的并非真正意义上的地方政府债券,自2009年起,财政部代发地方政府债券是在大规模经济刺激计划下"审慎"推出的。特定的背景下,其制度设计具有局限性:首先,国务院中央政府决定了地方政府债券的举债额度,并没有根据地方经济的情况来匹配不同地方的债务额度,地方政府也不具有这样的自主权。这样就产生了一个问题,即弱化了没有"自主发债权"的地方政府到期偿还债券的约束力,就算未能到期偿还债务,也会有中央政府为之承担责任。其次,我国财政部代理发行地方政府债券的发行方式、发行条件以及市场评级机制等具有普适性,但由于我国各地经济发展不平衡,区域间的经济发展水平有明显差距,各省市自治区的风险和收益有所区别,如果都以相同的方式发行政府债券,则很不利于地方政府债券信用评级的建设。最后,由于监管制度和政府审批严格,地方政府债券的信用是建立在政府信用上而非市场信用,这样极易诱发道德风险,且无法发挥出市场的外部监管作用。

(2) 债券市场不够成熟。通常来讲,地方政府债券的信用风险与金融市场的成熟度、金融产品的需求旺盛程度和其他金融产品的吸引力成反比。地方政府债券作为投资组合的品种之一,必然会受到其他金融产品的价格和收益率的影响和制约。我国金融市场产品的定价机制和利率形成机制并没有完全市场化,部分带有强烈的行政色彩。没有形成健康的地方政府债券的二级交易市场,也就无法保证地方政府债券的正常流通,只能小规模地在交易所上市,大部分集中托管在银行间的债券市场,不允许个人投资者参加。

并且,规模小、利率低的特点导致地方政府债券对投资者的吸引力相当低。

2009年,广西、北京、上海、河南四省市发行的地方债券仅获得1.39倍有效认购,具体来讲是计划招标发行总量169亿元,市场投标量为235.1亿元,创地方政府债券发行以来认购倍数的新低。归其原因,主要有债券期限短、债券票面利率低等原因,对债券二级市场的投资者不具有吸引力,这意味着市场投资者的投资动机和地方债券发行方的目的出现了矛盾,市场投资者是为了追求盈利,而地方政府是为了提供公共产品、民生工程等基础设施建设。正是因为债券的发行方和认购方的动机不能达成一致,因此在地方政府债券的发行过程中出现了一级市场认购率较低以及二级市场交易量过低的现象,而这种现象将可能是流动性风险出现的征兆,进而导致信用风险的产生。

(3) 政绩评价机制不合理。改革开放以来,我国一直致力于经济增长和国家建设,以GDP作为衡量经济发展水平的主要指标,各地方政府同样如此。在以GDP为政绩考核标准的制度下,"形象工程"和"面子工程"大量出现,带来了严重的资源浪费。而允许地方政府发行地方债券进行筹资,这样的手段更加滋生了大批"政绩工程",过度举债降低了资金的使用效率,这样的行为会带来一系列不良的后果,对发债主体的信用建设产生消极影响。

(4) 地方财政收入不足、地方债务负担加重。如图15-1和图15-2所示,我国现存的财政体制表明,我国的总财政收入从地方政府向中央政府转移。根据我国中央和地方财政收入及比重可说明,我国中央财政收入的比重呈逐年上升趋势,而地方政府财政收入的比重呈逐年下降趋势。在分税制改革之后,地方政府被赋予了更多的事权,但是相应地,地方政府的财权并没有得到合理配置。地方政府需要提供更多的公共产品,在其事权扩大但是财权却相应萎缩的情况下,地方政府的负担会越来越严重,财政风险不断积累。

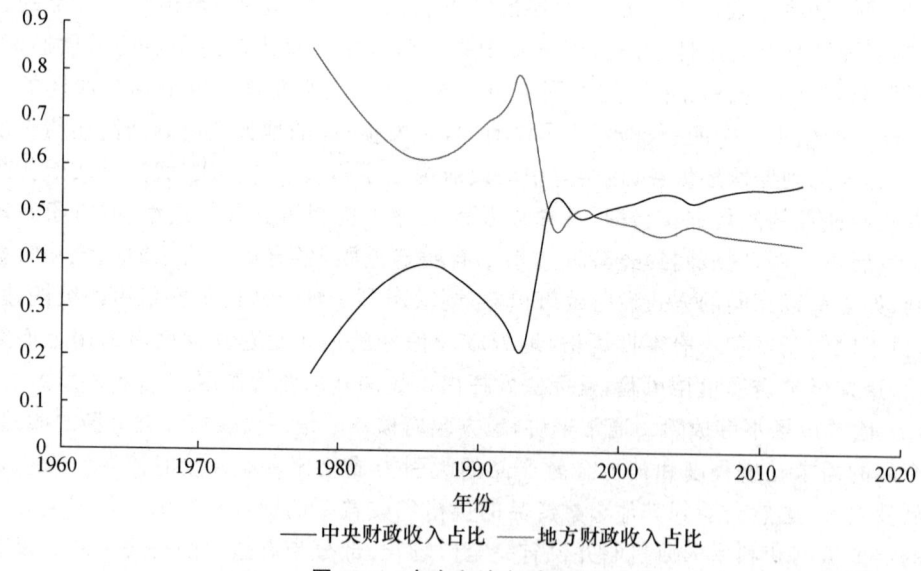

图15-1 中央和地方财政收入

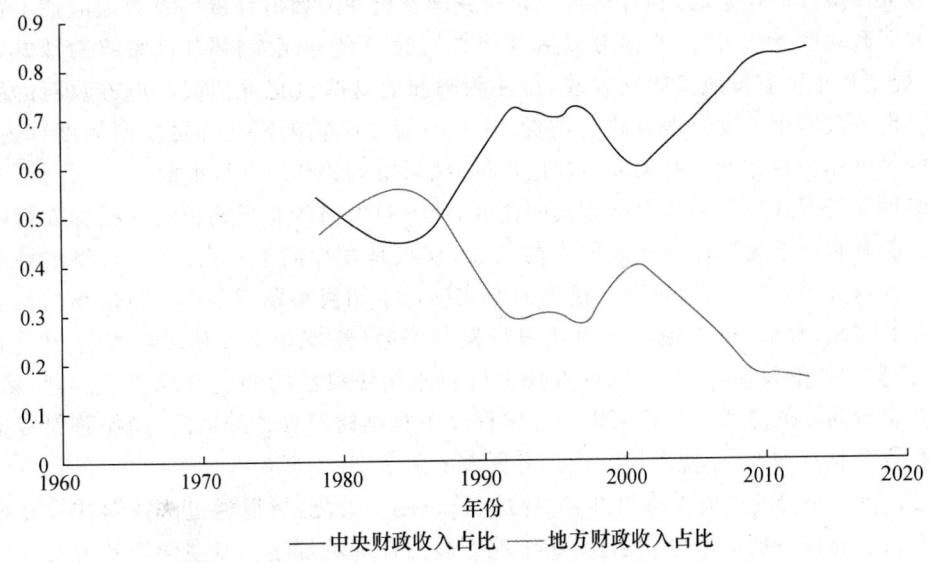

—— 中央财政收入占比　—— 地方财政收入占比

图 15-2　中央和地方财政支出

资料来源：wind 数据库。

财政收入严重影响了地方政府债券的信用违约风险,我国地方财政的困境凸显了发行地方政府债券的信用风险。国家调控政策的不确定性也会间接影响地方政府债券的信用风险,比如,税收改革政策、房地产宏观调控政策等。

近年来,中国地方政府的收入主要依赖于与房地产相关的土地使用权出让收入和与地方本级收入中房地产相关税收。一旦财政收入增幅下降、地方债务还债高峰和"钱荒"就会来临,卖地收入就会成为各地方政府最现实和快捷的"财源"。但是,我国地方政府通过出让土地使用权来获得收入不具有可持续性,国家一旦加强对房地产的宏观调控,不利政策会使得地方政府面临严重吃紧,这给地方政府的债务偿还埋下了隐患,增加了地方政府债券的信用风险。

3. 我国地方债的改进措施

(1) 完善地方政府债券发行机制。加强发债主体的资格审查。从发行主体的角度考虑,并结合我国地方政府的偿债能力、举债需求和地方政府债券发展阶段,为了控制地方政府债券的信用风险,需要对初期发行债券的地方政府进行发债主体的资格审查。一般而言,只有相对成熟的债券市场才会吸引充足的债券投资群体,地方经济相对发达的地区,金融体系相对完善、债券市场也相对活跃。由于各个发债主体的信用等级不同,应该对允许发债的地方政府设定发债标准。从宏观层面上,国家需要逐步跟进地方改革的步伐,稳步推进地方政府信用评级制度的建立,改革以 GDP 硬性指标作为衡量地方经济发展水平的标准,将地方绩效和地方经济、金融生态环境联系起来,以真实的经济实力作为债务顺利偿还的保障。

控制地方政府的发债规模。地方政府债券的大规模发行不仅扩大了地方政府债务,还会加大地方政府的债务风险。如果地方政府债券的发行规模失控,可能危及我国的财政体系安全,引发公共风险。对地方政府债券发行总规模的科学控制,是构建我国地方政府债券风险控制体系的核心内容。第一,我国发行地方政府债券的总规模应该不得超过地方财政总收入。另外,我国可以借鉴国外经验,每年由财政部制订系统的地方融资计划,规定各年度有发债权的地方政府,并明确限定这些具有发债权的地方政府的发债规模。地方政府申请发行地方政府债券,其发债规模必须限定在许可发债额度以内,符合许可额度的项目才能向有关部门提出申请,然后由有关部门进行审批。

多种发行方式共存。从发行方式的角度,地方政府债券有承购包销和招标发行两种方式。前者有利于提高地方政府债券的信誉,缺点是发行成本较高;后者是将市场竞争机制引入债券的发行中,通过公开招标的方式确定承销商和发行条件。根据我国目前发行债券的实践,券商、投资银行和商业银行发行经验、国债和企业债多年发行积累的经验,并借鉴国外的发债经验,在发行方式上可以采用协议承销和竞价承销、公募与私募、定价与竞价共存的方式。这样可以在一定程度上杜绝暗箱操作的风险,确保募集资金的安全和资金收益的安全,使发债方式具有更大的灵活度。

(2) 建立完善的偿债保障机制和风险预警机制。首先,可以通过法律形式设立地方政府发行政府债券的专项偿债基金,用于地方政府债务的偿还。专项偿债基金的来源主要有两个:一是按照各地方政府债券的发行总额提取一定比例的准备金,形同商业银行存款准备金;二是来源于中央财政的拨款基金。无论从地方政府的信用角度还是债权人资金安全的角度,偿债基金的建立都可以为地方政府债券的按期偿还提供保障,在地方政府发生财务困境和投资项目现金流回收出现困难时,增强地方政府对地方政府债券债务的偿还能力,缓解地方政府的偿债压力,提升地方政府的信用水平。

其次,完善债券保险制度。地方政府债券保险是指地方政府债券发行人向保险公司支付地方政府的债券保险费,债务违约的利息由保险公司支付的协议。地方政府债券保险使投资者获得稳定的利息收入,使投资者面临的地方政府债券的违约风险降低,这样会提高地方政府债券的流动性。地方政府债券保险会使地方政府债券发行者受益,可以提高地方政府债券的信用等级,也可能使信誉较低的发行者所节约的利息成本低于保险费用。另外,监管部门可以通过地方政府债券保险公司报告来了解有关地方政府债券的信息,从而节约监管成本。

再次,应该从市场经济规律出发,界定地方政府债券募集的资金额的投资领域和支出责任。地方政府的投资项目应该逐渐退出竞争性领域,将募集的资金集中于公共基础设施建设、改善民生保障建设项目,以最大限度发挥资金的效用。特别地,对于通过建设项目融资发行的地方政府债券,要根据建设项目决定需要的发债额度,还要明确责任人、使用人和受益人的债券关系。

最后,建立风险预警机制。风险预警体系的存在十分必要,我国应该建立地方政府债务风险预警机制,并将它纳入地方政府政绩评价之中。因为现今我国地方政府债务存在扩大化趋势,且隐性债务比例不断提高,所以对不同的地方政府的债务风险设置临界点并进行预警,防止地方政府发行债券规模过大,对地方政府债券风险具有警示作用。

(3) 构建完善的地方政府债券监管机制。首先,完善地方政府债券法律法规。完善的法律制度是地方政府债券发展的基石。因此,为保证地方政府债券市场的公开、公平、公正地运转,一个完善的法律制度尤为重要。特别在我国地方政府债券的起步阶段,更应该以立法为起首,从法律的基本层面对地方政府债券给予硬性约束。

其次,建立地方政府债券信用评级制度。地方政府债券信用评级的作用主要体现在以下几方面:一是有助于形成市场准入机制,使不能取得评级或评级不合格的发行机构被阻止在地方政府债券市场之外,推动地方政府债券市场的健康发展;二是将债券信用的信息传递给众多的投资者,使地方政府债券能够被投资者认可,这样才可能使地方政府债券发行者筹集到资金;三是可以作为违约风险的指标,直接影响地方政府债券的价格和政府的负债成本,促使地方政府债券发行者关心地方政府债券的信用风险;四是可以为地方政府债券承销商和担保机构提供信息,尤其为后者决定承销费率等方面提供参考;五是地方政府债券信用评级可成为地方政府债券监管部门开展监管工作的信息来源。由此可见,如果想要我国地方政府债券市场健康而有序地发展,必须构建地方政府债券的信用评级制度。

最后,是建立地方政府的信息披露制度。地方政府债券的信息披露对地方政府债券的安全运行起到重要且积极的作用。结合国外的经验和我国的实际情况,我国地方政府债券信息披露应该从以下几方面着手:

法律法规建设。在《证券法》中应对地方政府债券发债主体信息披露做出特殊规定。在法律逐步完善之前,短期内可先由相关部门单独出台关于地方政府信息披露的条例,通过对金融中介的限制来保证地方政府的有效信息披露。

地方政府会计体系的建设。建立一套完整的政府会计准则体系,是地方政府债券信息披露的基础,没有完整的政府会计准则体系是不可能真实地反映地方政府财务状况的。

信息系统建设。地方政府债券信息搜集的准确性、及时性和完整性,均有利于投资者更深入准确地分析该市场。为此需要加快信息收集和处理机构的建设和发展,诸如数据库建设和政府网站建设等,建立专门机构存放我国地方政府债券公布的信息。

信息披露内容。我国地方政府债券披露的信息应包括:一方面是地方政府债券发行者相关信息披露,如发行者的债务情况、偿债能力、地方经济发展状况等信息;另一方面是地方政府债券特征,如要发行的债券的数量、到期日、价格、债券出售收入的用途、信用评级,并公布承销商与承销团成员的名字。

15.1.4 企业债券

1. 我国企业债券市场发展历程

我国企业债券的发展特点,可将其分为以下几个阶段。第一阶段为萌芽时期,从1984年到1986年。第二个阶段是快速发展时期,时间是从1987年到1992年。从1993年到1995年是我国企业债券的整顿时期。从1996年至今,属于中国企业债券的规范发展阶段。特别是自2005年我国开始发行短期融资券以来,一大批创新企业债券品种相继推出,还包括一些中小企业的集合票据和债券、超短期融资券等,大大丰富了我国债券市场的企业债券种类。但是,随着企业债券市场的高度发展,我们对其在发展中存在的风险问题也不可小觑。谨慎处理企业债券市场存在的风险,对于建立和完善良好的债券市场环境有着重要意义。

2. 企业债券信用风险影响因素

(1) 宏观因素。宏观经济环境的变动可能对微观企业经营业绩和盈利状况有较大影响,通过影响债券违约率、违约损失率和违约敞口等因素影响着债券信用风险。其中主要的因素包括 GDP 增长率和居民消费者价格指数(CPI)等。

如图 15-3 所示,自 2005 年以来,通常经济周期上行时,短期融资券、中期票据、企业债等债券的违约率呈现一个下降的趋势,这时企业债券的违约风险较低,发行利率也较低;反之,经济周期呈现下行趋势时,企业的违约率呈上升趋势,信用风险较高,企业债券发行利率较高。同时可以看出,宏观经济情况对企业债券发行利率的影响有着一定的滞后性,2008 年经济危机之后,短期融资券、中期票据以及企业债的发行利率均有所下调,且其调整相对滞后于 GDP 的增长率的调整。

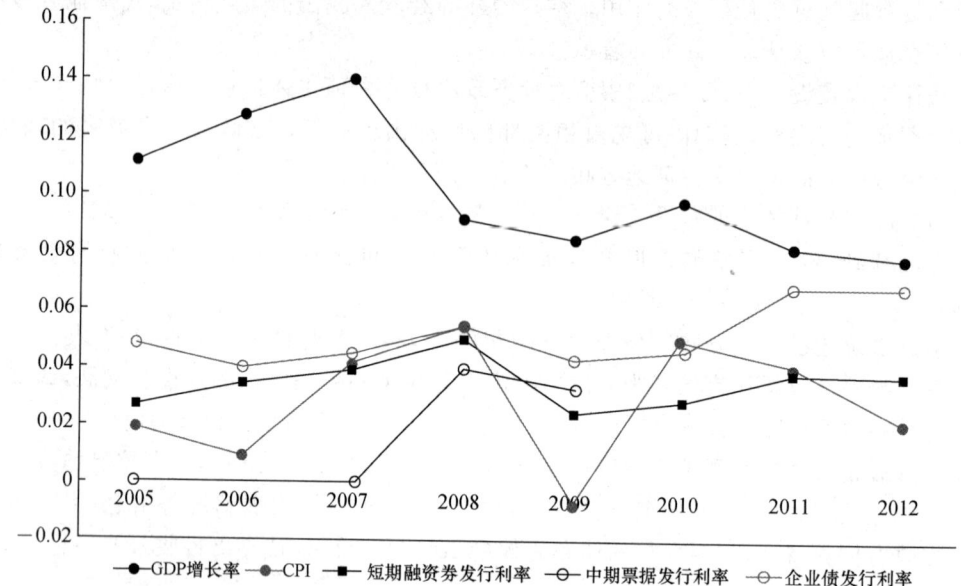

图 15-3　企业债券利率和宏观经济

资料来源:中国债券信息网。

消费者物价指数反映了居民家庭购买生活消费品价格和服务项目价格的变动趋势和程度,通常用来评价通货膨胀水平。CPI 虽然有一定的滞后性,但仍不失为宏观经济分析中的一个重要指标,主要是通过消费、投资、利率和投资者对未来的预期等途径来影响信用风险的变化。

当 CPI 升高,一方面生活成本提高导致消费支出增加,相应对债券的投资支出减少,人们的风险厌恶程度加大,投资者倾向于选择保守的投资策略;另一方面,预期国家会采取一定的货币紧缩或财政紧缩政策,造成经济前景的不明朗,从而影响投资者的信心,导致资金处于观望状态,对企业债券的需求减少,债券价格下降,收益率增大。而 CPI 回落后,宏观经济状况开始温和下降,通货膨胀转向通货紧缩,贷款利率降低很可能促使资金更多地流入企业债券市场,推动债券交易量的上升,流动性加大,信用风险变小。

(2) 微观因素。微观因素包括企业自身的经营状况、企业所处的行业和企业的主体性质,这些因素都能直接影响企业的信用风险。从企业自身经营状况来看,企业的经营状况无疑是影响债券违约率的一个重要因素。企业的经营状况主要由企业的资产规模和企业的财务状况来体现,其中企业的财务状况一般由反映企业资本结构、盈利能力和偿债能力等的财务指标来衡量。

从资产规模来看,通常大规模的企业波动性更小,公司的经营状况相对稳定,信用风险较小;而小规模企业通常波动性较大,所发行债券具有高风险高收益的特性。从企业财务状况来看,可以通过不同的财务状况评价指标来判断,如表15-1所示。

表15-1 我国企业信用风险评价指标

指标类型	指标名称
短期偿债能力	营运资本、流动比率、速动比率、现金流量比率等
长期偿债能力	资产负债比率、产权比率、利息保障倍数、现金流量债务比等
成长能力	资产总额增长率、净资产增长率、主营业务收入增长率、利润总额增长率
现金流量指标	现金流量比率、经营现金流量比率等
营运能力	应收账款周转率、总资产周转率、存货周转率、流动资产周转率等
盈利能力	销售利润率、总资产报酬率、资产利润率、净资产收益率、主营业务利润等

企业盈利能力指标体现了企业获取利润的能力,是评价一个企业的经营业绩和企业价值的重要指标,也是判断企业违约率的一个重要指标。盈利情况越好,企业的经营状况越好,信用违约的概率也越小。

企业偿债能力指标是指企业用其资产偿还长期债券和短期债务的能力,是反映企业财务状况和经营能力的重要指标。偿债能力越强,信用违约风险越小。

企业成长能力指标能够有效度量企业的发展情况,主要包括资产总额增长率、净资产增长率、主营业务收入增长率和利润总额增长率。企业的发展能力越强,自然就会降低企业的违约率。

企业现金流量指标是指某一段时间内企业现金流入和流出的数量,在现金流量表中,通常可分为三大类:经营活动产生的现金流量、投资活动产生的现金流量和筹资活动产生的现金流量。企业的现金流量也能很好地反映企业的经营状况,通常来讲,企业现金流量越充足,到期偿债的能力就越强,企业信用风险就越小。

企业的营运能力反映了企业资产管理的效率和资金的运营周转情况。主要指标有:应收账款周转率、总资产周转率、存货周转率和流动资产周转率等。营运能力强,即表示企业资产的周转速度快,流动性高,获取利润的速度快,则企业的经营状况好,违约风险小。

从企业所处行业角度分析,不同行业的信用风险不同,因为每个行业的竞争激烈程度不同,并且都具有不可避免的系统风险,行业的平均利润率和行业的经营风险的大小等都会影响到发债企业,因此,企业所处的行业是研究信用风险的一个重要影响因素。

以2010年4月9日沪深两地交易所上市的企业债券为例,沪深交易所交易的企业债券共计 262 只。将所有具有相同期限和到期日的企业债券和国债进行匹配,删除无法成功匹配的企业债券,最后剩下 26 只企业债券,其情况如表 15-2 所示。

表 15-2　债券行业信用利差

发债主体所属行业	样本数量	信用价差
基础材料	2	1.49
能源	6	1.799
金融	3	1.70
工业	10	1.54
电信服务	3	1.888
公共事业	2	0.88

从信用价差可以看出,能源和电信服务类企业发行的企业债券的信用风险最高,基础材料、金融和工业类企业次之,公共事业类债券的信用风险最低,这些利差反映了行业平均利润和行业的经营风险。此外,受经济周期影响较大的行业其信用风险也较大,而受经济周期影响较小的行业其信用风险较小。诸如石化、钢铁等强周期性的行业信用风险较高,而电力等稳定行业其信用风险较低。

从企业主体的性质来看,发债企业自身的性质也会影响发行债券的信用风险。目前我国企业性质主要分为国有企业、民营企业、集体企业和外资企业。一般来看,中央直属的国有企业或是有国家扶植的企业相对于其他企业信用风险更低,国家担保给予这些企业更多的发债便利,使得企业的发债规模和信用等级都相对较高;而民营企业包括集体企业等由于没有国家担保,发债规模较小,发债利率更高,信用风险也更高。

15.1.5　城投债

城投债作为我国特有的债券,是指由地方政府融资平台发行的,地方财政对其提供隐性担保的债务,募集资金主要用于市政建设等公共性项目的债券融资工具。也就是说,城投债兼具地方政府债券和企业债的性质,名义上从属于企业债,实际上又有着准市政债券的性质。

1. 城投债的发展原因

城投债主要用于地方政府在城市基础建设中筹集资金,城投债究竟会带来怎样的信用风险,这就需要我们对城投债的产生和发展的原因有一个基本的认识。

分税制改革导致地方政府财政压力日益加大,刺激了城投债的产生。1994 我国开始实行中央和地方的分税制。中央主要承担国家安全、外交和中央国家机关运转所需的经费,调整国民经济结构、协调地区发展、实施宏观调控所必需的支出,以及由中央直接管理的失业发展的支出;地方政府主要承担本地区政府机关运转所需的支出,以及本地区经济和事业发展所需的支出。这次改革虽然对我国的财政秩序有了良好的改观,却带来了新的麻烦。中央政府层面财政收入权力加大,而地方政府层面地方公共支出加大,财权与事权的严重不平等导致地方政府平台出现财务困境,不得不通过搭建地方政府融资平台来增加收入,城投公司应运而生。

城市化进程对资金产生了巨大需求,进一步推动了城投债的发展。随着我国改革开放的深入,我国经济水平的提高,城市化进程显著加快,城市基础设施建设资金压力越来越大。随着经济的快速发展,人口不断流向城市,城市道路交通拥挤,各种设施老化、落后,以至于无法满足人们的需要。为筹集城市基础设施项目建设的投资资金,推进了城市的现代化,地方政府推出城投债作为一种融资工具,有效缓解了财政压力。

地方政府债券的发行受到限制,城投债成了融资的重要手段。1995年—2009年,地方政府债券被明令禁止,这导致我国地方政府无法像其他国家一样通过正规途径发债来获得融资支持。在这种条件下,地方政府纷纷创新了融资方式,从而避开了法律的限制。由一些地方政府通过设立地方融资平台来为地方基础设施建设项目融资的模式,即为"城投债"模式,由于效果明显,得以被推广至全国。

2. 城投债发展的历程

我国城投债起源于上海。1992年年初,中央为支持上海浦东新区的开发建设,给上海增加了五类项目审批权、五种资金筹措权,其中一种筹措权就是准许上海在1992—1997年的五年时间内发行五亿元的浦东建设债券。上海市为筹集城市建设资金专门成立了负责城市建设投资开发的控股公司——城市建设投资开发总公司。该公司于1993年4月15日成功发行了我国首只城投债。之后这一新的地方政府融资模式便在中国大地上逐渐被复制,其他各地也先后成立了城投公司,并以此为融资平台来满足城市建设投资的资金需求。2005年之后,城投债的发展开始加速,发行规模突破了400亿元,到了2008年,我国城投债的发行规模已经达到了992亿元,接近千亿元的发行规模,这不仅是由于发行门槛的降低,也是由于我国地方政府迫切的资金需求。2008年后,城投债券的规模呈现爆发式增长,2009年一些地方政府的债务风险开始显现,随着中央政府对城投债的调控力度的加大,城投债的发行规模略有下降。随后,由于政府对城投债的态度的再度转暖,进入2012年之后,发改委对企业债的发行逐步放松,审批速度加快,城投债再次呈现井喷的状态。2012年前的11个月,城投债发行量已经超过万亿元,是2011年的两倍以上。这让城投债在地方政府融资来源中的重要性得到进一步上升。

2013年城投债的规模继续稳步提升,到了2014年,城投债的发行开始接近尾声。2014年10月,财政部发文明确规定:截至2014年年底的存量债务余额应在2015年1月5日前上报,并且将存量债务分类纳入预算管理,统筹财政资金优先偿还到期债务。从2015年12月31日开始,之后的融资只能通过省级政府发行地方政府债券的方式举借政府债务,这意味着城投债即将正式退出历史舞台。

3. 发展过程中的问题

(1) 发行主体向县级城投公司下移。作为地方政府投融资最重要的平台,城投公司一出现就成为地方政府举债的重要渠道。在国家庞大的投资计划刺激下,以及相关政策的鼓励中,城投公司的数量呈飞速增长模式,级别也从一开始的省、市级债,发展到县级债。据调查,县级城投公司的数量已经大大超越了省市级城投公司的数量。不过从深层次的角度来讲,根据我国各级财政状况来看,级别越低的地方政府,其财政失衡情况越严重,而恰恰这样的政府的融资需求更加强烈。由于我国目前城投债的偿付主要依赖于地方政府的财政收入,对于财政失衡严重的县级城投公司而言,其发行的城投债累积了较大的信用风险,县级城投公司主体信用级别普遍集中在 A+,这也使得城投债市场的发行主体级别出现了大规模的 A+信用级别。除此之外,相较于一般企业债,城投债的发行利率普遍偏高,城投债市场与一般企业债市场呈分化趋势。发行利率的偏高,加大了城投公司自身的筹资成本,为日后还本付息留下了隐患,同时也进一步加大了地方政府的财政风险。

(2) 城投债偿还期风险集中。如图 15-4 所示,从偿债时间来看,从 2014 年开始,年偿还量逐渐增加,在 2020 年会达到一个高峰。2019 年城投债的到期数量相较于前一年会有大幅度的提升,这是由于 2011—2012 年城投债规模和数量井喷式发展而致。静态来看,未来城投债以及所在的地方融资平台将会从 2015 年到 2019 年进入集中偿还期。在这个期间内,极有可能出现因为资金周转和地方财政缺口导致系统性信用风险。虽然到期偿还时间是区分城投债风险的重要指标之一,但在投资过程中却并不受债券投资者的重视,投资者往往更为关注不同偿还期限带来的不同收益,而不是偿还时间是否落在集中偿还期内。

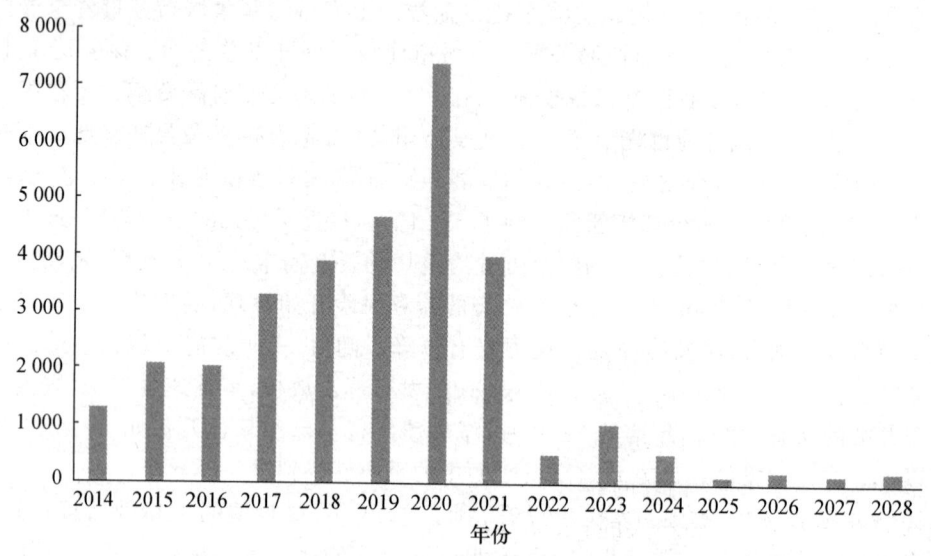

图 15-4 我国城投债偿还量

(3) 发行规模失控。发行规模是影响债务信用风险的重要原因之一。近几年来,我国由于地方政府对于资金需求的增加,以及中央政府对城投债发行在政策上的支持,城投债规模显著增大。又因为城投债的准市政债性质,使其成为地方隐性债务的一部分。一旦城投债出现偿付危机,其偿债压力将直接转嫁到地方政府。

一方面,由于城投债并不纳入地方政府的财政预算,且在企业债的审批过程中,发行规模只与发行人的净资产规模挂钩,而净资产规模又是可通过注入各类非现金类的资产扩充的,因此一旦面临资金缺口的巨大压力,势必导致地方政府通过城投公司尽可能地扩张其融资规模。即使国家发改委在审批过程中考虑到发行规模的因素,也会因为缺乏地方政府债务的准确数据而使得其难以对城投债的发债规模进行有效监控。投资者也因为缺乏相关信息，而无法通过市场力量对发债规模形成有效约束。另一方面，由于城投债的发行期限绝大多数都在五年之上，超过了当届政府的任期，在"政绩工程"的激励下，当届政府有不顾地方财政实际负债水平和支出需要而大肆举债融资的动机。

发行规模的失控，不仅给城投债自身的偿付造成了巨大隐患，也进一步加剧了地方政府的债务风险，危及地方政府的信用。

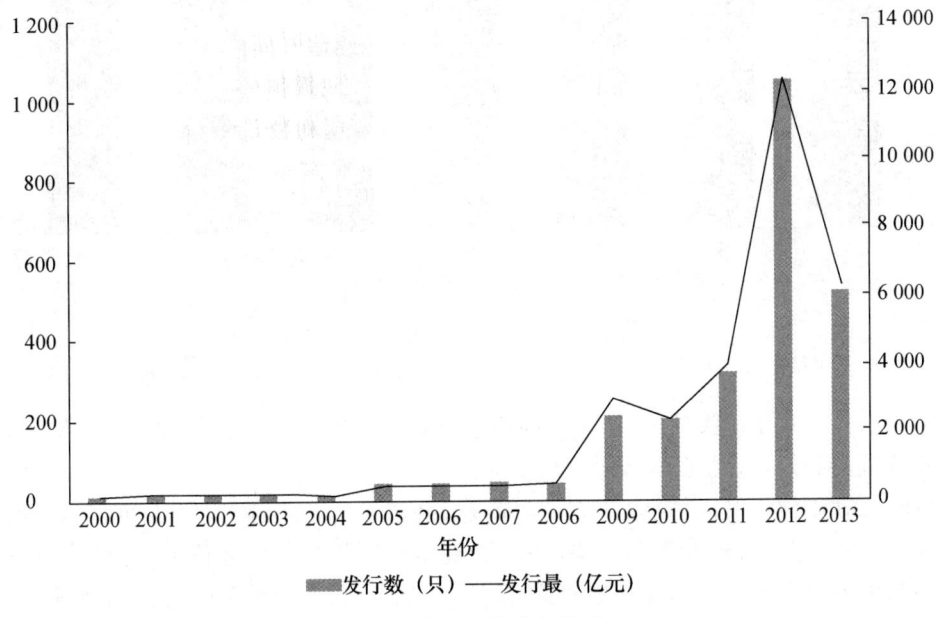

图 15-5　城投债发行统计

资料来源：wind 数据库。

（4）城投债评级难以得到认可。就我国目前的情况来看，自 2011 年之后，评级公司业务竞争趋于激烈，部分评级公司为了招揽更多业务，给出了达不到评级要求的发行人较高的信用评级，城投债的评级普遍得到了提升。原本具有权威参考意义的信用评级逐渐开始受到发行人和主承销商的商业影响，整体信用评级偏高。不少机构投资者更加依赖自身的评级系统，依据发行人的具体情况给出自己的信用评级和打分。这也使得在信用等级符号和定义相同的前提条件下，相同级别城投债的信用利差大于一般企业债，说明市场对城投债的信用级别并不完全认可，因此需要在发债时保证更高水平的回报率。

如图 15-6 所示，我们比较不同期限的债券级别同为 AAA 的中债企业债和中债城投债收益率。可以看出，中债城投债的收益率无论在什么期限都高于中债企业债的收益率。正是因为我国信用评级在城投债风险评估上存在风险盲点，导致评级机构无法对地方政府的信用建构有效的评级体系与标准，从而影响到当地政府信用对城投债偿付保障的判断。这也使得城投债的发行利率通常高于一般企业债。

（5）增信机制存在缺陷。城投债缺乏有效的增信机制。企业债通常会通过风险控制增信，以降低发行成本。城投公司由于很少能够通过投资项目的收益或自身经营来盈利并偿付本息，特别是那些财政相对困难的地级市或县级市成立的融资平台，增信对于它

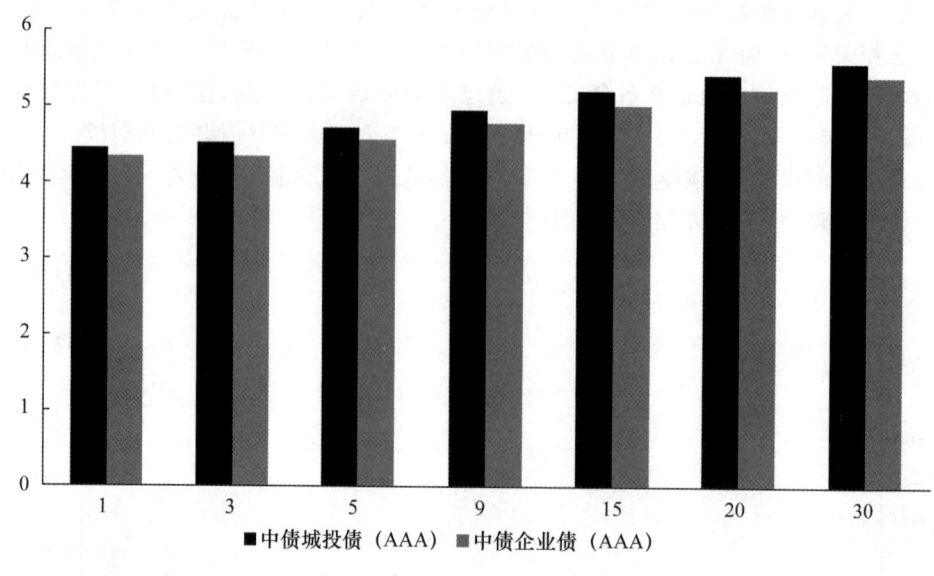

图 15-6　城投债和企业债收益率

资料来源：中国债券信息网(http://yield.chinabond.com.cn/cbweb-mn/yield_main)。

们的意义重大。对于城投债来讲，主要的增信方式主要有：应收账款质押、土地使用权质押以及传统的其他企业担保。

应收账款质押一般形式是 BT 模式，即城投公司和政府部门签订 BT 协议，城投公司代建项目，项目完工后政府负责回购，并按照事先约定付款以偿还债务本息。不过这种协议多为地方政府用于预算外资金的签订，法律、法规性都有待完善。此外，各地方政府部门被赋予了不同的权限，是否有权限签订这样的协议还有待考量，由于没有披露要求，市场无法及时了解具体状况，这也影响了其对城投债信用增进有效性的发挥，无法有效保障投资者的利益。土地使用权质押的方式受土地使用权价值评估的真实性及未来定价情况的影响。

相对于以上两种增信方式，似乎其他企业担保的增信方式拥有更多的确定性与保障性。但发行中出现的连环保和互保问题也正在影响这种增信方式的有效性。由于互保、连环保不仅容易形成复杂的债权债务关系，使投资者和债权人难以分辨其风险，且一旦经济下行时企业出现问题，极易引发关联企业的资金链断裂，造成较大风险。尤其是对于同一地区不同城投公司之间的互保，由于其最终都是以当地政府的财政作为支撑，其互保并无任何意义，反而在一定程度上加剧了当地政府的债务风险。因此是否采用这样的增信方式同样有待商榷。

4. 城投债的改进措施

针对以上出现的问题，我们可以从城投企业和地方政府两方面进行改进。

从城投企业角度分析，我们可以从以下方面进行改进：

第一，全面清理城投企业，健全对城投债的发行审核、监管机制。对融资的用途、项目的明细、还款来源等做出明确的规定并保证执行力度。主要从城投债企业的融资用途来判断其是否有发债资格，从财务状况来把控其发债规模。

第二,从人事安排、经营绩效上入手,按照市场化原则规范管理城投公司。在用人上,通过社会招聘一批有专业素质和管理能力的人才对公司进行治理,尽量摆脱政企不分、官僚气息的作风。让城投企业参与外部市场竞争,提升企业的竞争意识,按照利润最大化原则进行经营,节约成本,以使融入的资金得到最大化的利用,增强城投企业自身的偿债能力,减小对外部支持和政府隐性担保的依赖。

第三,加大对地方融资平台的信息披露力度,建立风险预警机制,完善信息披露机制。一些城投公司的募集说明中没有揭露近几年的财务报表,造成了投资者与发行者之间信息的不对称,投资风险加大。因此应该要求城投公司定期向投资者或公众发布信息披露报告,并建立有效的信用风险预警体系,完善地方政府的财政状况报告机制和政策法规。

从地方政府角度分析,可进行以下几个方面改进:

第一,增加地方财政的透明度,加大对地方财政的监管力度。对地方政府财政收支的范畴进行规范,统一核算口径,各地政府严格执行统一标准。各地方政府对预算外收入所披露的信息真实性更应该严格把关,对已获取的预算外收入进行详细说明,对未来土地储备和开发计划予以具体披露。此外,对地方政府各类债务情况要详细披露,以使投资者对地方政府的财政实力获得真实和充分的信息。

第二,建立地方政府债务预警机制。为了防范地方政府的债务风险,应当根据当地举债现状,研究确定相对合理的债务监控体系。我国虽然目前还未发生地方政府债务危机,但局部地区的负债水平已经远大于其地方财政的一般预算收入,已有较大的债务隐患。为避免这些隐患转变为违约事件,尽快摸清地方政府的债务规模,采取必要的风险控制制度和风险缓释措施成为当务之急。

除了以上两个方面,评级市场以及增信制度等方面同样有待完善。如果早日对城投债的信用风险做出有效管控,也许还能有更大的发展空间,甚至成为完全具有中国特色的市政债,对地方经济的发展产生更加深远的影响。我国城投债已进入了最后的收尾工作,城投公司的重组、合并或者转型正有条不紊地进行。日后如果有类似城投债的替代品出现,势必应该吸取以前的教训,在信用风险管控上做出合理规范,避免成为下一个"城投债"。

15.2 票据市场

票据市场是指在经济活动中,用于短期融资的汇票、支票和本票在发行、担保、承兑、贴现、转贴现和再贴现的过程中所形成的市场。我国的票据市场是在中国人民银行总行的领导下,由中国银行业资金拆借中心发行的中央银行票据或者企业短期融资债券,在各商业银行间进行票据交易和交割等活动而形成的市场。

15.2.1 我国票据市场的发展状况

票据在我国最早可以追溯到明清时期,根据史料记载,当时的票据市场就有相当的规模。到解放初期,票据在交易中仍然广泛使用。但是,从20世纪50年代初,国家取消商业信用,实行信用集中,商业票据被银行结算划拨所取代。直到1986年,由于经济发展的需要,我国政府开始注重市场经济,试图把银行结算向商业汇票融资方向转移,但在当时的现实状况下,此举遭受到阻碍。到1996年,中国人民银行又一次倡导发展票据市场,随着时间的推移,我国的票据融资逐渐升温,票据贴现业务在各商业银行中逐渐流行起来。随着我国改革开放的不断深入,市场制度的不断健全,票据背书转让、贴现等相关业务得到了规范和发展。特别是2000年,中国工商银行票据营业部在上海成立,标志着我国应收票据专营机构的正式成立,也意味着我国票据市场进入了快速发展的阶段,不断朝着专业化和规模化的方向发展,大大降低了交易成本,提高了市场运营效率。2003年"中国票据网"正式启用,该票据网的启用为全国统一票据市场的发展提供了必要的平台。同年,中国工商银行发布了我国编制的第一个票据价格指数。在2009年,我国的电子汇票系统由中国人民银行建设并管理,我国票据市场开始迈入电子化的时代。

我国票据流通市场交易活跃,其市场规模在不断地扩大。从1982年我国恢复票据承兑、贴现开始,三十几年的发展,票据的市场交易量不断扩大。主要表现在一级市场上的商业汇票承兑额度逐渐增加,二级市场票据贴现、转贴现流通速度也在明显加快。从2000年开始,累计贴现发生额度一直都高于承兑发生的额度,这充分说明二级市场的流转速度远远大于一级市场的票据承兑。1999年,我国有5 076亿元的累计签发商业汇票额度,2 499亿元的总票据贴现额,1 873亿元的全年未到期商业汇票和552亿元的贴现余额。到2009年,企业累计签发的商业汇票已经达到10.3万亿元,累计票据贴在2009年达到23.2万亿元,已经签发但未到期的商业汇票月达到4.1万亿元,贴限额在2009年也增长到2.4万亿元。2013年,我国的票据市场规模仍在增长,但相比之前,增加幅度逐渐趋缓。2013年,我国企业累计签发20.3万亿元的商业汇票,未到期商业汇票为9万亿元。

图15-7展示2014年第一季度到2016年第三季度商业汇票统计数据。2016年签发年内累计额比2015年有所降低,至第三季度末,签发13.6万亿元,同比下降18.1%。同期,未到期额为9.5万亿元,同比减少10.7%。这主要是受2016年经济增速下降,金融监管趋严影响。

我国的票据融资成为企业重要的融资工具。票据融资自身由于具有较短的期限、快速的周转、可控的风险和稳定的成本收益等特点,在企业短期融资的过程中被广泛应用,成为企业重要的短期直接融资的方式之一。从2004年开始,票据贴现替代短期贷款的作用日趋明显,特别是在2009年,我国企业通过票据融资的规模明显高于短期贷款融资规模。

我国逐渐形成了区域性的票据市场。北京、上海、广东、江苏等地区的金融机构集

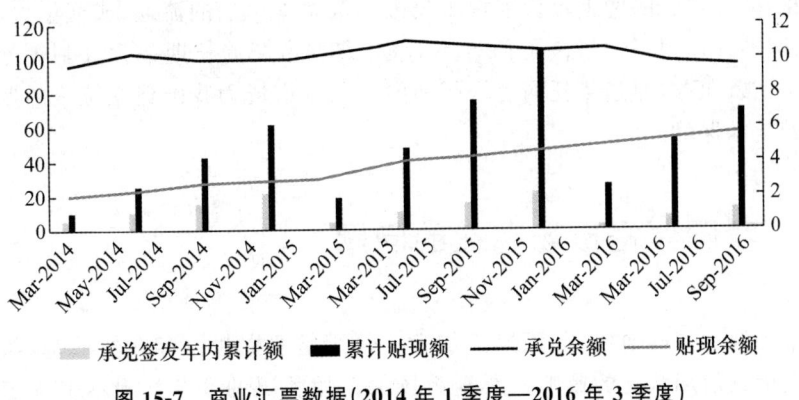

图 15-7　商业汇票数据(2014 年 1 季度—2016 年 3 季度)

资料来源:中国人民银行。

中,金融业十分发达,成为我国票据融资业务的主要地区。由于金融发展程度较高,这些地区拥有着规范的票据流通等相关制度,为企业融资提供了必要条件,同时对周边地区具有辐射带动作用,积极推动我国商业汇票业务的发展,有利于我国的中央银行依托以上城市进行再贴现和票据操作。

我国已经成立了票据专营机构。以前,我国的票据业务是作为商业银行内部业务部门,在其内部设置票据贴现窗口。2000 年,中国人民银行批准,允许工商银行成立票据营业部,作为工商银行的一级分支机构,实行独立的核算,成为我国第一家真正意义上的票据专营机构,专门从事商业票据的买卖和咨询等业务。在 2002 年,该营业部的票据交易量已经达到 2 000 亿元,不良资产为零。之后建设银行、中国银行也先后成立票据专营窗口。2005 年,中国农业银行票据营业部作为我国第二家票据专营机构在上海成立,我国的票据交易量进一步增加,票据专营机构在市场交易中发挥着重要的作用。

形成多元化的市场竞争主体。在 1999 年以前,在我国的票据市场参与票据承兑和贴现的机构主要集中在国有独资商业银行与部分大型企业集团。在中国人民银行的政策引导下,我国的票据市场参与者逐渐增加,许多中小金融机构和企业开始成为票据市场的主要参与者。现在,我国的票据市场的交易主体形成了国有商业银行、政策性银行、股份制商业银行、城乡信用社等金融机构和各类企业共同参与的多元化结构。根据数据显示,2004 年,我国的银行承兑汇票的累计发生额中 60% 都是来自中小金融机构的银行承兑汇票。

产品朝着多元化趋势发展。我国票据市场的规模在不断地扩大的同时,票据产品呈现出多元化的发展趋势。传统业务推陈出新,电子票据交易市场也在蓬勃发展。特别是在 2009 年,中国人民银行推出的电子商业汇票系统,以电子方式制成票据,极大丰富了我国票据市场的产品种类。我国票据市场的贴现利率逐渐市场化。2007 年 Shibor 的推出,通过"Shibor+xbps"的方式确定我国商业银行办理票据贴现、转贴现和票据回购时的利率。之后,通过一系列的改革方案,贴现利率规定在三个月的 Shibor 的基础上加点生成。

我国票据市场的基础建设不断完善。随着我国相关票据法律法规的颁布,票据经营更加专业化,交易双方的网上议价加快了我国二级票据市场的流通,成交量大幅度增长。而且,票据网的开通很好地解决了信息不对称、票据市场的长期条款分割等问题。借助网络的电子汇票业务,通过依托网上银行和内部票据市场为我国建立统一的票据市场提供了有力的技术保障。

15.2.2 我国票据市场存在的问题

票据市场信用基础薄弱,信用风险加大。信用是票据赖以存在的根基,票据市场的发展受票据市场信用状况的影响。票据市场的信用状况的好坏从根本上决定了票据市场的发展。目前,从整个市场环境来看,我国的票据市场仍未形成完善健全的信用评级体系。票据市场的信用基础极其薄弱,在票据市场上出现了很多缺乏信用的交易行为。例如,对于一些参与者,通过伪造票据、乱签票据、变造票据,甚至无理拒付等不良行为获取利益。这些不良行为严重影响了票据的有效流通、承兑和贴现,扰乱了我国票据市场的秩序,不利于我国票据市场的发展。此外,我国票据市场缺乏全国层面的信用评级机构,严重抑制了我国金融机构拓展票据业务的积极性。信用机构的缺失,不良信用行为的存在等大大提升了参与者参与票据交易的风险成本,损坏了票据市场的有效流通。总之,由于缺乏信用,票据市场中票据业务的经营存在巨大的风险,不利于我国票据市场的健康发展。

票据业务存在严重违规现象。在我国的票据市场上仍然存在违规的票据业务行为。例如,商业银行的汇票在进行贴现或者承兑票据时,部分银行缺乏严格审核,甚至银行与企业相互勾结的现象屡见不鲜,银行通过违规签发或者承兑为企业融资。对于一些企业,为了最大限度地套现银行资金,它们往往选择重复利用票据进行贴现,甚至是通过虚假票据进行承兑,或者通过开票人与收款人相互串通开票,进而骗取银行资金。对于商业银行来说,票据违规的行为大多发生在季末或者年末,主要是因为部分商业银行为了完成上级要求的指标,通过采用虚假交易进行贴现增加银行存款。

我国缺乏全国统一的票据市场。票据市场的流通性特点要求其必须具有统一性的市场保证其自由流通。但根据目前状况,我国尚未建立信息共享的统一票据市场。票据市场缺乏统一的组织者,宏观调控政策不能有效及时地传导,银行等金融机构不能通过一个统一的沟通平台共享票据业务相关信息,严重阻碍了我国票据市场的有效发展。近年来,虽然在整理交易中,票据业务贴现规模和所占比例不断上升,但其一、二级市场的发展不平衡。票据的二级市场远远落后于一级市场的发展。这也表明了我国的票据市场在流通方面还需要进一步提升,票据的信用有待加强。从地区来分析,沿海经济较为发达,相对应从事票据业务的机构数量也比较多,票据市场发展相对活跃,但票据交易的地区性特点明显。由于缺乏统一的票据市场进行整合,商业银行间和地区之间不能进行有效的沟通,最终导致票据业务不能有效地调剂。我国的票据业务具有资金周转快、专业性强、涉及面广等特点,需要专门的中介机构和先进的经营模式进行管理与调配。但目前我国专业的票据业务经营机构不足,票据业务的经营模式十分滞后。我国的票据市场还是相对散乱,主要的票据贴现和承兑业务还是散落在不同商业银行的经营网点之间,缺乏统一性调配,票据业务实现专业化还需时日。

15.2.3 我国发展票据市场的对策

培养信用基础,扩大票据的使用。增强票据知识和票据法规的普及,提升票据市场参与主体的信用观念。完善商业银行票据的监管体制,不断提升识别和防范企业通过虚假票据谋取利益的行为。同时,建立票据交易的信用档案记录,检测票据市场参与主体的信用记录。建立和完善我国的票据市场信用体系是一个漫长而渐进的过程,一方面我国的金融机构应引导相关企业,树立通过信用提升来获取融资的观念,实现信用的票据化,充分突出信用的重要作用。另一方面,尽力不断完善票据市场参与主体的信用档案记录,通过互联网等技术手段,将信用信息共享,实施监控和更新,不断提升票据市场上参与主体的信用建设。

加强票据业务中的风险防范。商业银行是经营票据业务的主要参与者,其银行的经办和管理人员的素质对于我国票据市场的健康发展也有着重要的影响。因此,加强商业银行票据业务相关经办人和管理人的素质培训,及时传递票据市场的新情况和问题,不断提升人员业务的素质,及时完善票据市场中的漏洞,防范潜在风险,进而降低票据违规的发生率。积极推进票据专营机构和中介机构的建设,不断增强票据交易市场的活力。建立票据相关中介机构,不仅可以提升票据流通的效率,而且能够降低信息的不对称性风险,提升票据交易的规范性和安全性。

建立统一的票据市场和票据交易平台。建立统一的票据交易平台和票据市场网络体系,改变我国票据市场分散的现状。同时,加强票据市场价格和利率的统一性,完善金融机构和企业的票据登记、查询和评估的服务系统。鼓励商业银行建立有关票据的专营机构,发挥其在票据市场的中心作用。另外,加强和落实风险控制机制和惩治制度。对于票据市场的违规行为,落实其惩治制度十分必要,政府等监管部门应积极联合金融机构共同维护票据市场参与主体的合法权利,为票据市场的健康发展提供一个良好信用环境。

15.3 同业拆借市场

同业拆借市场最初是一种调剂临时性"金融头寸"的场所。根据经济发展的需求,同业拆借市场现在已经发展成为金融机构之间进行货币借贷、短期融资的重要场所。目前我国的同业拆借市场已经不仅有调剂资金头寸的功能,同时还肩负着各金融机构,特别是商业银行间融资的重任,大大提高了资金的流动性和有效性。同业拆借市场的融通资金的期限短,参与拆借的金融机构基本上都在中央银行开户,将多余资金进行交易。同业拆借的资金主要满足一些短期临时性需要,基本上属于信用拆借,特别是对于商业银行来说,使其不用再保持超额的准备金,但依然能满足存款支付的需要。

15.3.1　我国同业拆借市场的参与者

我国的同业拆借市场主要包括银行同业拆借市场和短期拆借市场。商业银行是同业拆借市场的主要参与者。商业银行是同业拆借市场上资金的供应者也是该市场上资金的需求者。主要是因为同业拆借市场具有期限短和风险小的特点,许多商业银行往往会把短期闲置的资金投放于市场,提高资金的流动性和有效性。特别是对于一些中小银行,同业拆借市场成了它们短期资金运用的重要场所,力图通过同业拆借市场来改善自身资产质量,降低经济活动的风险。另外,非银行金融机构也是同业拆借市场的重要参与者,例如,证券商、互助储蓄银行和贷款协会等。它们往往以贷款人的身份出现在同业拆借市场。对于一些外国银行的分支机构和代理机构,它们也会参与到同业拆借市场中去。多样化的参与者使得同业拆借市场的功能范围进一步扩大,促进了各金融机构之间的相互联系和配合。

15.3.2　同业拆借市场的功能

同业拆借市场是我国货币市场中的重要组成部分,作为货币市场中最为活跃的市场之一,它的存在对于我国货币市场甚至是金融市场都有着重要意义。

首先,同行拆借市场的存在与发展有利于银行等金融机构准备金的有效管理。对于准备金不足的金融机构,同业拆借市场能够以低成本快捷地帮助其弥补准备金的缺口。另外,对于那些拥有超额准备金头寸的金融机构,可以有效利用同业拆借市场进行投资,减少资金的闲置,提高盈利能力。其次,同业拆借市场有利于降低货币市场交易成本,提高结算效率。特别是在大多数发达国家,金融机构之间的现金流动都通过其在中央银行的准备金账户进行转账结算。同业拆借成了金融机构间进行交易较为流行的结算机制。另外,同业拆借市场对于货币市场资金供求变化具有很强敏感性,具有反映资金供求信息的功能。在同业拆借市场形成的利率,能够及时反映市场资金的供求,与国库券利率一样,拆借利率也成为金融机构的重要基础利率之一。其中上海银行间同业拆借利率(shibor利率)最具有代表性。同业拆解市场对中央银行制定货币政策具有重要的借鉴意义,在其中发挥着核心作用。主要因为同业拆借市场和其他货币市场联系密切,央行货币政策发生变化将会影响到银行系统的准备金头寸,从而导致银行贷款能力的改变。此时,同业拆借利率成为反映整个信贷资金供求的一个敏感指标,成为央行货币政策的重要参考依据。

15.3.3 我国同业拆借市场的发展和完善

1984年,我国银行间同业拆借业务开始产生,经历了三十多年的发展历程,现在已经发展成为年交易量达十万亿元的全国统一的银行间市场。在此期间我国的同业拆借市场经历了两个重要阶段,第一个阶段是1995年到1996年,人民银行将融资中介全部撤销,建立了全国统一的银行间同业拆借市场,消除了同业拆借市场的混乱现象。第二阶段是2007年,人民银行明确了市场准入资格,在拆借期限和额度方面对金融机构进行限制和规范。从2007年到2012年,我国的拆借交易量从10.6万亿元增长至46.7万亿元,shibor在此时应运而生。Shibor的产生对于金融产品的设计、定价和估值具有重大的参考意义,已经发展成为银行间市场最完备的基准利率体系。

从2012年开始,我国的拆借市场逐渐进入停滞状态,主要表现在:第一,业务规模不断下降。在2012年,我国拆解市场有46.7万亿元的交易量,但是发展到2014年,拆借市场的交易量下降至37.7万亿元。其在货币市场的份额在2012年为26%,到2014年,拆解市场在货币市场所占份额下降至15%。第二,市场参与度明显下降。对于很多金融机构来说,因无法获得足够的授信,很难找到合适的拆借交易对手。第三,shibor在隔夜和7天短期产品上缺乏交易支撑,市场基础萎缩。

对于产生上述现象的原因,一方面是因为拆借交易资金清算的效率低,严重影响了交易的效率,在交易过程中资金拆借方需要在人民银行大额支付系统手工录入资金清算信息,大大降低了市场效率。另一方面,授信十分困难。在信用交易中,授信额度是进行业务活动的基础,但是因为我国目前信用管理体系还不完善,对于风险的防范十分保守,交易双方的授信十分严格,特别是对一些非银行性的金融机构,获得银行授信更困难。

为了推动我国同业拆借市场的进一步发展,促使shibor成为我国金融市场甚至全球人民币定价的基准,应该多方面进行努力。首先,完善市场的基础设施建设,运用网络信息技术,完善从拆借交易到资金清算的技术方案,提高同业拆借交易清算的效率。其次,丰富同业拆借市场投资者结构。特别是在人民币不断国际化的过程中,积极与境外人民币离岸交易中心建立合作机制,促进我国银行间拆借市场和境外银行的合作。最后,促进交易对手增加授信。加强信息披露,尽力降低拆借业务的信用风险,不断扩大交易对手之间的授信额度。另外,管理机构和同业拆借中心等组织应该进一步培育、推广Shibor的应用,使之与金融改革开放步伐相一致。

15.4 信用衍生品市场

信用衍生产品(credit derivatives)是一种规避信用风险的新兴金融衍生工具。参与信用衍生工具交易的双方签订金融性合约,通过合约,一方将信用风险从标的资产中脱离出来,并进行定价,使它能够将风险转移到愿意承担和管理该风险的投资者,从而降低自身风险。信用衍生品最早出现在20世纪80年代末到90年代初,在1992年被正式确定为一类特殊的衍生品。从出现的时间顺序和其本身的复杂程度来看,信用衍生品可分为资产互换(asset swaps,AS)、信用违约互换(credit default swaps,CDS)及其指数产品(CDS index)、信用联结票据(credit linked notes,CLN)、总收益互换(total return swaps,TRS)、信用利差期权(credit spread options,CSO)和担保债务凭证(collateralized debt obligation,CDO)及其分块(tranche)产品等。其中CDS和CDO两类产品最具代表性,CDS是信用衍生品最基本和最重要的形式,CDO是结合了CDS的结构和资产证券化风险分割与组合技术建立的信用衍生品组合。在CDS和CDO的基础上,信用衍生品不断地被创新,创造出了一系列的结构复杂、杠杆比例高的新产品。

15.4.1 我国信用衍生品市场的发展

信用衍生品在产生初期的表现形式是资产互换,在资产互换的基础上,CDS不断发展,成为信用衍生品种的基础产品。在20世纪90年代JP摩根成为CDS市场的最大买卖方。但整体看来,在20世纪八九十年代,信用衍生品发展相对缓慢,交易一般是针对交易双方的特定需求而设定的特定交易;而且,当时一级市场上定价基础和信息公开度都不完善,二级市场严重缺乏流动性,所以,该时期,衍生品市场发展受到阻碍。从2002年到2007年,CDS的参考实体由单一向组合延伸,此时的二级市场的流动性逐渐得到改善,衍生品的参考实体和定价得到完善。但市场过快的发展和衍生品本身越发复杂化的设计,最终导致次贷危机的爆发。美国金融危机的爆发,使得各种信用衍生产品迅速贬值缩水,信用衍生品成为投资人避之不及的产品。危机之后,监管部门对信用衍生品市场进行改革和整顿,不断提高合约的标准化和信息的透明度,同时引进中央清算机制,促进信用衍生品从复杂向简单转变。

根据统计显示,在21世纪之后和次贷危机之前,信用衍生品市场上CDS合约的名义本金在2004年为6.4万亿美元,到2007年发展到58.24万亿美元。但由于次贷危机,2009年CDS名义本金下降到32.69万亿美元。之后CDS的名义本金大致维持在28万亿美元。相较于债券市场,CDS名义本金占债券市场规模在2007年达到峰值,为84.02%,但由于次贷危机,到2012年年末仅为28.87%。在次贷危机之后,整个金融衍生品市场的名义本金的规模基本维持在630万亿美元。CDS合约的规模占比在2007年达到峰值,为9.94%,2013年下降至4%,低于利率衍生品和外汇衍生品,但高于资本衍生品和商品衍生品合约。根据美国银行业持有的金融衍生品数据分析来看,信用衍生品的占比在2007年为9.58%,到2013年占比为5.72%,之后也基本维持在该水平。

美国的次贷危机给信用衍生品带来了极大的冲击和改变。危机之后,简单的产品受到投资者青睐,而复杂的产品很难找到市场。投资者相继投资于具有简单结构、容易定价、对冲信用风险效果明显的信用衍生品。对于信用衍生品的投资主体,银行仍然是其主要投资者,在买卖方向的变动一致,占约70%。次贷危机前后,银行持有的信用衍生品的规模并没太大改变,主要是因为银行有转移信用风险的需求。但银行对信用衍生品的持有比例还是有逐渐下降的趋势,并且维持在一定水平,这也说明银行对信用衍生品的使用保持谨慎态度。截至2013年,美国银行业持有的信用衍生品名义本金大概保持在13.38万亿美元。

由于我国金融产品资质较低,不良资产所占比重较大,信用风险存在极大隐患。因此,国内的银行、信托公司和保险公司等金融机构强烈要求我国信用资产证券化,发展信用衍生品市场。近年来,我国信用衍生品市场逐渐发展起来,但是,相较于欧美发达国家,我国的信用衍生品市场起步晚,未来还有很大的发展空间。在2008年以前,我国还不存在真正意义上的信用衍生品,只有与违约期权相似的贷款履约保证的保险。它们主要包括住房按揭贷款履约保证保险、房屋装修贷款履约保证保险和汽车贷款履约保证保险。这些都有助于银行规避放贷的风险。但诸如此类的保证保险和违约期权还是有不同之处。信用保险主要是由贷款人自身购买从而代替抵押品,在这个过程中商业银行并不参与其保险产品的交易,所以,从本质上讲,该方式是一种信用风险保险方式,并不是一种信用衍生品交易。

随着我国金融体制进行一系列的改革,我国直接融资的比重明显提高,债权资本的市场规模进一步扩大,在此基础上,信用类债券得到了前所未有的发展。根据统计资料显示,在2011年,我国年度债券资本市场发行量为7.86万亿元,其托管量为22.75万亿元。在此过程中,我国信用债的年度发行量为2.26万亿元,其托管量为5.1万亿元。但是,在金融市场规模扩大的同时,潜在的债券信用风险也不断凸显,加之我国商业银行持有大量贷款余额,使得有效地管理信用风险成了重要课题。另外,在该时期市场成员对利率类、汇率类和信用类的场外金融衍生品创新需求极大,在短短的几年时间里,我国的场外金融衍生品得到了飞速发展,形成了包括利率互换、外汇远期、外汇掉期、远期利率协议和信用风险缓释工具在内的多种衍生产品。在2011年,我国的利率衍生产品成交名义本金达2.78万亿元,汇率衍生品成交名义本金为1.99万亿美元,信用衍生品成交6.6亿元。但是,国际场外金融衍生品的名义本金交易量一般都在几十万亿元以上,可见,我国的场外金融衍生品市场交易量还有很大的发展空间。

为了建立和完善参与者对信用风险的管理,分散市场信用风险,从而促进融资市场的发展,2010年10月,中国银行间市场交易商协会发布了关于信用风险缓释工具试点的通知。同年11月,我国首次推出中国版的信用衍生品,包括信用风险缓释合约(CRMA)和信用风险缓释凭证(CRMW),它们都属于我国信用风险缓释工具(CRM),被称为中国版的CDS。但我国的CRM与国际上的CDS稍有不同,我国的CRM有自身特点。它的特点主要表现在,CRM是进行市场参与者分层管理,将核心交易商、交易商和非交易商进行市场分层次管理。我国的CRM交易结构简单,主要是针对特定的具体债务,且仅限债券和其他类似债券,每笔交易的合约都有与之对应的具体债务。CRM严格控制杠杆,对净买入额、卖出额和净资本额的比例都进行严格限制。根据数据显示,该信用衍生品在2012年已有44家机构成为CRM的交易商,其中26家成为核心交易商,成为信用风险缓释凭证创设机构的有29家。据统计,2012年,15家CRM交易商完成了42笔信用风险缓释合约(CRMA),涉及名义本金共36.9亿元。另外,在2012年,6家金融机构创设了9只信用风险缓释凭证(CRMW),涉及名义本金7.4亿元。在二级市场上,共发生6笔CRMW的转让,涉及名义本金共2.4亿元。CRM推出的几年来,与国际发达国家相比,我国的CRM的创设量和交易量并不大,主要在于CRM的资本缓释功能在我国的发展还需要进一步的明确。一旦监管机构对于CRM的缓释功能明确并且有相应制度保证,CRM将会成为推动我国商业银行等金融机构开展信用风险转移的重要工具。

15.4.2 信用衍生品的作用及其完善

信用衍生品的产生和发展对我国的信用风险管理方式产生重大的影响,市场主体可以通过买卖信用风险保护来管理自身风险。在我国,银行是信用风险最为集中的金融机构,通过运用信用衍生品工具,促使信用风险从银行业向其他金融机构分散和转移。市场主体变得多元化,这样一来,使得信用保护交易双方可以凭借各自的比较优势,根据各自不同的风险管理与投资目标对信用衍生品进行交易。例如,银行可以利用自身完善的基础设施和网络设备提供贷款,并对外卖出信用风险;而对冲基金的加入可以有效改善市场的流动性;对于保险公司,其持有信用风险衍生品可以获得收益进而实现资产负债的优化。多元化的市场主体参与交易对吸收金融市场的风险冲击,增强金融体系的弹性有着重要促进作用。此外,对于我国的商业银行而言,信用衍生品的运用可以有效地解决信用悖论问题。因为从风险管理的角度来看,银行为避免信用关系的过度集中造成的信用风险,都尽量将贷款组合进行分散。但从银行自身业务实践的角度来看,分散化的贷款严重阻碍了与核心客户的合作关系,而且银行也不能对优势相对明显的地区或者行业过于侧重。但是,信用衍生品的引入可以适当改善此矛盾困境。通过信用衍生品工具,我国银行体系不仅可以根据经营的目标调整风险敞口,避免过分集中的信用风险还可以兼顾与客户的良好合作关系。

信用衍生品的发展可以有效提高我国金融市场的效率。信用衍生品在我国的发展产生出信用风险购买者这一参与者,信用风险购买者作为交易中的第三方出现,这些机构在信息收集和分析判断的能力较强,可以敏锐地觉察市场的发展变化,减少信息不对称下产生的逆向选择和道德风险等问题,大大降低交易成本,促进我国金融市场的运行效率。此外,信用风险购买者的出现使得一些隐蔽信息能够更公开化,更多信息的公开促使金融资产的价格更准确地反映市场状况,有利于金融资产定价的准确性和有效性。

信用衍生品的发展为我国监管部门提供更为准确、及时的监管信息,特别是关于债务人的信用水平和信用风险转移方面的信息。我国的监管部门可以通过信用衍生品的价格和走势,判断市场对各板块信用风险的评价以及整个信用环境的判断。我国的监管部门可以通过运用信用衍生品市场的信息对一些行业和机构信用质量进行监督和管理,提高市场的透明度,有利于及时有效地监管。

但是,相较于国外信用衍生品的发展,我国的信用衍生品发展不够充分,还存在很大发展空间。我国的信用衍生品市场主体不够丰富。目前CRM的交易商主要集中于商业银行,同质化的投资者类型在很大程度上限制我国金融市场功能的发挥。在未来的信用衍生品发展中,可以适当放宽证券公司、保险公司等其他类型的机构投资者参与,丰富信用衍生品市场的参与者主体,促进多元化的投资者结构,优化信用风险在金融体系中的分配,促使参与者发挥各自优势,在信用风险管理方面扮演不同角色。例如,我国的商业银行可以作为主要信用保护的净买方,通过信用衍生品转移其债券和贷款的信用违约风险。对于保险公司可作为信用净卖方,通过提供保险获得保险收益。对冲基金和投行可从事交易和套利等经济活动,提高我国信用衍生品的流动性。此外,在相关交易的标准化、配套机制的安排和定价估值等方面,我国政府等监管机构还需要不断对其完善,促进信用衍生品的发展。当然,信用衍生品在发展过程中也会给我国金融市场带来一定风险,特别是2008年美国的次贷危机充分说明了衍生品在促进经济发展的同时具有巨大的风险和危害。我国在发展信用衍生品的同时应该清楚认识到其风险性一面,吸取次贷危机的教训,谨慎对待运用信用衍生品进行投机牟利无视杠杆风险的行为,保证我国信用衍生品市场的健康发展。

练习题

一、选择题

1. 影响企业债券信用风险的微观因素包括(　　)
   A. 企业资本规模　　　　　　　B. 企业自身经营状况
   C. 企业所处行业　　　　　　　D. 企业发展前景
   E. 企业的主体性质

2. 下列对我国发展票据市场所提出的对策中,合理的是(　　)
   A. 培养信用基础,扩大票据的使用
   B. 放松对票据市场业务的审核
   C. 鼓励分散发展票据市场
   D. 加强票据业务中的风险防范
   E. 建立统一的票据市场和票据交易平台

二、简述题

1. 怎样才能推动我国同业拆借市场的进一步发展,促使shibor成为我国金融市场甚至是全球人民币定价的基准?
2. 谈谈信用衍生品的运用怎样解决我国商业银行的信用悖论问题。
3. 从我国债券市场的发展历程论其发展趋势。
4. 了解我国地方债和城投债的发展过程和现状,其面临的问题和解决的办法是什么?

第 16 章 中国信用评级行业

16.1 信用评级行业概况

发展历程

与欧美发达国家相对成熟的信用评级市场相比,我国的信用评级行业起步较晚。最初,信用评级产生于银行内部,最早的信用评级机构只是为了协助银行发放贷款而设立的。20 世纪 80 年代末,随着债券市场的发展,独立于银行系统的社会专业信用评级机构应运而生。90 年代以后,经过几次清理整顿,评级机构开始走向独立运营。此后的二十几年,我国信用评级制度初步建立,信用评级市场监管趋于规范。尤其是 21 世纪以来,随着全球资本市场的稳步发展,我国多层次资本市场的建立和健全,评级业务和评级品种都得到了极大的发展。评级品种已经从传统的信贷企业评级、债券评级逐步拓展到证券公司债券、商业银行次级债券、短期融资券、资产证券化产品等。

我国信用评级市场的发展依托于债券市场和社会信用市场的发展,其发展经历了如下几个主要时期:

1. 萌芽阶段(1987—1992 年)

萌芽期(1987—1989):1987 年 2 月,国务院颁布了《企业债券管理暂行条例》,企业债券市场由此发展起来,中国人民银行和国家经济体制改革委员会提出组建信用评级机构的设想和要求。此阶段,以 1988 年在上海组建的国内首家独立于金融系统的外部信用评级机构——上海远东资信评估有限公司为起点,人民银行系统组建了二十多家评估机构,各地专业银行的咨询公司、调查信息部等咨询机构也开展了信用评级工作。

整顿期(1989—1992):1989 年 9 月,为贯彻中央"双紧"政策和清理整顿金融性公司的决定,中国人民银行下发了《关于撤销人民银行设立的证券公司、信用评级公司的通知》。此阶段,人民银行各分行专业银行设立的评估公司一律撤销,信用评级业务交由信誉评级委员会处理。信用评级事业进入了一个以组建信誉评级委员会为基本模式展开业务的阶段,评级行业发展陷入整顿期。

2. 初步发展阶段(1992—1999 年)

调整期(1992—1996):1992 年 10 月,国务院下发了《国务院关于进一步加强证券市场宏观管理的通知》,明确了债券评级工作应作为债券发行审批的一个程序,确立了评级机构在债券发行中的地位。在这个阶段,虽然审批责任尚未明确,但是我国各地开始建立起了自己的评级指标体系和方法,特别是大中型城市几乎都有自己的资信评估部门,并开始与国外有所交流。1992年10月,中国诚信证券评估有限公司作为我国第一家全国性的证券评估机构在北京成立;1994年,大公国际资信评估有限公司作为我国第一家没有政府和银行背景的独立信用评级机构成立。由此,评级队伍初具规模,进入了稳定发展时期。

提高期(1997—1999):1997年,中国人民银行颁布了一系列法规来规范我国证券评估相关机构进行企业债券信用评级资格。最后认定九家评级公司具有在全国范围内从事企业债券评级的资信评级资格,并明确规定企业债券发行主体在发债前,必须经人民银行总行认可的企业债券信用评级机构进行信用评级。此阶段,随着中国政府对市场经济发展方向的确定,对外开放政策促进了证券市场进一步的发展,评级机构也开始引进国外先进技术。同年,上海、深圳等地陆续开展了贷款企业的信用评级试点工作,不仅有力地推进了资信评级机构管理、标准、技术的进步,而且拓展了资信评级的业务市场,为资信评级的发展奠定了市场基础。1998年4月,中国人民银行颁布了《债券发行与转让管理办法》,确认了资信评估机构的地位。以人民银行系统组建的资信评级机构退出资信评级行业,预示中国资信评级行业发展走上独立化、正规化的发展道路,为中国资信评级行业的发展奠定了坚实的基础。

3. 酝酿发展阶段(2000—2004年)

2000年,中央经济工作会议和"十五"规划期间提出了加快建立健全社会信用制度,社会各方逐渐认识到了信用评级的作用。此外,债券市场相继推出新产品,各个监管机构从业务监督将信用评级机构纳入其监管范围,出台了多部相关的规章制度,如2003年5月,中国保险监督委员会颁发了《保险公司投资企业债券管理暂行办法》,确立五家评级机构成为保监会认可的信用评级机构;同年9月,中华人民共和国国家发展和改革委员会《关于国家电网公司等企业债券发行规模及发行审批有关问题的通知》,指出企业债券评级机构应为2000年以来承担过国务院特批企业债券评级业务的信用评级机构。这有利于规范评级机构和业务,同时认可了一批资质较好的评级机构。如2000年成立的联合资信评估公司,结束了中国评级行业没有明确主管部门的历史。而且,在2003年11月,中国人民银行成立了征信管理局,开始对资信评级行业进行监管。

4. 快速规范化发展阶段(2005—2008年)

此阶段,以短期融资券的诞生为起点,债券市场产品不断丰富起来,包括,中期票据、城投债、集合债等一系列新型债券,债券市场得到飞速发展。审批制度也开始进入改革阶段,我国的信用评级市场进入快速规范化发展阶段。2005年,中国人民银行推动短期融资券市场建设,形成了中诚信、大公、联合、上海新世纪和远东五家具有全国性债券市场评级资质的评级机构。2005年5月,中国人民银行颁布的《短期融资券管理办法》规定:"企业发行融资券,均应经过在中国境内工商注册且具备债券评级能力的评级机构的信用评级,并将评级结果向银行间债券市场公示。"推出短期融资券评级业务,这是对信用评级的一种制度性安排,体现了融资债券发行市场化的运作原则,客观上推动了我国融资券评级市场的快速发展,促进了资信评级业务的发展。同年,中国人民银行确定了重庆、南京、长沙、武汉、成都、天津等八个省市实施由独立第三方的资信评级机构对信贷企业开展评级工作的试点,后来扩展到多个省市,增加了信贷评级的区域,扩大了企业信贷评级的业务模式。

2006年,中国人民银行先后颁布了《信用评级管理指导意见》《信贷市场和银行间债券市场信用评级规范》,加强了对信贷评级行业规范的指导。2006年后,上海远东因"福禧短融"事件逐渐淡出市场。2007年,中国人民银行成立了中国银行间市场交易商协会,该协会是银行间债券市场行业以及资信评级行业的自律组织。交易商协会成立后,颁布了《银行间债券市场非金融企业债务融资工具注册规则》《银行间债券市场中期票据业务指引》等自律规则和指南,并在2010年10月成立了信用评级专业委员会,在有效推进银行间债券市场发展的同时,进一步推进了资信评级机构的规范化发展。2007年12月,《中国人民银行征信管理局关于开展信用担保机构信用评级工作的通知》提出了在全国全面推进信用担保机构信用评级工作。

2008年,国家发展改革委员会下发文件对企业债券的发行核准程序进行了简化改革,有效地促进了企业债券市场的发展,也推进了信用评级行业的发展。由此,各商业银行的信贷部门都具有资信评估的职能,商业银行的贷款评级成为资信评级业务的重要业务。目前已有一些规模较大的评级公司着手对银行、证券公司等机构进行自主信用评级。

16.2　信用评级市场现状

如图16-1所示,我国信用评级市场主要分为三个部分:债券评级市场、信贷评级市场和其他评级市场。目前,纳入中国人民银行统计范围的信用评级机构共有七十多家。其中有八家评级机构从事债券市场评级业务,具有相对较大的收入、人员和业务规模。其余的评级机构从事信贷市场评级业务,主要包括借款企业评级、担保公司评级等业务。

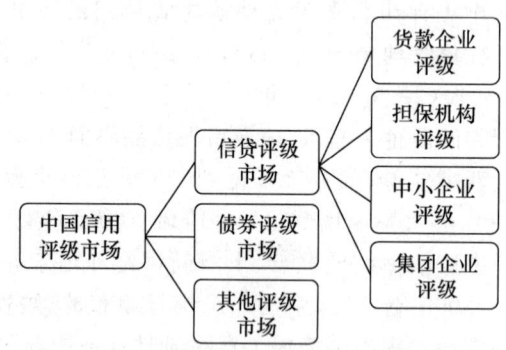

图16-1　中国信用评级市场结构

债券市场上,由中国人民银行认可的、可以在银行间债券市场使用的以及具有银行间交易商协会会员资格的评级机构有以下六家:大公国际资信评估有限公司、上海新世纪资信评估投资服务有限公司、联合资信评估有限公司、中诚信国际评级有限责任公司、东方金诚国际信用评估有限公司和中债资信评估有限公司。其中中诚信和联合资信分别于2006年、2008年以子公司和国际评级公司穆迪、惠誉完成合资,外资占49％股份;新世纪于2009年与标准普尔签署技术服务协议。东方金诚实际控制人为东方资产管理公司,为国有控股评级机构。中债资信由中国银行间市场交易商协会代表全体会员于2010年出资设立,这是首家采用投资人付费业务模式的全国性信用再评级公司。

中国保监会认可的七家信用评级机构为:大公国际资信评估有限公司、东方金诚国际信用评估有限公司、联合信用评级有限公司、联合资信评估有限公司、上海新世纪资信评估投资服务有限公司、中诚信国际信用评级有限责任公司、中诚信证券评估有限公司。在以上几家信用评级机构的主导下,我国信用评级市场的发展逐渐形成以下特点。

(1)立法监管。从监管角度来看,目前我国缺乏统一、专门的基础性法规去规范信用评级行业,并且存在法律覆盖面窄、立法层次低、缺乏国家层面的法律支持等缺点。《证券法》《公司法》《企业债券管理条例》等法规条例均对促进评级行业规范发展作了相应的规定,但中国人民银行、发改委、证监会、保监会针对信用评级行业的文件都限于部门规章范畴。同时也存在法律盲点多、各监管部门规章缺乏统一法律标尺等问题。此外,信用评级监管立法改革滞后容易造成我国与国际接轨困难,不利于推动本土评级机构国际化,因监管制度缺乏国际化评级结果难以得到其他国家认可。

监管法规的杂乱引起了中国债券市场业务监管分割,评级行业存在多头监管问题。如在债券市场业务存在分割监管,国家发展改革委员会管理企业债、人民银行管理短期融资券和中期票据、证监会管理公司债。而且,国内尚无一个明确、统一、制度化的监管机构对评级机构进行监管,混乱的债券市场业务监管引起了将同一资信评级机构分拆为不同的公司对应不同的债券市场或是同一监管机构受多个监管部门不同标准的监管等问题。例如:中诚信国际的评级业务有短期融资券、上市公司可转换债券、企业债券等,其中对在银行间债券市场上发行和上市交易的短期融资前进行评级时,需要接受人民银行的监管;而对在交易所市场发行和上市的上市公司可转换债券则需要接受证监会的监管;此外,由于企业债券的发行核准权利在国家发改委,因此评级机构还需取得国家发改委的许可;由于部分债券的承销以及企业债券的担保等都涉及商业银行,并且银行也是银行间债券市场的主要机构投资者,因而银监会也可以通过间接方式实施监管。

(2)评级业务。2013年年底,根据央行相关报告,据不完全统计,2012年我国已有各类征信机构150多家,征信行业收入已经达到约20亿元,我国的信用评级行业发展也是相对迅速的。但是,从评级种类来看,我国信用评级市场存在的品种和品种的数额都落后于发达的信用评级市场。以穆迪、标准普尔等国际评级机构擅长的资产证券化评级为例,美国目前开展的资产证券化评级品种就超过了100种,每种流通在外的证券金额超过2万亿美元。汽车贷款、信用贷款和学生贷款等均成了证券化的对象。反观我国的信用产品,大部分集中在短期融资券评级、中期票据评级、上市公司债券评级等十余个品种,而且,无论是品种还是各个品种的数额都远远落后于美国。

从评级对象来看,我国尚缺乏对交易对手评级的制度安排,这也是造成我国的评级市场规模较小、评级产品较少的一个重要原因。国际上的评级不仅是对债券和债券发行主体的评级,还包括对金融产品交易对手的评级,如银行、保险公司、基金公司和证券公司等。我国主要以短期融资券等债券产品为主,以债券发行为前提,对债券评级并由此对主体进行评级的模式;而国外是以主体评级为主并进一步对债券进行评级的模式。我国的这种以债券评级为主的模式,容易使得企业为发债而优化债券信用品质而忽略主体信用品质,导致发债主体注重短期行为而忽视长期行为。

从业务经营角度来看,当前国内信用评级机构经营惨淡,国内市场狭小,收入低微,国内知名的几家评级机构也需要通过开发其他业务来填补评级收入。在评级需求相对较大的债券融资中,评级机构在与发行人和其他中介机构的合作中也处于较为弱势的地位,且评级费率很低,盈利能力不强。统计数据显示,中国信用评级费用占债券总发行额的比例平均仅为0.42%,在参与债券发行的所有中介机构中处于最低水平,因此评级机构的影响力和话语权难以得到市场各方的足够重视。中国的资信评级机构与国际评级机构相比,以发行10亿美元的债券为例,我国评级机构的收费仅为国际评级机构的1/10。过低的评级收入使评级公司生存艰难,导致评级机构运营艰难、人员流动性大等问题。一些评级机构的评级业务萎缩,有的跟会计师事务所合作或者合并,有的专项资产评估、企业财务顾问、咨询服务。据报告,2009年亏损的中国信用评级机构数量占中国人民银行备案机构总数的37.5%,可见中国信用评级行业的整体经营状况非常不理想。

从行业竞争角度来看,我国的评级机构数目众多,市场评级需求少,评级机构间业务重叠、竞争激烈。从中诚信等五家全国性的评级机构来看,它们均开展了贷款企业、企业债券、银行次级债、短期融资券、证券公司债券等所有评级市场的现有业务。服务对象的广泛、技术人员的匮乏导致评级方法雷同,没有在市场上建立专业化的形象。

从信用评级行业自身建设来看,评级信息缺乏数量化含义、数据库建设不足、缺乏有效检验,行业内竞争行为不规范,评级技术水平不高,内部控制度不完善,缺乏从业人员职业资格管理以及人才队伍流动性高、不稳定等问题比较严重。

从内部信用评级方法体系建设来看,现行评级方法多遵循国外评级机构评级方法,理论基础薄弱,系统性有待加强。缺乏行业统一的分析指标体系,无法协调不同信用评级机构对同一受评对象的评价差异。评级机构评出的信用等级在国外表现为等级与违约率之间较好的对应关系,在国内由于缺乏违约率数据,使得国内评级机构评出的信用等级只能与市场反映的利差建立相互对应关系。

(3) 市场需求。从国外经验可以看出,债券市场的发展壮大是信用评级行业发展壮大的重要原因。美国信用债券及衍生品市场的发展非常迅速,为其信用评级业的发展提供了坚实的市场基础。而中国真正意义上的债券市场发展应该始于2005年,债券市场发展的时间较晚。长期以来,我国的债券在债券定价、上市交易、发行审批等各个环节具有严格的限制性规定,债券市场发展的规模还较小,发债主体单一。我国企业融资主要呈现以间接融资为主,债券融资占直接融资比例远低于发达国家水平。企业债券市场发展滞后,大大抑制了信用评级业务的有效需求。

从债券市场的发展来看,相对于我国经济而言整体规模较小、高收益高风险债券品种少。2014年,我国债券余额为35.64万亿元,不及GDP的50%,而当年美国债券市场存量为39万亿美元,相当于美国GDP的250%左右。此外,我国有评级需求的债券占全国 GDP 总量及债券市场存量的 9.3% 和 20.7%。监管部门出于对投资者的爱护，对发债主体设置了较高的门槛。国内发债主体多为国有企业、地方城投企业，其风险相对较小，普遍信用质量较高，客观上造成债券市场对信用评级的需求不足。尽管近年来中小企业融资的创新产品不断推出，但都处于刚刚起步阶段，规模和品种都很有限。

从信贷市场信用需求角度来看，部分地方性银行金融机构和多数商业银行内部已建立了客户信用评级系统，然而对外部信用评级的主动需求很少。其他如企业征信、信用风险咨询等发展缓慢，有效需求不足。相对于我国的国民经济发展和实体经济的融资需求而言，信贷市场仍然存在整体规模偏小、信用产品占比较低，缺乏多层次的投资者和相应的债券供给等问题。

（4）付费模式。债券评级市场信用评级机构的付费模式有两种形式：投资人付费和发行人付费。除 2010 年成立的中债资信评估公司采用投资人付费模式外，我国目前主要采用的是发行人付费模式，且国外目前也多采用发行人付费模式。

发行人付费和投资人付费均各有利弊。在发行人付费模式下，评级机构通过发行人付费盈利，投资者可以免费享用评级结果。但在发行人付费模式下存在利益冲突的问题，一方面，评级机构有提供高评级别获取更高营业收入的动机，容易出现"级别购买"现象；另一方面，为了建立良好的声誉，有保持独立性的动机。在投资者付费模式下，投资者通过购买评级报告，可以有效地切断发行人与评级机构之间的利益输送，从根源上改变评级行业之间的恶性竞争状态。但是投资人付费模式所存在的问题是，投资者习惯了免费享有评级结果，并且这种习惯很难转变，而且还存在"搭便车现象"，在一个投资者购买了评级报告之后，市场的其他投资者也可以通过不用付费的方式获得债券的评级，加大了评级机构的收费难度。

16.3 问题分析

伴随我国债券市场的快速发展，特别是信用类债券的蓬勃发展，中国评级业不断发展壮大。信用评级业务由最初的区域性贷款企业评级和少量资本市场的债券评级扩大到贷款企业评级、企业债券评级、公司债券评级、短期融资券评级、中期票据评级、金融债券评级和资产支持证券评级等多种业务，评级产品不断丰富。但是，由于我国信用市场尚不成熟，我国信用评级行业真正进行大规模债券评级的时间不足十年，行业尚处于起步阶段，业内也存在一些问题：

（1）独立性和公信力不足。评级机构可以被看作是居于发行人和投资者之间的"信息桥梁"，从理论上来说，信用评级机构建立主旨在于保护投资者的利益。但是，我国由发行人向评级机构支付费用，即采用发行人付费模式，评级机构为了本企业的生存发展，即使在发行人不符合条件的情况下，也可能给予评级。我国金融市场不发达，评级项目供大于求，使得"评级购买"的现象屡见不鲜。此外，评级机构在做出评级前，需要获得大量可靠的资料，而实际操作中资料主要来源于发行人，由于评级对发行人利益有着重大影响，因而资料可信度也会有所折扣。

我国的信用评级机构受国外机构的影响比较大。穆迪、标准普尔和惠誉国际三大信用评级机构随着中国的改革开放也将本身的影响发展到我国。2006年穆迪开始收购中诚信49%的股权并接管了经营权，同时约定七年后持股51%，实现绝对控股。同年，新华财经公司收购上海远东62%的股权，实现了对该机构的直接控制。2007年，惠誉收购了联合资信49%的股权并接管了经营权；标准普尔也欲与上海新世纪开始战略合作。目前除大公外，其他三家都被美国控制。美国评级机构利用被收购的分支机构，迅速控制了中国的市场份额。国外公司对我国评级机构的掌控和管理使得我国难以发展出独立的、有影响力的评级机构。

信用评级的问题也与我国债券市场的发展现状有关。首先，由于我国的信用评级机构是依靠行政力量发展起来的，行政力量无形中也遏制了评级机构的发展。其次，国内的发债主体以信用等级较高的大型企业为主，至今未发生过违约事件。最后，"隐性担保"使信用等级与违约率不能建立起对应关系，信用评级的准确度也无从检验，在一定程度上影响评级机构公信力的建立。

（2）评级机构的内部控制。评级机构缺乏有效的管理制度和组织建设，主要表现为以下三方面：首先，评级机构的管理制度不完善，对评级对象的前期调查和后期跟踪不到位，在评级过程中也不重视不同业务部门间信息的隔离。例如，在进行主体评级时，数据调查员进行搜寻得到的关于评级主体的信息，合理的做法是将获得的信息随机交付给后续隔离的数据分析团队进行分析处理。但现阶段对信息的隔离处理方面做得较差，使得各部门信息共享容易产生同谋现象。其次，不按标准收费，评定等级过高，预先商定级别等，存在竞争不规范行为。在发行人付费模式下，评级公司的收入来源过度依赖于发行人，评级公司可能会采用以高评级等级来换取客户资源的行为。最后，评级理念落后。有些评级机构并不将合理揭示信用风险作为评级目的，而是更加注重短期利益和自身的经济利益。这些均导致评级机构在内部控制上漏洞较多。

（3）行业监管体系有待统一。我国评级市场受到多个部门的监管，监管系统复杂，职能分工不清。例如，我国债券市场分为银行间市场和交易所市场。由于银行间市场由人民银行主管，所以评级机构对银行间市场债券发行以及债券的上市交易的债券及其发行人进行评级时，需要接受人民银行的监管。因为证监会管理交易所市场，所以评级机构对在交易所市场发行和上市的债券及其发行人进行评级时，需要接受证监会的监管。另外，企业债券的发行核准权利在国家发改委，企业债券的评级监管可由国家发改委进行间接管理。保监会通过许可保险公司投资经由保监会认可的评级机构所评的且在一定等级之上的债券，因而保监会也可间接认可评级机构资质。另外，部分债券的承销和企业债券的担保等涉及商业银行，同时因为银行是银行间债券市场中主要的机构投资者，所以银监会也通过间接方式对评级行业进行监管。

（4）评级行业法律缺失。正是由于我国对评级行业存在多头监管问题，缺乏一个统一完善的法律体系进行监督。评级行业依据的法律规范散见于个别的法律法规条例中，这些规范性文件过多过散，效力层级低，整体性差，缺乏统一的法律依据。这种监管法律较为混乱的现状，容易造成评级机构利用法律的漏洞，获得额外的利益。除此之外，在市场出现问题时,也容易造成各部门之间推诿。监管法律的混乱也加重了监管成本。评级机构在同时从事多个市场评级业务时,都需要遵守不同的监管政策,大大降低了工作效率。评级监管的混乱容易产生机构间因监管标准的不同而引发的套利,加剧了评级机构不同产品间的矛盾。

16.4　改进措施

　　(1) 加强独立性。评级机构要构建利益冲突的防范机制。对于潜在的利益冲突,采取有效措施,主要有三个方面:第一,加强对实际和潜在利益状况的信息披露。包括对评级收费的统一标准、评级人员的独立性情况等。第二,加强对现有或潜在利益冲突的有效管理,包括评级回避制度、评级人员的薪酬确定机制、评级职业守则的执行监督机制等;第三,建立且有效执行防火墙制度。加强分析团队和营销部门的严格隔离、评级信息的传递和使用规定、评级信息的公布和披露规定等。

　　将评级业务和辅助性业务有效分离,对评级机构股权关系进行调整和约束。从我国现有的评级机构来看,除了提供评级业务,有些还开展投资银行、财务咨询等业务。最后可能导致评级机构的评级结论受到发行方购买评级机构提供的其他服务的影响,使得信用评级可信度受到怀疑。从国际上的经验看,应限制提供评级之外的其他业务、允许提供但建立有力的信息壁垒或公司防火墙来避免评级与其他业务间的利益冲突。此外,我国很多评级机构和当地的银行和金融机构都有密切关系,这种股权关联,随着评级业务的逐步开展,其本身固有的利益冲突将日益显现。因此,监管机构在资质认定时应对申请者的股权结构加以考虑,并根据这些机构的股权结构对其业务范围进行一定的限制。

　　(2) 充分发挥行业自律。不断完善行业执业标准,加强行业协会内部成员自律意识,提高员工的执业水平,从而确保评级的客观性、独立性,以及评级标准的一致性。鼓励合法竞争,提高评级质量。首先,进一步完善评级协会相关制度建设,加强评级机构和从业人员的注册、监管以及会员管理等各方面制度建设。其次,不断完善行业准则体系建设,加强执业准则、业务规范、业务质量和道德规范建设,丰富技术准则、职业道德准则和质量控制准则的内容,细化要求,增强可操作性。再次,加强行业的业务监督,进一步完善业务报备和检查、风险警示制度、谈话提醒和年检制度,强化"防患于未然"的风险意识管理。加强对重点领域的监督,保证会员执业的独立性,加大对买卖评级结果、恶性压价、相互拆台、同行诋毁等不正当竞争行为的自律监管和惩戒,进一步完善业务报备制度,不断提高对会员的约束和监管力度。最后,加强从业人员的诚信建设,建立从业人员准入制度,加大从业人员业务培训,提高从业人员素质。组织和开展会员职业道德、专业技能教育和业务等培训,组织编写评级法规、评级方法、评级流程等培训辅导材料;加大对评级机构高级管理人员的资质考核力度,定期对高级管理人员进行资质测试,对考试结果进行备案,并配合监管部门做好对从业人员的相关检查。

　　(3) 评级机构内部控制。评级机构应当建立、保持、执行和记录有效的内部控制机制。首先,保持独立、公正、客观的立场对信用评级机构至关重要,坚持服从信用服务过程中信息披露的客观、公正、独立的基本行为准则。其次,制定规范的公司章程和业务操作流程,考虑潜在的利益冲突关系,做好信息的隔离和防火墙机制,在组织结构、业务流程、人员任用和业绩考核各个方面都对利益冲突有所设计,建立起较为健全的制度。完成全面增强信用评级机构的可靠性和透明度。其次,健全质量控制制度,提高信用评级的质量,对收费标准、项目前期调查等均作出合理可行的规定并加以落实。再次,完善信息披露制度,从两个方面入手:一是对社会公众信息的披露,二是扩大信息披露的内容。而信息披露的内容要包括两个方面:评级方法和评级表现。评级机构不但要告知公众信用评级可以揭示的风险,也要告知信用评级所不能揭示的风险。信息披露是信用评级行业质量的重要保证,信用评级机构在信息披露的压力下会尽力提供高质量的评级信息,维持在业内的评级声誉,提升行业公信力。最后,信用评级机构应高度重视自身信誉,坚持诚信原则,形成评级信誉和评级质量至上的企业文化。

(4) 经营模式:双评级模式。对于评级机构而言,市场声誉能够约束其保持独立、客观、公正,但评级机构同时又面临通过级别竞争获取短期利益的诱惑,所以,声誉机制可能又存在失灵的情况。当前国际上流行的信用评级收费模式有三种,即"发行人付费""投资者付费"和"政府公共事业付费"模式,而我国目前信用评级行业以向发行人收费作为盈利模式为主。但是,如果采取投资人付费评级与发行人付费评级的双评级模式,有助于减少发行人与评级机构之间的利益纠葛,减少受评主体的付费影响,有利于评级机构树立公平公正的形象。双评级制度是现在正在探索的一种收费模式,我国主要对超短期融资券和资产证券化业务的要求强制进行双评,在最大规模的银行间市场的主流产品没有大规模应用。从理论上看,双评级制度能够约束发行人付费评级机构间的级别竞争,促进评级行业整体评级质量的提高,形成对评级机构的外部约束,推动评级行业健康发展,提高行业公信力和竞争力。

(5) 强化监管措施。在事前、事中和事后进行相关措施的监管。事前应实施信用评级机构认可体制。设置市场准入门槛有助于合格的主体进入信用评级行业,提高评级机构的评级竞争力和评级质量,引导市场有序竞争。但标准不可过高,否则会带来信用市场的垄断,也不可过低,否则在目前我国评级市场供需失衡的情况下,恶性竞争将难以遏制,从而严重损害评级市场的声誉。事中不断完善信用评级机构规范运作。建立信用评级行业业务的检查机制,检查由监管部门直接执行,被检查对象包括评级机构和评级人员,具体操作可以分为定期检查和不定期检查两种形式。检查中可以查验复印工作底稿、评级报告等,可以向评级机构人员直接询问,结合现场检查和抽取资料的非现场检查,监督评级机构的日常行为规范,促进评级的合规性和质量的可靠性。事后要实施适当的退市体制。当评级机构出现不履行行为准则、不履行应有职责,危害评级者发行人利益,损害信贷市场、债券市场信用评级声誉时,主管部门可根据其程度强制评级机构退出,建立有效的惩戒机制。

练习题

一、选择题

1. 我国信用评级行业存在哪些问题？（　　）
   A. 独立性和公信力不足　　　　　　B. 评级机构的内部控制存在漏洞
   C. 行业监管体系有待统一　　　　　D. 行业发展速度较慢
   E. 评级行业法律缺失

2. 随着债券市场的发展，独立于银行系统的社会专业信用评级机构于（　　）产生了。
   A. 20世纪90年代末期　　　　　　　B. 20世纪90年代中期
   C. 20世纪90年代初期　　　　　　　D. 20世纪80年代末期

3. 从监管角度来看，目前我国缺乏统一、专门的基础性法规去规范信用评级行业，并且存在缺点，包括（　　）。
   A. 法律覆盖面窄　　　　　　　　　B. 立法层次低
   C. 法律制定过于严格　　　　　　　D. 缺乏国家层面的法律支持

4. 我国的信用评级产品，大部分集中在（　　）等品种上。
   A. 短期融资券评级　　　　　　　　B. 中期票据评级
   C. 上市公司债券评级　　　　　　　D. 地方政府评级

5. 当前国际上流行的信用评级收费模式不包括（　　）
   A. 社会公众付费　　　　　　　　　B. 发行人付费
   C. 投资者付费　　　　　　　　　　D. 政府公共事业付费

二、简述题

1. 从我国信用评级行业的收入结构探讨未来的行业发展趋势。
2. 投资者付费和发行者付费的信用评级的优缺点是什么？如何理解和实施投资者和发现者共同付费的评级？
3. 简述如何使我国信用评估行业成为推动我国信用体系发展的重要力量。
4. 评级机构若要构建利益冲突的防范机制，则对潜在的利益冲突，应采取哪些措施？

第 17 章　中国信用体系建设

信用体系是以制度和法规为基础的、保障与促进信用在经济和社会活动中充分发挥作用的一套系统,是维系市场经济中各主体之间经济关系的重要纽带。但是,目前我国的社会信用体系还不够健全,在经济运行过程中,信用缺失和不足等一些与现代市场经济要求不适应的现象广泛存在。在本章中,我们会通过介绍我国信用体系的现状和发达国家信用体系发展过程中的经验教训,从政府监管、企业征信、信用评级机构行业的促进作用、信用文化的调节作用等角度出发,探讨中国信用体系建设的问题。

17.1　现行信用体系现状

在经济迅猛发展的 21 世纪,中国信用体系经历了快速的发展,对推动中国经济发展发挥了一定的作用,但依然存在大量的问题,需要不断完善。

从组织建设方面看,中国信用体系还不完整。这是因为短短的三十多年,中国从计划经济转变到市场经济,信用体系的发展时间较短,许多方面还存在明显不足。2002 年国务院以中国人民银行为牵头单位,联合国务院 17 个部、委、办和 5 家国有商业银行,成立了以企业和个人为单位的信用体系工作小组。2003 年国务院批准了在中国人民银行成立征信管理局,在分行和省会城市中心支行也相应成立了征信管理处,在地市一级的中心支行也有专岗专人从事征信管理工作,形成对全国征信市场的垂直监管体制。目前,中国政府正在积极推动各地政府建立信用网络、信用平台、信用档案以及信用惩戒机制。

从制度建设方面看,中国信用体系中的组织运作制度还不完善,使得已存在的组织在运行过程中无所适从。例如,在信用评级的运作制度中,资信评级机构的业务范围有多大,能否兼营非资信评级的业务,如何在资信评级中保守客户的商业秘密,如何对资信评级结果进行跟踪等,都还没有正式的制度规范。

从市场的角度看,与信用相关的市场发展并不完善,目前还不能达到一个健全的信用体系所需要的信用市场要求。近几年来,我国信用产品呈现持续发展势头,业务覆盖不断扩大,但是发育程度较低,限制了信用的提升。我国的资信评级市场也存在问题,由于受到地方保护主义的限制,形成了一个"诸侯割据"的竞争势态,而且资信评级市场的业务单一,经营范围小,全国性的资信评级市场没有形成。资信业务的多样化有待开拓进而配合信用市场的发展需要。

从法律的角度看，缺乏一部专门的信用法对信用缺失和任意践踏信用的现象进行约束。中国在发展市场经济的过程中出台了不少经济法，如《民法通则》《合同法》和《反不正当竞争法》。但由于目前没有一部专门的信用法来规范复杂的信用关系，约束形形色色的失信行为。而且出台的相关法律年限已久，时过境迁，过去的法律已经不能完全适用于现在变化多端、日益复杂的经济环境。比如《民法通则》《票据法》《公司法》《合同法》等，虽然为部分信用行为的债权保护提供了保证，但还不能涵盖全部的信用关系，在债务人履行义务方面没有约束性，不具有强制性。例如，有些企业本是守信的，但因为自己的债权得不到应有的保护而陷入了"三角债"的漩涡中，最后因无法增强自身信用而被迫加入到失信队伍行列。20世纪90年代初以来，国家陆续出台的一系列金融法律，《人民银行法》《商业银行法》《保险法》《证券法》以及《刑法》等也对金融违法行为予以法律界定。但这些法律对借款人和贷款人违规违法的处理具有不对称性，对于失信者的法律处罚条款数量少，且力度不足，难以对违约者形成有效的制约，导致法律惩戒措施没有起到警示的作用。

从信用道德文化看，中国的信用文化氛围建设比较落后。道德、信用和法制是支撑市场经济健康运行的三大支柱。良好的伦理道德环境有助于社会信用结构的改善和发展，经济的发展离不开文化的支撑，任何一种经济体制都是在一定的文化背景下产生的。计划经济向市场经济转变，却缺乏与之相匹配的文化支持，尤其是信用文化底蕴薄弱。与现代市场经济相适应的信用制度建设明显滞后于改革的进程，以至于信用约束出现了真空，信用市场上就出现了"格雷欣法则"——失信者驱逐守信者，失信者得利，守信者遭殃，拖欠和赖账等失信行为成为一种普遍的社会现象。

17.2　信用体系架构

商品流通和货币流通是市场经济的基石，市场经济的交易以信用为基础，但是现实生活中的市场并不是完全有效，它存在缺陷或者市场失灵。因此信用体系中除了包含商品流通中的信用以及货币资金流通中的信用，还需要对信用市场进行宏观调控和监管的政府部门。这三个是从不同的经济主体经营的不同对象来划分的，但是在信用体系中还存在两个基本内容，那就是信用文化和与信用相关的法律法规。在整个信用体系的构建过程中，信用文化的建设是非常重要的，信用存在于人们都认可它的环境之下，如果人们对于信用的认可度不高或者认为它无足轻重，那么整个信用体系是不可能运转的。在法治社会中，法律法规的制定规范了信用的提供者与需求者的行为。下面就来详细了解商品流通中的信用体系、货币资金流通中的信用体系、政府监管职能、信用文化和信用相关的法律法规这五个部分。

17.2.1 商品流通中的信用体系

商品的流通需要信用,那么信用在商品流通过程中是如何起作用的呢?商品的流通以货币为媒介,每一次商品交易都存在商品需求者和商品供给者。商品的供给者担心的是出售了商品,货款能否全额及时收回;商品的需求者担心的是买到的货物是否达到质量要求(包括品质和数量方面)。在信息不对称的情况下,商品的供给者所担心的是货款能否足额按时收回以促成企业间的商业信用调查和商业信用担保;商品的需求者所关心的货物问题促成了商品质量的检查。

商业信用调查主要是为了解决信息不对称情况下,由于信息的不完整、交易双方缺乏信用信息而阻碍交易进行的问题,其可以由专业的信用调查公司,也可以通过银行进行。商业信用调查使商品的供给者尽可能地了解商品的需求者,为商品合同签订时选择何种等级的信用风险工具提供了决策依据。商业信用担保是有助于交易双方在缺乏充分信用信息的情况下进行的交易,是达成商品交换契约的有效方式。商业信用担保的担保人可以是具有清偿债务能力的法人,如企业,也可以是个人。银行在金融体系中信用度相对较高,因此商业信用担保的担保人主要是银行。提供担保的形式主要有银行票据、商业票据贴现、出口信用担保、信用证、保函等。商业信用担保实质上是将商业信用转换成了银行信用,降低了交易风险,达到了提升信用等级的目的。

对于商品的质量检查可以通过政府的有关部门或者社会中介机构进行鉴定。商品的质量标准分为不同级别,有行业标准、国家标准和国际标准。有些企业为了提升自己企业的产品品牌的社会认可度会主动申请有关组织对产品质量进行鉴定,为本企业产品树立良好的社会信用形象。我国从事产品质量检验的社会中介机构是需要经省级以上的人民政府产品质量监督部门或者其授权的部门考核合格,经依法注册登记,依靠自己的知识、技术设备和经验,提供产品质量监督抽查检验、生产许可证产品的质量检验、产品质量的认证检验、产品质量争议的仲裁检验等服务的社会组织。从事产品质量认证的社会中介机构是指经中国产品质量认证机构国家认可委员会审查评定,并经国务院产品质量监督部门批准,从事产品质量认证工作的社会组织。这两类社会中介组织依据《产品质量法》规定,不得与行政机关和其他国家机关存在隶属关系或者其他利益关系。

总结来讲,我国商品信用体系的基本构成包括商品的供给者、商品需求者,以及由此需求派生出的商业信用调查和商业信用担保等主体。

17.2.2 货币流通中的信用体系

信用与货币的产生都与私有制相关,与所有者之间财富的转移和调剂余缺密切相关。在货币和信用发展的过程中,一直存在相互促进的关系。一方面,货币资金的借贷拓展了信用的范围,扩大了信用规模;另一方面,信用的拓展能更有利于货币的流通与货币形态的发展。

信用活动不管是在直接融资市场还是间接融资市场，都存在资金的供给者和资金的需求者。资金的供给者在借贷关系中，担心借出的资金能否足额及时收回，也就是资金的流动性、安全性和盈利性；而资金的需求者所关心的主要是能否拥有稳定的资金使用权。个人、企业、政府、金融机构和国际部门是国民经济的五个部门，它们的经济活动都离不开信用。如个人在银行办理储蓄业务或者消费贷款业务，就与银行形成了信用关系；企业在信用关系中既是货币资金的主要提供者，又是货币资金的主要需求者，如企业融资或者外借资金等；政府通过发行债券、放贷形成与其他主体的信用关系；金融机构作为信用中介吸收和聚集了社会上的闲置资金，再通过贷款的形式发放出去；国内部门与国外部门之间的信用关系，主要体现在国际收支以及国际投资头寸状况上。在借贷过程中，资金的供给者对信用风险的关注更多一些，由此产生了对信用风险的评估、计量和控制的问题。

关于对资金的信用风险评估，我国目前存在两种评估体系。一种是由货币资金的供给者对资金需求者直接进行风险评估，然后计算信用风险的大小等级，根据风险等级决定是否投资或者借贷。同时通过结合资产投资组合最优化组合，达到降低信用风险和资本增值的目的。另一种是由信用评级中介机构对信用风险做专业性评估。由于资金的供给者直接对信用风险进行评估存在特殊的利益关系，评估结果具有局限性，缺乏客观性，风险评估的结果缺乏权威性。因此，独立的信用评级中介机构的产生是非常必要的。

信用评级中介机构对企业信用风险的评估要求是其具有公正性、独立性和科学性。中介机构进行评级时所需要的信息来源主要有三个渠道：一是企业对外公开的信息，比如，上市公司公开披露的年报。二是通过现场实地调查，也就是信用评级中介机构派遣专业评级人员到被评级机构中进行相关信息的调查。三是通过征信机构获取信息。一般来讲，企业自己公开的信息难以保证完整真实，即便是上市公司对外公开的年度财务报表或者重大事项、重大决策等。通常信用评级中介机构会派遣调查人员进行实地走访，弥补公开信息的不完备。但是这种方式也不是最有效的，实地调查有其局限性，仍然难以获取企业想要刻意隐瞒的事实，比如，企业的不合理不合法的事情。因此，还需要政府建立征信体系。

征信机构是指依法设立的、独立于信用交易双方的第三方机构，专门从事收集、整理、加工和分析企业或个人的信用信息资料工作，出具信用报告，提供多样化的征信服务，帮助客户判断和控制信用风险等。征信机构提供的服务往往可以被看作是政府给社会提供的"公共信用信息产品"，从多国的实践看来，作为公共产品，这些服务可能只有由政府提供才是最经济合理的。目前国内最权威的征信机构是由中国人民银行牵头，各个商业银行参与的中央银行信贷登记系统，该系统于1999年建立，逐渐发展成为个人和企业两大信用信息数据库。到2014年3月末，该系统已经为全国1930.6万户企业和8.4亿个自然人建立了信用档案，记录企业和个人过往的信贷信息，给资金提供者提供信用信息查询服务。该系统目前只对商业银行开放，对个人和企业以及社会其他信用中介和组织暂未开放。总体来讲，货币流通中的信用体系主要包含货币的需求者和供给者，以及在这二者之间提供信用服务的信用机构，有信用风险评估机构、征信机构等。

在货币资金流通过程中,信用是必不可少的。由于信用关系的存在,通过借贷,资金可以流向投资收益更高的项目;可以通过信用调剂,使得资源合理配置,让资源转移到更加需要的地方;而且,信用还能够推动经济的增长,通过信用调剂闲置资金,将消费资金转化为生产资金,直接投入生产领域,扩大社会的投资规模,增加就业机会,增加社会总产出,从而使经济得到快速发展。因此,在货币资金流通过程中,信用相当于润滑剂,在交易过程中起到了非常重要的作用,伴随信用产生的各种信用服务机构的业务水平的提高,信用交易过程中的风险可以被更好地控制,信用体系就会更加健全和完善。

如图17-1所示,我国信用服务机构的运作模式主要分为三大部分:需要资金的个人或企业(受信群体),信用信息服务(信用服务机构),提高资金的个人或企业(授信群体)。授信方主要是银行、担保结构以及各种债权人。信用服务机构通过多方渠道获得信用信息,经过处理,获得企业的信用级别或个人的信用得分,并发布给授信方作为发放资金的决策依据。但我国的信用服务机构在数据处理、信用评估、信息共享和信息安全上存在大量的问题尚未解决。

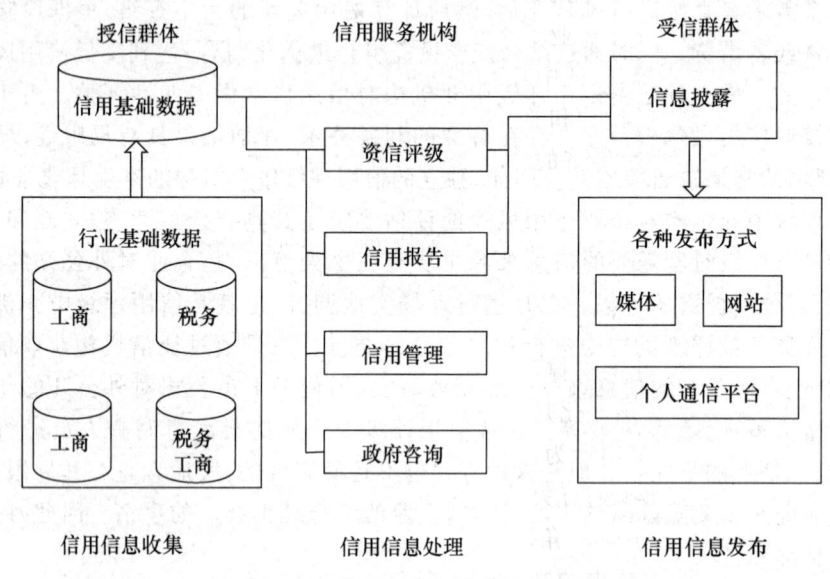

图 17-1　信用服务机构的运作模式

17.2.3　政府监管职能

在我国信用体系建设和运行中,政府在其中一直扮演着主导角色。在货币资金流通中,政府主要通过信用总量和流向控制来发挥作用;在商品流通中,政府以权力部门的身份鼓励、约束和规范商品生产者,以提供优质商品为目标,并保证信用交易的顺利进行和对失信行为的惩戒;另外,政府在经济体制、法律法规、部门建设、行业规范等方面占据主导地位。

政府对货币信用调控的主要操作方式是控制信贷规模和信用资金的流动方向。政府部门结合中央银行的货币政策和财政政策来达到对信贷规模的控制。三大货币政策工具有法定存款准备金、公开市场业务和再贴现率或再贷款率,除此之外还有调节利率、信贷规模、窗口指导等货币政策,这些货币政策主要通过控制信用货币的供给量来实现。财政政策则主要指政府通过调节税收和政府支出来影响社会总需求,进而影响到国民总收入。政府通过产业政策、财政收入与支出政策以及其他收入分配政策来调节信用资金的流动方向。政府对信贷规模和信用资金的调控主要是为了在资金被合理充分利用的同时,达到调整产业结构,优化资源配置,促进国民经济平稳运行和发展。

政府对信用体系的监管。政府设置了相应的监管机构来对我国的信用体系实施监管职能。在一般情况下,政府对信用体系的监管主要涉及三个基本的行业,即银行业、保险业和证券业。这三个行业的职能既相互独立又相互联系,依次设立的监管机构是中国银行业监督管理委员会、中国保险监督管理委员会和中国证券监督管理委员会。银监会对银行业的监管主要体现在为银行业制定相关的规章制度和办法,审批银行业的金融机构及分支机构的设立,对银行业的运行风险进行监控等。保监会对保险业的监管主要是制定保险业的相关规章制度,对保险业的风险进行监控和管理,负责保险业的市场准入等。证监会主要对中国证券行业负责,监控证券市场的信息披露,监管上市公司以及证券交易所的交易行为等等,保证中国证券业市场平稳发展。

政府在信用体系中的调控和监管的主要目的是保证我国信用体系的安全,确保金融市场的有效运转,促进国民经济的健康平稳发展。

17.2.4 信用文化

经济的发展需要文化的支撑,任何一种经济体制的形成都离不开一定的文化背景。在市场经济的条件下,信用文化是用以调节和支配人与人、人与社会以及社会中各经济单元之间的信用关系和信用行为的一种基本理念与道德约束。它是人们在社会经济生活中创造、孕育和反映出来的有关信用行为模式、价值观念、风俗习惯和生活方式等的一系列的文化现象。从经济学的角度考虑,信用文化并不只是一个道德层面上的文化氛围,它更是市场经济不可缺少的文化底蕴。信用文化是商品经济中的文化要素,是市场经济的精髓。不能单纯地把信用文化理解为停留在传统的道德层面上,信用不只是衡量个人品德的道德标准。

在现代市场经济环境下,信用属于市场经济范畴,是一种特殊形态的商品,信用的交易规模不断扩大,促进了整个市场的交易规模的扩大。在信用经济时代,社会公众对信用的认知和对它的倾向催生出了信用交易的秩序。信用交易秩序的规范有助于构建竞争、有序、公平、开放的信用市场环境。良好的信用市场环境是市场经济良性运行的根本保证,信用文化由此发展而来。

信用文化具有较强的道德内涵,从市场经济的道德角度看,道德资源已经被证明是一种可以转化的特殊社会资本。信用文化虽然不能直接作用于实体经济,但是它能决定经济发展所能达到的水平。世界上没有哪个国家可以依靠欺骗、道德败坏发展壮大的。

虽然人们还不能精确切实地证明信用文化能够给市场经济带来多大的经济利益,但是可以证明信用文化的发展不足会给市场经济带来实在的损害。比如说,良好的信用文化可以降低市场的"交易成本"等。

我国是一个从计划经济转向市场经济发展的国家,在历史上还没有形成过完善的市场经济运行环境。计划经济使市场经济发展断裂,从而造成我国的传统信用思想不能与现代信用市场接轨,引发了冲突。我国的市场经济中的信用文化、信用习俗、信用意识、信用约束、信用制度和体系缺乏一个自然成长的过程,在未来的市场经济建设中,必须将信用文化放在重要的位置。

17.2.5 信用的相关法律法规

与信用相关的法律法规是一种成文契约,是社会主体在行为过程中必须遵循的准则,具有强制性。与信用相关的法律连接成信用的法律体系。完善的现代市场经济体制必然要配以成熟健全的信用法律制度。在市场经济条件下,社会信用法律制度的成熟体现在:是否形成了以信用为基础的比较系统、完备的法律规范和制度,这也是市场经济国家平稳运行的基础和持续有效发展的重要保证。

信用法律制度执行的规范性、有效性、有序性,将影响到经济主体、经济活动及其社会经济效益。信用制度的完善,有助于国民经济增长,能够为经济主体创造公平竞争的环境,保证经济主体合作的顺利并加速资源的合理配置。然而,在经济全球化的今天,我国的信用环境并没有跟上经济发展的步伐,政府、企业、个人的信用水平仍未得到大的改观,严重影响了我国经济主体在国际市场上的竞争力。

近几年来,政府也意识到我国信用体系中的不完善,所以在信用体系的法律制度建设方面采取了一些措施,例如,《民法通则》《合同法》和《反不正当竞争法》都规定了诚实信用的基本原则;《公司法》和《证券法》对于公司"制作虚假的招股说明书"及上市中的"虚假陈述"的行为做出了明确的法律责任规定;刑法中对金融诈骗等犯罪做出了非常严厉的处罚。虽然政府正在积极努力地改善信用环境,但是仅仅靠这些改进措施不足以最大限度地预防和减少不守信用的各类违法犯罪活动。

17.3 信用体系的实现

17.3.1 国际社会信用体系的主要模式

经过200年的实践,世界上的主要发达国家探索出了相对比较完善的信用体系,为我国建立和完善信用体系提供了丰富的经验与教训。下面我们就来简要了解以美国、欧洲和日本各自为代表的三种发达国家的信用体系模式。

1. 美式信用体系

美国是信用市场最发达、信用交易额最高的国家，其信用体系的模式是市场主导型。美国的信用服务全部由私营机构提供，政府主要的职责是负责必要的监督和立法。20世纪60年代末以来，美国不仅积极完善原有的信用管理法律、法规，还进一步制定新的与信用管理相关的法律。经过不断地完善，目前已经形成了比较完整的法律框架体系。在美国，有很多信用中介服务机构专门从事信用评级、信用管理、征信等业务，它们在信用体系中发挥着至关重要的作用。发达的信用中介市场在很大程度上避免了因信用交易额的扩大而带来的更多的信用风险。而且，美国信用市场的主体的信用意识强，在美国，信用交易非常普遍，有不良信用记录或者缺乏信用记录的企业很难在业界生存和发展；个人信用记录差不仅在信用卡消费上有诸多限制，甚至在求职等方面也有很大的影响。虽然美国信用体系的市场化程度非常高，政府在对信用行业管理中所起的作用比较有限，但美国的政府部门还是在必要监管的地方进行了适当督查。目前，加拿大、英国和北欧等国家也采用这种模式。

2. 欧式信用体系

欧式信用体系采用公共征信和私营征信并存的模式。与美国相比，主要的不同在于"信贷登记系统"是由政府直接出资建立并以中央银行牵头，允许私营信用服务机构并存。中央政府运用手中的行政权力，强制要求个人向公共征信机构提供个人信息及数据，建成垄断的、较为权威的个人信用数据，并且通过法律保障这些信息及数据的真实性和安全性。私营信用服务机构的存在主要是为了弥补中央信贷信息的缺陷。在法制建设方面，欧洲在信用信息保护方面的法律体系比较完善，如1998年欧盟开始实施《欧盟数据保护指引》，配合了欧盟信用市场蓬勃发展的需要。

3. 日式信用体系

日本的信用体系采用的是以行业协会为中心的会员制模式，由各会员单位共同出资组建。协会中心作为信息的中枢系统，提供会员单位之间的信用信息，实现信息的共通、汇集和使用。各会员有义务向协会提供自己掌握的信用数据，协会遵循服务会员的原则，仅对协会内成员提供信息查询服务，服务收费以成本为限。日本的信用体系经过长期的探索，目前已经达到了比较完善的水平，同时日本政府在法制建设方面也积极配合信用市场的发展。日本既制定了与欧盟国家比较相似的个人信息保护法，同时还制定了与美国比较相似的专门规范公共部门个人信息保护行为的法规，实际上是同时吸收了美国和欧盟的两种不同立法机制的长处。

17.3.2 我国信用体系模式选择及发展策略

建立完善的信用体系是一个长期性的系统工程。信用体系的核心是做到信用信息的充分披露与共享。目前我国在全国个人征信系统建设方面已经取得了一部分成效，以中国人民银行牵头建立的全国信贷征信系统实现了全国联网，为我国信贷市场提供了信息,促进信贷交易,降低信用风险。我们还需要加强民营信用中介机构的发展,来弥补以政府为主导的征信系统的缺陷。所以,我国的征信系统可以效仿欧式信用征信模式。结合美国、日本、欧洲信用体系成功的经验以及发展过程中失败的教训,我们认为我国的信用体系应当在以下五个方面做出改进。

第一,完善相关的法律体系。美国的信用体系是市场主导型,其法律体系的建设与信用市场的发展同步。美国的信用体系的法律体系是以《金融服务现代化法》《公平信用报告法》为核心,以《公平债务催收作业法》《诚实租借法》《信用卡发行法》《公平信用结账法》《平等信用机会法》《公平信用和贷记卡公开法》《电子资金转账法》等相关法律为辅助共同构成的。虽然我国的《民法通则》《合同法》和《反不正当竞争法》都对诚实守信做出规范要求,《刑法》也对诈骗等犯罪行为加以规定,但目前我国还没有一部专门的信用立法。并且这些法律相对比较陈旧,市场经济在发展,法律规定也应该不断更新。同时,在一些信用管理政策法规上,也没有对某些不可以向社会公开的个人信息数据进行严格界定。

我国法律体系需要尽快完善。首先,完善我国信用体系法律法规。未来几年内应首先出台《政府信用信息公开管理办法》《信用信息互联互通管理办法》《企业信用管理条例》《个人信用管理条例》等类似办法及条例。同时抓紧修改《商业银行法》《商标法》《知识产权保护条例》和《储蓄存款管理条例》中不符合当代信用经济发展的相关条款。其他有关法律法规也应同时着手制定和修订完善。如制定界定信用数据开放范围的法律或法规,具体内容包括必须开放哪些数据以及对不依法开放数据的机构如何进行处罚。其次,应当尽快出台信用信息数据保密相关的法律或法规。因为在强制性公开征信数据源时,至少需要在法律层面上对信用数据进行保护,提供信息的个人和机构也能更加积极配合。因为在信用征信过程中不可避免地会触及个人隐私,应当在法律建设中对保护个人隐私进行明确的规定。比如,被征信者在征信过程中需要有知情权,征信应当获得被征信者的同意;信息的收集一定要做到客观、真实;除法律规定以外不得向第三人随意泄露个人信用信息;赋予被征信者及时消除错误信息,更新过时信息的权利;对联合征信过程中侵害个人隐私权的不法行为者追究民事责任甚至刑事责任,并给予相应的法律惩戒等。

第二,建立和完善信用档案体系。一个信用主体,其信用内容涉及经济生活的方方面面。正是由于信用档案形成的这种特性,使得信用档案记录的内容是分布在社会的不同角落,单凭某一部门、某一行业的记录,并不能反映信用主体的信用全貌。这就需要社会各界站在提高信用档案综合利用效率的角度,通过借鉴发达国家先进管理经验,通力合作,搭建起合适的信用信息利用与开发平台,打破行业、部门以及地区间的信息垄断壁垒,整合各方的档案资源,积极促进相互间的资源共享。政府应充分扮演好引导者的角色,通过制定纲要、规划等手段,积极搭建合适的平台,协调各部门的合作,将各行业和部门的档案资源整合起来,从不同的角度和层面做好信用档案体系建设工作,推进不同行业、不同地区间的数据互通共享,并通过对各部门所提供的不同领域的信用记录的整合利用,实现信用档案记录信息跨部门、跨行业、跨地区的共享。信用档案管理部门要帮助企业信用建成制度健全、职责严明的企业信用档案管理网络,确保企业信用档案记录信息的完整、真实、准确。企业还可以把不同领域的档案信息汇总成宣传手册,通过网络、宣传册、展览室等手段,向社会展示其诚信形象,扩大企业知名度,通过建立诚实守信的企业形象来促进企业的经营发展。做好企业的信用档案管理,对于企业自身来说,无疑是其立足于激烈市场竞争的有力武器。同时,还应在业内统一信用档案管理流程,在信用档案的存储、利用等环节下功夫,切实提高不同领域、不同地区、不同行业的信用档案的管理质量。

第三,发展信用中介机构。从美国的成功经验来看,美国的信用交易额是最大的,这与发达的信用中介系统密切相关。就具体操作来看,首先,加强数据库的建设,收集更多的数据,为开展信用中介业务提供基本的资料。其次,要加强信用评级技术方法的研究。信用服务的质量与评价技术紧密相关,科学的评级方法和完善的评级指标是保证评级结果正确性的重要基础。随着信用市场的不断发展和评级业务的不断增长,为了更加有效地为广大用户服务,必须结合客观环境,对评级指标体系进行相应的调整。最后,应当提高从业人员的素质,注重人才的技能培养。从事信用中介服务的人员必须具备良好的职业素质和道德素质,职业素质是指中介人员要有岗位胜任的能力,熟练掌握并运用管理学、金融学、会计学、数学、法律等方面的知识。道德素质是要求中介人员要站在公正、公开、独立的立场进行信用评估。

第四,明确信用行业管理主体。美国、日本、欧洲国家的信用体系都有非常明确的监管主体,比如美国的监督与管理主体以政府为主,也包括一些行业协会。当前我国在信用体系监管方面存在的最大问题是监管主体不明确,出现了多头监督和管理、各自为政、重复建设的现象。既浪费了资源,也增加了矛盾,不利于信用体系建设的整体推进。为了顺利推进我国信用体系建设,吸收国际上的成功经验,应对信用体系管理方面进行改革。在中央层面成立一个跨部门、高层次、专门统一的专职推动立法和协调各政府部门依法开放数据的协调领导机构。同时,成立专门的信用服务行业监督管理机构,统一对个人征信机构和企业征信机构实行监管,规定现行政府相关部门行使对征信机构的监管职能。政府应从政策上积极支持各信用信息服务机构在自愿的基础上,通过信用信息服务行业协会加强行业自律,开展信用的教育、宣传和培训工作。

第五,加强社会信用道德建设,增强全民信用意识。法制信用与道德信用之间是相互依存、相互促进、相互激励的,信用体系建设中法制信用与道德信用建设都不可偏废。只偏重于信用体系法制建设而忽视其道德文化培养,即忽视了信用体系的道德信用建设,后果是非常严重的。加强社会信用道德建设,对全社会进行信用教育,形成"诚信光荣,失信可耻"的信用文化氛围。要让人们真正意识到,在现今的社会上,信用不仅只作用于道德层面,还影响到一个人的方方面面,是"经济通行证",在未来扮演越来越重要的角色,应当重视它,有效地维护个人信用。

增强全民信用意识,地方各级政府要切实不断提高自身的"信用度"。同时要结合国家层面法律法规的要求,以本地实际出发,做好当地信用法律体系建设,并整合社会力量在全社会营造良好的信用环境。企业要牢固树立企业品牌意识、形象意识,通过企业员工的教育培训牢固树立以诚实守信为主要内容的企业核心价值观,使员工积极参与并切实增强维护企业信用的自觉性,努力提高企业信用水平。个人要积极配合各级政府、部门、行业在信用方面的宣传教育工作,牢固树立信用意识,珍视并切实维护好个人的信用记录,努力为良好信用环境的营造与维护贡献自己的一份力量。

练习题

简述题

1. 简述信用体系的基本构成以及主要部分之间的相互关系。
2. 我国可以从欧式、美国和日本的信用体系中借鉴的是什么?
3. 简述政府在信用体系建设中的作用,政府可以通过什么手段来实现自己的目标?
4. 简论我国信用体系的缺点,并提供你认为合理的建议。

参 考 文 献

1. A General Framework for Pricing Credit Risk, Alain Bélanger, Steven E. Shreve, Dennis Wong, April 16, 2003.

2. An Emerging Credit Reporting System In China, Guibin Zhang and Russell Smyth, Business and Economics, MONASH University, Asian Business and Economics Research Unit Discussion Paper 52, 2008.

3. Credit Risk with Asymmetric Information on the Default Threshold, Caroline Hillaireta and Ying Jiao.

4. Credit Risk Mitigation and SMEs Bank Financing in Basel II: the Case of the Loan Guarantee Associations, Clara Laura Cardone Riportella, Antonio Trujillo-Ponce, Maria Jose Casasola, *Research Papers in Economics*, 2008.

5. Credit Risk Modelling, Current Practices and Applications, Basle Committee on Banking Supervision, April 1999.

6. Credit Risk Models with Incomplete Information, Xin Guo, Robert A. Jarrow, Yan Zeng, June 18, 2008.

7. Credit Risk Rating at Large U. S. Banks, William F. Treacy, Mark S. Carey, Federal Reserve Bulletin, November 1998.

8. Feeding the Dragon: Why China's Credit System Looks Vulnerable, Edward Chancellor and Mike Monnelly, White Paper, GMO, January 2013.

9. On the Prices of Options and Other Derivative Securities, John Hull, Alan White, *Journal of Banking & Finance*, Volume 19, Issue 2, May 1995, 299—322.

10. Pricing Derivatives on Financial Securities Subject to Credit Risk, RA Jarrow, SM Turnbull, *The Journal of Finance*, 1995.

11. Principles for the Management of Credit Risk, Basel Committee on Banking Supervision, September 2000.

12. Quantifying Credit Risk II: Debt Valuation, Stephen Kealhofer, Financial Analysts Journal, Vol. 59, No. 3 (May—Jun., 2003), 78—92.

13. Study of Personal Credit Evaluation Method Based on PSO-RBF Neural Network Model, Shuai Li, Yuanmei Zhu, Chao Xu, Zongfang Zhou, American Journal of Industrial and Business Management, 2013, 3, 429—434.

14. Systemic Sovereign Credit Risk: Lessons From the U. S. and Europe, Andrew Ang, Francis A. Longstaff, *Journal of Monetary Economics*, 60(2013), 493—510.

15. The Market Price of Credit Risk: The Impact of Asymmetric Information, Kay Giesecke, Lisa R. Goldberg, July 7, 2008.

16. The Standardised Approach to Credit Risk, Bank for International Settlements, Issued for Comment by 31 May 2001.